일은 당신을
사랑하지 않는다

WORK WON'T LOVE YOU BACK

우리를 지치고 외롭게 만드는 사랑하는 일에 대하여

일은 당신을
사랑하지 않는다

세라 자페 지음 | 이재득 옮김

ᘓ 현암사

2부
'일을 즐겨라'는 말 뒤에 숨겨진 것들

일하러 오신 걸 환영합니다

나는 내 일을 사랑한다. 하지만 엄밀히 말하면 직장을 다니지는 않는다. 일 년 계약직으로 잡지사에서 일한 이후로는 몇 년간 직장을 나간 적이 없다. 프리랜서 기자로 생계를 꾸려왔고 이 생활이 나름 나쁘지 않다. 여행을 다니고 기사도 쓰고 가끔 강연도 하지만, 주로 하는 일은 글쓰기다. 내가 만나는 흥미로운 사람들의 이야기를 세상과 공유하는 일이 현재로서는 가장 주력하는 분야이다. 수입은 나와 비슷한 교육을 받은 내 나이대 여성의 연봉보다 1만 5,000달러 정도 적다.[1]

어쩌면 나는 요즘의 경제구조와 직업 세계를 보여주는 전형일지도 모른다. 전국을 돌며, 때로는 세계 곳곳을 다니며 카페에서 노트북으로 빠르고 유연하게 일을 처리한다. 의료보험을 내주는 고용주가 없으니 퇴직금도 당연히 없다. 휴가?(먹는 건가?) 한때 안정된 성인이라면 꼭 갖추어야 한다고 생각했던 것들이 나에게는 하나도 없다. 가족도 재산도 없고, 반려견 한 마리와 지내고 있다(가장 큰 장점은 나에게는 직장 상사가 없다는 것이다).

그런데 이 책은 내 이야기가 아니라, 내 근무 환경과 비슷한 식으로 일하고 있는 (물론 그중 일부는 괜찮은 정규직으로 갈아타는 데 성공한 경우도 있겠지만) 전 세계 수백만 명에 관한 이야기이다. '고용 안정성'하면 생각나는 복지 혜택들은 온데간데없이 사라지고, 수많은 책과 기사에는 지치고 번아웃 증상에 시달리며, 과로하는데 월급은 적고 일과 삶의 균형이 무너진 (혹은 사는 것 같지 않은) 삶을 사는 우리들의 이야기가 끊임없이 등장한다. 또한 우리는 일 자체를 통해 성취감, 즐거움, 의미, 심지어 기쁨을 찾을 수 있다는 말을 귀에 못이 박히도록 들어왔다. 일을 좋아서 해야 한다는 그 말에 나는 월세 내기도 빠듯하고 친구도 거의 못 만나는 걸요, 라고 감히 반문할 수도 없다.

후기 자본주의의 세뇌 "사랑하는 것을 일로 삼아라. 그러면 평생 일을 안 해도 된다."와 같은 소셜미디어에 떠도는 수많은 말들은 이제 누구나 아는 지혜처럼 되었고, 앞으로도 다들 그 말을 믿을 것이다. 마치 구석기 시대 선조들이 매머드 사냥을 '정말 즐겼다'고 생각하는 것처럼. '절대 일하는 것이 아니라고' 하지만 정작 우리는 그 어느 때보다 더 많이 일하고 있고, 근무가 끝나도 늘 대기상태나 마찬가지다. 이렇게 스트레스와 초조함, 외로움이 쌓여간다. 사랑해서 하는 일이라는 '사랑의 노동labor of love'은 사기다.[2]

일을 사랑해야 한다는 풍토가 생겨난 것은 그리 오래되지 않았다. 아주 오래전 노동은 너무 고되서 아무도 하려고 하지 않았다. 봉건시대부터 대략 1970~80년대까지도 지배계층은 가진 재산에 주로 의지해서 살았다. 고대 그리스 상류층은 육체노동자, 장인, 상인을 포함하는 하층계급 노동자들인 바나우소이banausoi와 노예에게 일을 맡기고 자신들은 여가를 즐기며 공동체 생활에 참여했다. 제인 오스틴Jane Austen의 소설을 읽다 보면, 누구랑 결혼할지 머뭇거리는 것 외에는 아무것도 하지 않는 소설 속 인물들이 대체 어떻게 먹고사는지 의문이 듦과 동시에 깨달음도 얻는다. 부자들에게 일이란 누군가 대신해주는 것이었다.[3]

그러다 1970~80년대부터 변화가 시작되었고 그 변화가 지금까지 이어졌다. 요즘에는 상위계층들도 일할 뿐만 아니라 오래 일하는 데 집착한다. 하지만 실질적 변화는 큰돈을 못 버는 우리 같은 사람들의 삶에 일어났다. 일 자체가 우리가 사랑하는 것이라고 믿는 것이 특히 중요해졌다. 그런데 애초에 왜 우리가 일하는지를 생각해보면 과연 집세나 전기세를 내려고 이렇게까지 일해야 할까, 라는 의문이 든다.[4]

일이 꼭 즐거워야 하냐는 질문은 예전부터 있었다. 1800년대 사회주의자이자 공예가였던 윌리엄 모리스William Morris는 자신의 책을 읽을 독자 대부분이 '유쾌한 일'이라는 개념을 괴상하다고 여길 것이라는 점은 인정하면서도, 노동을 가치 있게 만들 수 있는 세 가지 희망에 "휴식의 희망, 생산물의 희망, 일 자체에서 느끼는 즐거움의 희망"이 있다고 썼다. 모리스는 또한 자본주의가 초래한 불평등이란, 일하지 않는 누군가가 '헛된 고생'을 하는 다른 누군가를 착취하는 것이라고 주장했다. 근대 산업의 도래로 장인들은 이전에 갖고 있던 약간의 독립성과 힘마저 빼앗겼고, 갈아치우면 그만인 로봇처럼 일하는 임금노동자로 전락했다. 누구도 노동자 계층이 일을 좋아하든 말든 신경 쓰지 않았고 노동자들은 선택권조차 없었다.[5]

노동자들도 일을 덜 하려고 나름대로 최선을 다했다. 초창기 노동운동의 요구사항은 대개 노동시간 축소였다. 노동시간은 12시간에서 11시간, 10시간, 8시간으로 줄어들었고 휴일도 생겨났다. 노동자들은 최고의 무기인 파업을 효과적으로 이용해 한동안 근로시간과 급여에 양보를 얻어내기도 했다. 하지만 이윤을 위해 가끔 약간의 양보를 해왔던 자본가들은 단순한 완력을 넘어선 새로운 전략을 찾았다.[6]

결국 산업 노동자들은 당근 하나를 받게 된다. 헨리 포드Henry Ford의 포드 모터 컴퍼니Ford Motor Company에서 이름을 딴, 이른바 포드주의Fordism 타협이었다. 노동자들은 꽤 많기는 하지만 감당할 수 있는 범위 내에서(보통 하루 8시간 주 5일 근무) 자신들의 시간을 고용주에게 바치고, 대신 회사로부터 후한 급여와 의료보험, 약간의 유급 휴가와 연금을 받게 되었다. 노동자가 생계 유지, 가족 부양과 퇴근 후 여가를 즐길 수 있게 된 것은 모리스가 말한 "휴식의 희망"이었다("생산물의 희망"과는 조금 거리가 있지만, 최소한 어느 정도의 금전적 보상은 따랐다).[7]

회사 이메일을 확인하다가 혹은 다음 교대근무를 기다리는 사이 몰래 딴짓 정도는 하는 지금 같은 직장환경에서는 이해하기 힘든 상황이다. 게다가 전혀 낭만적으로 들리지도 않는다. 그 당시 일은 고되고 지루했을 뿐만 아니라 너무 피곤해서 여가를 즐길 힘도 없었다. 하지만 포드주의 타협 덕택에 대공황이 끝난 후부터 1960년대까지 짧지만 안정된 시기가 이어졌고, 지금까지도 우리는 무슨 이유인지 그 시절의 향수에 젖어 있다.

대부분의 타협이 그렇듯 포드주의 타협도 양쪽 모두 막연한 앙금이 남아 있었다. 결국 노동자는 노동자대로 파업을 반복했고, 어떻게든 반복된 파업을 무산시키려는 기업과 팽팽한 줄다리기를 이어갔다. 사실 포드주의 타협은 경기가 좋아 지출이 딱히 아깝지 않았던 시절, 기업의 입장에서는 썩 괜찮은 거래였다. 하지만 1970년대 위기가 닥쳤을 때는 달랐다. 경제학자 제임스 미드웨이James Mead-way는 "제2차 대전 이후 몇십 년간 유지되었던 활력이 1970년대에 들어서며 다양한 정치적 문제와 제도적 경직성으로 고갈되었다."고 설명한다. 이윤에 차질이 생기자 노동력을 더 쥐어짜야 했다. 기업들은 고임금 국가에 있던 공장들을 미국이나 영국보다 임금이 턱없이 싼 곳으로 이전했다. 근무 시간은 차츰 늘어갔고 임금은 내려갔다. 결국 맞벌이 가정이 늘어갔고 부모가 모두 일하다 보니 가사를 돌볼 사람이 없어졌다.[8]

2016년경 미국 산업체들은 당시 대선 후보였던 도널드 트럼프가 '미국을 다시 위대하게Make America Great Again'를 핵심 선거 문구로 내세울 정도로 일자리 만들기가 목표였다. 2017년 트럼프가 당선

된 후 나는 인디애나폴리스에 있는 캐리어Carrier 공장을 방문했다. 2017년 문을 닫기로 되어 있던, 트럼프 공약에서도 가장 자주 거론되던 공장이었다. 당선 후 공장을 다시 찾은 트럼프는 공장을 계속 가동하기로 한 거래를 마쳤다며 '임무 완수'를 외쳤다. 하지만 내가 갔을 때 캐리어 공장은 물론 근처에 있던 공장설비 제조업체 렉스노드Rexnord 공장도 문을 닫을 준비를 하고 있었다. 트럼프는 렉스노드 공장 직원들과 2019년 3월 문을 닫은 오하이오주 로즈타운의 제너럴 모터스General Motors 직원들도 찾아가지 않았다.

인디애나주와 오하이오주에서 내가 만난 노동자들은 모두 일하던 공장이 계속 운영되기를 원하면서도, 일에 대해 열을 올려 말하는 사람은 없었다. 사실 성취감보다는 돈을 벌기 위해 시작한 일에 불과했다. 쉴 수 있는 주말을 위해, 내 집을 마련하기 위해 시작한 일이었다. 직장의 어떤 면이 그립냐는 내 질문에 누구도 일 자체를 말하지는 않았다. 가족 같았던 동료, 퇴근 후 회사 앞 술집에서 마셨던 맥주, 노조 활동을 하며 느꼈던 연대감 등을 그리워했다(2019년 제너럴 모터스 전국 동맹파업 당시, 이들은 자신들이 일하던 공장은 비록 문을 닫았지만 함께 피켓 라인에 섰다). 하지만 이들이 일에 대해 주로 한 이야기는 잔업 수당으로 시간당 26달러를 챙겨주던 직장을 잃은 현실과 그로 인해 삶이 꽤 퍽퍽해졌다는, 돈 이야기가 대부분이었다.

캐리어 공장 너머에는 그들 중 일부가 장차 일하게 될지도 모를 아마존Amazon과 타깃Target 물류센터가 희미하게 보였다. 요즘 물류센터나 창고 일은 비참함 그 자체다. 화장실 갈 시간이 없어 페트병에 소변을 보고, GPS로 위치 추적을 당하거나 진통제를 캔디처럼 입에 던져 넣으며 일한다는 등의 이야기가 수두룩하다. 하지만 아마존은 기자 출신 에밀리 구엔델스베르거Emily Guendelsberger가 쓴 그런 끔찍한 근무 환경을 다룬 책이나 유사 보도들을 부정하며, "일에 대한 열정과 자긍심, 몰입으로 고객에게 최고의 서비스를 제공하는 직원들"을 입에 침이 마르도록 칭찬한다.⁹

2020년 코로나19가 전 세계를 덮쳤을 때, 창고와 물류센터 노동의 혹독함이 수면 위로 떠올랐다. 제조업계 고용 인원이 줄었어도 경제는 돌아가야 했고, 더 싼 임금에 노조의 보호도 없는 고용 현장은 늘어났다. 2013년 붕괴 당시 1,132명의 노동자가 죽고 2천 명 이상이 다친 방글라데시 라나 플라자 의류 공장 같은 위험한 환경에서 여자들과 아이들이 일한다. 방글라데시 의류 제조공장이나 중국 폭스콘 공장에서 아이폰을 조립하는 노동자들의 환경은 지루하기도 하지만 육체적으로 힘들고 생명에 위협이 있기도 하다. 행여 들이닥칠 공장 감독관에게 억지로 웃겠지만, 누가 정말 이런 일을 즐길 수 있을까.¹⁰

수많은 글에 등장하는 광부나 공장 노동자들은 예나 지금이나 힘든 환경에서 일하고 있지만, 트럼프가 잘 이용했듯 화려하고 낭만적인 고정관념이 두껍게 덧칠되어 있다. 조지 오웰이 영국 맨체스터 외곽 위건 지역 탄광을 보고 "지옥이거나, 적어도 내가 상상하는 지옥 같다."라고 했던 말은 유명하다. 사회학자 루스 밀크만

Ruth Milkman이 만난 뉴저지주 제너럴 모터스 공장 노동자들은 직장이 '감옥 같다'고 했고, 로즈타운 제너럴 모터스 노동자들은 경영진을 '작은 나치 비밀경찰'이라고 했다. 로즈타운 공장에서 최근 퇴직한 처키 데니슨Chuckie Denison은 "공장에서는 노동자들을 쥐 잡듯 잡는다."라고 내게 말했다. 밀크만의 설명에 의하면 노조가 있었기 때문에 괜찮은 직장이었지, 하루하루가 덜 가혹하거나 좀 더 인간적이어서는 아니었다고 한다.[11] 그런 표준화와 통제로 노동자는 갈아 끼우면 그만인 톱니바퀴로 전락했다. 인디애나폴리스 공장은 문을 닫고, 노동력이 싼 멕시코나 방글라데시에 다시 공장을 세우면 그만이었다. 혹은 완전히 기계화해버리거나.

하지만 미국과 서유럽 같은 고비용 지역의 노동력을 아웃소싱하거나 자동화하면서 선진국의 노동 속성에도 변화가 일어났다. 고용주들이 산업 자본주의를 통해 그토록 열심히 빼앗아 가려 했던 인간 고유의 특성을 오히려 다시 쫓는 기이한 현상을 낳았다. 창의성, 사람을 다룰 줄 아는 능력, 배려 등은 고용주들이 일을 사랑하는 직원에게 바라는 능력이다. 그런 인간적인 면들을 활용하면 일이 덜 비참해질 것 같지만, 오히려 일이 삶의 모든 측면을 천천히 잠식하고 만다.[12]

우리를 여기까지 몰고 온 정치 프로젝트가 바로 신자유주의다. '후기 포드주의' 혹은 '후기 자본주의'라고도 한다. 정치철학자 아사드 하이더Asad Haider에 따르면, 신자유주의는 구체적으로 두 가지로 나뉜다. 하나는 2차 대전 후 자본주의 위기에 대응하기 위해 국가가 주도한 사회·정치·경제의 구조조정이고, 또 하나는 사회적인 측면에서 체계적으로 시장 관계를 재편성하려는 이념이다. 후자를 성공시키려면 1960년대와 1970년대 일었던 사람들 사이의 해방 욕구를 뒤틀어야 했다. 즉, '자유'를 '하고 싶은 것을 한다'의 긍정적 개념에서 '간섭 받지 않는다'는 부정적 개념으로 재정의해야 했다. 신자유주의는 우리가 원하고 필요로 하는 모든 것은 가격표가 달린 것에서 찾을 수 있다고 부추긴다.[13]

신자유주의는 우연히 일어난 일이 아니라 일련의 투쟁에서 승리한 쪽이 내린 선택의 집합체였다. 승자들은 모든 것이 경쟁에 종속되도록 국가를 재편했고, 사유재산권을 시행했고, 부를 축적할 수 있는 개인의 권리를 보장했다. 공공서비스를 악덕 민간 업자에게 팔아치우자 시민들은 고객이 되었다. 신자유주의자들은 자유가 눈앞에 버젓이 있으니 구매하기만 하면 자유를 얻을 수 있다고 주장했다.[14]

신자유주의는 1973년 칠레에서 아우구스토 피노체트Augusto Pino-chet가 사회주의 노선의 살바도르 아옌데Salvador Allende 정권을 쿠데타로 무너뜨리고, 미국 경제학자들의 조언을 따라 강제로 경제를 재편할 때 태어난 용어이다. 그해는 1차 석유파동으로 전 세계에 불황이 닥쳐 자산가치가 폭락하고 자본주의의 위기가 시작된 시기였다. 실업률과 물가가 상승했고 변화를 요구하는 사회운동이 들끓었다. 하지만 피노체트는 만행과 고문으로 자유에 대한 요구를 짓밟

고 신자유주의를 위한 길을 터주었다.[15]

이렇게 신자유주의는 폭력적인 방식으로 칠레에서 시작되었지만 민주적으로 선출된 정부들의 지지를 받으며 전 세계로 퍼져나갔다. 1979년 영국 총리 자리에 오른 마거릿 대처Margaret Thatcher는 노조를 짓밟고 연대감을 꺾었다. 공공부문 민영화를 단행했고 공공주택을 민영아파트로 바꿔버렸다. 잃을 것이 없던 사람들에게 대처주의Thatcherism는 잔인함을 즐길 수 있는 빌미가 되었다. 이들은 줄어든 복지정책으로 형편이 더 나빠진 사람들에 대한 부정적 연대를 키웠다. 대처는 "경제는 수단일 뿐이고, 목적은 영혼을 바꾸는 것이다."라고 말했다.[16]

아마도 대처는 "대안은 없다There Is No Alternative(TINA)"라는 말로 가장 유명할 것이다. 공산주의가 여전히 건재했고, 유럽 대부분이 사회민주주의에 젖어 있던 시기에 대처는 자신의 노선을 뚜렷이 밝힌 것이다. 영국의 이론가 마크 피셔Mark Fisher가 말하는 "자본주의 리얼리즘Capitalist Realism", 즉 자본주의 외에는 다른 어떤 방식으로도 세계가 존재할 수 없다는 현상의 토대가 된 것이 바로 TINA였다. 신자유주의는 그러한 사실주의에 기초를 두고 있다. 심지어 그 사실주의가 위태롭더라도.[17]

미국에서는 1980년 당시 연방준비제도 의장이었던 폴 볼커Paul Volcker가 단행한 통화 공급량 제한과 기준금리 대폭 인상, 이른바 볼커 쇼크로 수만 개의 기업이 파산했다. 오하이오주 영스타운 같은 도시들에서는 5명 중 1명 이상이 실업자였다. 같은 해 취임한 로널드 레이건 대통령은 대규모 감세와 항공관제사 노조 해체를 단행하며 대처의 뒤를 따랐다. 1970년대 정치·경제적 위기로 탈공업화가 이미 시작되었고, 대처, 볼커, 그리고 레이건은 여기에 가속페달을 밟았다. 선진국 공장들은 생산을 멈췄고, 다른 지역으로 이전하거나 자동화되었다. 요구사항 관철을 위해 생산을 멈추겠다며, 파업을 무기로 사용했던 자동차 노동자들은 순식간에 공장 가동을 요구하는 위치로 내려앉았다. 조시아 클로버는 저서 『폭동, 파업, 폭동Riot, Strike, Riot』에서 이런 상황을 "인정의 덫, 즉 생존을 위해 노동착취를 받아들일 수밖에 없는 위치로 전락하는" 것이라고 했다. 이러한 인정의 덫 바로 다음 단계가 사랑의 노동이다.[18]

판매직, 의료분야, 서비스와 전문기술 분야 일자리가 공장 일자리를 대체하기 시작했다. 지식경제이고 우리가 하는 일이 신나고 창의적인 일이라고 흔히들 말하지만, 대부분 사람이 하는 일은 서비스직에 가깝다. 그리고 이런 일은 인정의 덫에 물려 억지로라도 웃지 않으면 퇴출당한다.[19]

역설적으로, 신자유주의가 옹호하는 자유와 선택의 이상은 불평등을 정당화하는 장치로 작동한다. 선택을 한 주체는 선택이 잘못되었을 때 대가를 치러야 한다. 복지가 축소된다는 것은 바로 잘못된 선택의 대가가 치명적일 수 있다는 것을 의미한다. 정치이론가 애덤 코츠코Adam Kotsko는 이런 자유를 "조직적으로 비난받아도 마땅하다는 공감대를 형성하는" 또 하나의 덫이라고 했다.[20] 이런 구조는 늘 개인에게 모든 짐을 씌운다. 스스로 내린 선택의 결과가 지금의 삶이고, 실패해도 도와주기는커녕 동정할 이유가 전혀 없다. 마크 피셔는 민영화와 함께 스트레스, 우울증 확산, 불안감 증폭의 민영화도 동반되었다고 강조한다. 일자리를 구하지 못했다면 그만한 능력을 키울 만큼 충분히 (그 노력이 무보수일지라도) 노력을 하지 않았기 때문이고, 원하는 일을 하게 되었는데도 비참하다면 다른 일을 구하라는 식이다. 이런 논리는 잦은 이직률을 정당화하고 기업은 필요할 때마다 원하는 노동력을 고용하기도 쉽고 해고하기도 쉬워진다.[21]

이 시기에 대처가 했던 또 하나의 유명한 말이 있다. 실제로 대처는 "사회가 누구예요? 그런 건 없습니다. 개개인의 남녀가 있을 뿐이고 가족이 있을 뿐입니다."라고 말했지만, 보통 "사회 같은 것은 없다There is no such thing as society"로 알려져 있다. 사회가 없어졌고 가족과 직장 사이의 경계가 모호해져 개인의 삶을 보낼 수 있는 시간이 거의 없다 보니 우리는 일을 어떻게든 더 즐겁게 하려고 노력하고, 심지어는 다른 곳에서 찾지 못한 사랑을 일에서 찾으려고 노력하게 되었다. 이 책을 쓰는 내내 고용주가 직장을 "가족 같은 곳"이라고 말한다는 노동자들을 만날 수 있었다. 어느 비디오게임 회사는 '가족Family'와 '회사Company'를 합쳐 자기들을 '팸퍼니Fampany'라고 홍보한다. 그들에게 자기가 하는 일을 사랑하지 못하는 것은 개인적 수치일 뿐이다. 어쨌든 사랑은 우리 안에 있는 무한히 샘솟는 자원이고, 직장이 가족이라면 당연히 직장도 사랑해야지?[22]

타인에 대한 사랑을 직장에 대한 사랑으로 바꾸게 되면 유대감이 허물어진다. 대처는 노동자들이 직장에서는 물론, 퇴근 후에도 서로 결속할 수 있는 매개였던 노조를 해체함과 동시에 사회 같은 것은 없다고도 말했다. 노동자가 일과 일대일 사랑 관계를 맺고 있는데 일이 노동자를 사랑해주지 않는다면, 그 해법은 사랑받기 위해 더 열심히 일하는 것이지, 동료들의 힘을 빌려서는 안 된다. 집단행동은 상상도 하지 말고, 유일한 답은 더 열심히 일하거나 아니면 떠나면 된다.[23]

하지만 최근 들어 사랑이라는 가면 뒤에 숨은 강요가 드러나기 시작하면서 노동자들이 다시 행동을 개시하기 시작했다. 사랑의 노동이 부질없음을 경험하며 겪는 번아웃 증상에 주목하기 시작했다는 것이 한 예이다. 반복되는 해고, 만성적인 저임금, 민간부문 지원 축소 등의 요인들로 일을 사랑하기가 점점 더 힘들어졌다. 필수 인력들은 코로나19 기간에도 출근해야 했고, 그들의 근무 여건을 통해 노사관계의 핵심에 숨어 있던 강요가 드러났다. 우리는 아무리 시키는 대로 다 해도 우리가 한 선택 때문에 계속 벌을 받고 있다. 학자금 대출은 쌓여가고, 근무 시간은 늘어나고, 친구들과 놀고 있든, 장례식장에 있든, 자기 전이든, 휴대폰으로 직장 이메일에 답을 해야 한다.[24]

자본주의 초기에 사람들을 일터로 밀어 넣을 때 썼던 방법은 강요였지만, 신자유주의는 일은 좋아서 하는 것이라는 이념으로 포장했다. 하지만 숨겼던 강요가 차츰 드러나면서 칠레, 퀘벡, 시카고 등지의 파업은 물론, 세계 곳곳의 기후변화 시위까지 반발도 거세졌다. 신자유주의는 일로부터의 자유가 아니라 일을 '통한' 자유를 주입하려고 힘썼지만, 현재 전 세계에서 일고 있는 반발의 의미는 우리는 더 이상 속지 않는다는 것이다.[25] 자본주의 노동자의 현실은 직장에서 자신이 통제할 수 있는 것이 거의 없다. 일이 상대적으로 즐겁든, 월급이 얼마나 오르든 그 사실은 변치 않는다. 소외감은 감정 문제라기보다, 어디서 일하고 얼마나 열심히 일할지를 내가 결정할 수 있느냐, 내가 만든 제품이나 내가 제공하는 서비스를 내가 통제할 수 있느냐의 문제이다.[26]

가치 창출과 자본의 축적을 위해 노동이 필요하지만, 이제까지 살펴봤듯 노동자는 그 과정에 반기를 들 소지가 다분하다. 우리도 결국 엉망이고, 욕심부리고, 배고프고, 외롭고, 화내는 인간일 뿐이다. 흔히들 안 맞는 일을 그만두고 좋아하는 일을 찾아갈 자유가 있다고 하지만, 실상은 먹고살아야 하고 잘 곳과 의료보험도 필요하다 보니 그 자유는 제약을 받는다. 자본주의 위계질서에서 우리의 위치는 얼마나 열심히 하느냐로 결정되는 것이 아니다. 우리가 통제할 수 없는 인종·성별·국적과 같은 수많은 요인으로 결정된다. 정치이론가 캐시 윅스Kathi Weeks의 말대로, 일은 곧 정치·사회적으로 종속된 우리다.[27]

다시 말해 일은 우리가 어떤 사람인지를 알려준다. 일하는 방식의 변화와 자본주의 자체의 변화로 우리 삶에 대한 기대와 어디에서 어떻게 성취감을 찾아야 하는지에 대한 기대도 바뀌었다. '좋은' 직장이라는 개념은 시간과 투쟁 속에서 변해왔다. 그 점을 꼭 기억해야 할 것이다.

◊◗◊

일이 성취감의 근원이 되어야 한다는 생각은 이제 상식처럼 되어 버려서 아니라고 하면 반발을 살 정도다. 저명한 이탈리아 이론가 안토니오 그람시Antonio Gramsci는 상식은 역사의 산물이고, 사람들의 통념도 사실 물질적 힘에서 오기 때문에, 물질의 상태가 변하게 되면 통념도 바뀐다는 사실을 우리에게 상기시킨다. 그람시가 주장하는 패권은 한 집단이 물질적 힘은 물론, 문화를 통해 자신들의 이해관계에 맞게 세상을 결정하는 방식을 말한다. 즉, 패권이란 우리의 삶에 영향을 미치는 권력구조에 우리가 동의하게 되는 과정이다.[28]

그런데 상식이 사실과 다른 경우가 종종 있고 심지어 우리도 어느 정도는 동의할 때가 있다. 게다가 꼭 백 퍼센트 믿어야만 무언가에 동의할 수 있는 것은 아니다. 다들 마치 믿고 있는 양 단순하게 행동하는 정도로도 충분하다.

막스 베버는 자신의 유명한 저서 『프로테스탄트 윤리와 자본주의 정신』에서, 초기 개신교가 어떻게 직업적 소명이 요구하는 근면함과 (천국에서 누릴) 지연된 만족을 당시 고개를 들던 자본주의에 빌려주었는지를 설명했다. 무엇보다도 초기 자본주의 정신은 자본 축적 자체에 목적을 둔 꾸준한 자본 축적이 소비를 목적으로 한 자본 축적보다 가치 있다고 믿었다. 소비나 그 외의 즐거움은 멀리해야 했다. 노동은 '올바르게 되기' 위해 하는 것이지 행복해지려고 하는 것이 아니었다. 베버는 교회에서 비롯되었을 이 믿음이 이후 오랫동안 상식으로 굳어졌다고 말했다. "청교도들은 직업적 소명으로 일하기를 원했을지 모르지만, 지금 우리는 그저 그렇게 하라고 강요받고 있다."[29]

프랑스 학자 뤽 볼탕스키Luc Boltanski와 이브 시아펠로Eve Chiapello는 베버의 주장에 근거해, 시간이 흐르면서 변한 자본주의 정신과 함께 새로운 노동윤리가 나타났다고 주장한다. 이들에 따르면, 자본주의는 크게 세 시기로 나뉘고 그 시기마다 자본주의 정신은 매번 다른 질문에 답해야 했다고 한다. 1. 사람들은 자신과 가족을 위해 어떻게 생계를 꾸려가야 하는가? 2. 자본 축적 과정에서 딱히 얻는 것도 없는데 어떻게 열정을 찾을 수 있을까? 3. 불공정하다는 비난을 받는 자본주의를 어떻게 정당화하고 옹호할 수 있을까?[30]

자본주의를 정당화해야 할 필요성은 사람들이 실제로 자본주의에 도전하기 때문이다. 자본주의가 돌아가는 과정을 보니 불평등이 보이고, 그래서 파업하고 폭동을 일으키고 순순히 출근하기를 거부하는 등 반발한다. 이러한 저항들로 위기를 맞아 변화가 불가피해진 사회는 새롭게 노동을 정당화할 논리와 체계를 만들어내야 하고, 그에 맞게 변화해야 한다. 일터에서 벌어지는 이런 싸움의 불똥이 우리 삶에까지 튄다. 정치철학자 낸시 프레이저Nancy Fraser는 이를 경제와 사회, 생산과 재생산, 일과 가족 사이의 경계를 두고 싸우는

'영역 싸움Boundary Struggles'이라고 부른다.[31]

이러한 투쟁이 낳은 변화와 함께 새로운 노동윤리와 자본주의 정신이 태어난다. 한 예로, 포드주의 타협이 만들어낸 자본주의 정신을 담은 향수 어린 수많은 이야기가 존재한다. 주말이면 가족과 시간을 보내고 휴가도 가고 괜찮은 복지 혜택을 누리는 제너럴 모터스 로즈타운 공장 노동자들처럼. 한 사람의 수입으로 좋은 물건들도 살 수 있었고, 아내는 집에서 아이들을 돌보고 가족을 위해 장도 봤다. 가족 임금제, 직장인, 교외의 시대였다. 즉각적인 보상을 멀리하라던 프로테스탄트 윤리와는 작별하고, 산업 시대의 노동윤리는 노동자에게 최소한 약간의 즉각적 보상을 약속했다. 일이 사회에서 성공하는 방법이었지만, 사람들이 일을 즐기느냐가 중요한 문제는 아니었다.[32]

산업 시대 노동윤리에서 노동 자체를 즐기라는 지금의 노동윤리로 생각이 바뀌려면 변화가 필요했다. 요즘에는 활기 넘치고, '융통성 있고,' 인터넷을 잘 다루고, 창의적이고 배려할 줄 아는 노동자를 이상적으로 본다. 이들은 일은 사랑하지만, 배우자를 계속 갈아치우듯 직장을 옮겨 다니고, 장시간 일하거나 집과 직장의 경계를 명확하게 잡지도 않는다. 평생 한 직장을 다니다 은퇴해 연금을 챙겨가던 산업 시대 노동윤리의 표어는 고용 안정성이었지만, 이제는 성취감이다. 게다가 산업 시대에는 가능한 개인적인 단계에 머물러 있기를 강요받던 동료애, 감정, 사랑과 같은 것들이 갑자기 직장이 요구하는 것들로 둔갑했다.[33]

이 새로운 노동윤리는 노동자들이 하루아침에 '그래, 이런 식으로 일하자'고 해서 시작된 것이 아니라, 자본주의의 변화로 시작되었다. 세계화가 진행되며 단순하고 지루한 일은 선진국에서 노동력이 싸고 노동착취가 상대적으로 쉬운 후진국으로 떠밀려졌다. 볼탕스키와 시아펠로는 자본주의를 비판했던 1960~1970년대 사회운동과의 싸움 속에서 자본주의가 같이 변했다고 주장한다. 이들은 당시 자본주의가 비판 받던 두 가지 측면을 지적한다. 하나는 20세기 중반 자본주의의 순종, 즉 당시 자본주의의 강압적인 지루함을 비판했던 '창의적Artistic' 비판이었고, 또 다른 하나는 자본주의의 궁극적인 불평등을 비판한 '사회적Social' 비판이었다. 자본주의의 궁극적인 불평등에 대해 지리학자 루스 윌슨 길모어Ruth Wilson Gilmore는 소수가 자신들의 욕구를 채울 때, 그 외의 수많은 사람은 "조직적으로 버림받는" 구조라고 했다.[34]

창의적·사회적 비판은 창의 노동과 돌봄 노동, 즉 사랑의 노동이 가진 양면을 반영한다. 창의 노동과 돌봄 노동은 공장 노동과 사회의 위계 구조, 교외의 중산층 부르주아 가정, 모든 것이 상품화된 세상에 반발한 노동자들의 요구를 일부 역으로 수용한 것이다. 1960년대 많은 노동자가 반발하며 고용 안정성과 자율성이 함께 개선되기를 요구했고, 창의적 비판과 사회적 비판 사이의 접점을 찾느라 모두가 분주한 사이, 자본주의가 교묘히 그 사이를 파고들어 새로운 직업 정신과 직업 형태를 심어놓은 것이다.[35]

이탈리아 피아트Fiat 자동차 조립 공장이나 오하이오주 로즈타운 포드 자동차 공장 등 1970년대 산업사회 곳곳에서 노동자들은 더 많은 것을 요구하고 나섰다. 이러한 작업장에서 사회적·창의적 비판을 뭉뚱그리는 현상이 가장 뚜렷이 나타났다. 은퇴 전까지 40년 동안 조립 라인에서 몸이 부서져라 일해야 하는 노동자들이 반기를 들기 시작한 것이다. 1970년대 로즈타운에서는 젊은 노동자로 구성된 여러 단체가 작업 자체를 반대한 무단 파업도 흔했다. 급여 인상이나 수익분배 요구는 물론, 인생을 생산라인에서 보내야 한다는 억지에도 반대했다. 하지만 결국 이들은 자율성을 고용 안정성과 맞바꾸고 말았다.[36]

포드주의 공장 노동에 대한 반발의 이면에는 교외에 단란한 가정 개념에 대한 반발도 있었다. 페미니스트이자 사회운동가 베티 프리던Betty Friedan이 "여성성의 신화Feminine Mystique"라고 했던 교외 전업주부 역할에 여자들이 반발했고, 더 큰 성취감을 느낄 수 있는 급여를 받는 일을 요구하고 나섰다. 경제적으로 자립할 정도로 수입이 생기기 시작하자 남편의 필요성은 덜해졌고, 결국 가족 형태 자체의 변화가 초래되어 직장만큼 가정도 불안정해졌다.[37]

1970년대 이들이 요구했던 것과 실제 얻어낸 것의 차이는 시사하는 바가 컸다. 노동자들은 일에 대한 민주적 통제권을 원했지만, 돌아온 것은 종업원지주제였다. 근무 시간 단축과 고용주의 요구에 덜 시달리는 삶을 원했지만, 일자리가 줄고 일은 임시직으로 쪼개졌다. 덜 위계적인 노동조합을 원했지만, 오히려 조합 파괴로 이어졌다. 창의적인 취미를 즐길 자유를 원했지만, 대신 노동자들은

"전문 경영인 체제와 조직 관리의 효율성을 강조하는 관리주의와 쇼핑 문화"를 받았다고 마크 피셔는 말한다. 가부장적 가족 구조의 변화를 원했지만, 되려 직장 동료를 가족처럼 대하고 인맥 관리를 하라는 훈계를 들어야 했다. 더 재미있는 일을 원했지만, 그럴수록 일만 더 하게 될 뿐이었다. 진정한 인간관계를 원했지만, 대신 일을 사랑하라는 요구를 들었다.[38]

◊ ❥ ◊

역사적으로 노동자들은 패배했고, 우리는 그 결과를 참아내며 살고 있다. 세계 질서의 변화로 노동자 계급이 분열되어 자기들끼리 경쟁하게 되었지만, 최상위에 있는 소수 막강한 부를 가진 이들은 권력과 부를 한층 더 불려 나갔다. 일에 대한 현재 우리의 상식도 앞뒤가 바뀌었다. 일이 우리의 시간, 두뇌, 체력은 물론, 사랑까지도 요구하는 이 현실은 승리가 아니다. 자유와 풍족함 둘 다를 요구했던 1960~1970년대 운동들의 이상은 사라지고 이제 아무것도 남지 않았다. 페미니스트 운동가이자 학자인 실비아 페드리치Silvia Federici는 이렇게 썼다. "일터에 우리의 욕구를 채워주는 활동들과 관계를 심어 놓았고, 그것이 우리의 삶을 목 조르고 있다."[39]

산업계 일자리가 줄면서 어느 정도의 사랑의 노동윤리가 요구되는 직종으로 더 많은 사람이 흡수되고 있다. 미국의 경우 가장 많은 인력이 유입되는 분야는 간호, 식당, 방문 의료서비스와 같은, 모두 다른 사람들을 돌봐야 하고 특정한 성이 선호되는 직업이다. 이런 서비스직들에서는 여자들이 '타고났다'고 생각되는 능력을 활용하며, 가사의 연장선 정도로 생각한다. 일자리 중 증가세가 가파른 또 다른 분야는 돈은 더 많이 받지만, 일에 대한 열정을 장시간 노동으로 보여줘야 하는 개발자들이다. 이들이 하는 일은 연예인이나 나 같은 기자들이 하는 창의적인 일에 좀 더 가깝고, 이 일이 창의적으로 여겨지는 이유는 창작이라는 작업에 대한 구닥다리 사고방식 때문이다.[40]

　타인을 돌보는 일이 엄마의 헌신적 사랑과 같게 여겨지듯, 창의적인 작업도 로맨틱한 사랑과 같다. 단지 약간 다른 점은 자기희생이 따르고, 사랑 받으려면 어느 정도의 자발적 헌신이 필요할 뿐이다. 하지만 일은 절대로 당신을 사랑해주지 않는다. 다시 말해, 일터에서 행복해야 한다는 강요는 늘 일하는 사람에게 감정 노동을 요구한다. 일에 무슨 감정이 있단 말인가. 자본주의가 어떻게 사랑을 한단 말인가. 일이 우리에게 자기실현 같은 것을 가져다줄 것이라고 기대하는 이 새로운 노동윤리는 실패할 수밖에 없다. 대체로 일은 우리를 행복하게 해줄 수 없고, 행복을 주는 일이라 해도 종종 깊은 좌절감을 맛보게 될 수밖에 없다(예를 들어 난 오늘 컴퓨터 모니터 앞에서 장장 12시간을 보냈다. 현재 시각 오후 8시, 전자레인지에 데운 플라스틱 용기에 담긴 수프를 먹으며 꽤 잘 쓴 내 글을 보고 흡족해하고 있다). 진심으로 우리를 아끼는 희귀한 고용주를 만날 수도 있지만,

어쨌든 고용주일 뿐이고 그에게는 돈 문제가 우리보다 더 중요하다.[41]

자본주의는 포드주의 시절에도 직장의 경계를 훌쩍 넘어 사회 전반에 작용한 것처럼, 지금도 우리 삶의 모든 면에 영향을 미치고 있고, 단순히 수익을 뽑아내는 수준을 넘어선다. 캐시 윅스는 노동 현장에서 자행되는 위압과 종속이 자본주의의 핵심이고, 사람들 대부분은 자유가 거의 없는 자신들의 현실을 일하며 알아간다고 강조한다. 자동화, 감염병의 세계적 대유행, 기후 위기 문제가 무시무시하게 드리워진 미래를 생각하면 인류 번영에 필요한 것을 생산하는 데 그 어느 때보다 적은 사람이 필요하리라는 것은 점점 분명해지고 있다. 현재 우리의 일과 세계는 지구 파멸을 돕고 있다. 하지만 직업이 있든 없든, 우리가 필요로 하는 것을 가질 수 있는 세상은 여전히 상상 밖이다. 이것이 '직장의 현실'이다.[42]

'사랑하는 일'이라는 마법을 우리는 어떻게 깰 수 있을까? 사랑은 '인간' 사이에서만 가능하다고 이해하는 것이 출발점이 될 수 있다. 연대감처럼 사랑은 반드시 쌍방이 존재한다. 과거에 사랑은 사람들이 일 외의 다른 것을 소중하게 생각하도록 만든다는 이유 하나만으로 잠재적으로 파괴적이라고 여겨졌다. 직장이 당연히 사랑을 흡수해야 했다. 일이 사랑을 줄 수는 없지만, 동료라면 가능하다. 그리고 우리가 속박에서 벗어나는 데 필요한 것이 바로 직장의 계약관계를 초월하는 이 유대감이다.

계층 간 투쟁 속에 생기는 사람들 사이의 결속이 유대감이다. 역사가 E. P. 톰슨E. P. Thompson은 계층이 특정한 사람들의 타고난 일련의 특징이라기보다, "일부 사람들이 (누구에게 받았든 누구와 나누었든) 자기들끼리, 그리고 관심사가 다른 (보통은 반대되는) 사람들과 경험을 공유하면서, 자신들만의 관심사가 생기고 명확해질 때 생겨난다."라고 썼다. 계층에 대한 좌절감은 모든 직장에서 무조건 느끼는 것이 아니라 노동자들이 자신들이 가진 힘, 즉 무력함을 깨닫게 되는 그런 직장에서 느껴진다.[43]

노동자 계층은 안정된 독립체도 명확한 부류도 아니다. 상황이 바뀌어 자본주의가 변하며 그에 맞는 새로운 노동윤리가 태어나면 함께 변할 수밖에 없는 집단에 불과하다. 우리가 '계층구성Class Composition'이라고 부르는 과정은 일과 삶이 자본주의에 의해 정의되었던 노동자들이 자신들을 어느 한 계층으로 이해하고 집단적 이해관계에 맞게 행동하기 시작할 때 나타난다. 그런 과정이 지금 일어나고 있다. 자신이 중산층이라고 생각해왔던 노동자들이 권력구조에서 자신들은 여전히 노동자라는 것을 깨닫기 시작했기 때문이다. 이제 비디오게임 프로그래머도 자신의 처지가 우버 운전사의 처지와 별반 다르지 않다고 생각할 수 있다.[44] 만약 대부분의 노동자가 (우버 운전사나 프리랜서 기자처럼, 어깨너머로 감시하는 직속 상사조차도 없는 경우도 포함해서) 피고용자이고 근로조건을 결정할 힘이 거의 없다면, 그것이 그 사회를 크게 관통하고 있는 부정하기 힘든 시류다.[45]

요즘 노동자 계층은 인종과 성에 있어 보통 우리가 생각하는 안

전모를 쓰고 작업을 하는 공장 노동자가 아니다. 생각보다 훨씬 다양하며, 트럼프 전 대통령이 캐리어 공장을 방문해 젊은 흑인 여성 근무자들과 기념사진을 찍었던 일은 그러한 여성들이 아직도 산업 인력의 상당수를 이루고 있다는 사실을 우리에게 상기시킨다. 요즘 노동자 계층은 더 이상 모두 남자이거나 백인이거나 제조산업에 국한되지 않는다. 역사가 가브리엘 위난트Gabriel Winant가 지적했던 것처럼, "돌봄 노동, 이민자들이 하는 일, 저임금 노동과 임시직 경제Gig Economy와 같은 여성화, 인종적 다양성, 불안정함"으로 다양하게 정의된다. 노동자 계층의 삶은 직장 밖에서도 자유롭지 못하다. 살 곳을 구하기가 더 힘들어졌고, 교육비와 의료비는 더 비싸졌고, 집안일까지 책임져야 한다. 기술 발전으로 고용주들은 판매직 근무자들의 근무 시간을 잘게 쪼갤 수 있게 되었다. 사무직 근무자들이 집에서 종일 일하게 할 수 있게 되자 멀리서 조종하며 쥐어짤 수 있게 되었다.[46]

당신이 이 책을 통해 만나게 될 노동자들은 일을 사랑해서 열심히 일한다는 개념에 도전해왔고, 흔히 간과되고 악용되는 착취라는 중요한 개념을 일깨워줄 것이다. 착취를 착취라고 생각하지 못하게 되는 이유는 우리가 사랑의 노동 신화에 현혹되어 있기 때문이다. 자본주의에서는 나의 노동으로 생산된 결과물이 내가 받는 급여보다 가치가 더 클 때 착취다. 즉, 누군가가 나의 노동으로 이익을 취하고 있다는 얘기다. 시간당 10달러를 받으며 자신을 고용한 사람이 고임금 직장에서 훨씬 많은 돈을 벌 수 있도록 돕는 보모는 물론, 연봉 20만 달러를 받으며 구글이 연간 70억 달러 이상을 챙기는 데 일조하는 프로그래머도 착취당하고 있기는 마찬가지다. 일을 사랑해서 열심히 한다는 것은 가면 뒤에 숨은 착취의 최신판일 뿐이다. 그리고 점점 더 많은 사람들이 그 가면을 벗겨내려고 하고 있다.[47]

당신은 이 책 속에서 새로운 종류의 노동자들을 많이 만나게 될 것이다. 그들은 게임 개발자, 고등학교 교사, 예술가, 장난감 체인점 토이저러스Toys R Us 판매직원들이다. 그들은 자신들만의 공간을 만들어왔고, 전국적인 캠페인, 노조 활동, 입법 로비를 벌여왔다. '노동자'로서 더 나은 처우를 요구하며 파업도 해왔다. 그들의 이야기를 통해 우리는 어떻게 과거 일부 직장에 국한되었던 사랑의 노동 윤리가 오늘날 다양한 일터에 확대되고 적용되어 왔는지를 살펴볼 것이다.

1부에서는 사랑의 노동이 가정 내 여성들의 무급 노동에서 시작해, 가사 노동자, 교사, 서비스직과 비영리 부문까지 확대되는 과정을 따라가본다. 물론 간호사, 마트 직원, 식당 종업원, 콜센터 상담원도 여기에 포함된다. 코로나19 기간에 이런 일들 대다수가 '필수' 혹은 '핵심' 직종이라고 불렸던 점에 주목할 필요가 있다. 이들은 우리 모두의 생존을 위해 위험을 감수하며 계속 일해야 한다는 기대를 고스란히 떠안았다. 이런 일을 하는 노동자들은 웃음을 띠고 마음에서 우러나는 서비스를 제공해야 하고, 고객의 감정과 필요를 늘 자신들의 감정과 필요보다 우선시해야 한다고들 한다.

2부는 남은 절반의 이야기다. '배고프지만, 예술에 대한 열정으로 불타는 예술가'라는 통념이 무급 인턴, 시간강사, 개발자와 심지어 프로 운동선수들에게까지 적용되는 과정을 따라가볼 것이다. 일 자체에서 보람을 찾고, 자신만의 특출함과 재능을 발휘할 기회로 일을 대하라는 소리를 듣는 방송계 노동자와 배우, 일러스트레이터, 음악가, 작가도 포함된다. 이들은 이처럼 멋진 일을 했으면 하고 선망하는 사람들이 수백, 수천 명이나 되니, 그 일을 하고 있다는 사실에 감사하라는 말을 듣는다.

물론 정말 일을 즐기는 사람들도 많지만, 이들 역시 순전히 좋아서 일해야 한다는 생각에는 반대하고 있다. 연대를 통해 어깨를 나란히 하고 서서, 다른 동료들과 함께 자신들의 근로조건을 바꾸기 위해 시간과 공간을 만들어가면서, 이들은 즐거움을 찾았다. 이들은 직장 밖 자신들의 시간, 마음, 생각에 대한 권리를 주장하고 있다.

당신도 그들과 함께해보길 권한다.

1부

우리가
사랑이라고
부르는 것들

사랑은 언제나 여자들의 일이었다: 가정의 돌봄 노동

이 일을 사랑해서 하는 것이 아니라, 우리가 멈추면 우리와 아이가 굶게 되기 때문에 하는 것이다. 자본주의 사회의 모든 노동처럼 가사 노동도 강제 노동이다.

레이 말론은 첫 뮤지컬을 준비하던 중 임신 사실을 알게 됐다. 20대 후반이었고 런던에 살며 정치적 목소리를 내기 시작했을 때였다. 임신 사실을 발견하기 일주일 전쯤인 2014년 어느날 페미니스트 예술 축제에서 공연할 배우를 모집하는 공고를 봤다. 유럽연합 탈퇴를 주장하는 브렉시트Brexit 관련 뉴스가 터져 나오기 며칠 전이었다. "그 사람들이 하는 말은 말장난처럼 들렸어요. 황당한 소리를 끝도 없이 해대더군요." 틀에 박힌 성 역할에 집착하는 영국 독립당을 보며 그들을 조롱하는 스윙 댄스 공연을 기획해야겠다고 생각했고, 마침 같은 주제로 공연을 준비하던 제작자와 함께하기로 했다.

임신 사실을 알고 한동안 충격에 휩싸여 지냈다. "너무 갑작스러웠거든요. 그리고 병원에서는 제가 너무 아프다고 하니까 자궁외임신인 것 같다고 하더라고요. 자궁 내막에 낭포가 있었는데 크기가 오렌지만 했어요." 자궁내막증도 있던 터라, 이번이 아기를 낳을 수 있는 마지막 기회일지도 모른다는 생각이 들었다.

마르고 아담한 몸에 핼쑥한 인상의 레이는 예술가의 손을 가지고 있다. 말할 때도 수를 놓거나 손을 쓰며 손을 가만히 두는 법이 없다. 이야기를 들려줄 땐 얼굴에서 빛이 나고 무대 위에서 관객을 휘어잡을 만한 매력도 엿보인다. 임신 중에도 큰 가발을 쓰고 과하게 여성스러운 의상을 입고, 자신이 평생 갖고 있던 전형적인 여성상을 구현하면서 조롱도 하며 춤을 췄다. "뱃속에 제 딸이 음악에 상당히 소질이 있었어요."라며 레이는 웃었다. 처음 해보는 정치극이었고 시민단체들과도 함께 일하며 정치인들이 말도 안 되는 논리를 늘려가는 만큼 뜻을 같이하는 사람들을 늘려갔다. "한 독립당 의원이 동성애자들 때문에 홍수가 났다고 하길래, 남성 동성애자 단원들을 세워 〈It's Raining Men〉을 불렀어요." 영국 독립당 창립자이자 대표인 나이절 패라지Nigel Farage 고향에도 공연을 가져갔고, 한 번은 패라지가 밤에 길 건너 술집에 나타났을 때, 단원들과 춤을 추며 그 술집으로 들어가려다가 쫓겨났다. 패라지는 나중에 자기 자식들을 쫓아다니며 괴롭히던 좌파주의자들에게 희롱당했다고 언론에 호소했다.[1]

그 일이 있고 다시 런던에 돌아왔을 때 백인 민족주의자들이 찾아와 협박했다. 레이는 당시를 이렇게 기억한다. "그때 이런 생각을 했었어요. '스트레스 받지 말자. 아이한테 안 좋아.' 그 사람들은 '아무 죄 없는 착한 아이들을 쫓아다니며 괴롭히는 좌파들 같으니!'라고 했어요. 하지만 그때 동료들이 나서서 '여기도 임산부가 있어요!'라고 소리쳤죠. 그때 나는 속으로 '아닌데, 난 좋은 엄마인데'라는 생각을 했어요."

"엄마로서의 제 여정은 그랬어요." 레이는 '좋은 엄마'와 '나쁜 엄마'라는 통념에 시달렸다. "워낙 가부장적인 집안에서 자랐기 때문에 혼자 아이를 키우는 것이 걱정스러웠어요." 일하는 여자들이 아이를 갖는 유일한 이유가 국가로부터 수당을 받기 위해서라는 사람들의 편견도 견디기 힘들었다.

노스웨일스에서 태어난 레이는 형제자매 여섯 중 막내이고 그들과 나이 차이도 좀 난다. 아빠는 영어 선생님이자 클라이밍 강사였고, 엄마는 일찌감치 학교를 그만두고 공방에서 일했다. "저희 집안 사람들은 대부분 예술가적 기질이 있는데 아마도 열여섯 살 때부터 공방에서 일한 엄마 덕분일 거예요." 아버지 영향도 물론 있었다. 유명한 시인 존 쿠퍼 클라크John Cooper Clarke는 레이 아버지 덕택에 시를 쓰게 되었다고 한다. 레이의 아버지는 학생들에게 "유명한 작가들처럼 글을 써라. 단, 아는 것을 써라."라고 지도해왔고, 레이도 예술계에 몸담고 있던 내내 그 말을 마음속 깊이 새기며 활동했다.

레이는 예술가의 삶은 불안정하다고 말했다. 이런 자문도 해봤다고 했다. "예술을 하면서 아이를 키울 수 있다고 생각하면 나 자신을 너무 기만하는 걸까? 나야 한 주 정도는 빵으로 대충 버틸 수 있지만, 하고 싶은 일을 하는 엄마 때문에 아이가 영양실조에 걸리면 안 되잖아." 아이 아빠는 한동안 극장을 함께 운영하며 가깝게 지냈던 사람이었는데 육아도 함께 하기로 했지만 둘 사이는 오래 가지 못했다. 아기가 태어나면 도움이 더 필요할 것 같았고 런던 집세도 만만치 않아 임신 8개월에 언니가 있는 셰필드로 이사하기로 했다.

언니가 식료품을 챙겨줬고, 보답이라도 하려고 조카들 돌보는 일을 거들었다. "갓난아이가 있으면 여러모로 참 약해져요. 가끔 간호사가 방문하는데요. '괜찮으세요? 아기는 밤에 안 깨고 잘 자요?'라고는 묻지만, 낯선 곳으로 갓난아기를 데리고 왔는데 지내시는 게 힘들지는 않으세요? 그리고 앞으로 어떻게 사실지 생각은 좀 해보셨어요?'라고 묻지는 않거든요." 정치적 상황도 우울했다. 브렉시트로 영국인들은 심각하게 분열되어 있었다. 공연을 함께했던 친구들이 그리웠다.

딸 놀라가 태어난 지 1년 정도가 되었을 때, 공연을 같이했던 동료 하나가 그리스에서 공연이 있다며 전화를 걸어왔다. 바로 그리스 레스보스섬으로 내려갔고, 아기를 등에 업고 전 직원이 여성인 극단이 올릴 셰익스피어 희극 〈템페스트the Tempest〉 연출을 총괄했다. 정말 포근했다. "같이 일하는 사람들이 모두 여자였고, 게다가 다들 딸을 잘 돌봐주어서 일하는 내내 마음이 따뜻했어요."

하지만 연극이 끝나고 딸과 정말 외진 시골 작은 집으로 돌아와야 했다. 맨체스터에서 기차로 20분 정도 거리였지만, 아이를 데리고 다니는 건 힘들었다. "완전히 고립된 것 같았어요." 집은 무상으로 받았지만, 마땅한 일도 없었고 전적으로 혼자 아이를 키우는 일이 차츰 버거워졌다. 자신의 처지를 푸념했다. "아이 아빠도 있고 가족이 오순도순 함께 살 집 융자도 받는 것 같은 '제대로' 아이를 키울 수 있는 환경을 누구나 누릴 수 있는 건 아니더라고요. 또 예술가로 살아가다 보면 종종 내 직업이 사치라고 느껴질 때가 있고, 뭔가 다른 사람의 삶을 살고 있다는 느낌에 자아가 통째로 흔들리는 것 같아요." 대학원까지 진학해서 연극을 공부했고, 투자한 것이 아까워 포기하고 싶지 않았다. 하지만 다른 많은 배우처럼 '과연 얼마나 더 이 일을 계속할 수 있을까?'라는 의심을 늘 안고 산다. 오래전 러시아에서 부잣집 가정교사 일을 잠깐 했었는데, 그때 부유층의 생활을 보며 예술 활동을 좀 더 열심히 해야겠다고 결심했다. "예술계에 노동자 계층의 목소리가 점점 줄어들고 있어요."

그래서 〈템페스트〉를 다시 할 기회가 왔을 때, 그것도 런던이어서 뛸 듯이 기뻤다. 딸은 아빠와 좀 더 가까이에서 지낼 수 있었고, 레이도 돈을 벌 수 있었다. 하지만 처음에는 생계를 이어가는 일이 거의 불가능했다. "한동안 공동주택에서 살았는데, 두 살짜리 딸이랑 원룸 같은 곳에서 지내기란 정말 끔찍했어요." 그다음에는 남의 집을 대신 봐주는 임시직을 전전하며 노숙자처럼 살았다. "정말 힘들었어요. 앞이 깜깜했어요. 돈도 없었고, 아무도 없고 딸과 저뿐이었어요."

새로 개편된 영국 사회복지수당으로 생활하며 가끔 임시직이든 뭐든 닥치는 대로 일하고, 아이 아빠가 조금 도와주기도 했다. 그런데 도시에 살아보니, "마치 부자 동네에 사는 가난뱅이" 같았다. 특히 부촌에서는 다들 복지수당을 받는 레이를 이상한 시선으로 쳐다봤고, 대개는 딸 양육을 노동으로 생각하지 않는다. "아이를 보육원에 보내려고 했더니 '어머, 매달 150파운드만 내시면 되네요?'라는 식으로 말하더라고요." 돈 문제를 캐묻는 보육원 사람에게, 복지수당을 받고 있고 전 남편이 선생님이라고 설명했다. "그러자 다른 누군가와 통화를 하면서 '일을 구한다고 그 대가로 보상받는 사람들이 정말 있네요?'라고 하더군요. 누가 내 배에 칼을 찔러 넣고, '당신 같은 사람은 이 사회에 필요 없어.'라고 말하는 것 같았어요."

주택수당 금액이 실제 임대료보다 적어서 대개는 어쩔 수 없이 런던을 떠나지만, 레이는 아이 아빠가 조금 도와주고 있었다. "집세로 돈이 너무 많이 나갔어요. '임대료가 아니라면 그 돈으로 뭘 할 수 있을까? 딸 아이 음악 수업? 휴가?' 뭐 그런 생각을 자주 했어요."

정직원 자리를 알아보고 다녔지만, 문제가 오히려 더 많아졌다. 복지수당을 계속 받으려면 정기적으로 취업지원센터에 들러야 했고, 아이가 클수록 자격요건도 까다로워진다. 딸이 세 살이 되면서, 복지수당 요구조건에 따라 정직원으로 취직해야 했고, 취업 코치와 상담을 위해 센터에 정기적으로 방문해야 했다. 하지만 학교에 다니는 딸을 맡길 곳을 찾기가 쉽지 않아, 직장을 다니는 게 의미가 있을까 하는 생각이 들었다. "부모로서 받는 스트레스는 끝이 없어요. 가난하고 궁핍한 상황에 이런저런 힘든 일이 겹쳐, 아이를 포기하는 엄마들도 있어요. 대학원까지 나온 저도 힘든 일이 너무 많아요. 누구한테 말할 수도 없어요. 나쁜 엄마로 보이고 싶지 않거든요."[2]

◇❥◇

사랑은 여자들의 일이다. 여자 아기는 분홍색으로 옷을 입히고, 태어났을 때부터 사랑은 여자의 일이라고 교육받는다. 성장하는 내내 주변 사람들의 필요한 것을 잘 챙기고, 웃고, 예쁘게 입고 다니라고 주입받는다. 성 역할은 가정에서 가장 먼저 강화되고, 여성들이 억압으로부터 해방되어 승리를 쟁취했으므로 페미니즘 자체가 불필요하게 되었다는 현재의 포스트페미니즘 시대에도, 가정은 여전히 남을 챙기는 무보수 노동으로 돌아간다. 그 일을 제대로 못 하면 레이 말대로 '나쁜 엄마'가 되고, '나쁜 여자'가 된다.[3]

이렇게 사랑의 노동은 가정에서 시작된다. 우리는 아직도 청소, 요리, 상처 치료, 아이가 걷고 말하고 읽도록 가르치는 일, 아이의 다친 감정을 다독이고 작은 위기를 잘 넘기도록 돕는 일은 여자들에게 맞는다는 말을 듣는다. 보통 기술은 연습을 통해 얻어지는데, 이런 일들은 기술로도, 학습해서 얻을 수 있는 것으로도 취급받지 않는다. 이런 가정에서의 억측이 수백만 명의 일터로 은밀히 흘러 들어와, 노동자들은 일한 것보다 적은 보수를 받고 과로하게 된다. 여자들이 하는 일은 사랑이고 사랑 자체가 보상이니 돈으로 순수함을 더럽히지 말라는 논리에 우리가 기꺼이 동의할 때 자본 수익이 창출된다.

여자들은 이것 중 어떤 일도 타고나지 않는다. 가족은 경제·정치·사회 제도였고, 지금도 마찬가지다. 자본주의나 국가 같은 제도가 노동력 통제를 위해 등장한 것처럼, 가족도 여성의 노동력을 통제하려고 시작됐다. 역사가 스테파니 쿤츠Stephanie Coontz는 이성 부모로 구성된 핵가족의 몰락을 슬퍼하는 것은 "우리가 한 번도 경험해본 적이 없는 것," 즉 한 번도 모두를 수용한 적이 없고, 아무도 제대로 보호받지 못했던 때를 향수하는 것과 같다고 썼다. 여성이 제공하는 노동을 싸게 혹은 무료로 유지하기 위해 고안된 체제의 붕괴를 아쉬워하는 것이나 다름없다는 뜻이다.[4]

노동윤리와 가족윤리는 함께 발전하기 시작했고 아직도 밀접하게 연관되어 있다. 보통 '일과 삶의 균형'이라는 표현은 퇴근 후 아이와 시간을 보내려고 노력하는 여자들의 이야기에 등장한다. 이렇게 가족은 자본주의의 요구와 충돌하는 것처럼 그려진다. 하지만 마르크스와 엥겔스 같은 이론가들은 우리가 아는 가족이란 실제로는 자본주의의 원활한 작동, 즉 자본주의 존립에 필수불가결한 노동자 잉태를 위해 존재한다고 주장했다. 우리가 임신 그 자체는 물론, 돌봄·요리·위로 등을 모두 '재생산노동Reproductive Labor'이라고 부르는 이유가 여기에 있다. 가족 개념이 위기에 처해 있다면 자본주의가 위기에 처해 있기 때문이고, 만약 현재 그런 균열들이 보인다면, 이 모든 제도에 대해 그간 우리가 들어왔던 이야기로는 이제 현실

을 은폐하지 못하게 됐다는 의미이다.[5]

부모가 2~3명의 자녀를 두고, 울타리 있는 집에 사는 가족의 모습은 결코 자연 발생하지 않았다. 역사의 산물일 뿐이며, 수많은 폭력과 투쟁을 겪으며 진화해왔다. 역사가 스테파니 쿤츠와 인류학자 피타 헨더슨Peta Henderson에 따르면, 재생산에 존재하는 단 하나의 "자연스러운" 사실은, 여자들이 "새로운 사회구성원을 생산하는 원천"이었다는 점이었다. 하지만 어떤 노동은 유급에 높은 평가를 받고 신화화되고, 다른 노동은 무급에 낮은 평가에 노동도 아니라고 인식되게 된 것은 자연스러운 것이 아니었다.[6]

학자들 사이에서는 남성주도 혹은 가부장제가 나타난 정확한 원인에 대해 의견이 분분하지만, 어떻게 여자가 아직도 대부분의 무급 노동을 하는 세상이 되었는지에 대한 실마리는 있다. 초창기 인류의 생산량이 소비량보다 많아지기 시작하면서 현재 우리가 결혼이라고 부르는 것과 비슷한 형태의 구성원 교환은 물론, 물건을 다른 집단과 교환하기 시작했다. 그런 물건들이 가족에게 물려줄 수 있는 개인재산이 되자, 여자들이 해야 했던 다른 노동과 함께 출산을 통제하는 것이 남자들에게 더 중요해졌다. 여자들은 단순히 억압받은 것이 아니라, 착취되었다는 이야기다.[7] 여자들의 노동을 남자와 가정에게 종속시킨 이러한 착취에 폭력도 일부 사용됐지만, 대개 이념으로 관철되었다. 시간이 흘러 결혼제도가 완성되어 가면서 '가족'은 현재 우리가 생각하는 가족 형태로 축소되었다. 고대 그리스에서 와서는 드디어 가족이 사회의 중심이 되었고, 여자들의

사회적 위치도 가정에서의 위치를 그대로 반영해 굳혀졌다.[8]

그렇다고 플라톤이 살던 당시 아테네의 노동과 가족이 1950년대 미국의 일과 가족과 같은 모습이었다는 뜻은 아니다. 우선 아테네의 번영은 노예 노동에 기반을 두었다. 하지만 자본주의의 도래 훨씬 이전, 제도로서 국가가 출현하던 시점에는 이미 여성의 종속과 돌봄 노동에 대한 경시는 굳건히 자리 잡혀 있었다.[9]

자본주의식 가정과 직장의 분리는 중세 유럽 때와는 판이했다. 초기 중세도시 여자들은 의사, 도살업자, 교사, 판매원, 대장장이로 일하며, 어느 정도의 자유를 누렸다. 페드리치에 따르면, 자본주의 이전 유럽에서는 공유재산권이 있던 여자들은 남자에게 덜 종속되었다고 한다. 하지만 자본주의 체제에서 "여자들은 공유재산으로 전락했고, 여성들이 하는 일은 천연자원으로 규정되어, 자본주의 시장 관계 밖으로 따로 분리되었다."[10]

이러한 여자들의 재생산노동 개편은 피를 흘려 완성시킨 것이다. 특히 지금의 가족관계가 형성된 배경에는 마녀사냥을 통한 유혈사태가 있었다. 여자들은 이전에 누렸던 권리와 급여를 박탈당했고, 여럿이 모이는 것도 혼자 사는 것도 금지되었다. 여자들에게 남은 단 하나의 안전한 곳은 남자였다. 결혼을 거부하거나, 산파나 치료사들처럼 약간의 재산이 있거나, 출산을 어느 정도 통제할 수 있거나, 혹은 낙태한 경험이 있는 여성들이 마녀사냥의 주요 표적이 되었다. 사실상 누구나 표적이 될 수 있었기 때문에 가능했던 테러였다. 그 테러가 지금 우리가 아는 성 개념을 낳았다.[11] 마녀사냥은 여자들을 공유지에서 내쫓아 집에 가뒀을 뿐만 아니라, 여성으로서 일하기를 거부하면 무슨 일이 일어나는지를 보여주었다. 페드리치는 그 시절 모두가 믿던 미신을 제거하는 일이 자본주의 노동윤리를 만드는 핵심이었다고 썼다. "미신은 부정한 힘이고 '일하지 않고 원하는 것을 얻으려는' 노동 거부나 마찬가지였다."[12]

'가족'과 '일'을 나누는 이분법이 성립되자 '마음 대 몸', '기술 대 자연', 그리고 당연히 '남자 대 여자'와 같은 다양한 이항대립도 생겨나 우리의 사고에 꾸준한 영향을 미치게 되었다. 또한 이 시기에 현재 우리가 알고 있는 인종 개념이 형태를 갖추기 시작했다. 특정 인종을 천부적 노예로 지정했고, 사회적으로 출산과 무관한 성행위를 처벌하기 시작했다. 이러한 격변의 시기 막바지에는 여자들은 급여도 권리도 박탈당한 채 가정 안에 꼭꼭 숨겨졌을 뿐만 아니라, 이런 현실을 초래한 그간의 폭력의 역사도 슬그머니 치워졌다. 페드리치는 이렇게 썼다. "여성 노동은 우리가 모두 누릴 수 있는 공기와 물과 같은 천연자원처럼 보이기 시작했다. 심지어 여자의 성생활도 일처럼 되었다." 제이슨 W. 무어Jason W. Moore와 라즈 파텔Raj Patel은 『저렴한 것들의 세계사A History of the World in Seven Cheap Things』에서 이 시기를 "대대적 길들이기"라고 했다.[13]

이것이 결국 레이 같은 엄마들이 여전히 갇혀 있는 이중고의 시작이다. 육아는 돈을 지불할 정도로 중요한 일이 아니라고 여기면서도, 가정 외에 다른 중요한 일이 있는 엄마는 나쁜 엄마라며 비난을 받는다. 나쁜 엄마가 되어 버리는 기준도 모호해서 그 낙인을 피해 다니기는 더 힘들다. 이렇게 가족과 일의 이분법이 착실히 자리 잡았지만, 자본가들은 남자들과 함께 혹은 남자들을 대신해서, 손이 빠르고 돈도 덜 줘도 되는 많은 여자와 아이들을 공장과 광산에 고용했다. 임금노동 초기에는 그런 일들이 즐겁다고 속이지도 않았다. 유일한 선택은 일하거나 아니면 굶거나 였기 때문이다. 임금노동자들의 비참한 삶을 알게 된 사람들은 어떻게든 그런 노동을 피하려고 했고, 기업과 국가는 힘을 합쳐 그런 일이라도 안 하게 되면 삶이 더 비참해지도록 만들어야 했다.[14]

이러한 필요에서 빈민구제가 출현했고, 오늘날 사회복지정책에 아직도 영향을 미치고 있다. 당시 노동자 계층의 반발은 잦았다. 산업혁명이 초래할 실업 위기에 반대하며 기계를 파괴하며 폭동을 일으켰던 직공 단원들의 러다이트 운동Luddite, 초기 노동조합주의 trade unionism와 폭동들이 자본주의 초기에는 영국을 뒤흔들었다. 구걸하는 사람에게 '피가 터질 때까지 공개 채찍질'을 할 정도로 비생산적인 활동을 가혹하게 처벌했던 영국 정부였지만, 빈민구제라는 형태로 일종의 안전장치를 만들어야 한다는 분위기는 수긍했다. 하지만 영국 '구민법English Poor Laws'은 고용주 입맛에 맞게 써졌다. 지급되는 금액이 너무 적어 무슨 일이든 하는 편이 나았고, 쥐꼬리만한 실업수당을 받으려고 빈민 수용 작업시설인 구빈원에서 지내면서 일해야 경우도 흔했다. 이렇게 국가의 아량이라는 구실로 노동윤리가 강화되었고, 일이 있다는 것에 감사하라는 사상이 주입되었다. 과거 구민법은 현재 레이가 받는 가혹하기는 마찬가지인 복지

수당으로 이름만 바뀌어 존재한다.[15] 또한 구민법은 정부의 도움을 받기 전에 우선 가족들끼리 서로 도울 의무가 있고 또 그래야 한다고 강요했다. 그런 이유로 이후의 구민법들은 장애인, 남편을 잃은 여성이나 아이를 혼자 키우는 엄마들을 대상으로 실시되었다. 즉, 능력이나 성별 때문에 일을 할 수 없는 경우로만 제한했다. 국가가 이렇게 가족윤리와 노동윤리를 동시에 다져갔다.[16]

자본주의는 가족 개념과 함께 전 세계로 힘차게 뻗어나갔고, 그 과정에서 자주 칼을 휘둘렀다. 세계 여러 식민지와 신생 미국에서, 원주민들의 생활방식은 개척자들이 인정하는 가족 단위로 재편성되었고, 공동소유였던 땅은 상속할 수 있는 사유재산이 되었다. 외부에서 가져온 강요된 가족 개념이었지만, 가족은 원래부터 있었고 필연적인, 모두에게 이로운 생활방식이자 노동방식이라고 설명됐다.[17]

◊❧◊

오늘날 사랑의 노동이라는 근거 없는 믿음은 가족과 직장의 잔혹함을 얼버무리고, 여기에 낭만적인 광채를 입혀야 한다는 필요성에서 출발했다. 결혼제도는 초기에는 사랑과 무관했다. 차츰 사랑해서 결혼한다는 이상이 생겨났고, 그 변화 속에 노동 역시 미화되었다. 결혼을 사랑해서 한다면, 결국 결혼에 포함된 노동도 사랑해야

"사랑의 노동이라는 근거 없는 믿음은
가족과 직장의 잔혹함을 얼버무리고,
여기에 낭만적인 광채를 입혀야 한다는
필요성에서 출발했다."

한다. 이렇게 결혼과 가사 노동이 특히 여자들이 성취감을 느끼고 자아실현을 할 수 있다는 곳이 된다. 제인 오스틴의 소설에서 2019년 오스카 수상작 영화 〈결혼 이야기Marriage Story〉에 이르기까지, 수백 년간 대중문화는 사랑과 결혼을 소재로 다루어왔다. 언론인 켈리 마리아Kelli Maria는 육아 블로거들과 인스타그래머들이 아직도 18세기 후반에서 19세기 초 후기 계몽기에 만연하던 사랑의 이미지를 고수하고 있다고 말한다. 이러한 여성상은 가정을 여성들이 일하는 공간이 아니라 즐거움을 얻는 공간으로 그려낸 소설과 여성 잡지를 통해 대중화되었다.[18]

결혼이 힘든 노동으로부터의 로맨틱한 탈출구라는 개념은 부르주아적 이상이었고 서서히 하위 계층으로 내려왔다. 하지만 대부분 선물처럼, 뜯어보니 그저 그랬다. 중산층 백인 주부는 고된 가사 노동을 해줄 사람을 고용해서 자신은 낭만적인 감정 노동에 집중할 수 있었지만, 노동자 계층 여성들은 모든 것을 전담해야 했다.[19]

가족 안에는 진정한 사랑도 존재한다는 바로 그 점이 결혼과 결혼을 둘러싼 이념을 강력하게 만든다. 앤절라 데이비스Angela Davis는 『여성과 자본주의Women and Capitalism』에 이렇게 썼다. "가족은 인간의 아주 기본적인 욕구를 채워주며, 그 욕구는 인간이길 멈추기 전까지는 언제나 존재한다. 자본주의 사회에서 여자는 공개적으로 드러낼 수 없는 인간의 다양한 감정을 저수지처럼 담고 있어야 하고, 쓰레기통처럼 받아낼 수도 있어야 하는 특별한 임무가 있다."[20]

가족 안에 존재하는 그러한 감정적 응원, 돌봄, 성적 표현과 진정한 사랑이 실제로 존재하지만, 그 실체가 인간적 성취감보다는 수익 창출이 목적인 체제에 영향을 받는다는 사실을 놓쳐서는 안 된다. 벨 훅스Bell Hooks가 썼듯, 지금까지 아내의 역할은 "가정이라는 공장에서 이런 사랑을 스스로 생산해내서 남편이 돌아왔을 때 제공하는 것"이었다. 가정은 남자가 상사에게는 감히 터뜨릴 수 없는 분노를 받아주는 곳이기도 하지만, '가사 임금 캠페인Wages for House-work Campaign'을 벌였던 사회운동가 셀마 제임스Selma James의 지적처럼, 어떤 경우에는 변화를 외치는 운동을 시작하는 데 필요한 바로 그 능력, 즉 진실한 감정적 연결고리가 무엇인지도 가르쳐준다.[21]

자본주의 사회는 가정을 새로운 노동자로 성장할 아이를 생산해주는 곳으로 믿기 때문에, 그 안에서의 성생활에 특히 큰 가치를 부여한다. 하지만 가족에 거는 이러한 기대와 부담이 커질수록 이성 간의 사랑을 지켜나가는 일이 무척이나 힘들어지고, 결혼 자체가 함몰될 수도 있다. 경제학자 제임스 미드웨이James Meadway는 자본주의가 가족에 행사하는 그 압박이 결혼을 적대적인 환경으로 만들어 "남녀가 같이 살며 사랑하는 것은 둘째 치고, 서로 대화한다는 자체가 놀랍다."라고 말했다.[22]

결혼은 일련의 역사적 권력관계에 내포된, 사회가 던지는 비난과 사회가 바라는 요구를 동시에 흡수하며 끊임없이 변하고 있는 제도이다. 가정은 여자의 영역이고 직장은 남자의 영역이라는 오래된 '분리된 영역' 관념을 벗겨내기란 엄청나게 힘들다. 하지만 이러한 생활방식이 보편적이었던 적은 한 번도 없었다.[23] 엥겔스가 "개별

가족들이 분자처럼 모여 이루는 한 덩어리"라고 정의했던 사회가 최근 생겨났다면, 남자는 집 밖에서 일하고 여자는 '무급으로' 집에서 일하는 식으로 살게 된 것은 심지어 더더욱 최근 일이었다.[24]

20세기까지 그리고 20세기에 들어서도 노동자 계층 여성들은 공장에서 일했다. 세탁 거리를 받아 빨래하고 요리, 청소, 육아도 했다. '주부housewife'라는 단어에는 수입도 벌면서 가정도 챙긴다는 의미가 내포되어 있었고, 1890년경 등장한 '전업주부homemaker'라는 표현은 '가사에 완전히 몰입하는' 아내를 뜻했다. 이 새로운 정의와 함께 새로운 기대도 피어났다. 집은 먹고 자는 곳이기도 했지만, 전업주부가 남편과 아이들의 모든 편의를 챙겨주는, 직장과는 정반대에 있는 곳이었다. 전업주부 자신의 편의는 뒷전이었다. 노동 구조의 이러한 변화로 성과 여성에 대한 우리의 이해도 변했다.[25]

노동운동을 통해 노동자들은 소위 '가족 임금제', 즉 남자 혼자 일해도 아내와 아이를 부양할 수 있는 정도의 급여를 요구하기 시작했다. 이 제도는 1896년 호주에서 한 가족을 부양할 수 있는 가장이 되려면 필요한 최저임금 기준을 법으로 정하며 최초로 도입되었다. 이 시기에는 아동노동 금지, 여성들의 노동시간 제한과 같은 근로자보호법도 마련되어, 여자들은 일하기에는 너무 약해서 집에 있어야 한다는 노동자들의 허울 좋은 요구사항이 일부 수용되었다.[26] 가족 임금제의 이상은 빠르게 확산되었다. 노동자들은 급여가 올라 좋았고, 가정 내에 성 역할도 강화되어 갔다. '가족 부양자'가 되는 것은 노동자 계층 남성이 조립라인에서는 누릴 수 없던 자부심과 권력을 가정에서 얻을 방법이었고, 두둑한 월급봉투를 내밀지 못하는 이들과 비교해 남자다움도 명확히 할 수 있었다. 특히 미국에서는 백인 남성이 유색인종 노동자 대비, 자신들의 입지를 다지는 데 쓰였다. 미국 흑인 노동자들은 초기에는 노예로 일했고, 이들의 결혼과 출산은 모두 주인 소유였다. 노예해방 이후에는 몇몇 새로운 법을 통해 해방된 노예들을 '전통적인' 가족 개념에 편입시키려고 했다. 역사가 테라 헌터Tera Hunter에 따르면, 가족과 배우자가 노예주 마음대로 언제든 팔려 갈 수 있던 처지의 미국 흑인 노예들은 가족을 좀 더 포괄적인 방식으로 이해하며, "협소했던 친족관계의 의미를 완전히 탈바꿈시켰다."고 한다. 하지만 흑인들이 가족을 꾸려갈 정도의 임금을 받는다는 것은 거의 불가능했는데도, 일부 기관들은 해방된 흑인 노동자들을 가부장적 가족 체제로 길들이려고 했다.[27]

세계 대공황 극복을 위한 뉴딜 정책과 2차 세계대전 이후, 노동법상 드디어 노동자들의 조합결성권을 인정하는 보호장치가 마련되면서, 가족 임금제와 백인 노동자 계층 가족이 제도화되었다. 이것이 바로 포드주의 타협이었다. 헨리 포드는 자신이 갖고 있던 올바른 가정상을 구현하는 데 깊은 정성을 쏟았다. 노동자들은 이른바 '가족' 임금을 타려면 일정 자격요건을 충족해야 했다. 포드는 심지어 근로자들을 감시하는 '사회부'를 만들어 노동자들을 심문하고, 집에도 방문해 아내들도 열심히 일하는지를 확인했다. 사회학자 앤드루 J. 철린Andrew J. Cherlin은 "아내가 가사를 전업으로 해야 하

는 요건이 있었고, 조금만 미달해도 조사관들과 충돌을 빚었다."라고 했다.[28]

가족 임금제의 이상을 실현했던 미국의 뉴딜 정책은 특정 노동자를 노골적으로 배제했다. 농업과 가사 노동자들이 '공정근로기준법Fair Labor Standards Act'과 '전국 노동관계법National Labor Relations Act'에서 누락되었다. 대부분의 흑인 남녀가 빠진 셈이었다. 포드주의 가족 임금은 성 역할과 핵가족 개념 정상화에만 기여한 것이 아니었다. 미국식 복지 국가체제에 포함되느냐의 여부로 인종과 계층을 명확히 구분 지었다.[29]

바로 이 시기에 우리가 생각하는 '전통적인' 가족 개념이 탄생했다. 교외에 담장이 쳐진 집에서 아이 둘이나 셋이 있는 가족. 주 5일 하루 8시간 근무하는 남편, 그를 기다리며 하이힐을 신고 저녁을 차리는 그 시절 TV 드라마에 나오는 완벽한 엄마. 하지만 사실 이 시기는 조금도 전통적이지 않았다. 경제 안정을 지상과제로 삼은 국가가 자본가와 노동자 간의 긴장관계에서 도출된 어쩔 수 없는 타협을 감독하던, 역사적으로 이례적인 시기였다. 당연히 낭만적인 요소도 전혀 없었다. 가족 임금을 받으려면 외롭고 지루한 노동을 견뎌야 했다. 여자들은 남자들 같은 높은 급여를 받지 못했고, 가정폭력은 남자들의 특권으로 여겨졌다. 많은 사람이 지적해왔듯이, 실제로 가정폭력은 밖에서는 아무 힘도 없는 남자들이 남자다움을 과시하고, 배우자의 가사 노동을 규율하는 도구로 쓰였다. 남편과 아내 간의 결혼 약속처럼, 노동계약도 실재하는 엄청난 힘의 불평등을 숨기고 당사자 간의 법적 평등을 가정했다. 남자다움과 여성스러움이라는 개념도 이러한 힘의 불균형 속에 다듬어졌다.[30]

이러한 가족 개념에는 언제나 불안요인이 숨어 있다. 가정에서 여성들이 필요했던 이유가 여성의 가사 노동이 꼭 필요했기 때문인지, 아니면 단순히 여성들이 급여 노동을 하기에는 너무 순수하고, 착하고, 약해서였는지가 모호하다. 학교에 신설된 가정 과목과 여성 잡지는 20세기 여성들에게 가사 능력을 키우라고 부추겼다. 여성이 가사 노동에 대한 금전적 보상을 받아야 하는지가 사회적으로 대략 논의되기는 했지만, 페미니스트들은 주부들의 연금과 보수, 가구 지원, 부양가족 수에 따라 일정액 또는 일정비율로 지급되는 가족수당 등을 쟁취하기 위해 투쟁을 벌여야만 했다. 하지만 여전히 여자들은 자신들이 하는 일은 남자들의 일처럼 '진짜' 일이 아니라고, 수천 가지 방법으로 일깨워졌다.[31]

하지만 가족제도에 대한 실질적 도전들은 사회주의 사회 건설을 시도하면서 나왔다. 이상적 사회주의자들은 핵가족보다 공동으로 아이들을 키우자고 주장했고, 인류학자 크리스틴 고드시Kristen Ghodse 는 이 생각이 구소련 등지의 지도층에 영향을 미쳤다고 한다. 소비에트 연방 초기, 사회복지 담당 정치위원으로 발탁된 알렉산드라 콜론타이Alexandra Kollontai는 내각의 유일한 여성으로서 여자들에게 대등한 권리를 부여하는 정책에 특별한 관심을 가졌고, "모성은 사회적 기능으로서 평가받아야 하고, 따라서 국가가 보호하고 도와주어야 한다."라고 주장했다. 국가가 탁아소, 유치원, 세탁소, 식당 등

을 운영하여 가사 노동을 책임질 계획이었고, 1920년 낙태도 합법화되었다.[32]

하지만 사회주의 사회의 모든 남자들이 변화를 달가워했던 것은 아니었다. 이들도 여자가 집에서 일하는 것을 당연하다고 생각하며 자라왔다. 콜론타이는 자신의 믿음을 동료 당원들에게 관철하기 힘들었고, 1936년 그녀가 그간 이룬 많은 성공은 스탈린이 가부장적 가족제도를 다시 살려내며 물거품이 되었다. 하지만 이후에도 동·서유럽 국가사회주의와 사회민주주의 정부들은 가족 정책 측면에서는 미국을 앞질러 출산 휴가 등의 지원을 허용했고, 심지어 공식적으로 남자들에게 가사를 도우라고 권고하기도 했다.[33]

대부분의 자본주의 세계에서는 육아를 부부가, 혹은 한 사람이 책임지고 도맡아야 하는 사적 책임으로 간주하였다. 여자들은 아무리 가사 노동의 가치를 주장해도, 사랑의 노동이라는 통념의 벽에 부딪혔다. 여자들이 가사 노동을 잘하려고 공부도 하고, 남편이 급여를 받으며 하는 일보다 더 오랜 시간을 일해도, 여자가 가장 큰 성취감을 얻을 수 있는 일은 그것뿐이라는 식이었다. 사랑하니까 보수 없이 무료로 제공한다는 가사 노동은 사실 국가 전반에서 개개인에 이르기까지 전 방위적으로 강제되었지만, 수많은 여성이 가사를 '전혀' 사랑하지 않는다고 꾸준히 목소리를 내왔다.[34]

신흥 중산층이 이룰 수 있는 최고점이라던 교외의 주택은 대개는 그저 감옥에 불과했다. 일터이기도 한 집에 고립된 여자들은 둘러보면 늘 할일 투성이였다. 이러한 여성 각자의 자각이 1960년대에는 이미 주류의식이 되었다. 전업주부는 일반적인 현상처럼 보였지만, 여자들의 참을성은 이미 한계를 넘어서 있었다.[35]

베티 프리던의 책『여성성의 신화』는 1963년 출간되자마자 혜성처럼 베스트셀러 자리에 올랐다. 프리던은 집에 갇힌 여자들이 겪는 "막연한 어려움"을 자세히 설명했고, 페미니스트들도 들고 일어났다. 하지만 프리던의 관심사는 배운 여성들, 소위 '연약한 여자들'이었다. 그런 교육받은 여성들에게는 직장을 나간다는 것이 일종의 해방이었을 수도 있다.[36] 프리던은 지겨운 집안일에 대한 해법으로 집밖의 일을 제안했지만, 그렇다고 직장을 다닌 모든 여자의 삶이 나아지지는 않았다. 부유층 여자들은 집안일을 누군가에게 맡기고 자신들은 급여가 괜찮은 직장에 다녔지만, 대개의 노동자 계층 여자들은 애초에 집에만 있을 수 있는 형편이 아니었다. 집밖에서 할 수 있던 일도 집에서 하던 요리, 서빙, 청소, 돌봄 같은 저임금 노동이었다. 물론 일부 여자들은 노동시장에 뛰어들었지만, 고용주들은 여자들이 필요에 의해서가 아니라 자아 성취를 위해 일한다는 바로 그 점을 악용해 여자들의 급여를 깎았다.[37] 사랑의 노동 신화는 집밖에서 하는 일이 곧 역량 증진이라는 논리로 떠받쳐졌다. 가사, 특히 육아는 본질적으로 만족을 주는 일이라는 이전의 논리는 유지하면서, 해방으로서의 노동이라는 새로운 논리를 갖다붙였다. 이 두 가지 논리 사이의 모순이 여자들 사이의 충돌을 부추겼다.

여자들 간의 계층 분화로 벌어진 균열은 특히 낙태 문제와 같은 또 다른 충돌들로 이어졌다. 이전까지 마녀사냥의 핵심이었고 드러나지는 않았지만, 늘 맴돌고 있던 낙태 문제는 1960~1970년대 들어 폭발적인 정치적인 문제가 되었다. 전업주부 역할에 반발하기 시작한 여자들은 부모가 될지 말지를 결정할 권한을 요구했다. 페미니스트 운동가이자 작가인 슐라미스 파이어스톤Shulamith Firestone은 『성의 변증법Dialectic of Sex』에서 성 계급 폐지는 여자들이 자기 몸에 대한 권리를 완전히 회복하는 것은 물론, 임신 문제를 손에 쥐는 것, 곧 "출산 여부를 통제할 힘을 되찾는 것"이라고 주장했다.[38]

하지만 여자들은 파이어스톤의 선언 이전에도 출산을 통제할 수 있는 능력이 자신들의 운명을 통제하는 능력에 꼭 필요하다고 주장해왔다. 사회학자 크리스틴 루커Kristin Luker도 여성의 역할과 노동에 대해 어떤 가정을 하든 상징적 구심점은 낙태라고 했다. 논쟁의 한 쪽은 여자들을 잠재적인 엄마로서가 아닌 독립적인 의사결정과 삶을 누리는 개별적 인간으로 봐야 한다고 주장했고, 다른 한 쪽은 여자들의 일차적 역할은 가정에 있다고 믿었다. 후자를 믿었던 일부 여자들은 낙태가 인정되면 가정에서 여자가 하는 역할이 뒤집힐 뿐 아니라, 여성이 하는 역할의 가치가 떨어질 것을 두려워했다. 하지만 이미 지각변동이 일고 있었다. 노동자 계층 가족의 한적한 교외의 삶이 오래가지 못하고 끝난 원인도 낙태 때문은 아니었다. 주범은 세계 경제에 일어난 변화들이었다.[39]

그러던 중, 여성의 낙태할 권리를 인정하는 미국 대법원의 1973년 '로 대 웨이드Roe v. Wade 판결'은 획기적인 변화였다. 이 판결 이후 가사 이외의 노동을 하지 않는 전업주부 여성들이 주가 되어 낙태 반대운동에 가담했다. 이들은 뱃속 아이 생명의 소중함을 경시한 사법부 때문에 여성도 경시당하고 있다는 두려움을 느끼며 적극적인 행동에 나섰다. 집에서 '부드러움, 정결, 돌봄, 감성, 헌신'과 같은 일을 하면서 칭찬을 받던 여자들이었다. 어떤 여자는 이렇게 물었다. "제가 보기에 우리는 존경받고 있는데, 왜 굳이 동등한 위치로 내려가야 하죠?" 사회학자 루커는 이들이 두려워했던 것은 임신이 성스러운 소명에서 그저 여러 일 중 하나로 강등되는 것이었다고 했다.[40]

페미니스트들은 가족제도를 붕괴하려 한다며 자신들을 비난하던 보수주의자들을 향해, 사람들에게 선택권을 주려는 것뿐이라고 주장하며 날을 세웠다. 하지만 여성의 출산 역할을 불안정하게 하고, 출산을 선택으로 만들고, 결혼을 안 할 수도 있는 것으로 생각하게 만드는 것은 사실상 가족제도를 흔들었다. 파이어스톤 같은 과격주의자들은 그러한 모든 것이 타당하다고 생각했지만, 당시 주류 페미니즘은 여자들이 일과 가족 '모두'를 갖는 것에 더 집중했다. 아마도 그래서 당시 많은 주류 페미니스트가 전통적인 역할 전반에 이의를 제기했던 이들에 동의하지 못했을 것이다. 역사가 프레밀라 나다센Premilla Nadasen에 따르면, 페미니스트들과 달리 그 시절 복지권 운동가들이 벌였던 투쟁의 핵심은 "노동윤리, 시장경제에 대한 신념, 가난한 이들을 위한 연민, 모성 관념, 재생산권"이었다고 한다.[41]

복지권 운동은 사회적으로 힘이 약한 비교적 소수의 여자들이 주축이었지만, 힘을 합쳐 자신들 삶에 대한 어느 정도의 통제권을 얻어내는 데 성공했다. 그들은 자신들의 권리를 요구하기 위해 가족윤리와 노동윤리 모두를 부정했고, 일반적으로 미국에서는 '복지'로 부르는 아동부양세대 보조 프로그램의 뿌리가 되었던 구민법 질서도 거부했다.[42]

'전국복지권기구National Welfare Rights Organization'는 지역단체들을 조율할 목적으로 1966에 설립되었다. 그중 일부 지역단체는 이미 수년간 존재해왔다. 이들이 취한 방식은 직접행동으로, 종종 복지기관 사무실에 찾아가 시위를 하고 차별적인 정책중단을 요구하라는 선동이었다. 결코 다수가 될 수 없던 흑인 여성들이 복지권 운동을 주도했고, 백인 여자들조차도 집에서 아이를 돌봐야 한다고 생각했던 정치인들은 몹시 못마땅해 하며 손을 부들부들 떨었다.

흑인 여성들은 오래전부터 일하라는 종용을 받았고, 처음에는 노예로, 이후에는 저임금 노동자로 일했다. 당시 복지 문제를 둘러싸고, 여성들이 본래 있을 곳은 집에서 아이를 돌보는 것이라는 믿음과, 여성들이 슬그머니 육아에서 비롯되는 어려움을 빠져나가고 있다는 의견 사이의 팽팽한 긴장이 수면 위로 떠올랐다.[43]

하지만 복지권 운동 단체들은 복지수당을 받는 엄마들은 이미 일하고 있다고 주장했다. 엄마들이 가정에서 하는 일은 당연히 지원 받아야 할 중요한 일이고, 복지수당을 받으려고 결혼할 사람은 없다는 주장이었다. 한 복지권 운동 간부는 이렇게 말했다. "정부가 조금만 더 현명했다면, 새로운 기관 설립을 통해 현재 엄마들이 하는 서비스에 대해 만족스러운 급여를 지불하고, 복지수당을 받던 엄마들에게 일자리가 제공된 것이나 마찬가지니 복지위기는 해결되었다고 말할 수 있었을 것이다."

복지권 운동을 조직했던 사람들은 일과 그 일을 하는 사람, 가족과 그 가족을 누가 책임질 것인가에 대한 미국인들의 생각에 전면적으로 도전했다. 그들은 "결혼에 규칙과 의무를 명확히 정해 놓은 이유"가 "사랑의 표현이라기보다 지배의 목적"이라고 믿었다. 이 모임은 전통적인 가족 개념 대신, "타인에 대한 책임, 그리고 그 책임이 허용하는 범위 내에서의 무한한 자유"를 선호했다. 전국복지권기구의 대표였던 조니 틸몬Johnnie Tillmon은 미국 최초의 페미니스트 잡지《Ms.》지에 기고한 글에서, "복지는 가장 성차별적인 결혼이다. 결혼이라는 남자 대신 복지라는 남자를 선택했는데, 복지라는 남자가 막 대해도 헤어질 수 없다. 물론 그 남자는 이혼해서 언제든 당신을 쳐낼 수 있다. 그렇게 되면 아이는 당신이 아니라 그 남자가 갖는다. 그 복지라는 남자가 모든 것을 관리한다. 일반적인 결혼에서는 섹스가 남편을 위한 것이지만, 아동부양세대 보조 프로그램 대상자라면 남편을 포함한 누구와도 섹스하면 안 된다. 당신 몸에 대한 통제권을 포기해야 한다."라고 주장했다.[44]

전국복지권기구와 1970년대 이탈리아 마르크스 노동자주의Workerism에 고무된 한 페미니스트 단체가 가족과 일에 대한 통념에 반박하며 새로운 분석을 내놓았다. 그것은 일종의 요구였다. 정치적 관점으로 시작된 '가사 임금 캠페인'은 설립자들이 희망했던 만큼 널리 확산하지는 못했지만, 오늘날까지도 투쟁하며 영감을 주고 있다.[45]

가사 임금 캠페인은 자본주의 생산방식이 모든 사회관계를 포괄해왔고, 결국 '사회'와 '직장'의 차이를 무너뜨려 모든 관계를 생산관계로 전락시켜 버렸다는 이탈리아 정치철학자 안토니오 네그리Antonio Negri의 노동자주의Operaismo 개념의 영향을 받았다. 또한 '사회 공장Social Factory'의 시작은 가정이고, 가정에서 이루어지는 노동으로 자본 창출에 필요한 노동자가 키워진다고 했다. 결국 가사 노동이 자본주의가 기능하는 데 꼭 필요하고 급여를 받을 가치가 있다는 주장이다. 이 운동의 이론적 기초를 제공했으며, 공동창립자이기도 한 셀마 제임스는 "가사 노동에 대한 임금 투쟁을 이렇게 조직적으로 벌일 정도로, 우리는 가사에 노동 '자격'을 부여할 것을 요구한다. 우리가 이 일을 사랑해서 하는 것이 아니라, 우리가 멈추면 우리와 아이가 굶게 되기 때문에 하는 것이다. 자본주의 사회의 모든 노동처럼 가사 노동도 강제 노동이다."라고 말했다.[46]

공장의 노동자들이 파업하는 것과 마찬가지로, 가사를 거부함으로써 가사 노동자도 힘을 행사할 수 있다는 것이 요구의 핵심이었다. 가정을 뒤로 한 채 직장에 나가는 여성들도 있지만 대다수 여성이 급여를 받는 직장에 다닌다고 결코 해방은 아니었다. 긴 하루를 보내고 퇴근하면 힘든 가사 노동이 기다리고 있었고, 낮에는 그 가사 노동보다 더 힘들고 지겨운 일을 낮은 임금을 받고 해야 했다.

가사 노동에 급여를 요구하는 것은 가사도 별로 하고 싶지 않은 '노동'이라고 짚어 말하는 것이었다.[47]

게다가 가사에 대한 임금 요구는 성 개념이 주조되어 온 바로 그 방식, 즉 여자들에게 강제된 정체성을 거부하겠다는 표현이었다. 가사 노동과 재생산노동이 여자의 본성에 맞으므로 깊은 내면의 여성적 필요를 충족해 준다는 통념은 가사를 대신할 사람(대개 여자들)을 고용할 수 있을 정도로 부자인 여자들을 포함한, 모든 여성의 삶 전반에 영향을 미친다고 주장했다.[48]

복지권 운동을 벌인 여성들처럼, 가사 임금 캠페인을 벌인 여성들도 직장과 가정 모두 자유의 영역이 아니라고 믿었다. 대신 자신들만의 시간, 그리고 사랑과 성이 힘과 노동의 관계 밖에서는 어떤 모습일지를 탐구할 수 있는 자유를 원했다. 이 운동에 동참했던 성소수자 여성들은 여성 동성애에 대한 낙인이 가부장적 가족제도와 가사 노동을 강요하는 방식과 다르지 않다고 주장했고, 보육원과 병원에서 일하던 여성들은 가사 노동을 하찮게 여김으로써 집밖에서의 여성 노동도 하찮게 되었다고 지적했다. 또한 여성 폭력은 고용주가 근로자를 관리하는 것과 같은 노동규율의 한 형태라고 주장했다. 이렇게 가사 임금 캠페인은 모든 정치투쟁에 적용될 수 있는 관점이었고, 자본주의와 성에 대한 대부분의 분석이 놓치고 지나간 부분을 채웠다.[49]

많은 사람이 가사 임금 개념을 비웃었지만(아직도 비웃고 있다), 사실 여러 사례에서 가사 노동이 금전적 보상을 받는다는 것은 분명하다. 경제학자 낸시 폴브레Nancy Folbre는 복지권 운동가들과 같은 맥락에서 이렇게 썼다. "5세 이하의 두 아이를 둔 미혼모 둘이 주 5일 하루 8시간 서로의 아이들을 돌봐주고, 서로에게 시간당 연방 최저임금 7.25달러를 지급한다면, 이들 모두 근로소득세액공제 혜택을 100퍼센트 받을 수 있다. 자신의 아이들에게 해줬을 서비스와 본질적으로 똑같은 서비스를 제공하여 버는 돈이 총 만 달러이다." 그는 국가가 (현재도) 양부모들을 지원해주고 있고, 다친 남편들에게 부인의 '서비스가 부족하자' 이에 대한 보상금을 법원이 인정한 바 있다고 지적한다.[50]

임금이 줄고 공장들이 문을 닫고 이전하고 자동화되면서, 노동에 대해서도 새로운 담론이 짜맞추어졌다. 가사 임금 캠페인을 벌이던 이들 중 일부는 1970년대 최초로 그 변화를 목격한 사람들이었다. 특히, 재정위기가 차후 긴축정책으로 이어졌던 뉴욕과 다른 도시들에서 그러한 경제 전반의 변화가 두드러졌다. 트로이의 멸망을 예언했던 카산드라처럼, 가사 임금 옹호자들은 일자리가 대거 사라지면 페미니스트들이 일터로 투입되게 될 것이라고 경고했다. 여자들은 집에서 하던 일에 직장 일도 더해, 힘을 보태라는 기대를 받았다.[51]

이들의 최종적인 목표는 '복지 개혁'이었다. 복지 개혁은 '무조건적인' 복지제도에 의존하는 대신 무노동 계급의 의욕을 고취하는 것을 표방했다. 이는 사랑·돌봄·관심 같은 예쁜 단어에 숨어 있던 무자비한 잔혹성을 상기시켰고, 정치노선 전체가 이견 없이 지지한

계획이었다. 클린턴 같은 신자유주의자들과 레이건 같은 보수주의자들이 흑인 여자들이 일하기 싫어한다는 (흑인 노동으로 세워진 나라에서 모순으로 가득한) 인종차별적 믿음을 동원했고, 최근 고용시장에 뛰어든 여자들이 직장과 가정의 이중노동을 할 필요가 없던 전업주부에게 품고 있던 분노를 악용했다. 여자들은 서로 싸우게 되었고, 누구든 필요하면 이용할 수 있었을 뻔했던 제도를 모두 저버렸다. 복지권 운동가 조니 틸몬Johnnie Tillmon은 "복지는 교통사고 같다. 누구에게나 일어날 수 있지만 특히 여자들에게 일어난다."라고 썼다.[52]

복지 개혁은 위스콘신과 캘리포니아 같은 주들의 보수주의 주지사들이 시작했지만, 최종 전국적으로 실행한 것은 민주당 대통령이었다. 클린턴은 미국 정치에 '제3의 길Third Way'을 약속하며 대통령에 당선되었다. 자신의 정치의식을 일깨웠다고 했던 1960년대 여러 운동에 등을 돌렸고, '시장경제'와 '개인책임'을 동시에 끌어안았다. 그는 아동부양세대 보조 프로그램을 폐기했고, 연방 정부에서 주에 지급하고 주 정부가 자금 사용에 대해 광범위한 재량을 갖는 정액 보조금을 도입했다. 많은 주들이 직업을 복지 수혜 자격에 추가했고, 평생 수당 상한액을 정했다. 클린턴 대통령의 정책에는 결혼 장려 프로그램 지원과, 낙태율이 낮고 '사생아' 수가 적은 주들을 지원하는 자금 등도 포함되었다. 아이 엄마가 아이 아빠와 어떤 관계를 원하느냐에 상관없이, 생부를 추적해 양육보조금을 빼앗는 활동도 지원했다. 새롭게 재정된 법 전문에는 "결혼은 성공적인 사회의 근간이다"라고 쓰여 있다. 정치과학자 멜린다 쿠퍼의 말을 빌리자면, 이 정책은 과거 구민법 전통을 기반으로 하면서도 구민법 전통의 징벌적인 속성을 더 확대한 "국가가 집행하는 개인 가족 책임제도"였다.[53]

모든 정치인이 여성들을 돕겠다고 공언했지만, 이 새로운 법은 흑인 여성들을 유난히 많이 감시하고 처벌했다(대규모 감금도 함께 증가했고, 그 자체가 1980~1990년대 초당적 과제였다). 절박한 상황의 노동자들이 가정에서 하는 노동과 흡사한 저임금 노동시장에 대거 신규 유입된 덕분에, 상류층 수익은 개선되었고 그 외 나머지 모두의 급여는 낮게 관리될 수 있었다.[54]

복지 개혁 이후 수십 년이 지났지만, 급여를 받는 직장에서의 노동은 여전히 무급인 가사 노동 때문에 오히려 더 싸졌다. 정치이론가 캐시 윅스는 "자본주의 시장의 낭만은 사회적 재생산에 가정이 꼭 필요하고 비정한 세상으로부터의 안식처를 만들어줄 필요가 있던 국가가 가정을 민영화며 생겨난 낭만과 같다."라고 말한다. 공산주의의 몰락과 자본주의 리얼리즘Capitalist Realism의 승리로 가사 노동 방식을 바꿔보려는 상상력도 떨어졌다. 맞벌이 가구 시대를 사는 우리가 귀에 못이 박히도록 듣는 말은 '일과 삶의 균형'이지, 어떻게 '삶이 무보수냐'는 것이 아니다.[55]

게다가 그러한 균형도 심지어 일부만이 생각할 수 있게 되었다. 결혼은 점차 상위 중산층만이 누릴 수 있고, 노동자 계층은 그 대신 법적 구속력이 덜한 관계를 선택할 가능성이 커졌다. 동성 간 결혼을 반대하는 보수주의자들은 성소수자들이 결혼을 할 수 있게 되면 결혼제도가 무너질 것이라고 주장해왔다. 로라 브릭스Laura Briggs 교수 같은 이들은 우리가 알던 가족제도가 폭발한 이유가 동성결혼이 아니라, 경제적 불평등이라고 지적한다. 페미니스트 운동가 실비아 페드리치가 "여자들이 1970년대 사용해왔던 단 하나의 진정한 노동력 절감 장치는 피임약이었다."라고 짓궂게 쓴 것처럼, 1970년대 이후로 출산율은 내내 하락했다. 또한 페드리치는 전 세계 여러 곳에서 한창 진행되고 있는 낙태권에 대한 공격은 언제나 노동력 공급을 규제하기 위한 시도였다고 강조한다.[56]

가족이라는 제도 밖에서 태어나는 아이들은 꾸준히 늘고 있다. 2000년대 미국 아이들의 59퍼센트가 결혼한 엄마에게서 태어났지만, 95퍼센트였던 1950년대와 비교하면 급격한 하락이다. 많은 여성들에게 결혼하면 일이 많아진다는 것은 분명해졌다. 아이 아빠와 헤어지기로 결심한 한 미혼모는 이렇게 말했다. "저 자신은 챙길 수 있어요. 늘 그랬어요. 제 아이도 챙길 수 있어요. 하지만 애 아빠까지는 못 하겠어요." 이 엄마는 '나쁜 엄마'라는 고정관념과는 전혀 거리가 멀고, 오히려 아이의 행복을 가장 우선시한 결정을 내렸다.[57]

그런데 핵가족 개념이 변하고 있거나 무너지고 있다고 해도, 집안에서의 무급 노동과 누가 그 무급 노동을 하느냐에 대한 판단에 성을 들이민다는 점에는 별로 변한 점이 없다. 성별 임금격차가 지겹도록 유지되고 있는 일부 이유는 여성들이 아직도 무급 가사 노동을 전담하고 있기 때문이다. 사회학자 앨리 러셀 혹실드Arlie Russell Hochschild가 말하는 "두 번째 교대근무Second Shift"는 아직도 유효하다. 2016년 영국의 한 연구에 따르면, 여성들은 여전히 남성들보다 거의 두 배 가까이 가사를 책임지고 있다. 미국에서 이루어진 조사에서도, 현재 가정 밖에서 다른 직업이 있는 엄마들이 1970년대 가사에만 전념했던 엄마들만큼 육아에 시간을 쏟는 것으로 밝혀졌다. 여러 다른 연구에서도 "모든 무급 돌봄 노동자들이 노동에 대한 보수를 받는다면, 유급 노동력의 규모는 두 배가 될 것이다."라고 추정한다. 코로나19 봉쇄 기간에 이루어진 한 조사에 따르면, 아이를 둔 남성 거의 50퍼센트가 가사를 똑같이 분담한다고 답했다. 하지만 아내들의 생각은 달랐다. 1999년 국제연합이 수행한 한 연구에 따르면, 만약 전 세계 무급 재생산노동에 보수를 지불한다면, 전 세계 경제활동의 3분의 1에 해당하는 16조 달러가 필요하고, 그중 11조 달러가 여자들의 몫이라고 한다.[58]

노동자 계층이 시달리는 이유는 돈을 주고 도움을 살 수 없기 때문이다. 하지만 중산층과 상류층도 '애착 양육Attachment Parenting'이라는 새로운 이념적 압박을 받고 있다. 작가인 해더 아벨Heather Abel은 마치 공포소설 같다고 표현했다. "엄마는 아기를 낳고, 절대로 아기를 내려놓으면 안 된다. 아기가 움직이는 것을 좋아하니, 앉아서 일해도 안 되고 한가하게 책을 읽어서도 안 된다. 하지만 아기를 매고 있다면 집안일을 해도 된다."[59]

그런 이념적 압박이 악용되어 극우로 치닫고, 자신들을 '전통 주부들Tradwives'이라고 부르는 새로운 여성 세대가 온라인에서 스타로 등극했다. 이런 여성들은 가족 개념에 내재하는 극우적 잠재성을 숨김없이 있는 그대로 드러낸다. 육아 정보와 남편 만족시키는 방법을 공유하면서, 백인 우월주의적 고함도 지른다. 한 여성은 '백인 아기 챌린지'로 백인이 아닌 여자들보다 아이를 더 빨리 낳기에 도전하자고 나섰다. 이들은 미완성 페미니스트 혁명의 멍울진 단면이다. 암울한 경력 전망과 조각난 사회 안전망에 좌절한 이들은 가정으로 후퇴해, 자신들을 이런 역경에 몰아넣었다며 페미니즘과 백인이 아닌 여성들을 비난한다. 이러한 상황은 사실 되돌릴 방법도 없다. 유일한 방법은 "최후의 단계에 다다른 가족 개념이 대폭발할 때 순간적으로 방출하는 엄청난 에너지"를 타고 어딘가 새로운 곳으로 가야 한다고 이론가 조디 로젠버그Jordy Rosenberg는 썼다.[60]

구질서가 이렇게 허물어져 가는데도 인터넷에는 여자들이 '팔방미인이 되려고' 끝없이 노력한다는 기사로 넘쳐난다. 남자들에게는 이 질문 자체가 터무니없기 때문에 남자가 '팔방미인이 되려고' 노력한다는 이야기를 듣기는 힘들다. 하지만 (최소한 핵가족 규범에 맞는 한) 동성 부부 가족을 바라보는 대중의 시선이 부드러워지고 성역할에 대한 기준이 유연해지기 시작했다. 그러면서 육아를 더 잘하려고 노력하는 남자들의 글, 엄격하게 성을 기준으로 분업하지 않아도 모든 일을 다 해내기는 불가능하다는 동성 커플들의 글 등, 토론장에 새로운 참가자가 입장했다. 임신을 미루려고 미리 난자를 보관해 놓는 난자 냉동과 같은 해결책들도 등장했다. 하지만 본질적으로 이 모든 토론의 핵심은 개인이다. 즉, 우리는 우리 개개인에게 맞는 '균형'을 찾아내야 한다. 하지만 문제를 다르게 볼 수도 있다. 브릭스 교수가 썼듯 얼핏 보면 개개인의 투쟁으로 보이지만, 실제는 "신자유주의가 우리 삶에 깊숙이 파고들어 있다." 가사 임금 캠페인의 요점은 웬즈데이 마틴Wednesday Martin의 저서 『파크 애비뉴의 영장류Primates of Park Avenue』에 나온 돈 많은 남편이 아내에게 주는 '와이프 보너스'처럼 남성 개개인이 여성 개개인에게 보수를 지불하라는 것이 아니다. 요점은 체제를 무너뜨리려면 급여를 요구하라는 것이다.[61]

하지만 여전히 체제는 수많은 방법으로 우리를 무너뜨린다. 사회학자 혹실드의 지적대로 누가 가사를 책임져야 하는가를 포함한, 가사에 대한 지속적인 투쟁의 결과 "많은 이성애 여성들이 남편을 주저 없이 사랑할 수 있는 사치를 누릴 수 없음"은 물론, 가정 내 섹스는 그저 또 다른 노동인 경우로 생각하는 경우가 많다. 노인들, 몸이 불편해진 배우자와 아이들을 돌보는 무급 노동을 가족 내 여성들이 해야 한다는 억지가 여자들만 힘들게 하는 것은 아니다. 예를 들어, 미국의 경우 의료서비스를 받으려면 의료보험이 필요한데, 대개는 직장의료보험에 묶여 있어서 많은 사람이 배우자의 직장의료보험에 의존한다. 이런 상황에서 불만족스럽거나 심지어 학대적인 관계를 과연 쉽게 끊을 수 있을까? 배우자가 아예 없는 사람은 또 어떨까?[62]

사랑하는 배우자 혹은 가족이 애정은 물론 연명치료까지 제공할 것이라고 생각하는 사회, 개인 돌봄의 215억 시간 중 84퍼센트를 아직도 가족들이 담당하고 있는 사회에서 배우자가 없거나 가족이 없으면 어떻게 될까? 간호사 로라 앤 로버트슨Laura Anne Robertson은 "돌봄은 당신이 받는 것 이상을 주거나, 되돌려받을 거라는 희망 없이 하는 일이다. 하지만 이런 무한한 돌봄을 받으려면 먼저 자신을 충분히 사랑스런 존재로 만들어야 한다."라고 했다. 정서적으로뿐만 아니라 생존을 위해 사랑받아야 한다는 필요성은 강력한 형태의 길들이기이다. 로버트슨은 사회 구성원 모두가 동등하게 돌봐지려면 '사랑과 죄의식' 이상의 것이 필요하다고 말한다.[63]

동성애 관계는 또한 가족 개념보다 더 포괄적인 방향으로 발전해왔다. 처음 에이즈가 터졌을 당시, 전통적인 가족 범주에서 (그리고 의료보험 제도에서) 쫓겨나, 심지어 자기 가족들에게도 외면당한 사람들이 서로를 간호하기 위해 모였고, 에이즈에 대한 정치권의 대응을 요구하며 결속했다. 그들은 법적 계약이나 국가의 승인으로 성립되는 관계보다 자유로운 선택과 사랑, 염려로 맺어지는 관계를 위해 투쟁했다.[64] 장애인들도 필요한 돌봄과 지원을 기다리는 데 그치지 않고, 급진적으로 정치적 요구를 펼쳤다. 그들은 돌봄 공동체를 만들어왔고, 일을 할 수 있는 능력보다 더 중요한 것들이 있다는 생각을 옹호해왔다. 장애이론가 수노라 테일러Sunuara Taylor는 자본주의가 원하는 방식으로 일을 하지 못하는 장애인들은 삶의 다른 측면에서 의미를 찾아야 하는데, 그 의미가 우리 문화의 가치체계에 위협이 된다고 했다. 일에 가치를 부여하고, 심지어 일에만 가치를

"개인 돌봄의 215억 시간 중 84퍼센트를
아직도 가족들이 담당하고 있는
사회에서 배우자가 없거나 가족이
없으면 어떻게 될까?"

부여하는 사회에서는 노인들의 가치도 떨어진다. 2017년 기대수명이 줄어든다는 기사를 《블룸버그 뉴스Bloomberg News》는 이렇게 요약했다. "우리는 더 일찍 죽고 있습니다. 고용주들에게는 정말 좋은 소식일 것입니다." 자본주의 사회에서는 돌봄을 교환도 되고 동시에 남을 위해 줄 수 있는 일방적인 선물도 된다고 포장하지만, 그 교환이 어쨌거나 늘 불평등하다면 어떻게 가치와 관계를 다른 모습으로 생각할 수 있을까?[65]

장애이론가 테일러가 했던 말은 팬데믹 기간에 새로운 의미를 가지게 되었다. 누군가가 감염되어 죽을 수도 있는데도, 정치인들과 부자들은 경제를 재개방해야 한다고 노골적으로 요구했다. 댄 패트릭 텍사스 부주지사는 할아버지, 할머니들이 손자들과 경제를 위해 기꺼이 죽을 수 있어야 한다고까지 말했다. 가족의 돌봄 노동에 대한 정말 기괴한 왜곡이다. 하지만 코로나가 한창일 때, 직장에 나가지 않고 집에 있는 것 자체가 서로를 배려하는 행동이자 사회적 재생산 행위였다. 이는 패트릭과 같은 부류들이 뭐라고 하든, 우리 대부분은 이미 서로의 삶이 밀접하게 연관되어 있다는 것을 확실히 알고 있고, 서로를 돌보고 있다는 것을 다시금 상기시켜 주었다.[66]

철학자 에바 키테이Eva Kittay는 교환 대신, '둘리아Doulia'라는 개념을 제안했다(둘리아는 '둘라Doula'라는 제목의 연극에서 왔으며 둘라는 출산 전후 부모들을 보조하는 일을 하는 사람들이 자기들끼리 쓰는 호칭이기도 하다). 키데이는 대인관계가 결코 동등할 수 없지만, 돌볼 의무를 미리 저금한다고 생각하면 동등한 관계가 가능하다고 믿는다. 즉 우리는 꼭 우리가 돌본 그 사람이 아니더라도, 언젠가 우리도 보살핌을 받으리라 생각하고 다른 사람들을 돕는다는 것이다. 하지만 그런 믿음이 생기려면, 가족을 위해 보상 없이 일했지만 장차 돌봄을 받을 것이 확실한 구조를 만들 필요가 있다. 그를 위해 우리는 돌봄이 필요한 사람들을 소중하게 생각하고 돌볼 줄 알고, 그 돌봄 노동을 하는 사람들 또한 소중하게 생각하고 돌보는 사회를 만들어야 한다.[67]

즉, 가족 개념을 해체하자는 주장은 가정 내에서 이루어지는 돌봄을 포함한 청소나 요리 같은 노동이 가치가 없다고 말하는 것이 아니다(다음 장에서 이 이야기가 나온다). 오히려 돌봄, 커뮤니티, 그리고 관계가 갖는 혁명적인 잠재력을 주장하는 것이다. 가사 임금 캠페인의 공동 설립자 셀마 제임스처럼 "물질적 생산이 섬겨야 할 사회적 우선 사항이 '관계'가 된다면 어떨까?"라고 묻는 것이다. 철학자 에바 키데이는 여자들이 사회에서 그런 일들 대부분을 도맡아 하도록 강제되어 왔기 때문에, 그런 일들을 재평가하기 위한 정치적 투쟁을 주도했던 것도 여자들이었다는 점에 주목한다. 최근 몇 년간 마녀사냥이 전 세계 일부 지역에서 다시 고개를 들었지만, 정치적 투쟁이 승리한 사례도 있다. 가사 임금 캠페인의 철학이 멕시코 집권당 '국가재건운동MORENA'에서 되살아났고, 베네수엘라에서는 전업주부를 위한 연금이 시행되었다.[68]

가사도 '일'이라고 주장하는 것은 '일과 삶의 균형'이라는 이중구속을 뛰어넘는 주장이고, 나아가 '나만의 시간'을 위해 과거에 벌였던 근무 시간 단축 운동을 다시 시작하는 것이다. 즉, 다른 사회를 상상하기 시작하는 방법이다. 결국 사회학자 제이슨 W. 무어와 라즈 파텔이 말한 것처럼, "자본주의에 돌봄에 대한 급여를 지불하라고 요청하는 것은 자본주의의 종식을 요구하는 것과 같다."[69]

⟩❥⟩

레이가 정치에서 자기 삶으로 시선을 돌릴 수 있음을 처음으로 깨달은 것은 한 극장 모임 때였다. 친구 하나가 예전에 '억압받는 자들의 극장Theater of the Oppressed'이라는 연극 방식을 배웠는데, 이는 브라질 연극인 아우구스토 보알Augusto Boal이 개발한 접근법으로, 정치 변화를 도모하며 배우와 관객이 대화하는 방식이다. 레이는 런던의 주택문제를 얘기해보려고 그 친구와 함께 연극에 참여했다.

그 모임에서 레이는 일하게 되었으니 '보상 받는 것'이라는 말을 들었던 보육원 이야기를 했다. 방 안에 있던 사람들은 그 이야기를 여러 각도에서 재미있게 이야기하기 시작했다. "그전에는 누구에게 꺼낸 적이 없는 이야기여서 약간 당황스럽긴 했지만, 그 대화 덕분에 노동과 돌봄이라는 정치적 쟁점을 깊게 들여다볼 수 있었어요."

레이는 그 경험이 '가족이 초래한 부정적 결과'라는 뜻을 가진

'진앙지 클럽Fallout Club'의 발단이 되었다며 웃었다. 진앙지 클럽은 한부모 가족들이 모여 자신들이 처한 상황을 토론하고 정치화할 방법을 모색했다. "이런 감정을 어디에 대고 말해야 하죠? 우리가 왜 분노하는지를 누가 들어줄까요? 화가 나는 것이 너무 많습니다."

레이는 최근 진앙지 클럽 모임들에 엄마 역할, 육아, 예술을 해나가는 것에 대해 이야기하는 성인들이 '폭발적으로' 늘었다고 했다. 많은 모임이 상담치료 같았다. 많은 눈물을 흘렸고, 이야기도 많이 나누었다. 현대 페미니즘 운동 발달에 중요한 역할을 했던 1960~1970년대의 인식 제고 모임 같았다. "미술이나 요가를 배워보고 싶은데, 어떤 벽에 부딪힌다는 얘기를 자주들 했어요. 그래서 제가 그랬죠. '미혼모들과 저소득층 부모들을 위한 모임을 시작하죠. 정치적으로 다루어져야 할 특별한 뭔가가 있을 거예요.'"

친구를 따라갔던 그 연극 모임이 레이가 정치적 목소리를 내기 시작하는 데 도움이 되었고, 그래서 진앙지 클럽 워크숍에서도 늘 창의적인 무언가를 하려고 한다. 수공예는 여자들이 하는 것이라는 오랜 인식이 있지만, 집중력에도 도움이 되고 생각하는 데도 도움이 된다고 레이는 말한다. "보통 정치모임이라고 하면 말다툼도 많고 시끄러운 걸 생각하지만, 꼭 그럴 필요 있나요? 중요한 건 어떻게 사람들이 억압적인 제도를 깨닫게 될까, 어떻게 사람들이 자신들이 처한 상황에 대해 입을 열어 근본적인 문제를 깨닫게 할 수 있을까가 아닐까요?"

자수공예 예술가 밀로우 스텔라Milou Stella는 진앙지 클럽에서 레이와 함께 일하게 되었고, 레이도 복지수당을 받아온 경험에 관한 개인 예술 프로젝트를 시작했다. 레이는 딸이 커가면서 취업지원센터에 더 자주 방문해, 수당 수령 자격을 유지하기 위해 충분히 열심히 노력하고 있다는 것을 보여줘야 했다. "아이가 한 살이 되자마자 이력서를 내야 해요. 아이가 세 살이 되었는데 직장이 없으면 처벌한다고 위협하고 수당도 뺏어갑니다. 취업지원센터는 고압적인 분위기이고, 게다가 옆에 어린애도 있으니 참 힘듭니다. 굴욕적이에요. 취업하는 데도 그다지 도움이 안 됩니다." 레이 눈에 취업지원센터에 애들을 데리고 온 다른 부모들이 보이기 시작했을 때, 또 한 번 육아와 유급 노동 사이에 존재하는 팽팽한 긴장이 떠올랐다. 그렇게 모진 공간에서 아이를 달래고 있는 부모들이 있었다. 레이는 취업지원센터에서 찍은 부모들 사진으로 수공예 작품을 만들기 시작했다.[70]

딸도 취업지원센터가 어떤 의미인지를 알아챘다. 한 번은 딸에게 작업하던 사진을 보여줬다. "지금은 네 살이 된 딸에게 당시 '이게 뭔지 알아?'라고 물었더니, 딸은 '여자 사진이고 이 사람 가난해'라고 하더군요. 왜 가난하다고 생각하냐고 물었더니, '걱정하고 있잖아. 표정을 봐'라고 하더라고요."

레이는 자수공예 프로젝트와 미술 워크숍이 사람들을 편하게 만들어 입을 떼게 하는 방법이라고 한다. "제가 만약 '수당 받고 계세요?' '주택수당 상한 때문에 어떤 영향이 있나요?'라고 물으면, 사람들은 '어머, 그런 얘기 하고 싶지 않아요. 말도 꺼내지 마세요.'라고 반응합니다." 하지만 레이가 자기 얘기로 끌어가면 사람들의 반응은 달라진다. 자신들의 경험을 재료삼아 창의적인 프로젝트를 같이 하게 되면, 그때는 토론도 가능해진다고 한다.

레이는 특히 '보편적 기본소득'이 필요하다고 말했다. 부조리한 상황, 덫과 처벌이 가득하고 과거 징벌적 구민법에 뿌리를 두고 있는 전체주의적 사회복지수당과 정반대 개념이다. 복지권 운동을 펼치던 엄마들도 기본소득이 모두에게 발언권을 제공해주어, 한부모 가정 아이들은 부모와 시간을 보낼 수 있게 되고, 예술가들은 예술작업을 하면서도 생계를 꾸려갈 수 있게 된다고 주장했었다. 레이의 워크숍에서는 '엄마들이 생존하려면 무엇이 필요하고, 성공하려면 무엇이 필요한가?'에 대해 토론을 하고, 워크숍 참가자들은 기본소득과 영국 육아수당의 역사, 가족 말고 엄마에게 지불되는 돈의 중요성에 대해 발표도 한다. 레이는 육아수당으로 사실상 약간의 돈을 지급받은 여성들은 가혹한 가정 상황에서 벗어날 수도 있었다고 강조한다. "하지만 문제는 물가를 따라가지 못한다는 점이에요. 한 달에 80파운드(약 13만 원)인데, 그걸로 뭘 할 수 있겠어요?"

워크숍 후반에 참석자들은 이런 질문을 받았다. "한 달에 추가로 천 파운드(약 165만 원)가 생긴다면, 그 돈으로 뭘 하실 거예요?" 여러 가지 대답이 나왔다. 조금 여유가 있는 사람들은 손자들에게 쓰거나 기부할 거라고 했지만, 어떤 사람들에게는 생활이 바뀔 수도 있는 금액이었다. "몇몇은 '지금 사는 집 문제를 해결할 거예요.'라고 했고, 한 장애가 있던 참석자는 '제가 칼질이 서툴러서 음식 해 줄 사람을 구할 거예요.'라고 했어요. 수많은 사람이 기본적인 문제도 해결 못한 채 살고 있다는 것을 깨닫게 됩니다." 레이는 프로젝트를 다른 동네에도 옮겨가, 특히 엄마들과 대화하며 그들이 무엇이 필요한지를 알아볼 계획이다. "결혼하지 않고 여자 혼자 아이를 키우면, 자기 자신에게 벌 받고 있다는 생각이 들어요. 아이가 생기면 많은 여성이 가난으로 내몰려요. 아니면 '내 처지에 어떻게 아이를 키워'라는 결정을 하죠."

런던에 살며 불평등을 뼈저리게 느꼈던 레이는 "다들 사람이면 일해야 한다는 말을 하고, 세상에 공짜는 없다고 말합니다. 하지만 이 나라 부의 대략 60퍼센트 정도가 상속받은 것입니다."라고 꼬집었다. 사실 많은 사람이 일해서 벌지 않은 돈으로 살아가고 있다는 얘기다. 그런데 레이는 열심히 일하고 있었지만, 그 대가는 한 달에 80파운드 정도에 불과한 아이 키우는 일이었다.[71]

영국의 기본소득 네트워크를 조율하기 위해 가사 임금 캠페인에서 파견된 바브 제이콥슨Barb Jacobson은 레이를 만났을 때, 런던 지부 운영을 도와보겠냐고 물었다. 레이는 해보겠다고 말했다. 첫 미팅 때 레이가 오랫동안 마음에 품고 있던 말들이 튀어나왔다. "쉬지 말고 일해야 한다는 분위기 때문에 생존이 유일한 목표인 문화가 생겨났고, '우리가 정말 원하는 삶이 어떤 거죠? 우리가 원하는 만큼 창의적으로 일할 수 있을까요? 우리 아이들과 더 많은 시간을 보낼 수는 있을까요?'와 같은 질문을 할 수 있을 만큼의 여유도 사라지고 말았어요."

하지만 레이는 자신의 처지를 사람들에게 말하기가 여전히 힘들었다. 한 기본소득 워크숍에서 레이는 같이 일하던 스텔라와 입고 있던 새빨간 멜빵바지에 달 배지를 만들었다. "'사회복지수당 생존자'라고 적혀 있었어요. 그걸 온라인상에 올리기도 힘들었어요. '다들 보세요. 저는 수당을 받는 사람이에요'라고 하는 거잖아요." 하지만 이런 기분도 들었다고 한다. "꼭 그렇게 생각할 필요 없어. 단호하게 말해야 해. '전혀 창피하지 않다'고." 레이는 자기처럼 사는 인생을 부끄러워해야 한다는 생각에 도전했다. "무엇이 사회에 더 도움이 될까요? 펍 체인점인 웨더스푼Wetherspoons에서 일하는 걸까요? 아니면 다음 세대를 키우며, 아이가 정서적 애착을 느끼고 행복하도록 노력하는 일일까요?"

사람들이 일이라고 여기지 않을지라도, 레이는 사람들에게 수치심 없이 자신들의 이야기를 할 수 있는 공간을 만들고, 그런 수치심을 씻어줄 수 있는 해법을 제시하는 모임을 준비하는 일에 전혀 피로를 못 느꼈다. "우리는 사람들이 자기들 앞을 가로막고 있는 장벽이 도대체 무엇인지를 자세히 들여다볼 수 있는 공간을 만들어나가야 합니다."

레이가 새 직장에 나가려던 때, 코로나 바이러스가 터졌다. 딸 놀라가 태어난 후 첫 사무직이었다. 런던의 역사적인 동성애 커뮤니티와 관련된 일이었고, 많은 조사가 필요해서 회사에서도 바로 출근하기를 원했다. 그런데 기침이 나기 시작했다. 마침 봉쇄령도 내려졌고 재택근무를 해야 했다.

사람들이 소통하는 방 안에서 미팅을 하는 일에 비해 줌으로 하는 미팅은 힘들었다. 가끔 외로웠고 스트레스도 많이 받았다고 한다. 사랑하는 누군가가 있으면 했다. 딸 말고는 전 남자친구가 개인적으로 만나는 유일한 사람이었고, 예전 같지 않은 그와 공동양육 문제를 상의하며 중압감은 더 커졌다.

코로나19 시기에 재택근무는 그 나름의 스트레스도 있었다. 보육비는 낼 필요는 없었지만, 놀라가 원하는 만큼의 시간을 할애해주지 못해서 걱정이었다. 놀라와는 개월 수가 얼마 차이가 안 났는데도 읽을 줄도, 글을 쓸 줄도 아는 애를 키우는 다른 엄마와 자신을 비교하고 있었다. 코로나로 집에서만 지내며, 아이들에게 아낌없이 관심을 줄 수 있던 사람들도 있었지만, 일하느라 가족과 함께 보내는 시간을 축내야 하는 사람들도 있었다. 기본소득이 있었더라면 이런 불안감이 없었을까 하고 레이는 궁금해한다.

봉쇄 기간 동안, 여성들과 영상 인터뷰를 통해 집에 있는 물건들을 이야기하는 예술 프로젝트를 시작했고, 많은 여성이 자신들의 엄마, 할머니, 하는 일에 대해서도 얘기해주었다. "사실 이런 소소한 대화로 사람들과 가장 큰 관계를 맺을 수 있잖아요. 당신이 그저 요리하고 떠들고 꾸준히 잔잔하게 챙겨주는 걸 사람들이 기억하는 거죠. 그런 것들이 우리를 인간으로 만들어주고, 우리가 인간이 되도록 가르쳐주는 것도 인간입니다. 너무 경시되고 있는 측면이지만, 세상에서 가장 중요한 거죠."

레이는 기본소득 개념이 코로나19로 더 많은 관심을 받는 걸 보며 변화의 잠재력을 봤다. 기본소득이 보장된다면 돈 걱정을 내려놓을 수 있고 딸과 시간을 보낼 수도 있다. "인간으로서 우리가 더 잘할 수 있는 것에 집중할 수 있게 될 거예요. 더 창의적이게 될 것이고 정말 중요한 것들에 대해 더 많은 생각을 할 수 있을 거예요."

사랑해서 하는 일과 돈을 위해 하는 일 사이: 가사 노동자

제가 일하러 오지 않으면 대부분 사람은 출근을 못 합니다. 제 일을 사랑하는 이유는 이 일이 사회를 단단하게 이어주는 견고한 끈처럼 다른 모든 일들을 가능하게 해주기 때문이에요.

내가 처음 만난 날 밀라는 여섯 달 된 작은 손가락으로 아델라의 볼을 만지고 있다. 아델라는 밀라가 만지기 편하게 볼을 더 들이밀며 밀라의 작은 손가락에 찔리지 않으려고 눈을 감는다. 밀라는 아델라 볼에 자기 볼을 비비며 크게 웃는다.[1] 아델라는 밀라를 돌보는 일을 하고 있다. 밀라가 태어나기 전에는 밀라의 언니 에이바가 학교에 들어가기 전까지 돌봤다. "한동안 파트타임으로 일했는데, 이런저런 챙길 일들이 많았어요. 보육원을 졸업하고 유치원에 다니기 시작한 에이바가 무용 수업을 들었는데 공연을 하면 제가 꼭 와서 무대 위에서 공연하는 자기를 봐달라고 했었어요."

밀라가 태어나면서 아델라는 그 집에서 다시 일하기 시작했다. 뉴욕 뉴로셸에 있는 그 집은 아델라가 사는 브롱크스에서는 버스로 한 시간 정도 걸렸다. 주 5일, 오전 9시에 시작해서 오후 4~5시까지였고 가끔 6시가 될 때도 있었다. 전문 보모로 일한 지난 6년을 대부분 이 집에서 일했다. 이들에게 아델라는 첫 보모였고 아델라도 이 집이 첫 직장이었다. "일을 하면 돈을 받는 거고, 뭐 그 정도로 생각했어요. 수당이니 근무 시간 같은 것은 전혀 몰랐어요. 집주인들도 그랬고, 지내면서 서로 알아가는 식이었어요."

가족들과의 관계는 좋다. 집주인은 굳이 들러 밀라를 안아보고 가고, 밀라의 언니들을 학교에서 데려와 주는 것만 봐도 그렇다(에이바 위로 언니 도나가 또 있다). 하지만 아델라를 행복하게 해주는 것은 그 집 아이들이다. 밀라에게 노래를 불러주면 미소가 절로 지어지고, 에이바는 처음 본 순간부터 서로 좋아하게 되었다고 한다. "애들은 다 다르잖아요." 아델라는 형제자매가 7명이 있고, 세인트루시아에서 뉴욕으로 이사 오기 전에는 유치원 교사로 일했다. 아기였을 때 에이바는 동네에서 우는 아이로 유명했다. "동네 공원이나 도서관으로 산책하러 나가면 부모들이나 보모들이 저한테 와서는 '그 종일 운다는 애죠?'라고 묻곤 했어요. 늘 울었으니까요. 그런데 이상하게 저랑 있으면 안 울었어요."

아델라는 일하러 갈 때 편한 복장으로 다닌다. 오늘은 '돌봄 전문가'라고 써진 오렌지색 티셔츠와 청바지를 입고 땋은 검은색 긴 머리는 밀라의 손이 닿지 못하게 등 뒤로 넘겼다. 하루 대부분을 밀라와 바닥에 누워 놀며 보낸다. 밀라 인형 중에는 보드라운 토끼 인형이 있는데, 공포영화의 으스스한 아이 웃음소리를 내며 노래하지만 밀라는 즐거워한다. 버튼을 누르면 움직이며 음악을 연주하는 장난감들도 있다. 아델라가 버튼마다 색깔로 이름을 붙여놨고, 버튼을 누를 때마다 밀라는 좋아서 소리를 지른다. "밀라는 소리 지르는 걸 특히 좋아해요. 언니들이 옆에 있으면 마치 '나이는 내가 적지만, 목소리는 내가 제일 커!'라고 하는 것 같아요."

아델라는 에이바를 돌보는 일을 그만두고 밀라가 태어나기 전까지 퀸스의 다른 집에서 보모로 일했다. 그 아이도 예뻐했지만, 아이가 몇 가지 심각한 알레르기를 앓고 있어서 꽤 힘들었다. "아이를 공원에 데려가거나 다른 아이들과 놀거나 할 때는 각별히 신경을 써야 했어요. 심폐소생술 자격증이 있다고 정말 쓰게 될 일이 생기기를 원하는 사람은 없잖아요."

밀라를 돌보기 위해 다시 그 집에 나가기 시작했을 때, 전보다 나은 계약 조건을 협상할 수 있었다. "보모 일에는 승진 같은 것은 없다고 생각하시겠지만, 사실은 있습니다. 이전보다 나은 조건을 협상할 수 있어요. 급여 인상이 될 수도 있고 유급휴가를 늘리거나 병가나 개인 일로 휴가를 낼 수 있는 날을 더 받아낼 수도 있죠."

아델라는 늘 아이들과 함께하는 일을 하고 싶었다. 전업이 되기 전 어렸을 때도 다른 사람들의 아이를 돌보곤 했다. 연극 동아리 일원으로 어린이 연극을 썼던 적도 있다. 젊은 나이에 첫 아이를 가졌고 세인트루시아에 살 때 집에서 육아를 하다가 유치원 교사가 되었다. "전 일 자체가 너무 재미있었어요. 놀면서 배우는 거잖아요. 우리 안에 있는 작은 동심이 튀어나온다니까요."

아델라의 자녀들은 아델라가 직업적으로 돌보는 아이들보다 나이가 좀 더 많았고, 아델라의 삶에 가장 중요한 부분이었다. 학교 행사, 여행, 워크숍과 학부모 모임에도 참여하는 적극적인 부모였다. "나름대로 지역사회에 환원하고 있다고 생각했어요." 현재는 전업으로 돌보는 일을 하고 있어서 열 살짜리 막내 아이 학교 행사를 가끔 놓치기도 하지만, 사친회만은 꼭 시간을 내려고 노력한다. "가끔 힘든 점은 내 아이를 두고 다른 아이를 돌보러 가야 하면서 아이도 저도 서로에게 놓치는 것이 생긴다는 점이에요." 어떤 집은 아이가 보모 앞에서 한 첫마디 말, 첫걸음과 같은 중요한 순간을 다시 돌려보려고 카메라를 설치하기도 하지만('내니 캠Nanny cam'으로 구글에 검색해보면 수많은 제품이 나온다), 아델라는 그런 사치를 누릴 처지가 아니다. 애가 아파도 일을 하러 가야 하니까 애를 다른 사람에게 맡기고 나와야 할 때도 종종 있다. "정말 고통스럽죠. 죄를 짓는 기분이 들거든요." 또 다른 현실은 오랜 통근 시간이 근무 시간에 더해진다는 점이다. 특히 일하는 집에서 멀리 떨어져 사는 뉴욕시 보모들이 이런 경우가 많고, 딱히 근무 시간에 포함되지도 않는다.

평소 아델라는 아침 6시 30분에 일어난다. 커피 내리는 기계를 누르고, 아이들을 깨워 등교 준비를 도와주고 버스를 타러 집을 나선다. 출근하면 아기에게 먹을 것을 챙겨주고, 날씨가 좋으면 유모차로 산책시키고, 버스를 타고 어린이 프로그램과 놀이터가 있는 도서관에 가기도 한다. 밀라는 짧게 여러 번 낮잠을 자기는 하지만 통 자기 싫어한다. 아델라와 내가 이야기를 나눌 때도 밀라의 눈꺼풀이 몇 번 처지는 것을 봐서 아델라가 밀라를 눕히려고 했지만 밀라는 고쳐 앉아서는 화를 내며 통곡하고, 다시 안아 올리면 아델라 귀에 대고 날카로운 비명을 지른다. 아델라는 밀라를 재우는 가장 좋은 방법은 유모차에 태워 거실을 작게 빙빙 돌거나, 유모차를 앞뒤로 움직여주는 것이라고 한다. 보모가 하는 일은 수천 가지 작은 결정들을 끊임없이 내려야 하는 고된 일이다. 어떻게 달래야 할지, 어떻게 놀아줘야 할지, 어떻게 가르쳐야 할지를 종일 혼자 결정하며 장시간 일한다.

아델라에게 다른 형태의 가사 업무는 그다지 잘 맞지 않았다. 한동안 집 청소 일을 해봤지만 지겹고 반복적인 일이었다. "맨해튼에 있는 집에 청소하러 다녔는데, 일이 끝나면 꼭 집주인이 와서는 다시 해달라고 하더라고요. 하수구가 막혀 있으면 솔질을 몇 시간이고 해야 했어요. 그 일은 안 맞더라고요."

아이들 돌보는 일도 귀찮은 구석이 있다. 아이의 부모들은 퇴근하고 집에 오면 돌보면서 힘들게 맞춰 놓은 아이가 지켜야 할 생활수칙이나 규칙을 무시하고 아이들과 마냥 즐겁게 놀면서 모든 것을 원상태로 돌려놓았다. "그러면 아이들한테 저만 나쁜 사람이 돼버리는 거죠. 아이 부모님들과 손발이 안 맞으면 정말 힘듭니다." 아이들을 오랫동안 전문적으로 돌보았는데도 아이 부모들이 전문가로 대우해주지 않는 것 때문에도 의기소침하게 된다. "다들 그저 집안일을 도와주는 정도로 봐요. 언제 이유식을 시작해야 하는지와 같은 제가 가진 지식을 신뢰하지 않죠. 결국 부모들은 혼자 씨름하다가 아이를 데리고 병원에 다녀와서는 의사도 제가 말한 것과 똑같은 얘기를 하더라고 하죠."

그래도 아델라에게 아이들 돌보는 일은 천직이다. 아이들은 다

다르고 그런 작은 차이가 경이롭다. 아이들 부모들에게 아이들끼리 비교하지 말고, 큰 애가 이랬으니까 둘째도 똑같은 것을 좋아할 것이고 성장 과정도 같을 것으로 기대하지 말라고 조언한다. 에이바는 혹시 도움이 필요할 상황을 대비해 아델라가 곁에 있어 줬으면 했지만, 스스로 헤쳐나가길 좋아하는 독립적인 아이였다. 언제나 도움을 원했던 다른 아이들과 다르게 그런 점에서 에이바는 독특했다.

"내 아이는 다른 사람에게 맡기고 일해야 했지만, 에이바를 돌보는 일은 개인적으로 만족감이 정말 컸어요. 아이들이 커가고, 알아가고, 궁금해하다 다음 단계로 넘어가고, 혼자 퍼즐을 완성하고 신나 있는 모습을 보는 것이 너무 즐겁습니다. 걷기 시작해서 몇 발짝 걷다가 넘어지지 않고 방 끝에서 끝까지 걷거나, 혼자 신발 끈을 묶고 짓는 그 흡족한 표정이 좋아요. 제 자식이 있기는 하지만, 아기가 아이가 되고, 걷기를 배우고, 첫마디를 떼는 걸 보면 너무 행복하고 성취감을 느낍니다."

팬데믹이 뉴욕을 덮쳤을 때 일에 대한 아델라의 애착이 시험대에 올랐다. "입주를 했어요. 우버나 대중교통을 이용하니 주중에는 일하는 집에서 지내는 편이 더 안전하다고 생각했어요." 월요일에서 금요일까지는 일하는 집에서 아이들과 지내기 시작했다. 아이들 부모가 월요일 아침에 태우러 왔고 금요일에는 태워다줘서 대중교통을 이용할 필요가 없었다. 코로나19 동안 집주인들이 재택근무를 하게 돼서, 아델라 일은 낮에 아이들을 챙기는 것이다.

다행히도 가까운 사람 중 코로나로 세상을 떠난 사람은 없었지만, 미국 전역에서 브롱크스가 가장 확산세가 두드러진 지역 중 하나여서 주변 사람들 모두 감염됐다. 그리고 주중에 돌봄 가정에서 지내다 보니, 자식들을 돌봐야 할 책임과 보수를 받고 돌보는 아이들을 돌봐야 할 책임 사이에 균형을 찾기가 더 힘들어졌다. "제 아이들은 십대다 보니 신경이 더 쓰입니다. 학교 온라인 수업도 걱정됩니다. 숙제는 했나 싶고요. '내가 집에 있다면 좀 더 시킬 수 있을 텐데'하는 생각을 늘 합니다. 그나마 전화라도 해서 '숙제 잘 챙겨'라고 하는 정도만 하고 있어요."

아델라는 일하면서 사회적 거리두기 규칙을 지키는 데 어려움이 있다고 한다. 하지만 팬데믹으로 아델라가 이전부터 너무 잘 알고 있던 사실이 더 명확해졌다. "제가 일하러 오지 않으면 대부분 사람은 출근을 못 합니다. 이 일을 사랑하는 이유는 제 일이 사회를 단단하게 이어주는 견고한 끈처럼 다른 모든 일들을 가능하게 해주기 때문이에요."

〉➤〉〉

가정은 언제나 일터로 존재해왔다. 그보다는 조금 덜 오래됐지만, 가정은 또한 가정에 살지 않는 사람들의 일터이기도 했다. 가정에서는 노동과 비노동의 경계가 늘 모호하고, 보수가 따라도 마찬가지다. 사회학자 에일린 보리스Eileen Boris와 레셀 파르냐Rhacel Salazar Parreñas는 타인과의 친밀함을 요구하는 일련의 노동을 설명하기 위해 '사적인 노동Intimate Labor'이라는 용어를 제안했다. 이 노동을 하다 보면 신체 접촉은 물론 타인의 개인정보도 알게 된다. 타인의 생명을 관리하는 책임이 막중한 일도 있고, 그보다는 덜 무거운 일도 있다. 하지만 모든 사적인 노동의 공통점은 사랑해서 하는 일과 돈을 위해 하는 일 사이를 수시로 오간다는 점이다.[2] 그러한 '분리된 영역'은 19세기와 20세기에 굳어진 가정이라는 개념에 토대를 두고 있다. 그 개념 위에 가정과 직장은 분리된 영역일 뿐만 아니라, '적대적인 공간'이다. 즉, 두 영역 간 접촉이 이루어지면 지저분한 감정이 직장에, 또는 불필요한 탐욕이 가정에 새어들어 양쪽 모두가 부패할 것이라는 생각이다. 아델라가 하는 일처럼 보수를 받기 위한 돌봄은 진실한 것이 아니며, 사랑해서 한 일을 금전적으로 보상하면 그 사랑을 식어버리게 한다고 가정한다.[3]

여러 사적인 노동의 또 다른 공통점은 어떤 특정 노동자가 해야 하는 일이라는 기대심리가 있다는 점이다. 거의 언제나 여성이고, 노동자 계층이고 외부인으로 간주하는 인종이다. 이런 기대심리는 요리, 청소, 돌봄과 같은 가정에서 가족 외의 누군가가 유급이나 강요로 하는 이른바 가사 노동에서 두드러지게 나타난다. 가사 노동은 오랫동안 여성 고용의 가장 일반적인 형태였다. 16~17세기 유럽 여성들의 3분의 1은 파출부로 일했고, 산업혁명 이후에도 집안의 하인들이 가장 큰 노동자 집단이었다. 이런 노동자들에게 이루어지는 강요, 저임금, 무시는 어떤 사람들은 '원래' 가사 노동을 더 잘한다는 당위론적 설명으로 줄곧 무마된다. 영국에서 일하던 아일랜드인들이나 미국의 흑인들처럼, 이민 노동자가 존재했던 대부분의 역사는 노예제에 깊은 뿌리를 두고 있다.[4]

인종과 가사 노동에 대한 이런 관념들은 몸과 마음, 인간과 자연, 인간과 동물을 분리해서 생각했던 계몽주의 시대에서 시작되었다. 배설물이나 시체가 너무 가까이 있으면, 자연과 너무 가까워져 불쾌하다고 생각했던 지배계층은 그런 일들을 동물과 더 가깝게 지내는 사람들이 하기를 원했다. 대개는 여자들 혹은 특정 인종이나 외부인이었다. 노예를 가사 노동에 이용했던 전통은 고대로 거슬러 올라간다. 전쟁이나 분쟁에서 진 쪽 여자들은 늘 이긴 쪽 집에서 노예로 일해야 했다. 유럽에서 미국으로 건너오는 조건으로 몇 년을 일하기로 합의한 계약직 하인들은 대부분 가사 노동을 했고, 이후에는 누군가의 노예로 전락했다. 아프리카 흑인들을 납치해 노예로 만들 때, 자신들의 행동을 정당화하기 위해 만들어낸 논리는 그들이 농장에서든 집안에서든 그런 더러운 일을 하도록 정해진 인종이라는 것이었다.[5]

여자 흑인 노예들의 출산은 수익원으로 관리되었고, 가족들은 따로 떨어져 팔려나가는 일이 빈번했다. 흑인 여성들이 투쟁하던 때, 자신들과 비교해 백인 여성들은 노동하기에는 너무 가냘프다는 인식이 그들에게 있었다. 노예주들은 흑인 여성들의 노동력을 최대한 착취하기 위해 이들을 "여성스럽다는 구속"으로부터 해방해야 했다. 하지만 그 '여성스러움'의 해방에는 흑인 여성이 (백인) 아이를 돌보는 일에 천부적이라는 인식은 포함되지 않았다고 정치 운동가 앤절라 데이비스는 지적한다.[6]

남북전쟁 중 노예제가 곧 끝날 것을 예감한 노예들은 노동조합 피켓 라인에 동참하는 등 수많은 형태의 저항을 벌였다. 백인 여자들은 집안일을 조금 더 해야 했지만, 남북전쟁이 끝나자마자 다시 흑인 여자들에게 하던 일을 돌려줬고, 이번에는 보수를 지급해야 했다. 부유한 여성들과 가사 노동을 했던 여자들 간의 이 역사적 긴장 관계가 아직도 여자들과 그들의 운동을 분열시키고 있다.[7]

노예 신분에서 해방된 흑인 여성들은 자신들의 노동력에 대한 통제권을 위해 싸웠다. 그만큼 또 중요했던 것은 역사가 테라 헌터의 책 제목 『나의 자유를 즐기기 위해To Joy My Freedom』처럼 직장 밖 시간을 위한 투쟁이었다. 많은 흑인 여성은 입주 가사 노동을 거절하는 등, 내키지 않는 근무조건을 거절했고 맞지 않는 일은 그만두었다. 사용자가 요구하는 일에 노예제의 그림자가 보이면 무조건 거부했다. 과거 노예였던 사람들이 일 외적으로 갖는 어떤 시간도 백인 지배집단에는 나태, 게으름, 그리고 '탈선'으로 보였고, 그들은 그런 믿음을 법제화하기 시작했다. 법만으로 흑인 노동자를 길들이기가 역부족이면, KKK단 같은 단체가 주저 없이 법 영역 밖의 폭력을 사용했다.[8]

이런 여러 제약 속에 흑인 노동자들이 주로 할 수 있던 일은 여자들은 가사 노동, 남자들은 농장 노동이었다. 과거 백인들이 열등하다고 믿었던, 배설물·자연과 연관지은 노동들이었다. 1880년대 애틀랜타에서는 대략 98퍼센트의 흑인 여성 임금노동자들이 보육, 집안일, 빨래 등 다양한 형태의 가사 노동을 했다. 자동 세탁기가 없던 당시 세탁일은 엄청나게 고된 일이었지만, 세탁부로 일했던 여성들은 자기 집에서 나름의 속도로 일할 수 있어서 선호하는 일이었다. 어느 정도 자유도 누릴 수 있었고, 옷을 좀 '빌려 입어' 백인 여자들이 여성스러움을 독차지하는 것에 또 한 번 반항할 기회이기도 했다. 나아가 공동으로 할 수 있는 일이었기 때문에, 힘을 모아 힘들게 얻어낸 그 모든 노동 환경을 지켜내기도 쉬웠다. 초창기 가사 노동자들 파업 일부가 세탁 노동자들의 파업이었던 이유도 여기에 있다. 파업을 통해 세탁 노동자들은 최저임금은 물론 '일로 자신들을 정의하지 말라'라고도 주장했다.[9]

이렇게 흑인 여성들은 끊임없이 투쟁했다. 기존 노예주들은 흑인 여성들이 근무 시간 외의 시간을 누릴 자격이 있다는 생각을 쉽게 납득하지 못했다. 노예제는 끝났을지 모르지만, 이들은 여전히 흑인 노동자들이 체제의 최하위에 있다는 것을 '당연'하다고 생각했다. 사실 흑인 여성들의 보수는 너무 적어서, 가난한 백인 노동자도 가사 노동자를 부릴 약간의 여유가 있었다. 흑인 노동자들이 누리는 여가는 백인 위계질서에 실질적인 위협이었다. 백인들은 흑인들에게 놀이와 저항의 형태로서 의미가 있던 춤을 오로지 노동에만 써야 할 힘을 낭비한다며 특별히 금지했다. 하지만 역사가 테라 헌터는 "열심히 일하는 것처럼, 열심히 춤추는 것도 자본주의 노동윤리에 부합했다."라고 썼다. 전혀 게으름을 부리는 것이 아니었고, 사용자는 이해할 수 없던 '노동'이었다.[10]

사유재산이나 자유로운 이동을 제한했던 흑인법Black Codes으로 흑인 노동자들을 범죄자로 몰아가는 과정은 노동을 강제하고 특정 부류의 사람들을 사회적으로 규정된 역할에 가둬두려는 시도의 민낯이었다. 한 여성은 흑인 가정에 파출부로 일하다 체포되어 나무 우리에 갇혔다. 헌터는 "가사 일도 꼭 백인만을 위해 해야 했다."고 기록했다. 하인으로 일하길 거절해 체포된 두 젊은 여성은 교도소 창문을 깨고 "우리를 일하게 만들 수는 없다!"고 외쳤다. 그 둘은 60일 동안 교도소 세탁실 노동을 선고받았다. 뉴욕에서는 소년원에서 석방된 여자들이 결국 시내 외곽에 있는 백인 가정에서, 도시에서 누렸던 자유도 빼앗긴 채 파출부로 일해야 했다. 정치운동가 앤절라 데이비스의 말에 의하면 당시 감옥은 "길들여지지 않았고 성욕이 과한, 핵가족 개념을 모범으로 수용하지 않으려는 여자들을" 최종적으로 처벌하는 역할을 했다.[11]

한편, 19세기 말에서 20세기 초까지 핵가족 개념은 중산층 백인 주부라는 개념을 중심으로 굳어지고 있었다. 사랑의 공간이자 일로부터 자유로운 공간이라는 가정에 대한 환상을 유지하기 위해 집안일을 돕는 한두 명의 하인도 두었을 것이다. 백인 여자들은 결혼 전까지는 직장에 다니는 경우도 있었지만, 일단 결혼하면 집에만 있으라는 것이 시대의 분위기였다. 1980년까지 미국인들을 대상으로 한 조사에서 여자들 대다수가 자신들을 '주부'라고 했지만, 또 다른 많은 여자들은 여전히 다른 여자들의 집에서 일하고 있었다. 가사도우미는 1950년까지 여자들이 집 밖에서 가장 많이 하는 직종이었다. 이 시기에 성 역할은 이미 굳어졌지만, 그러한 굳어진 성 역할 내부에도 인종·계층 분열이 존재했다.[12]

고용주와 가사도우미 사이의 긴장감은 아이들을 돌보는 일과 관련해서 특히 높았다. 육아는 다른 집안일과 달리 한시도 아이들에게서 눈을 뗄 수 없었고 감정도 쏟아야 했다. 집주인들은 자신들이 고용한 노동자들이 가능한 한 많은 애정을 아이들에게 쏟고, 일도 즐거워하길 기대했다. 하지만 그만큼의 사랑이 돌아오는 경우는 거의 없었고, 행여 그런 일이 일어난다고 현금 보상은 없었다.[13]

보육 노동자들이 일에 사랑을 쏟아 넣으라는 기대를 받으며 남의 아이를 돌보고 있을 때 그들의 가족은 방치되었다. '두 번째 교대근무'는 이 말이 만들어지기 오래전부터 이들의 현실이었다. 다른 곳에서는 돈을 받고 하던 똑같이 고된 노동을 내 집에는 무보수로 해야만 했다. 1930~1940년대, 노동조합 결성과 뉴딜 정책의 시작으로 산업노동자들을 포함한 다른 대부분 노동자가 급여 인상과 근로 시간 단축과 같은 것을 얻어냈지만, 가사 노동자들은 주중 80~90시간까지 일하며 여전히 지독한 노동환경에서 시달렸다. 아델라처럼 이들도 자기 아이들보다 일하는 집 아이들과 더 많은 시간을 보냈다.[14]

가사 노동자들의 저항이 새로운 일도 아니지만, 뉴딜 정책 이후 노동자들의 노조가 증가하자 가사 노동자들도 노조 결성을 고려하기 시작했다. 이들도 아델라처럼 일과 가정 사이의 좀 더 명확한 경계와 고용주의 요구사항에 한계를 설정하기를 원했다. 남의 집에서 하는 그들의 노동이 사랑해서 하는 뭔가가 아니라 노동임을 분명히 하고 싶었다.

대부분 흑인 노동자가 도맡아 하던 농장 노동과 가사 노동은 사회보장제도는 물론, 최저임금과 초과근무를 규정했던 공정근로기준법에서도 제외됐다. 또한 뉴딜 정책의 대공황 구호 프로그램들은 가사 노동은 당연히 여자들의 일이라는 생각을 옹호하며, 흑인 여성들을 가사 서비스와 돌봄 노동에 계속 붙잡아두었다. 가사 노동자들은 법적 보호를 희망했지만, 역시 배제되었다. 어느 정도의 개혁을 원했던 고용주 계층 사람들도 있었지만, 그들도 대개는 정부 규제가 집까지 밀고 들어오는 것을 떨떠름해했다.

결국 노동자들은 노조를 결성하기 시작했다. 그 뿌리는 자신들이 하는 일의 가치를 인정해달라고 요구했던 초창기 세탁부 여성들의 파업이었다. 가사 노동자들은 일과 분리될 권리도 요구하며, 바닥 청소나 아이 돌보기 외의 삶이 있는 사람들로 대우받기를 원했다. 이들은 더 나은 근무조건을 요구할 때 일부러 여전히 남아 있는 노예제의 유산에 대중의 관심을 집중시켰다. 뉴욕에는 여자들이 그날 하루 일을 시키려고 인력을 뽑아가는 사람들을 기다리는 '브롱크스 노예 시장'이라고 불리던 골목이 있었다. 엘라 베이커Ella Baker와 마벨 쿨Marvel Cooke 두 인권 운동가는 그 인력시장에 대해서 "인간의 노동이 흥정되어 싼값에 팔릴 뿐만 아니라, 인간의 사랑도 거래되는 상품 중 하나다. 하지만 팔려 가는 것이 노동이든 사랑이든, 경제적 필요성이 그런 거래를 강제한다."라고 썼다. 이러한 열악한 여건들이 여자들이 노조로 뭉치게 된 계기가 되었고 더 이상 자신들을 개인 소유물처럼 취급하지 말라고 주장했다.[15]

이들의 투쟁은 공민권Civil Rights 운동과 밀접히 연관되어 있었다. 기금을 모금하고 이웃들의 동참을 유도하고, 버스를 타는 대신 일터에서 집까지 터벅터벅 걸어 다녔던 1955년과 1956년에 벌어진 '몽고메리 버스 보이콧'의 주축도 가사 노동자들이었다. 역사가 프레밀라 나다센은 당시 가사 노동자들은 다른 노동자들도 버스 불매운동에 동원해 "자신들을 고용한 사람들에게 맞서는 데 절대적으로 필요했던 공동체" 개념을 만들어냈다고 했다. 버스 보이콧의 핵심에 있던 존엄성의 문제는 가사 노동자들이 일터에서 겪는 갈등의 핵심이기도 했다. 게다가 남부 전역의 버스들이 이들이 집결해 노동환경 변화를 외칠 수 있는 공간이기도 했다.[16]

도로시 볼든이 1968년 애틀랜타에 설립한 '전국 가사 노동자 연합National Domestic Workers Union'과 같은 조직을 통해 가사 노동자들은 자신들의 노동이 '타고난' 역할이 아니라 숙련 노동임을 주장하며 집결했다. 최저임금을 위해 투쟁했고, 자신들의 노동을 존중하여 파출부 대신 '가정 기술자Household Technician'로 불러 달라고 요구했다. 일하는 능력을 더 강조하고 발전시키기 위한 연수 프로그램도 만들었다. 무릎을 꿇고 바닥을 닦는 일과 같은, 하지 않을 일도 목록으로 만들었다. 가사 노동 교육이 전혀 새로운 것도 아니었지만 가사 노동자가 직접 교육을 관리한다는 사실은 매우 다른 의미였다.[17]

가사 노동자들은 자신들을 숙련 노동자라고 주장하며, 고용주의 집은 일터일 뿐이고 자신들은 결코 '가족'이 아니라고 강조했다. 이 주장은 가사 노동자들 입장에서는 늘 양날의 검과 같았지만, 실상 가족처럼 대우받지 못했다. 뒷문을 이용해야 했고, 손님이 오면 드러나지 않게 조용히 일해야 했다. 자신들의 노동환경을 개선하려면 가사 노동자들은 개인적으로 협상할 수밖에 없었다. 그 자체가 상당한 기술이 필요한 일이어서 가사 노동자 단체들이 그 훈련을 시켜주었다.[18]

가사 노동자들은 연대와 정치 로비를 통해 공정근로기준법상 보호 대상 노동으로 인정되며, 자신들이 하는 일에 대한 약간의 법적 지위도 얻어냈다. 하지만 여전히 가사 노동은 대개 법의 사각지대에 놓여 있었다. 일하는 집과 사적인 무수한 충돌을 겪을 필요가 없는 다른 일자리 기회가 생기면 주저 없이 그만두는 일이었다.[19] 그런 사적 충돌들은 결국 폭발했다. 가사 노동자들이 일을 그만두면서 중산층 여성들은 가사가 얼마나 힘든지를 깨닫기 시작했고 그러한 깨달음을 정치화했다. 『여성성의 신화』로 유명한 베티 프리단이 결성한 '전미여성기구National Organization for Women'는 공정근로기준법을 가사 노동에도 확대해 달라고 요구했다. 그렇게 되면 가사 노동 인력 공급이 늘어나, 더 많은 중산층 여성이 밖에 나가서 만족스러운 직업생활을 할 수 있다고 주장했다.[20]

가사 노동을 누가 하느냐는 난처한 문제였다. 수십 년간, 주부들에게 말끔하고 사랑스러운 가정을 유지하는 일은 자신들의 정체성과 밀접한 관계가 있었다. 가정을 나무랄 데 없이 가꾸고 유지하지 못하면 '좋은 여자'가 아니었다. 따라서 가사의 대부분을 다른 누군가가 하고 있다고 인정하기 힘들었다. 남을 집에 들였을 때 생기는 친밀함, 즉 그들이 깊숙한 개인적 비밀을 알게 될 수도 있다는 가능성도 늘 위협적이었다. 역사가 필리스 팔머는 이 모든 것들이 고용주가 가사 노동자를 열등하다고 여기고, 비인간적으로 대하게 만들었다고 지적한다. 회사에서 모든 경영자가 노동을 착취하는 데 어느 정도 사용하는 방법이기도 하다. 중산층 주부들은 자신들은 '마음'이고 노동자는 '몸'이라는 사고방식을 가지고 경영자처럼 행세했다. 그들은 감독자에 불과했지만 궁극적으로 모든 일은 자신들이 한다고 생각할 필요가 있었다.[21]

청소일은 더러운 여성들을 위한 더러운 일이었다. 노동자 계층 여성들이 그런 일을 하게 되면 주부는 손을 더럽힐 일이 없었다. 사회학자 에린 해튼Erin Hatton은 '부도덕성과 특권 논리'로 인해 순수하고 축복받은 주부들은 일하면 안 되는 사람들로 그려졌다고 했다. 반면 18세기에서 20세기 후반 아일랜드 마그달레나Magdalene 세탁소에서 행실이 좋지 않다며 남의 옷을 빨래하는 벌을 받던 여성들처럼, 주부들 뒤치다꺼리를 하는 사람들은 원래 불결하다고 여겨졌다. 아직도 간병이나 노인 돌봄 서비스에 종사하는 여성들은 이런 편견에 시달린다.[22]

더 넓은 범주의 가사 노동들이 그러하듯 자택 요양 노동도 여전히 친밀함·불결함과 연관되어 있었고, 여자다움과 돌봄에 대해 당시 바뀌고 있던 인식으로 포장되어 있었다. 국가가 자택 요양을 지원했던 뉴딜 정책 초기의 대다수 자택 요양 노동자는 일종의 '엄마 대신' 전반적인 가사와 돌봄을 하는 사람들로 여겨졌다. 하지만 정작 자신들은 늙었을 때 사회보장제도의 도움을 받을 수 없던 처지였다. 역사가 에일린 보리스와 제니퍼 클라인Jennifer Klein은 자택 요양 노동은 "가정 내에서 이루어지는 복지국가의 공공업무"라는 논리로 다시 짜맞추어졌고, 장차 전 세계 많은 나라들이 "노인인구 폭증" 문제를 해결해가야 하므로 꾸준히 늘어날 직업이라고 말했다.[23]

대공황 이전, 환자들과 노인들을 돌보는 일은 가족이나 교회 같은 민간 자선단체가 담당하거나 빈민 수용 작업시설에 떠맡겨졌지만, 뉴딜 구호 프로그램으로 돌봄 문제 해결과 여성 고용 창출을 동시에 도모하며 개별적 직업으로 발전되었다. 뉴딜 구호 프로그램은 1960년대 '빈곤과의 전쟁법War on Poverty'으로 더욱 확대되었고, 1970년대 시설 돌봄에 대한 대안으로 가정 내 지원을 요구한 장애인과 노인 권리 운동이 조직되면서 더 커나갔다. 하지만 1960년대 증가했던 자금 지원이 1970년대 경제 위기로 축소되기 시작했다.[24]

수년간 가정 간호는 주로 흑인 여성들이 해왔고, 이들은 국가로부터 급여를 받는 가정부에 지나지 않는다는 통념에 수많은 어려움을 겪었다. 한편, 정식 간호사들의 착취도 견뎌야 했다. 간호사들은 자신들만을 숙련 노동자라고 주장하며 가정 간호 노동자들은 '비숙련' 노동자라는 인식을 키웠다. 이야기에 귀 기울여 주고 공감해주는, 매우 중요하지만 동시에 고된 역할도 했음에도 그랬다. '숙련'의 정의는 무슨 일을 하느냐보다 그 일을 누가 하느냐와 더 결부되어 갔다. 흑인 여성들은 얼마나 많은 훈련을 받든, 얼마나 많은 사람을 돌보고 있든, 비숙련 노동자 취급을 받았다. 1980~1990년대 이민자 여성들이 가정 간호와 가사 노동을 하기 시작하면서 이들에 대해서도 비슷한 상황이 생겨났다.[25]

1974년 노조를 결성한 가사 노동자들이 공정근로기준법에 포함되는 승리를 맛보았지만 미국 노동부는 '(나이나 질병으로)자신을 돌볼 수 없게 된 사람들에게 돌봄 서비스를 제공하는 노동자들'을 법의 적용 대상에서 제외하는 철회 결정을 내렸다. 사설 기관을 통해 고용되었고 얼마 전까지만 해도 법의 보호를 받던 그들은 갑자기 최저임금보장과 초과근무보상에서 제외되었다. 오랫동안 비숙련 노동자라는 대중의 인식 속에 살아온 이들은 이제 노동자의 자격마저 박탈당하고 있었다. 이제 이들은 '비숙련' 노동자일 뿐만 아니라, 이들이 하는 일은 일로 취급되지도 않았다.[26]

정책은 여전히 장애인이나 노인들을 돌볼 일차적 책임이 가족에게 있다고 가정한다. 극빈층에게 연방 정부와 주 정부가 공동으로 의료비 전액을 지원하는 메디케이드Medicaid는 자격을 충족하는 저소득층이 장애인이나 노인 돌봄 서비스를 받을 경우 비용을 보조한다. 하지만 메디케이드 자격이 안 되면, 가족들은 민간 돌봄 서비스 비용을 직접 부담해야 하는 처지에 놓인다. 로널드 레이건 대통령은 1988년 "가족의 죽음은 심하게 과장되어 왔습니다. 가정에서 가족들이 돌봄과 사랑을 제공하면 됩니다."라고 강조했다. 돌봄은 가족 책임이라는 개념은 1996년 통과된 빌 클린턴 대통령의 복지 개혁 프로그램으로 더 확고히 굳어졌다.[27]

이러한 돌봄 노동자들이 직면하는 큰 어려움 중 하나는 자신들의 이해관계가 고객의 이해관계와 끊임없이 충돌한다는 것이다. 돌봄 노동자들이 하는 일은 사랑을 주는 일이라는 인식은 가끔 이들의 요구사항이 돌봄을 받는 사람들의 요구사항보다 덜 중요하다고 여겨지게 한다. 그들은 고객이 하는 특정 업무를 돕거나 아예 도맡아 해주고, 고객이 시설에 들어가지 않고 집에 있을 수 있게 해주며, 고객 자신의 삶을 통제할 수 있도록 도와주며 어느 정도의 독립적인 생활이 가능하도록 돕는다. 하지만 고객이 스스로 독립적이라고 생각할 수 있으려면 돌봄 노동자들은 자신들을 마치 투명 인간처럼 만들어, 고객이 모든 일을 궁극적으로 자신이 해나가고 있다고 느낄 수 있도록 해야 한다.[28]

급여를 받는 이들은 가족 혹은 친구는 할 수 없는 투명 인간 역할을 할 수 있다. 고객 만족이 최대 목표인 이 일을 하려면, 눈에 띄지 않아야 한다는 사실을 어느 정도 받아들여야 한다. 연구원 린 메이 리바스의 연구에 의하면, 한 노동자는 "저는 고객 신체의 연장선 같은 존재입니다."라고 했고, 또 다른 사람은 자신을 "그냥 돌봐주는 사람이야."라고 부르며 인간성을 무시하는 것이 마음이 상하지만 참아야 한다고 했다. 이런 일을 하는 노동자들에 대한 사람들의 낮은 인식이 투명 인간 개념을 조장한다. 예를 들어, 이민자 여성들은 이미 우리 사회가 그들을 사회적으로 투명 인간 취급하고 있기 때문에, 일터에서도 당연히 투명 인간으로 취급당하는 것이다. 연구원 리바스는 아무리 진실하게 돌보며 그런 무시를 이해하는 노동자라도 마음이 상하는 것은 사실이라고 강조한다. "안 보이게 된다는 것은 인간이 아니라고 생각하게 되는 첫 단계입니다."[29]

가정 간호 노동자들이 투명 인간 개념에 항의하고, 자신들의 보수를 개선하려고 노력했던 한 가지 방법은 노조 결성이었다(가정간호에 대한 수요는 늘었지만, 1999~2007년 사이 이들의 임금은 오히려 떨어졌다). 국가도 개입하여 어느 정도 도움을 주었다. 가정 간호노동자들의 실질적인 고용주가 돌봄을 받는 이들이 아니라 국가라고 선언하여(메디케이드를 통해 실제로 비용을 대고 있기 때문에), 그들이 노동단체임을 인정했고 집단협상을 할 수 있는 기반을 닦아주었다. 하지만 그런 권리를 얻는 과정이 순탄하지만은 않았다. 일부 주는 동의했지만, 연방 노동법도 따르지 않는 등 권리부여 자체를 부인하는 주들도 있었다.

공적으로 고용된 가정 간호 노동자들은 노조 결성권이 인정된 주에서 계속해서 연대해갔다. 2020년 '국제서비스노조연맹Service

Employees International Union'은 전국에 70만 간호 노동자들을 대표했다. 1900년대 대규모 노동조합 운동에 버금가는 수준이었다. 간호 노동자들이 하는 일은 아직도 오해받고 경시되지만, 이들은 노동조합으로 연대한 규모가 큰 노동자 계층이다. 하지만 대법원은 2014년 '해리스 대 퀸Harris v. Quinn 판결'로 또 한 번의 실망을 안겨줬다. 법원은 "부분적 공적 노동자"라는 애매한 표현으로, 또다시 간호 노동자들을 노동법의 보호망에서 제외했다. 장애가 있는 아들을 돌보며 메디케이드 지원을 받고 있던 간병인 파멜라 해리스Pamela Harris는 노조 가입과 조합 회비 징수를 거부하며 일리노이 주지사 팻 퀸Pat Quinn을 고소했다. 그는 국가나 노조가 자신의 가족 문제에 개입하는 것을 원치 않는다고 주장했다. 가족이 아닌데도 가정 간호 노동을 해온 수십만 노동자들을 사실상 투명 인간으로 만들어버린 '우리는 가족이잖아요' 논리의 또 다른 변형이었다.[30]

아이-젠 푸가 자신의 저서 『존엄성의 시대Age of Dignity』에서 지적했듯이, 가정 간호 노동자들의 권리가 중요한 이유는 많은 서구사회 국가들이 지난 10년간 심각한 긴축정책을 펼쳐온 직후 현재 노인인구 폭증 문제에 맞닥뜨렸기 때문이다. 긴축정책보다 더 오래 수십 년간 진행되어온 신자유주의적 기업혁신 또한 노인들이 의지하는 많은 제도들을 축소해왔다. 아이-젠 푸는 독일과 일본에서는 소득이나 부양가족 여부보다 필요를 근거로 장기 돌봄 서비스를 제공하는 새로운 일괄 프로그램이 시행되어 왔음을 강조한다. 근무시간도 길고 이동시간은 급여에 포함되지 않는 등, 영국 돌봄 노동자들이 처한 현실은 미국 돌봄 노동자들의 현실과 별반 다르지 않다. 한 작가는 대표적인 산업 도시 맨체스터에서 한 노동자 계층이 공장 노동에서 돌봄 노동으로 이동하는 현상을 그려내기도 했다. 사실 많은 돌봄 노동자가 과거 공장에서 일했던 바로 그 사람들을 돌보고 있지만, 공장 노동자들보다 급여나 혜택은 더 적다.[31]

후기 자본주의에서는 점점 더 많은 사람이 유급 노동을 해야 했고, 점점 더 많은 가사 노동이 상품화되어 보수를 받으며 이루어진다. 나아가 세계화가 진행되면서, 미국뿐만 아니라 여러 선진국에서 이런 급여 가사 노동의 상당 부분을 남반구의 저개발국에서 온 이민자들이 담당하고 있다. 유급 가사 노동 비율이 다소 주춤했던 적이 있었지만 곧 급격히 늘어났고, 특히 가정 간호는 가장 빠르게 성장하고 있는 직업군 중 하나이다. "가사 노동자들을 위한 정치투쟁의 지형이 급격히 바뀌었다."고 역사가 프레밀라 나다센은 설명한다. 1970년대는 시민권에 기반을 둔 권리를 위해 싸웠다면, 2010년대에 들어와서는 시민권 지위 자체를 둘러싼 투쟁이었다.[32]

불법 가사 노동 외에는 취업 기회가 거의 없는 이민자 여성들은 결국 노동시장 가장 밑바닥에 놓인다. 가장 적은 보수를 받으며 가장 많이 참아야 한다. 이들의 저임금은 중산층 가족 입장에서는 보조금이나 마찬가지다. 이들의 돌봄 노동으로 중산층 가족은 부족하게 지낼 필요가 없어졌다. 대부분 근처에 가족이 있는 노동자보다 가족을 두고 미국으로 왔고 자기 아이들에게 모든 사랑을 쏟을 수 있는 이민 노동자를 더 선호한다. 이들은 가족을 떠나 타인을 돌보는, 기업이 인건비가 낮은 지역으로 공장을 이전하는 것과 같은 일종의 '재생산 오프쇼어링Offshore Reproduction'인 셈이고, 이들이 고향에 보내는 송금액의 규모는 세계 자본 흐름 측면에서 보면 정유회사들 매출에 맞먹는다.[33]

추방될 수도 있기 때문에 많은 불법 이민 노동자들이 일하는 법의 사각지대에서 악덕 사용자들의 착취가 극심하다. 가족을 두고 온 이민 노동자들은 고용주의 집에서 사는 경우가 흔하고, 결국 24시간 365일 일해야 한다. 가사 노동자들에게 신체적 폭력과 성폭력은 물론 인신매매도 이루어져 왔다. 로라 브릭스 교수에 따르면, 이민 단속은 이민자들을 더 취약하게 하면서도, 사실은 이민이 완전히 멈추지 않도록 하는 것이 중요했다고 지적한다. 착취가 쉬운 노동력 공급은 너무 중요했다.[34] 이민 제도로 생겨난 이러한 취약성은 미국만의 사정은 아니다. 유럽에는 아시아, 북아메리카, 심지어 과거 공산권 국가에서 온 이민자들이 유럽 가사 노동에 상당 부분을 맡고 있고, 이들도 역시 나날이 이민 단속에 취약해진다. 연구원 카르멘 티플Carmen Teeple은 이렇게 썼다. 이 모든 노동자의 공통점은 "이 여성들이 겪는 위태로운 시민으로서의 신분이 종종 일터와 집을 포개어버린다."[35]

이런 노동자들은 대개 어쩔 수 없이 집을 떠나왔는데도, 정착하게 된 곳에서 사랑을 제공하라는 기대를 받는다. 사회학자 앨리 러셀 혹실드는 이를 두고 "세계 자본주의적 사랑의 서열"이라고 했다. 나아가 특히 아이들이나 노인들을 돌볼 때, 그들이 사람에게 진심이라는 사실이 일을 더 힘들게 만든다. 철학자 에바 키데이는 자신의 딸과 딸을 돌봐주는 돌봄 노동자 페기 둘 다 함께 나이가 들어가며 겪는 어려움들에 대해 통렬히 적었다. 그렇게 오래 유지한 '이름 없는 관계'를 어떻게 끊을 수 있겠는가?[36]

특히 이주 여성 노동자들의 혜택을 받는 많은 여자에게 이 모든 상황은 모순투성이다. 앞에서 다룬 것처럼, 페미니스트들은 가사 노동이 노동법에 포함되기를 요구하며 투쟁했지만 그들이 직업적으로 큰 성공을 거둬온 이유는 대개 저임금 가사 노동자들의 지원 덕택이다. 결국, 자신들이 거세게 반대하는 억압에 뿌리를 두고 있는 오래된 힘의 역학을 반복하는 꼴이다. 하지만 이러한 고용인과 피고용인 관계에 내재한 힘의 차이를 피할 방법은 없다. 작가이자 사회비평가인 바버라 에런라이크Barbara Ehrenreich는 "양말을 벗어놓고, 욕실 거울에 치약을 묻혀 놓고, 야식을 먹고 설거짓거리를 남겨두는 등, 다른 누군가가 해야 하는 뒤치다꺼리를 남기는 일은 조용하고 은밀한 방식으로 힘을 행사하는 것이다."라고 말했다. 두 사회학자 세민 카윰과 라카 레이는 고용인과 피고용인 사이에 우정을 주장하는 것은 "사랑의 사탕발림"을 "평등"으로 둘러대는 것일 뿐이라고 지적한다.[37]

많은 사람이 코로나19 외출금지령으로 가사에 둘러싸여 재택근무를 하게 되면서 이러한 문제점들이 더 드러났다. 영국에서 봉쇄령이 해제되었을 때, 일부 부유한 페미니스트들은 이제 청소부를 고용할 수 있게 되었다며 기뻐했다. 사라 디텀Sarah Ditum은 《스펙

"특히 아이들이나 노인들을 돌볼 때, 사람에게 진심이라는 사실이 일을 더 힘들게 만든다. 그렇게 오래 유지한 '이름 없는 관계'를 어떻게 끊을 수 있겠는가?"

테이터The Spectator》지에 "청소는 일이고 내가 하거나 가족과 협상할 일은 아니다. 나도 내 일이 있다."라고 썼다.《텔레그래프The Telegraph》는 사람들이 쉬쉬하는 이러한 부분을 노골적으로 적었다. "결국 논점은 어떤 여성을 옹호하느냐의 문제가 된다. 청소부를 고용하는 여성 쪽인가, 아니면 청소하는 여성 쪽인가." 청소가 노동인 것은 사실이지만, 청소부를 고용하는 문제를 두고 벌이는 이 논의는 아직도 또 다른 가난한 여성에게 이 일을 맡기는 식으로 여성들이 해법을 찾고 있다는 점을 우리에게 상기시켰다. 도움을 고용하는 자신들의 결정을 옹호하는 사람들 일부는 청소부들이 그 일을 사랑한다는 궁색한 주장을 폈다.[38]

이 사랑의 속박은 가사 노동자를 향해 쉽게 무기로 쓰일 수 있다. 가사 노동자였던 엘비라는 집주인에게서 "당신은 우리 가족이에요."라는 말을 들었다고 한다. 엘비라가 자기 가족이 따로 있고, 자기 가족은 자기를 막 대하지 않는다고 했더니, 집주인이 화를 내며 "당신은 그냥 가정부일 뿐이라는 걸 명심하세요."라는 말이 돌아왔다고 한다.[39]

사랑과 가족을 그렇게 쉽게 돈으로 살 수 있다면 결국 어떻게 될까? 아마도 정점은 돈을 받고 가족이 되어주는 대역을 제공하는 이시이 유이치Ishii Yuichi와 일본에서 그가 운영하는 업체와 같은 모습일 것이다. 사교 모임에서 남자친구 대역 같은 일도 해봤지만, 유이치가 가장 처음 맡았던 일은 미혼모였던 한 친구의 남편 역할이었다. 친아빠를 한 번도 만나본 적이 없는 딸을 위해 아빠 역을 해달라며 고용된 적도 있다. "저는 그 아이가 알고 있는 유일한 실제 아빠입니다. 고객이 비밀을 유지하는 한, 저는 끝까지 그 역할을 해야 합니다. 그 딸이 결혼하면, 결혼식에서 아빠 역할을 해야 하고, 결국 할아버지 역할까지 하게 되겠죠. 그래서 늘 고객에게 이렇게 묻습니다. '이 거짓말을 계속 지킬 수 있겠어요?'" 유이치는 이런 관계들이 자신의 '진짜' 관계도 일처럼 느껴지게 한다고 한다. "저에게는 가족이 아주 많은 셈이죠."[40]

아주 가까운 거리에서 사적이고 구체적인 일을 하는데도 몇 마디 수사적 표현으로 가사 노동을 가볍게 여길 수 있는 것이 가사 노동의 역설이다. 하지만 가사 노동자들이 권리를 주장하고 나섰을 뿐만 아니라, 다가올 노인인구 폭증 문제와 지금의 저임금 노동환경으로 가사에만 전념할 수 있는 부모가 몇 안 되는 상황이 되다보니, 기술의 도움을 얻어 가사 노동 문제를 해결하려는 시도들이 일고 있는 것은 놀라운 일은 아니다. 유이치의 가족 대역 비즈니스 비슷한 것이 일본에서 진행 중인 반응형 로봇Interactive Robot 도입이다. 로봇이 독립적인 삶을 살고 싶은 사람들에게 바람직한 선택이 되는 미래를 상상할 수도 있다. 하지만 인간의 도움을 금전적 여력이 있는 사람만 받을 수 있다면, 외로운 노인들을 보살피는 '반려 로봇' 개념은 여러모로 보나, 부모 대역만큼이나 흉측한 미래로 느껴진다.[41]

로봇이 아니더라도 사람들은 가깝게 지내며 생기는 귀찮은 갈등 일부를 해결하기 위해 가사 노동 표준화를 모색해왔다. 청소부로 일했던 자기 경험을 적었던 바버라 에런라이크의 주장대로 "좋든 싫든, 자본주의 합리성이 드디어 아직 산업화하지 않은 영역까지 치고 들어오는 데 성공했다." 가정 청소 서비스 회사인 메리메이드 Merry Maids는 사용자가 돈을 지불하면 전혀 거리낌 없이 청소인력을 제공하고 무릎 꿇고 바닥에 광을 내드린다고 자랑한다. 이런 업체들은 노동자들에게 심지어 어느 정도 일에 대한 사랑도 요구한다. 작가 미야 토쿠미츠Miya Tokumitsu가 지적한 것처럼 한 청소 서비스 업체가 올린 구인 광고에서 집 청소에 "열과 성의를 다하는 사람"이라고 나와 있었다.[42]

게다가 어플들도 있다. 단기 아르바이트 중개 어플 태스크래빗 TaskRabbit 같은 곳에서는 클릭 한 번으로 일회성 인력을 구할 수 있다. 베이비시터나 간병인을 구할 수 있는 곳도 있다. 태스크래빗의 한 임원에 따르면 사용자 60퍼센트가 여성이고, 그중 대다수가 미숙한 부분에서 약간의 도움을 얻으려는 엄마들이라고 한다. 이런 가사 노동 도급 방식이 여자들 삶의 힘든 부분을 덜어준다는 것이 그의 해맑은 의견이다.

유급 가사 노동이 오랫동안 그랬던 것처럼, 어플을 통해 중개되는 일은 쪼개지고, 부정기적이고, 불확실하고, 사적인 경우가 많다. 이런 어플들은 새로운 형태의 불안정한 저임금 노동을 만들어낸다기보다, 신기술이 오래된 노동 배정방식을 수월하게 만들어 주는 쪽에 더 가깝다. 하지만 가사 노동자들은 어플 기반 노동에 어떻게 집단으로 대응할지를 모색해낸 선두 그룹 중 하나이다. 덴마크 최대 노조 '3F'는 가정에 청소 노동자를 제공하는 업체와 단체협약을 맺는 데 성공했다. 노동자들은 해당 업체로부터 (대형 어플 업체들이 필사적으로 반대해온) 피고용인 자격을 얻어냈고, 최저임금 보장, 고용안정, 병가 휴무수당도 약속 받았다. 클릭 한 번으로 불려 나가는 경우가 잦은 앱 노동자들에게는 매우 중요한, 업무개시 36시간 전에 일을 취소할 경우 보수의 50퍼센트를 보장하는 조건도 포함되었다.[43]

그간 가사 노동자들이 연대하는 데 있어 가장 큰 장애물은 사용자들과 개인적 일대일 관계를 맺고 있다는 점이었다. 그런 상황에서 메리메이드나 어플들의 서비스 표준화는 가사 노동자들이 국가 차원에서 정부와 협상할 수 있었던 것처럼, 업체를 압박할 힘을 모으는 방법에 대한 단서가 된다. 하지만 개인을 돌보는 일을 하는 노동자들은 연대 행동의 구체적인 방법이 여전히 고민거리다.[44]

사적인 노동을 하는 노동자들은 역사가 도로시 수 코블Dorothy Sue Cobble이 말하는 '좀 더 사적인 노동조합', 즉 총체적 관점으로 노동자를 이해하고, 임금과 임금 외 복지 외에도 노동관계를 구성하는 사람과 사람 사이의 관계에 대한 더 깊은 이해에 중점을 두는 단체가 필요할지도 모른다. 그런 조직이라면 사적 노동자들의 다양한 요구사항을 충족해주는 일을 자신들이 할 일로 여길 것이다. 예를 들어 이민법 개혁을 위해 연대하고, 국외 추방을 막고, 회원들이 일터에서 매일 겪는 인종차별과 성차별 문제를 진지하게 바라볼 것이다. 법적 지원과 훈련 프로그램도 그런 조직의 중요한 업무다. 특히 산업생산 규모가 줄어든 탈산업화 사회에서 개인 서비스 직종이 꾸준히 늘어가고 있고, 아직은 자동화가 쉽지 않은 일이다. 그렇기 때문에 이 노동자들이 고객과 만드는 관계는 학대로 이어질 수도 있지만, 반대로 힘의 근원이 될 수 있다.[45]

2010년 뉴욕시 '가사노동자연대Domestic Workers United'는 미국에서는 최초로 '가사 노동자 권리장전Domestic Worker Bill of Rights'을 쟁취해냈다. 초과근무 수당과 최저임금 보장, 하루 휴일 보장, 3년 근속 유급휴가, 고용주의 임의적 급여 차감 보호 조항이 법제화되었다. 뒤이은 매사추세츠, 일리노이, 시애틀, 캘리포니아 법안에는 뉴욕시 내용에 집행조항, 계약종료 통지, 성희롱 보호 조항이 추가되었다. 하지만 가사 노동자들이 자신들의 권리가 법으로 보장된다는 것을 인지하고, 권리를 당당히 요구할 수 있게끔 해야 하는 큰 과제가 아직 남았다. 권리 공지를 할 수 있는 작업장이나 휴게실이 없는 노동자들, 특히 새로운 이민자들은 이런 자신들의 권리를 모르는 경우가 많을 뿐만 아니라, 직접 법을 알아보고 필요한 요구를 한다는 것은 벅찬 일이다.[46]

조합에서는 그들이 하는 노동이 '다른 모든 일이 돌아가도록 기반이 되는 노동'임을 강조한다. 노동자 개인이 느끼는 노동의 중요성은 물론, 경제의 핵심 부분으로서 가사 노동의 중요성을 옹호하는 주장이다. 가사노동자연대는 30개 이상의 시에 60개 지부가 있고, 보모와 가정부, 돌봄 노동자들이 가입했다. 입법 로비를 펼치고, 교육 훈련, 법률 지원 등을 제공하고, 심지어 학대 받은 노동자를 대신해 직접행동에 나서기도 한다. 본부는 근무 여건과 요구사항에 대한 가사 노동자들의 증언을 토대로 독자적 연구 자료도 발표한다. 가사노동자연대 설립자이자 현재는 국장인 아이-젠 푸는 이렇게 말했다. "우리는 그간의 투쟁을 통해, 여성들이 역사적으로 수세대 동안 가족 부양을 위해 해온 노동이 얼마나 제 가치를 인정받지 못했는지를 깨닫게 되었습니다. 더불어 이들을 법의 보호로부터 배제해 이 일의 가치를 평가하는 사고에까지 영향을 미친 구조적 인종차별도 깨닫게 되었습니다."[47]

푸는 이러한 중요한 사실들을 깨달으며 그들의 싸움이 조합원들을 위한 법적 보호 이상의 싸움임을 깨달았다고 한다. "우리의 투쟁은 미래의 경제와 사회적 합의는 어떤 모습일지, 그 미래 경제와 사회적 합의가 누구를 포함하고 누구를 높여줄지 그리고 어떤 기회를 창출해갈지를 결정할 가치들에 관한 투쟁입니다."

◇ ❥ ◇

아델라는 2014년 '전국 보모 교육의 날National Nanny Training Day' 행사에 참석했다가 가사노동자연대를 알게 되었다. 거기서 뉴욕에 '가사 노동자 권리장전'에 대한 발표를 하러 온 엘리슨 줄리엔Allison Julien을 만났다. 엘리슨이 월 정기 조합 회의에 행사 참석자들을 초대했고, 아델라는 그곳에 가자마자 푹 빠져들었다.

회의는 불만을 토로하는 공간 이상이었다. 교육 기회도 더 많고, 글쓰기 워크숍과 미술·공예 프로젝트도 진행된다. 아델라는 가사 노동자연대를 통해 영양 수업과 고객인 부모들과의 효과적인 의사소통 방법에 관한 고급 과목도 수강했다. 또한 이제는 단독으로 훈련 과정도 진행하며, 다른 보모들과 가사 노동자들에게 그들의 법적 권리를 안내해주고 있다.

아델라에게 토요일을 포기하고 조합에서 활동하는 일은 종종 고립된 기분을 느끼는 일을 하고 있는, 자신과 같은 처지에 있는 사람들에게 보답하는 한 방법이다. 또한 다른 가사 노동자들이 겪는 어려움도 느낄 수 있었다. 함께 일하고 있는 자원봉사자들과 안내 전화를 돌리며, 근무 환경 조사 및 지원 제공, 워크숍 참석 권유 등도 한다고 한다. 워크숍은 '내 권리 배우기' 과정, 이력서 작성법, 이민법 등 여러 가지를 제공한다. 가사노동자연대 안에 흑인 가사 노동자 모임인 '흑인의 꿈We Dream in Black'에도 소속되어 있다. 이 모임에서는 노동 현장에서 겪는 구체적인 인종차별 문제를 토론하기도 한다. 아델라는 웃으면서 이렇게 말했다. "뉴욕시 보모들을 한데 모으기가 정말 힘듭니다. 출신배경이 천차만별이다 보니 쉽지 않죠. 어떤 워크숍에는 대략 다섯 명 정도가 참석할 때도 있습니다. 항상 '소통이 잘되고 있는 걸까?' 하는 의문이 듭니다."

"보모들이 연대하는 데 힘든 이유가 있어요. 가사 노동자로 일하면 대개는 집에 혼자 있게 됩니다. 행여 교외에 있는 집에 입주해 일하고 있다면, 다른 가사 노동자나 보모는 거의 볼 수 없죠. 한 달에 최소한 한 번은 참석하게 하려고 노력하고 있어요. 참석만 한다면 일이 어떤지, 연대는 어떻게 하면 되는지, 근로계약 협상은 어떤 방법으로 할 수 있는지에 대해 대화를 나눌 수 있거든요."

아델라는 일하던 집에서 어느 날 갑자기 '이제 그만 와도 돼요'라는 통보를 들은 노동자들과 대화를 해왔다. 시간제 보모들은 "오늘은 안 와도 돼요"라는 전화를 받는 경우가 잦고 돈도 제대로 못 받는다. 아이에게 과자를 주면 부모들은 왜 그런 걸 아이에게 주냐는 등 사소한 일들로 소리를 지르기도 한다. "하지만 과자 때문은 아니에요. 아마 정작 아이와 시간을 보내는 당사자가 보모다 보니 죄책감을 느끼는 걸지도 모릅니다." 하지만 보모도 일하는 집 주인과 똑같은 문제가 있다고 아델라는 강조한다. "보모도 일하러 가느라 자기 아이들을 집에 두고 와야 하잖아요. 당신이 어떤 사정이 있든 일단 일하러 오면 들어오기 전에 문 앞에 다 내려놓고 그 집 아이와 아이 부모를 위해 가장 밝고 가장 행복한 얼굴을 해야 하는 거죠. 개인적인 기분이나 감정은 틀어막아야 해요."

가사 노동자들은 때로는 두 부모 사이에서 난감해지기도 한다. 먼저 퇴근한 한 명이 화를 내며 보모를 해고하면, 나머지 한 명은 잘 무마해 다시 복귀시키려고 한다. "고용주가 두 명인 직업은 우리뿐입니다." 결국 보모가 그만두기를 원하면, 그들은 '어떻게 우리 애들을 버려요? 애들이 얼마나 좋아하는지 알잖아요?'라고 하며 감정적 끈을 이용해 잡아두려 한다. "어떤 사람들은 한 달 전에 그만둘 거라고 미리 알려주기도 하는데, 그러면 한두 주 후, 그만두려 했다는 사실에 크게 화를 내며 바로 해고해버립니다." 이런 일을 당하면 배신감을 느낀다.

아델라가 가사노동자연대 행사에서 알게 된 한 여성은 입주 가정부로 일하며 성희롱을 당했다고 했다. "잘 때는 화장대를 문 뒤에 세워둔다고 했어요. 방에 자물쇠가 없어서 그렇게 해야 안심하고 잘 수 있었다고 합니다." 지냈던 방도 아이들 놀이방에 소파침대를 들여놓았을 뿐이지 제대로 된 침실은 아니었다. 아델라와 가사노동자연대의 지원으로 그 여성은 더 나은 일자리를 찾을 수 있었다.

아델라는 조합에서 일하며 초기 세탁부 여성들의 파업, 전국 가사노동자 연합 설립자 도로시 볼든, 1960~1960년대 가사노동조합 주최자들에 대해 알게 되었다. 그런 이야기들이 오늘도 아델라가 열심히 행사를 조직해가는 이유다. 시위와 정치활동에도 참여해왔다. 워싱턴 DC에 가서, 성희롱과 성폭행을 당해온 여성 농장 노동자들 시위에 동참했고, 그런 폭력으로부터 마찬가지로 법적 보호를 못 받는 가사 노동자들에 대한 발표도 했다. 워싱턴 DC에 있는 동안, 상원의원들을 찾아가 2019년 여름 의회에 소개되었던 가사 노동자 권리장전을 지지해줄 것을 호소하기도 했다. "곧 그 법에 모든 노동자를 포함하는 노력도 펼쳐갈 거예요. 그래서 모두가 생활임금을 받으며 일할 수 있도록 말이죠. '최저임금'이 아니라 '생활임금'입니다. 우리의 궁극적인 목표는 노동자들이 집세 때문에 식비를 아껴야 하는 일은 없도록 하는 것입니다."[48]

아델라에 따르면, 뉴욕 가사 노동자들도 기존 권리장전에 다른 주들이 얻어낸 보호 조항 몇 가지를 추가하기 위해 노력하고 있다고 한다. "권리장전이 마련되었다고 해도, 그 법을 집행하는 일은 사실 굉장히 까다롭고 힘들어요. 어떤 노동자들은 인터뷰에서 꽤 좋은 고용조건을 협상해내지만, 또 어떤 노동자들은 그렇지 못하기도 합니다. 제 경우도 처음 일을 시작할 때 아무 생각이 없었어요. 종종 우리는 우리 자신을 과소평가합니다." 하는 일이 안정적이지 못하다 보니, 가사 노동자들은 무슨 일이든 해야 한다는 압박을 받는다. 가사노동자연대에서 일한 지 얼마가 지난 후, 아델라는 일하던 집에서 다시 일하게 되었다. 풀타임으로 일하게 된다면 가족 휴가 때 유급휴가 제공과 같은 몇몇 개선사항을 계약에 포함해줄 것을 협상할 수 있었다.

팬데믹이 유행하기 시작했을 때, 그간 가사 노동자들이 연대해 목소리를 내왔던 모든 문제가 더 절박하게 다가왔다. 아델라도 나름대로 상황 변화가 있었지만, 직장은 지킬 수 있었다. 하지만 일하던 가정이 뉴욕을 떠나기로 하면서 일자리를 잃는 경우도 있었다.

일부 고용주들은 지나친 요구를 해오면서도, 그에 상응하는 보상을 해주거나 양보하기를 꺼린다. 아델라의 동료 하나는 코로나 기간 중 다시 일하러 와달라는 요구와 함께, 모든 다른 사회적 접촉을 제한해 달라는 요구도 받았다고 한다. 또 다른 보모는 고객들이 한동안 플로리다에 있다가 돌아와서는 코로나 테스트 검사와 음성 판정 결과 증거자료를 달라고 했다고 한다. 하지만 그들에게도 같은 증거자료를 요구하자 화를 냈다고 한다.

아델라는 고용주들이 옳은 일을 할 것이라고 기대하는 것만으로는 충분치 않다고 지적했다. "유급병가와 유급휴가가 중요한 이유는 누구나 돌볼 가족이 있고 생활비는 계속 나가니까요. 가사 노동자들은 다른 업종에 종사하는 사람들처럼 더 나은 의료서비스를 받을 자격이 마땅히 있습니다. 다른 직업처럼 저희도 사회에 기여하고 있어요. 그럼, 저희도 똑같이 보상받고 대우받아야죠."

아델라는 조합 활동을 하면서 개인으로서 성장했고, 자기 직업, 법규, 그리고 어떻게 효과적으로 정치활동을 하면 되는지를 알게 되었다고 느낀다. "조합 활동은 힘들고 티도 잘 안 나는 일이지만, 가사 노동자에게 찍힌 낙인을 지우기 위해 싸우는 일은 그럴 만한 가치가 충분한 일입니다. 사회적으로 보모들은 어리석고 무지하다고 간주하지만, 전혀 사실이 아닙니다. 보모는 간호사이고, 의사이고, 엄마이고, 치료사입니다. 그 모든 것이 우리가 하는 일이에요." 아델라에게 가장 중요한 일은 자기가 하는 일이 인정받고 존중받도록 만드는 일이다. "저는 늘 가사 노동자들에게 이렇게 말합니다. '가사 노동은 전문직이기 때문에 존중을 요구해야 합니다. 이 사회를 떠받치고 있는 기둥이잖아요.'

사명감이라는 이름으로:
교사

부모, 학생, 동료 교사들과 관계를
키워가며 뭔가 크고 강력한 것을
만들어갈 수 있는 것은 가르치는
일뿐이에요.

로사 히메네스는 얼굴 전체가 환해지도록 웃는다. 12년 차 교사이고 종종 수심에 찰 때도 있지만, 주변 사람들도 즐거워지게 만드는 힘이 그에게는 있다. LA에서는 흔치 않은 무서운 호우가 파업 중인 교사들의 시위 현장에 4일째 내리고 있었다. 그 현장에서 내가 만난 로사는 보라색 우비에 장화를 신고 안경에 서리가 껴있는데도 역시 웃고 있었다.

미국 내 로사 같은 교사들은 비슷한 교육 수준의 다른 분야 노동자들보다 급여가 21퍼센트 정도 적다. 그들은 많은 희생을 하고 자신들의 일을 사랑하지만 지도하는 학생들이 환경을 뛰어넘지 못하면 종종 비난을 받는다. 교사들은 예산이 줄어 교실당 학생 수가 늘고 지원이 축소되어도 그만두지 않고 끝까지 참는 편이다. 이들이 용기를 내서 자신들의 처우개선을 요구하거나 단체행동을 하면, 욕심이 많다고 하거나 오직 돈만 보고 저런다는 소리를 듣는다. 로사는 그렇게 억수 같이 비가 오는데 피켓 라인에 서 있으니 "정말 감정이 복받쳤다"고 했다. 급속도로 개발이 이루어지고 있는 도시에서 생계를 이어가는 것이 얼마나 힘든지 우리는 모두 뼈저리게 느낀다. 로사 자신도 힘들지만, 로사가 가르치는 많은 학생은 처지가더 딱하다. "시위 첫날 완전히 알겠더라고요. 하, 이건 우리 자신과가족을 위한 싸움이구나. 나아가 학생들과 우리 공동체를 위한 싸움이구나. 그저 나 자신의 문제만이 아니구나."

로사는 UCLA 커뮤니티 고등학교에서 2, 3학년 역사 지도를 맡고 있다. LA 코리아타운에 있는 로버트 F. 케네디 커뮤니티 스쿨즈캠퍼스를 함께 쓰고 있는 6개 학교 중 하나다. 로사는 나에게 교사가 된 이유를 이렇게 설명했다. "지역사회에 봉사할 수 있는 무언가를 해야겠다고 깨달은 적이 있어요. 노동조합 조직책으로 활동할기회도 생겼죠. 지역사회 한 복판에서, 부모, 학생, 동료 교사들과관계를 키워가며 뭔가 크고 강력한 것을 만들어갈 수 있는 것은 가르치는 일뿐이에요."

그런 힘을 키워야 하는 이유는 로사가 돕고 있는 사람들 때문이다. 근무 중인 UCLA 커뮤니티 고등학교만 해도 유치원에서 1, 2학년까지 8백 명 이상의 학생이 있다. LA는 큰 도시이고 그중에서도가장 인구밀도가 높은 지역 중 한 곳에 로사의 학교가 있다. 많은학생이 중앙아메리카와 멕시코, 동남아시아에서 최근에 들어온 이민자들이다. 학교는 이중 언어를 사용하고 로사는 영어와 스페인어로 지도한다.

"저희는 저희 자신을 사회정의 학교라고 생각합니다."라는 설명에 내가 그 의미를 물었더니 로사가 이번에도 환하게 웃었다. "내부적으로 그 의미에 대해 많은 토론을 했지만, 기본적인 개념은 두가지입니다. 첫째, 교사들과 교육 방식은 학생들의 요구를 반영해야 한다. 둘째, 우리는 장차 변화의 주역이 될 학생들의 배움을 뒷받침하는 분위기와 공간을 만들어간다."

그 예로 다양한 언어로 수업을 하는 이유는 학생들이 가장 익숙한 언어로 학습해야 한다는 믿음 때문이다. 인종차별이 없어야 하고, 교과과정이 학생의 삶과 연관되어야 한다는 신념이다. 커뮤니티 스쿨은 로사 같은 운동권 교사들이 지난 몇십 년간 도시 학군에 몰아친 민영화 물결에 대한 대안이라고 믿고 있다. 학교 이름처럼 교사들은 학교 문제 결정에 민주적으로 참여하며, 부모들도 그런 결정 과정에 편안하게 참여하라고 권유를 받고, 학생들의 의견이 존중된다.

로사가 추구하는 사회정의 개념은 개인적인 측면과 관계가 깊다. 로사의 부모님들은 멕시코 이민자로 둘 다 공장에서 일했다. "직장 노조 간부였던 아버지는 노동자의 권리를 위해 싸우는 것이 중요하다고 늘 말씀하셨어요." 로사의 행동주의는 수업 첫날부터 자신의 교육방식에도 드러났다. 로사는 2007~2008년 금융위기로 초래된 예산 삭감으로 해고된 수많은 신입 교사 중 한 명이었다. 학교 예산을 지켜내기 위한 싸움은 12년 후 피켓 라인에서 비를 맞으며 질척한 싸움을 벌일 자신을 발견했던 최초의 경험이었다. 예산 삭감에 반대하는 대규모 시민불복종 소송에서 지면서 이런 깨달음을 얻었다. "이 상황을 바꾸려면 갈 길이 정말 멀구나. 하지만 맞서 싸우지 않으면 변하지 않을 거야."

로사가 다시 복직했을 때 로버트 F. 케네디 커뮤니티 학교들은 무너지고 있었고, 학생도 너무 많았다. 새로 생긴 캠퍼스로 옮겨 그 시작을 함께하게 되었고, 가지고 있던 생각 일부를 학교 외부는 물론 교실 안에서도 실행에 옮겨 학군 전체에 모델이 될 공간을 만들 기회였다. 학교에서 로사는 수업 외에도 많은 일을 맡고 있다. 물론 학생들이나 부모들과 정기적인 미팅이 있고, 진로와 직업을 상담하는 위원회에서도 활동하고 있다. 시간을 내 매주 'LA 교사연합' 회의에도 참석하여 학생들의 연대를 돕고자 하는 교사들을 모으거나, 연합과 함께 일하는 지역사회 단체들을 만나기도 한다. 이 모든 일을 혼자 아이를 키우면서 하고 있는데 11살짜리 딸 소프트볼 연습, 기타 연습 같은 행사들에도 많은 시간이 든다.

트럼프 행정부가 들어서며 이루어진 이민자 단속으로 상황이 더 나빠졌다. "매주 신입생들을 받는데, 그 애들이 많은 정신적 충격을 받았다는 걸 딱 보면 알 수 있어요. 구금시설에서 오는 아이들도 있지만, 그 애들의 사회적·감정적 필요를 지원해줄 형편이 안 돼요. 제가 있는 학교는 어느 정도 여건이 마련되어 있기는 해도 충분하다고 할 정도는 아니에요. 한계가 있죠."

"심리치료사와 정신건강 사회복지사가 더 많이 필요합니다. 저희 능력 밖의 일을 담당해줄 사람들이 필요해요. 현재는 선생님들도 매일 하고 있고, 지금 계신 상담사분들도 최선을 다하고 있지만…" 로사는 말끝을 흐렸다.

학생들에게 권위 있는 교사, 상담가, 조언가, 그리고 친구가 되는 일은 큰 도전이지만, 학교의 가혹한 훈육방식으로 일이 더 힘들어진다. 무작위로 이루어지는 교내 단속을 학교 보안관이 아닌 (LA에는 이를 위해 특별히 꾸려진 대규모 인력이 있는데도), 행정직원들과 상담가들이 맡는다고 한다. "아이들이 믿고 안심할 수 있어야 하는 바로 그 사람들이 아이들을 불안하게 만들고 있는 거죠." 교사들이 정말 신뢰를 쌓을 수 있도록 학교가 이 훈육방식을 바꿔야 한다고 로사는 강조한다. "유색인종 아이들을 학교에서 쫓아내는 이런 학교 훈육방식의 다른 대안은 없을까요?"

학교를 안전한 곳으로 느껴지게끔 만드는 일은 매일 반복되는 고된 일이다. 이민자 가정의 아이들과 다른 유색인종 아이들은 주정부의 우려와 현재 미국 전역에 만연한 총기사고에 대한 우려도 증명해왔다. 하지만 로사는 자신이 하는 일의 모든 요소가 합쳐져야 하고, 하나라도 빠지면 제대로 작동할 수 없다고 믿는다. 아이들이 학교를 편하고 안전하게 느껴야 하고, 부모들에게도 그런 공간의 일부여야 하고, 교사들은 이런 모든 일을 실현하는 데 필요한 지원을 받아야 한다.

그 목적을 달성하기 위해 로사가 고심 끝에 내린 결론이 '안식처 학교Sanctuary School'다. "안식처 학교가 어떤 학교라고 생각하세요? 지역사회 학교라면 갖추어야 할 모든 것을 갖춘 학교, 이민 세관 집행국US Immigration and Customs Enforcement의 힘이 뻗치지 못하는 학교, 학생이 안전하다고 느끼는 데 필요한 모든 것을 갖춘 학교입니다. 지역사회를 위해 연대할 수 있는 곳입니다. 그래서 지역사회가 경찰, 주택 등 어떤 사안을 둘러싸고 문제가 있으면, 안식처 학교는 보호에만 그치지 않고, 학교 밖으로 나가 지역사회에서 일어나고 있는 어떤 식의 연대에든 동참할 수 있습니다."

로사는 덧붙였다. "그런 공간이 아직 존재하지는 않지만, 그것이 제가 꿈꾸는 미래입니다."

〉❱〉〉

로사와 같은 교사들은 오랫동안 자신들이 하는 일을 직업 이상으로 대하라는 기대를 받았다. 공교육이 도입된 이래로 교사들은 일을 사명으로 받아들이고, 수업 외에도 시간을 할애하고, 이 모두를 아이들을 사랑하는 마음으로 해야 한다는 기대를 받아왔다. 하지만 그러한 기대감은 교사의 능력이 대단하기는 하지만 보상해야 할 정도로 대단하지는 않은 사랑에 뿌리를 둔, 아이들을 돌보는 '타고난' 성향에 불과하다는 생각과 충돌해왔다. (유급이든 무급이든)가사노동처럼 교사들의 일도 필요하지만 그렇다고 노동과는 다르다고들 생각한다.

교사들은 사람들의 인식에서 애매한 자리에 서 있다. 새로운 세대들을 위해 감정적·지적 도움을 충분히 제공해야 한다는 기대와 함께, 그들의 가르침으로 학생들이 자신들 앞에 놓인 모든 장애를 극복해내지 못하면 비난의 화살이 쏟아진다. 계층 간 경계의 가장자리에서 의사나 변호사만큼 존경받지도 못하면서, 딱히 노동자층으로도 인식되지도 못한다. 가장 접근하기 쉬운 전문직으로 사회적 신분 상승을 달성할 수 있는 길이자, 비난하기도 쉬운 지금의 복잡한 지위를 얻게 되었다. 아주 이전에 교직은 제대로 된 직업을 얻기 전에(남자들), 혹은 아이를 갖기 전에(여자들) 잠깐 하는 일로 여겨졌다. 아직도 압도적으로 여성들이 많고, 교사가 하는 일은 엄마가 하는 일처럼 순전히 사랑으로 해야 하는, 꼭 필요한 일이라고 여겨진다. 교사이자 작가인 메간 에릭슨Megan Erickson은 "따라서 교사들의 실패는 엄마들의 실패처럼 상상할 수도 없고, 도저히 있을 수 없는 최고의 반사회적인 행동으로, 정치·경제의 근간은 물론, 그 영속에도 위협이 된다."라고 지적했다.[1]

다시 말해 교사들은 아마도 최고의 사랑 노동자들인 듯하다. 예산을 줄여야 할 때면 그 줄어든 범위 내에서 더 많은 일을 해내라는 기대를 받으면서도, 그런 예산 삭감으로 문제가 생기면 비난을 떠안는 것도 교사들이다. 교사 자신을 위한 더 나은 여건을 요구하면, 그 요구가 학생들의 삶을 개선해주는 경우라고 하더라도 이기적으로 몰린다. 그럼에도 교사들은 오랫동안 호전적인 단체행동을 해왔고, 정치인들과 관리자들이 만들어 놓은 한계에 도전해왔다.

가르치는 일이 언제나 여성의 일은 아니었다. 의무 공교육이 도입되기 전 가르치는 일은 젊은 남자가 시간제로 하는 경우가 많았

"다시 말해 교사들은 아마도 최고의 사랑 노동자들인 듯하다."

다. 학생들은 방 하나에 마련된 공간에 모여 배우거나 개인 교습을 받았고, 한꺼번에 여러 수업을 맡아 가르치는 교사는 이집 저집을 옮겨 다니기도 했다. 여자들이 가르치기 시작한 것은 개인 집에서 여자들이 아이들을 지도하던 영국 교육방식을 식민지들에 옮겨놓은 것이었고, 육아처럼 여자들에게 맞는 일이라는 인식 때문이었다.[2]

가르치는 일의 '여성화'는 공적 기금으로 운영되는 학교, 즉 공교육이 확대되며 본격적으로 시작되었다. 1세대 교육 개혁가들은 그 여성화를 노골적으로 지지했다. 『톰 아저씨의 오두막Uncle Tom's Cabin』의 저자이자 저명한 사회활동가였던 해리엇 비처 스토Harriet Beecher Stowe의 언니 캐서린 비처Catharine Beecher는 1803년 여성 교사 교육기관을 설립했다. 여자들에게 교사가 되라고 가장 큰 목소리를 냈던 인물이다. 비처는 여자들이 가르치는 일을 통해 (비처 자신도 선생님이 될 여자들을 지도했다) 여성의 미덕은 유지하면서도 "영향력, 사회적 지위, 자립을 얻을 수 있다고 했고, 경제적 필요로 결혼을 하는 여성들에게 대안을 줄 수 있다는 점에 주목했다. 당시만 해도 진보적인 주장이었다. 비처는 여러 연설에서 "보통 사람들"의 주도로 지도자를 끌어내린 프랑스 혁명 같은 소요 사태를 여교사들이 막을 수 있다고 극찬했다. 목사나 선교사들처럼 여교사들은 아이들에 대한 무한한 사랑으로 흥분을 가라앉히고, 젊은이들에게 도덕적 가치를 불어넣어 줄 것이라고 했다.[3]

하지만 여자들이 천사처럼 선해서 대거 교사로 고용되었던 것은 아니었다. 이유는 단순했다. 교사들은 비쌌고, 국가는 보수를 낮추고 싶었고, 남자들은 보수가 더 나은 다른 일을 할 수 있었다. 반면 여성들이 선택할 수 있는 것은 거의 없었다. 결혼 전에는 부모가, 결혼 후에는 남편이 경제적 지원을 해줄 테니, 가르치는 일은 막간에 하는 일이고, 보수도 필요 없다고 인식되었다. 이런 인식을 옹호하던 사람들은 예산 절감을 위해 여자들을 고용하자고 노골적으로 주장했다. 비처가 넌지시 비쳤던 것처럼 여자들도 가르치는 일을 결혼과 가족으로부터 도피하는 수단으로 생각했지만, 완전히 자유로울 수는 없었다. 가족과 멀리 떨어진 학교에 부임했던 교사들은 교육위원회 위원 집에서 지내는 경우가 많았고, 결국 1년 내내 윗사람의 감시를 받는 처지였다. 게다가 대부분의 학군은 노골적으로 기혼여성이 교사가 되는 것을 금지했다. 여기에는 학교에서 하는 일과 집에서 하는 일은 같은 일이고, 둘 다 보수를 받을 수 없는 일이라는 의미가 내포되어 있었다.[4]

흑인 아이들이 다니는 학교 교사들이 느끼는 무게는 더 무거웠다. 백인들은 조금의 지원도 아까워했고, 교사들은 교사들 나름대로 더 다급한 임무가 있었다. 교사들의 어깨에는 개개인 아이들의 미래뿐만 아니라, 흑인 아이들도 백인 아이들만큼 해낼 수 있다는 것을 증명해야 할 필요성이 얹혀 있었다. 게다가 흑인만 분리된 학교들은 백인 학교들이 받는 지원의 불과 3분의 1도 받을까 말까였다. 흑인 교사들은 다른 어떤 교사들보다도 더 큰, 오직 사랑으로 기적을 낳으라는 기대를 받았다.[5]

1900년경 미국 전체 교사의 거의 4분의 3이 여자였고, 그 비율은 도시로 갈수록 더 높았다. 유럽 국가들의 경우, 50대 50의 성비를 유지했고 급여와 복지도 미국에 비해 상대적으로 나았지만, 학년이 올라갈수록 (일도 육아의 성격보다는 지식 전달의 성격에 더 가깝다고 여겨져) 남자 교사 비율이 늘었고, 관리자 대부분은 남자였다. 하지만 성인처럼 헌신적인 '엄마 선생님'이라는 고정관념과 다르게 여교사들은 바람직하지 않은 근무 여건을 사실 뼈저리게 느끼고 있었고 화가 나기 시작했다.[6]

1890년대, 100년 뒤 또다시 저항이 일어날 바로 그곳에서 최초의 저항이 일었다. 시카고였다. 예산이 부족했던 학교들이 세금 문제로 항의하기도 했지만, 그 시기 학교들은 이미 공공기관이 되어 있었다. 여러 공공기관 근로자는 이미 연금 같은 혜택을 얻어내어, 이를 두고 역사가 마조리 머피Marjorie Murphy는 여교사들에게 "노년에 아무런 금전적 위안이 안 되는 여성성을 치켜세우는 것보다 나은 매력적인 대안"을 제공했다고 썼다. 하지만 생활비를 충당해 주는 것은 사랑이 아닌 돈이었다. 여전히 남자 관리자들이 통제권을 쥐고 있었고, (여성이 참정권이 없던 때)남자 유권자들이 선출한 남성 주도의 의회들에서 학교들의 방향과 자금 지원 범위가 결정되었다. 이들은 여교사들에게 발언권을 허락할 의사가 전혀 없었다.[7]

투표권이 없고, 법적인 정식 단체교섭권이 없던 교사들은 자신들의 요구를 뒷받침할 더 광범위한 지역사회의 지원이 필요했다. 이때 교사들이 활용한 것이 학생들과 쌓은 끈끈한 관계와 학교 발전에 도움이 되었던 수업 안팎에서 쌓은 유대감이었다. 많은 교사들이 이후 2000년대에 노조를 재결성하며 이용한 방식이기도 하다. 이 운동권 교사들은 자신들의 '돌봄' 역할을 진지하게 생각했다. 교사들이 전문성을 인정받기 위해서는 고결해야 한다는 논리, 즉 '고결함 정치'를 쫓아내기도 했다. 그 대신 우선 여성으로, 그다음에 노동자로 인정받으며 오히려 그러한 고정관념을 이용해 힘을 기르기로 했다.[8]

공교육 초기 몇 년 동안, 교사들은 교실에서 중요한 것이 자신들의 지식도 잘 연마된 능력도 아닌, 여성성이라는 말을 들어왔다. 더 많은 급여를 요구하는 것은 덜 여성적인 것으로 여겨졌다. 많은 교육을 받고 감시도 심하게 받았지만, 교사들의 일은 타고난 재능의 결과일 뿐이라고 했다. 시카고 교사연합Chicago Teachers Federation 초대 대표 마가렛 헤일리Margaret Haley는 이런 모든 것들에 "그만!"이라고 외쳤다.[9]

헤일리와 다른 시카고 교사들은 비좁은 교실에 최대 60명 학생을 지도했다. 많은 학생이 입국한 지 얼마 안 되는 이민자 자녀들이었고 서로 다른 언어를 사용했다(현재 로사가 처한 환경과 그다지 다르지 않았다). 헤일리와 시카고 교사연합은 납세자 명부를 뒤져 세금 미납자들을 찾아냈고, 시에게 그 돈을 징수해 학교에 쓰라는 캠페인을 벌였다. 이로써 1899년 시카고 교사들은 임금인상을 얻어냈고 아직 노동조합은 아니었지만, 전국적인 관심을 받았다.[10]

이때도 이미 수년간 존재해 온 전미교육협회National Education Association는 (남자) 관리자들이 주도했던 전문기관이었고, 이들은 여교사들이 자신들의 직업적 특권을 공격하고 있다며 분개했다. 하지만 시카고 교사들은 교실 안에서의 경험과 (역시 교실에서 연마해 온) 효과적인 의사전달 능력을 동료 교사들과 노동자 계층 집안 아이들을 위해 싸울 조직을 만드는 데 이용했다. 헤일리는 산업 시대 상류층들을 격렬히 비난하며 모두에게 이렇게 말했다. "지금 우리 사회는 두 가지 이상이 패권 다툼을 벌이고 있습니다. 하나는 영리 추구를 최우선으로 두고 노동자를 상품과 기계에 종속시키는 산업사회 이상이고, 다른 하나는 인간이 모든 기계에 우선하며, 모든 활동은 삶의 표현이어야 한다고 믿는 교육자들의 이상이자 민주주의의 이상입니다. 교사들은 아이들이 노예처럼 단순하고 고된 일을 할 노동자가 아니라, 장차 온전한 민주적 참여자가 되어 세상에 나갈 것이라는 걸 알고 지도할 때, 진정한 일의 즐거움을 찾을 수 있습니다."[11]

시카고 교사들의 민중 선동에 대항하며 전미교육협회는 여러 여성 모임과 사회조직들에 손을 뻗었는데, 그들은 대개 일하는 교사가 아닌 부르주아 운동가들이었다. 헤일리와 동료들은 일부 도시의 교사들과 함께 노동자 계층과 연대하는 쪽을 선호했다. 시카고 노동연맹Chicago Federation of Labor과도 힘을 합쳐 여성 공장 노동자들의 노조 결성을 도왔고, 1916년 미국교사연맹은 미국노동총연맹American Federation of Labor에 가입했다. 하지만 노동조합과 교사들의 관계에는 문제가 많았다. 공식적으로 노동조합들은 노동자를 '집에서 가사에 전념하는 아내를 둔 경우'로 가정하는 가족 임금제를 지지했

다. 반면, 교사들은 여성 동등임금을 요구했고, 거기에는 수업이 금지된 기혼여성도 포함되어 있었다.[12]

교직 안에서의 긴장도 여전했다. 헤일리가 그간 지도자적 자질을 보여줬지만, 미국교사연맹 초대 설립 회장은 시카고 남자 교사 연맹의 찰스 스틸먼이 당선됐다. 전문성, 교사들의 특권, 심지어는 당시 무서운 기세로 벌어지고 있던 세계대전 지지 문제 등을 놓고, 남녀 교사들 사이의 힘 싸움도 계속되고 있었다. 인종 분리 지역에는 흑인 교사들이 보내졌고, 이들이 인종적으로 분리되고 가장 불평등한 시설에서 흑인 학생들을 지도하며 겪는 구체적인 어려움들은 다음과 같은 논란을 빌미로 무시되기 일쑤였다. 교사들은 노동자인가, 아니면 전문직 중산층인가? 말썽을 일으키는 노동조합원들인가, 아니면 수완 좋은 로비스트들인가? 그리고 그런 질문들 밑바닥에는 언제나 '사랑해서 하는 일인가, 돈을 보고 하는 일인가'라는 질문이 있었다.[13]

◊ ◗ ◊

애초에 학생들을 돌보기로 되어 있던 교사들이 노조를 결성하자, 관리자들은 이들을 제멋대로라고 생각했다. 성인聖人은커녕, 미치광이들이라고 여겼다. 학교 당국은 성가신 교사들을 통제하기 위해 새로운 '과학적' 관리법을 찾기 시작했고, 산업공학자 프레더릭 윈

즐로 테일러Frederick Winslow Taylor의 업무 쪼개기·단순화 기법이 눈에 들어왔다. 쪼개어 단순화될 수 있는 능력이라고 한 번도 생각된 적이 없던 교사들의 대인관계 능력은 더 이상 존재하지 않았다. 출신 계층을 기준으로 직업 교육을 받을 학생과 엘리트 교육을 받을 학생을 따로 교육하는 방식과 함께, 오늘날 노조교사들이 가장 질색하는 표준화된 학교 시험도 이때 처음 등장했다.[14]

러시아 공산주의 혁명, 즉 볼셰비키 혁명 이후 1차 적색공포Red Scare(공산주의에 대한 두려움으로 미국에서 일어난 대대적인 반공 운동. 2차는 1947~1957)가 시작되며, 학교 관리들은 교사들을 통제할 새로운 방법을 찾았다. 1917년 뉴욕에서 최초로 시작된 교사 충성선서는 1930년대까지 미국 전역 3분의 2의 주들로 퍼져나갔다. 이에 대항하기 위해 교사들은 교실 안에서 학문의 자유를 위한 투쟁을 해나가며, 교실 밖에서도 지역사회와 힘을 합쳤다. 제1차 세계대전 반대, 교내 인종 평등 지지와 같은 명분을 이끈 주최는 여교사들이 많았고, 남교사들은 전문직이라는 이상을 따르는 경우가 많았다. 이러한 진보 성향의 여교사들은 돌봄이라는 궁극의 목적은 놓지 않으면서, 관심 영역을 넓혀갔다. 그리고 그 이유로 직장을 잃기 시작했다.[15]

엄밀히 말하면 법정 재판은 아니었지만, 대중들의 이목이 쏠린 첫 심판을 받은 교사는 메리 스톤 맥도웰Mary Stone McDowell이었다. 퀘이커 교도였던 맥도웰은 자신의 신념을 지키기 위해 충성선서에 반대했고 '교사답지 않은 행실'이라는 명목으로 1918년 해고됐다.

제2차 세계대전이 끝난 후, 미국인들은 나치에 쏟았던 모든 에너지를 공산주의 소련과의 냉전으로 전환했고 또 다른 많은 맥도웰이 나왔다.[16]

1930년대 세계 대공황 시기에 고용된 교사들은 이전 교사들보다 교육 수준이 높았고, 그 어느 때보다 배경도 다양했다. 다나 골드스타인Dana Goldstein이 자신의 저서 『교사들의 전쟁The Teacher Wars』에서 언급한 것처럼, 특히 뉴욕의 경우 많은 교사가 (1940년 기준) 유대인이었다. 유대인들은 고등교육을 받을 수 있게 되었지만, 학위가 있어도 공공분야 외에는 고용될 가능성이 거의 없었다. 시대의 영향으로 정치적으로 급진화되었고, 루스벨트 대통령의 단기 구제정책으로 학비를 지원받았던 신입 교사들은 교사 노조로, 반면 좌파 젊은 층들은 미국 공산당Communist Party으로 몰렸다. 대공황은 교사들의 한계를 시험했다. 시카고 같은 곳은 공공예산이 너무 부족해서 교사들은 임금을 임시지폐로 받거나 아예 못 받는 경우도 있었다. 그런데도 교사들은 비교적 넉넉하다는 이유로 (당시에는 할 일이라도 있다는 의미로), 대중의 공분을 샀다.[17]

대공황이 지나갔고 경제가 다시 활기를 띠기 시작했다. 2차 세계대전 이후 베이비붐이 일자 학교 수도 늘어났다. 하지만 대중의 적대감은 남아 있었고, 교사들은 아직도 정치적으로 공격받기 쉬운 손쉬운 목표물이었다. 나랏돈을 받으며 미국의 뿌리를 흔드는 급진주의자로 그리기 쉬웠다. 이후 여자들을 악마 취급할 때 썼던 표현인 '복지 여왕'의 미리보기였다.[18] 이들 일부는 공산주의자를 탄압했던 사람들이 조장한 과장된 그림과는 꽤 거리가 먼 사상을 가지고 있기는 했었지만, 그들이 급진적인 것은 사실이었다. 교사들은 특히 노동자 계층이자 정부의 원조가 불충분한 흑인계·중남미계 지역사회와 함께 연대해야 한다고 강조했고, 2010년대 교사들이 주도하는 개혁운동처럼 근무 환경 개선을 위해 싸웠다. 그러한 교사들은 근무 환경 개선이 결국 학생들의 학습 환경 개선임을 이들은 알고 있었다.[19]

   뉴욕 공산당원들은 "우리 같은 조직들은 협소한 경제활동에만 국한될 수 없습니다. 다른 사람처럼 교사들도 빵만으로 살지는 않습니다."라고 주장하며 교원단체Teachers Union를 운영해 나갔다. 이들은 1940년대에 이미 "성·피부색·인종·종교 혹은 정치적 믿음이나 소속을 이유로 자행되고 있는 교육상 차별"을 종식하겠다고 선언했다. 수업당 학생 정원 축소, 학생들을 위한 여가 공간 확충, 정부의 원조가 불충한 지역에 대한 특별한 관심을 요구하며 로비 활동도 벌였다. 이들은 흑인 역사와 이민 역사, 미국의 인종차별이 남긴 유산이 거짓 없이 다루어지는, 정치·사회·문화적 연관성이 있는 교과과정도 지지했다.[20] 교원단체는 제2차 대전까지도 여러 주에서 금지되었던, 결혼 후에도 교실에 남아 있을 수 있는 권리와 같은 여교사들의 권리를 위해서도 투쟁했다. 1941년 교원단체 대변인 벨라 도드Bella Dodd는 공립 유아원 신설을 제안했다. 교사들을 위한 고용 창출과 "어린아이를 키우는 직장 여성 돕기"를 함께 원했던 것이다.[21]

1차 적색공포는 위에서 아래로 진행되었다. 외교정책을 합리화하기 위해 미국 정부가 주도해 두려움을 부추겼던 전략으로, 지역적으로는 말썽을 일으키는 교사들을 훈육하기 좋은 채찍 역할을 했다. 전후 시대 루이스 자페Louis Jaffe(저자인 나와는 무관함)라는 교사가 소련에 대해 가르치는 방식을 이유로 해고당했다. 브루클린에 있는 고등학교 사회 교사 동료 90명의 지지에도 불구하고 학교에서 쫓겨났다.

적색공포에 맞서 교원단체는 인종차별 폐지, 흑인 동네에 학교와 놀이터 조성, 흑인 교사 고용을 요구하며 지역사회로 더 깊숙이 파고들었다. 감시, 잠입 경찰, 어떨 때는 협박 편지까지 있었다. 교사들이 미국 정부 전복을 기도한다는 증거를 찾으려는 끊임없는 시도도 있었다. 하지만 그들이 찾아낸 것은 무수한 토론들로, 주제는 인종차별, 성 편견, 미국 외교정책이었다.[22]

냉전으로 어느 정도 기간은 학교 자금 지원이 늘기도 했다. 1957년 소련이 최초로 스푸트니크 1호 인공위성 발사에 성공하자 미국인들은 미래에 대해 불안해했고, 학교에는 상반된 두 가지 불안감이 공존했다. 사람들은 진보적 사회주의 교사들이 학생들을 세뇌하고 있는 것은 아닌가 하고 불안했고, 미국 아이들이 소련을 따라잡으려면 학교는 더 많은 자금 지원이 필요하다고 생각했다.[23]

하지만 별반 달라진 것은 없었다. 교사 노조 단체들은 대체로 학교 안에서 이루어지고 있던 차별폐지 과정을 긍정적으로 생각했지만, 투쟁의 후폭풍은 주로 흑인 학교가 문을 닫으며 직장을 잃은 흑인 교사들이 맞았다. 흑인 학생들은 과거 백인들만 허락되었던 학교에 다니게 되었고, 백인 부모들은 자기 자식들을 흑인 교사가 지도한다는 생각에 치를 떨었다. 흑인 교사들은 인종차별 폐지를 위해 연대해 싸웠다. 흑인 중산층의 주축이 되어 학생들을 돌봐왔고, 자금 지원이 불충분한 학교에서 기대 이상을 해왔지만, 이런 모든 노력의 대가는 실직이었다. 또 한 번, 지나친 사랑은 해롭다는 그 덫에 걸린 셈이었다.[24]

흑인 교사들을 쫓아내기 위해, 얼핏 보기에 인종 중립적으로 보이는 전략을 찾는 데 혈안이 되어 있었던 인종차별주의자들의 눈에 교사 종신제 관련법들이 들어왔다. 미국 남부 7개 주가 종신제 법규를 개정하기로 했고, 노스캐롤라이나주는 모든 교사 계약을 1년으로 고정했다. 이 방법으로 흑인 교사들이 목표였던 원래 목적이 달성되었을 뿐만 아니라, 다른 교사들을 해고하는 일도 더 쉬워졌다. 세상 모든 문제를 사랑으로 해결하지 못한 교사들을 처벌하는 일이 그렇게 훨씬 쉬워졌다. 많은 교사가 한 번도 해본 적이 없는 일에 배치되어 '무능력'을 이유로 해고되었다. 이와 함께, 행정부는 일류대학 학생들을 단기 교사로 이용하는 방식으로 선회해, 교사의 이미지를 완전히 바꾸어놓았다. 이 전략은 학생들에게 헌신적이고 배려하는 교육자 대신 곧 그만둘, 고등교육을 받은 단기교사와의 짧은 만남을 제공했다.[25]

과거 교원단체 방식의 지역연대와 새로운 노동조합의 방식이 충돌하면서 교직 내에서의 긴장은 정점에 달했다. 과격하고 급부상하던 노조들은 단체교섭권을 따내고 있었고, 파업을 통해 뉴욕시 교사 전체를 대변할 권리를 얻어 기세가 등등해진 교사연합United Federation of Teachers은 결국 지역사회 흑인 운동가들과 충돌하고 말았다. 교사연합은 교사들의 '먹고사는 문제'가 가장 중요했던 반면, 지역사회 흑인 운동가들은 흑인 학생들이 학업성취도가 미진한 이유는 흑인의 문제가 아니라 인종차별이 문제라고 주장하며 학교를 지역사회가 통제하자고 강하게 주장하고 있었다. 이들은 또한 흑인 사회가 학교를 개선할 충분한 능력이 있다고 주장하며, 지역사회에서 손을 뗀 교사들을 무관심하다고 비난했다.[26]

당시 교사연합은 교직을 '가정'보다는 '직장'으로 간주했고 좀 더 전문적으로 만드는 데 목적을 두었다. 교사연합 회장이었던 앨버트 샹커가 이를 주도했다. 교육자이자 학자인 로이스 와이너Lois Weiner에 따르면, 샹커는 "학생 개개인들에 대한 교사들의 개인적인 책임감, 가족 개념 연장의 성격을 갖는 교사들의 업무, 그리고 이런 교사들의 역할이 관료제라는 현실 사이에서 발생하는 필연적인 모순"을 인정하지 않았다. 교사연합이 주장하는 이 일관성 없는 전문성 개념에 (당시 전문성은 남자들의 전유물로 여겨졌다), 흑인 부모들과 흑인 아이들을 돌보는 일이 자신들의 일이라고 믿었던 교육 운동가들이 반발했다. 그간 교원단체는 부모들과 나란히 함께 일해왔고 더 많은 흑인 교사 고용을 위해 싸워왔다. 하지만 교사연합은 '직장'과 '가정'의 분리를 강조하여, 결국 부모들과 반목하게 되었다. 교사연합의 이러한 노선은 아이들을 제대로 보살피지 못하고

있다는 비난을 자초했고, 이제 막 강력해지기 시작한 교사들의 노조를 약화할 뿐이었다.[27]

이러한 내부 다툼은 백인들이 주도했던 1969년 시카고 교원단체 파업 때도 불거져 나왔다. 더 나은 학교를 위해 연대해왔던 많은 흑인 교사가 연대를 이탈해 다시 학교로 복귀했다. 반면 파업에 남아 있던 교사들은 그것이 유색인종 학생들에게 더 많은 것을 제공할 방법이라고 믿었다. 늘 화두는 똑같았다. 교사들의 파업은 이기적인 것인가? 교사들이 자신들이 지도하는 지역사회 학생·학부모와 단절되면 안 되는가? 그러한 단절을 교사들이 수용하는 것이 관리자들이 교원단체를 억압하며 원했던 것이었고, 동시에 그 단절을 '무심한' 교사들에게 등 돌리는 무기로 썼다. 그리고 교육구들은 기꺼이 더 많은 교사들을 해고했다.[28]

이 시기 교사노조들의 성공은 양날의 검이었다. 단체 교섭과 파업을 통해 학교 형편이 개선되었다. 한편으로는 정작 책임져야 할 학생들은 알아서 투쟁하라고 내팽개치고, 급여와 고용 안정성에만 관심이 있는 노동 귀족이 되어버렸다. 1970년대 경제 전체가 내림세로 돌아서자 감세를 주장한 보수주의자들은 교사들을 가장 먼저 조준했다. 기업 개혁론자들이 학생들에 대한 관심과 공립학교 수익성 개선을 위한 새로운 방향을 기치로 내걸었을 때, 교사 노조들은 무방비 상태였다.[29]

교사들이 학생들의 부진함을 해명해야 한다고 주장했던 사람들이 바로 세금 삭감과 적은 지원으로 더 많은 것을 해내라고 교사들에게 요구했던 사람들이었다. 1970년에 시작된 이러한 동향이 1980년대에는 신자유주의 혁명으로 더 짙어졌다. 한 반의 학생 수는 늘었고, 특히 주요 교과목에서 미술·음악 과목 등이 떨어져나갔다. 그간 미국 공립학교는 재원을 주로 지방세로 충당한다는 사실로 어려움을 겪어왔다. 다시 말해, 잘 사는 동네에 있는 학교들은 돈이 많고, 가난한 동네에 있는 학교들은 상대적으로 학생 1인당 지원되는 금액이 적어 고생할 수밖에 없다. 현재 미국 사회에 만연한 불평등이 특히 공교육에서 극적으로 드러나는 것이다.[30]

〉❥〉

한동안 교사들은 상황을 지켜보기만 했다. 2012년 파업 당시 시카고 교원단체 회장이었던 카렌 루이스는 "우리는 '네, 뭐든 요구하는 대로 하죠. 우리는 아이들만 좋으면 됩니다'라고 하는 데 익숙합니다."라고 말했다. 하지만 교사들이 학생들에게 갖는 그런 애착은 교사와 지역사회 사이의 균열을 부추기는 기업형 '교육 개혁'이 이루어지고 있는 상황에서 교사들에게 별 도움이 되지 않았다. 아무리 교사들이 양보해도, 개혁론자들은 계속 교사들의 이기심이 문제라고 주장했다.[31]

　예산은 정부의 지원과 기부금으로 충당하되 학교 운영은 사립처럼 자유롭게 운영되는 공립학교인 차터 스쿨Charter School의 신설은 처음에는 미국 교사연맹 자체 계획이었다. 하지만 신자유주의 개혁론자들이 차터 스쿨을 노조가 없는 새로운 사립학교를 세울 방법으로 이용하자 바로 실수라는 것을 깨달았다. 폐쇄나 민영화 대상이었던 학교들과 해고 대상이었던 교사들은 대개 흑인계·중남미계 아이들이 공부하던 학교였고 그 아이들을 지도하던 교사들이었다. 차터 스쿨은 자금이 부족한 북적대는 공립학교와 실험적인 (종종 아주 엄격한) 규율과 향상된 시험점수를 약속한다는 새로운 형태의 학교 중 고를 수 있는 '선택권'을 부모들에게 주는 것처럼 보였다. 정치이론가 애덤 코츠코가 지적하듯, 선택이라는 수사에는 선택한 개인의 책임이 내포되어 있어서 선택한 것이 잘 안 풀리면 그에 따른 비난도 받아야 한다. 우리에게 사랑하는 일을 '선택'할 자유가 있다는 논리와 같다.[32]

당시 교사들은 이미 비난받는 데 익숙해져 있었다. 심지어 신자유주의 개혁론자들도 교사들이 지원이 부족한 학교들을 만회하라는 요구와 함께, 복지 전체에 이루어지고 있는 삭감도 만회하라는 요구를 받고 있다는 것을 인정하지 않을 수 없었다. 이런 사실을 인정하면서도 국가 경제 문제들의 원인을 학교 탓으로 돌렸다. 하지만 본질은, 사회적 돌봄의 구멍을 메웠던 다른 돌봄 노동자들처럼 교사들도 지역사회의 굶주림, 의료부족 등으로 야기된 문제들을 해결하도록 떠넘겨받았다는 점이다. 지원 삭감으로 개개인의 부모들이 직접 해야 할 일이 늘어난 것처럼, 가정 내 엄마들의 일과 가장 비슷한 일을 한다고 간주되었던 교사들도 많은 분야의 대대적인

삭감을 보완하라고 강요받았다.[33]

개혁론자들은 '교사들에게 책임 물리기'를 더 잘 해내기 위해 표준화된 학교 시험을 적극 활용했다. 2002년 높은 지지로 의회를 통과한 낙제 학생 방지법No Child Left Behind Act은 엄격한 시험체제를 도입했다. 세수가 부족했던 가난한 학군이 절실하게 필요했던 연방기금을 일련의 새로운 규칙과 민영화 계획을 제출하도록 하여 학교가 보충하도록 했다. 교육학자 로이스 와이너가 강조한 것처럼, 낙제 학생 방지법은 미국이 세계은행과 국제통화기금(IMF) 같은 국제기구들을 장악하며 남반구의 저개발국에 강제했던 개혁 방식을 그대로 따왔다. 와이너는 대부분 학생이 허드렛일하게 될 운명이니, 균형 잡힌 교육도 숙련된 (혹은 특히 배려심이 있는) 교사도 필요하지 않다고 명시한 그러한 국제기구 문서들에 당시 개혁의 숨은 의도가 분명히 나타난다고 주장했다.[34]

이후 오바마 행정부가 낙제 학생 방지법을 바꾸겠다며 수선을 떨며 내놓은, '최고를 향한 경쟁Race to the Top' 보조금 정책으로 학생들은 오히려 시험이 늘었고 교사들은 더 많이 해고됐다. 당시 교육부 장관이었던 안 던컨Arne Duncan이 사용했던 표현은 오늘날 그 덩치가 한없이 커지는 사교육 산업이 사용하는 표현처럼 '학생 먼저'였다. 이기적인 교사들과 이들이 만든 노조는 그에 반대하고 있다는 의미가 함축되어 있었다.[35]

하지만 이런 개혁들은 사실 덜 헌신적인 교사 양성이 목표였다. 개혁론자들은 단기 외부 교사를 '티치 포 어메리카Teach for America'

(대학 졸업생들이 교원 면허 소지와 관계없이 2년간 미국 각지의 교육 곤란 지역에 배치되어 2년간 학생들을 가르치는 프로그램을 운영하는 비영리단체)와 같은 프로그램으로 영입하거나, 몇 주간에 걸친 표준화 시험을 강요하는 등의 수법으로 교사들을 탈숙련화했다. 결국 애초부터 교사들의 관심과 헌신은 한 번도 능력으로 인정받은 적이 없었다. 타고날 때부터 헌신적인 노동자들이 가진 특징일 뿐이었다.[36]

학교는 신자유주의를 주입하면서, 신자유주의가 초래한 해악에 대한 비판을 받아내기도 하는, 그때그때 구색에 맞춰 써먹기 좋은 대상이다. 교사들만 충분하다면 이 모든 불평등은 사라진다고 하지만, 이 논법을 끝까지 따라가보면 거짓말이 분명해진다. 한 명도 빠짐없이 모든 아이가 최고의 교육을 받는다면, 그리고 요즘 흔히들 말하는 '코딩을 배운다'면, 상대적으로 소수인 지식경제의 고액 연봉 직업에 대한 경쟁이 심화하여 결국 그 연봉이 내려간다는 것이다. 이것이 핵심이다.[37]

하지만 2012년 시카고 교사들 파업은 이 힘의 역학을 뒤엎었다. 시카고 교원단체 회장 카렌 루이스는 시카고와 뉴욕과 같은 지역에서 흑인·좌파 교사들이 해온 지역사회 활동을 활용하며, 전국적으로 교사노조들 내부에서 이루어지고 있던 혁신운동을 선두에서 지휘했다. 시카고 시장과 대치했던 루이스는 이렇게 경고했다. "아주 잘 살고 교육도 많이 받은, 그리고 자기 자식들은 공립학교에 보내지 않는 엘리트층 사람들이 잘 알지도 못하는 흑인계와 유색인

종 아이들을 우리보다 더 잘 보살펴 줄 거라 믿으라고요?" 이 교사
들은 매일 같이 아이들과 함께했고 지역사회의 든든한 지원을 받
던 장본인이었다. 그들은 학생들이 마땅히 누려야 할 그런 공립학
교를 만들어가기 위해 싸울 계획이었다.[38]

이 새로운 연대 전략은 지역사회에서 교사들이 맺고 있는 관계
들에 기반을 두고 있고, 그러한 관계들은 과거 공산주의 노동조합,
시카고 교사연합 초대 대표 마가렛 헤일리, 시카고 교원단체(CTU)
초기 시절까지 거슬러 올라간다. 학생과 지역사회를 돌보는 본연의
역할을 되찾는 이 전략은 교사들이 파업하면 이기적이라는 소리를
들으며 의지하고 있던 부모들과 소원해지도록 만드는, 교사들에게
씌워진 그 올가미를 빠져나가는 전략이다. 교사들은 학부모·학생
과 연대하여 관리자들에게 요구함으로써 비로소 자신들을 위한 요
구를 할 기반을 얻는다.[39]

정말로 교사들은 그 기반이 필요하다. 경제학자 케이트 바인Kate
Bahn에 의하면, 교사들과 다른 돌봄 노동자들은 비슷한 수준의 교
육을 받은 다른 노동자들에 비해 임금이 낮고, 그 가장 큰 이유는
그들이 돌보는 일을 하기 때문이다. 교사들은 다른 노동자들에 비
하면 보수에 덜 민감해 짐을 싸서 더 보수가 나은 일로 떠나갈 가
능성이 덜하고, 게다가 연이은 지원 삭감도 받아들여 왔다. 워싱턴
DC에 있는 경제정책연구소Economic Policy Institute는 "교사들의 2018년
주급은 다른 노동자들에 비해 21.4퍼센트 낮았다"고 추정한다. 교
사인 케빈 프로셴은 이렇게 썼다. "사랑도 일의 일부로 보상받아야

합니다. 그렇게 말하면 다들 그 말을 불편해합니다. 하지만 사랑도 노동입니다. 이렇게 적은 급여를 받고 너무 많은 사랑을 베풀며 힘 들게 일하고 있습니다. 바로 3만 2천 명 이상의 중간 경력 교사들이 지난 11년간 학교를 떠난 이유입니다. 이 급여로는 못 살아요. 우리 가 가진 사랑과 시간은 화수분이 아닙니다."[40]

2018년 웨스트버지니아주 교사들이 공정 급여를 요구하며 주 전 체 공립학교를 폐쇄하며 파업에 돌입했고, 최소 14개 주로 확산하 며 공립학교에 대한 셈법을 한 단계 끌어올려 놨다. 이전 시카고 파 업에서 아이디어를 얻은 웨스트버지니아주의 구호 "우리의 근무 여건이 우리 아이들의 학습 여건이다"를 피켓, 티셔츠에 새겼다. LA 교사들, 시카고 교사들의 2019년 재파업, 그리고 2020년 세인 트폴 교사연맹 파업이 이어졌고, 교사들은 선배 교사들이 지역사회 를 위해 쟁취해낸 사항에 안전한 숙소, 회복적 사법 정의 프로그램, 차터 스쿨 신설유예, 학생 정신건강 치료 등을 추가하며, 자신들의 요구사항을 계속 늘려갔다. 교사 노조뿐만 아니라 다른 부문의 많 은 노조가 지역사회 전반에 혜택이 돌아갈 요구사항을 어떻게 협 상테이블까지 끌고 와야 하는지에 대한 방법을 제시한다.[41]

코로나19 팬데믹 기간에 교사들은 이러한 노조 정신을 잘 활용 했다. 바이러스 확산세가 두드러지자 뉴욕 교사들은 연대하여 교육 부에 학교를 폐쇄하라는 압력을 넣었다. 혁신운동으로 네트워크가 형성되어 있던 뉴욕 교사들은 화상전화로 대책을 논의했다. 교사 앨런 슈바이처Ellen Schweitzer는 병가 파업으로 항의하는 방식이 비교

"사랑도 일의 일부로 보상받아야 합니다.
다들 그 말을 불편해합니다.
하지만 사랑도 노동입니다."

적 쉽게 떠올랐다고 설명했다. "이전에는 크게 가담하지 않았던 평교사들도 상황이 다급하다는 것을 인식하고 동참했어요. 자신들도 함께할 필요가 있고 병가 파업 방법이 효과가 있을 거라고 믿은 거죠." 병가 파업이 탄력을 받아 갔고, 교사들이 목소리를 높이고 부모들도 동참하자 뉴욕 교육부는 결국 학교 폐쇄를 발표했다.[42]

교사들은 당할 만큼 당했지만 다행히, 시카고 교원단체 회장이었던 카렌 루이스, 교사 엘렌과 로사 같은 혁신 운동가들의 노력으로, 다시 대중들은 교사들 편이 되었다. 2020년 늦은 5월, 경찰의 폭력진압에 맞선 여러 번의 파업과 집회를 주최했던 교사들은 급진적 교사들이 오랫동안 알고 있던 핵심 사항 한 가지를 확실히 알았다. 공적 신분인 교사들의 입지가 좁을지도 모르겠지만, 교사들이 현장에서 다져온, 헌신·의사소통 같은 능력과 의견 관철을 위해 일상적 기능을 마비시킬 수도 있는 입장을 이용한다면 그 입지가 튼튼해질 수 있다는 것이다.[43]

◇ ❥ ◇

2019년 1월의 어느 금요일 LA, 비가 그쳤다. 4일 연속 쏟아진 호우였다. 그 빗속에서 3만 명 이상의 LA 교사연합 소속 교사들이 판초우의를 입고, 장화를 빌려 신고, '교육을 위해 다 함께 붉은색을Red for Ed,' '아이들 먼저Students First.' '지금 바로 작은 교실을!Lower class sizes now!' 같은 파업 구호가 써진 우산을 들고 피켓 라인에 서 있었다. 피켓들은 대체로 "우리는 우리 학생들을 사랑하니까 파업합니다" 라는 내용이었다. 비가 올 때는 같이 춤도 추고 노래도 불렀고, 날이 좋으면 시내 그랜드파크로 쏟아져 나가 또 다른 학생, 동료들과 집회와 공연도 했다.

오후에 로버트 F. 케네디 커뮤니티 학교 밖 피켓 라인에서 들리는 함성은 호텔노동자 노조가 오기 전부터 목이 쉬어 있었다. 호텔·외식산업 노조와 교사노조 회원들이 행진하고 있었고, 로사도 대열에 합류했다. 빨간 옷으로 연대해 거리를 점유한 이들은 호텔노동자들이 근로계약을 요구하고 있던 윌셔가 라인 호텔까지 같이 행진해갔다. 빨간색 LA 교사연합 셔츠를 입고 곁에 딸을 두고 있던 로사가 확성기를 들어 청중들에게 영어와 스페인어로 연설했다. "우리가 힘을 합치는 것이 중요합니다. 우리 모두 노동자고, 우리 모두 질 좋은 의료서비스가 필요하고, 우리 모두 괜찮은 보수를 받을 자격이 있습니다." 나머지 말들은 청중의 환호에 묻혔다. 그 주 주말에 LA 교육 당국은 손을 들었고, 수업 정원 축소, 모든 학교에 간호사 배치, 표준화 시험 50퍼센트 축소, 상담사 추가 고용, 교내 녹지공간 확충, 무작위 교내 단속 축소, 차터 스쿨 설립 수 상한제도, 교사 임금 6퍼센트 인상의 내용을 담은 계약에 동의했다.

그날 밤 나와 통화하며 로사는 이렇게 말했다. "제가 상상했던 것보다 훨씬 더 많이 이뤄냈어요." 계약에는 이민자 집안 학생들을 위한 기금 마련 약속은 물론, 커뮤니티 스쿨 같은 도시 학군에 몰아친 민영화 물결의 대안이 되는 학교를 더 많이 세우겠다는 약속도 포함되었다. 로사뿐만 아니라, 로사와 함께 요구조건을 공들여 작성했던 학생들에게도 중요한 문제들이었다.

"우리는 우리를 위해 거리로 나갔던 것이 아니라, 학생들을 위해 나갔어요." 하지만 교사들 자신의 요구도 잊지 말아야 했다. "우리들 70퍼센트가 여성입니다. 그러다 보니 필요 이상으로 여성이라면 해야 한다고 여겨진 일을 떠맡을 때가 많죠. 교사들이 이미 얼마나 많은 일과 헌신을 하고 있는지를 납득하는 것이 중요하다고 생각해요. 모든 학교에 간호사를 배치하고, 상담사를 추가 고용한다면 교사의 부담을 덜어줄 수 있어요."

대규모 파업으로 (LA는 교사와 학생 수에서 뉴욕 다음으로 큰 교육구이다) 이 정도의 성공을 이루는 데 7년의 준비기간이 있었다. 개인적으로 로사가 부임 초부터 몇 년간 씨름했던 예산 문제가 이 모든 투쟁의 발단이었다. "당시 예산 삭감이 이루어지면 노조에 많이 의지했는데, 다들 노조가 젊은 유색인종 교사들을 제대로 도와주지 못하고 있다고 생각했습니다. 그래서 독립적으로 연대하는 젊은 유색인종 교사들이 많았어요."

그런 교사들 일부가 다음으로 한 일이 노조 안에 '행동하는 진보 교육자들Progressive Educators for Action'이라는 단체를 만드는 일이었다. 로사 같은 교사들로 이루어졌고, 모두 단속·이민 등 교내 인종정의 문제나 학생들에게 더 의미 있는 교과과정 도입을 위한 투쟁에 더 적극적으로 대응하기를 원했다. 또한 학교 변화를 원했던 학부모들과 학생들을 교사들과 규합시켰다. 이 단체의 풀뿌리 연대방식이 확장하며, 저소득 지역에 부진하다고 여겨지는 학교들을 이른바 재편성하겠다는 발상에 도전했다. 교사들, 부모들, 학생들을 한데 모음으로써, 공립학교에서 발생하는 모든 문제가 교사들의 헌신 부족 때문이라고 비난하는 궤변에 도전했다.

로사와 함께 일하기 시작한 동료들은 학생들과 학부모들에게서 나온 요구사항을 교육 당국 앞에 갖다 놓기 위해 자신들이 누리고 있던 협상의 우위를 이용하는 것이 중요하다고 생각했다. 공익 실현을 위한 이런 협상법은 과거 급진 노조들의 전략을 확장한 것으로, 지역사회의 참여와 단체교섭의 힘을 섞는 방법이다. 이를 위해 노조 회원들과 다른 단체들이 매월 만나, 계획과 요구사항에 대해 논의한다. 월례 회의로 내려진 결정을 다른 모든 회원에게도 공지하고, 단체교섭, 입법 심의회(주와 지역 모두), 교육위원회와 다른 지방공무원들을 압박하는 등, 싸움에 꼭 필요한 노조와 기타 단체 간의 신뢰를 다져간다.

교육 당국이 장기 파업을 해온 노조를 분열시키지 못하고, 오히려 굴복하게 된 것은 지역사회가 교사들과 함께 있었기 때문이었다. 파업 이후, 로사는 교실 분위기가 달라진 것을 느꼈다. 학생들은 파업에 어떤 노력이 들어갔는지 궁금해했고, 로사는 파업의 교훈을 기존 역사 수업에 적용하기 시작했다. 역사를 새로운 방식으로 지도해볼 기회가 생긴 셈이었다. "시위의 역사를 배우고 있었는데, 얼마 전 제가 동참했던 시위 이전과 이후로 나누어 살펴봤어요.

아이들은 스스로 역사학자라고 생각하고 자기들이 직접 목격한 시위의 역사에 대해 써보는 시간을 가졌어요. 정말 푹 빠져서들 하더라고요." 1960~1970년대 운동들에 관해 공부할 때, 학생들이 로사에게 이렇게 물었다. "어떻게 이렇게 많은 사람이 참가했어요? 이해가 안 가요. 저희 엄마는 제가 구석에 서 있지도 못하게 하거든요. 어떻게 이렇게 많은 젊은 사람들이 참여했어요?" 질문을 받고 로사는 "그때 그 운동들 이후로 어떤 것이 바뀌었을까?"라는 주제를 꺼냈다.

이제 학생들은 그러한 역사적인 투쟁을 자기들이 보고 참여한 운동들과 연결지어 생각한다. "얼마 전에는 1955년 미시시피에서 가족이 운영하던 식료품점에서 백인 여성을 성추행한 혐의로 납치, 고문당한 흑인 소년 에밋 틸의 가족과, 죽임을 당할 수도 있었는데도 목소리를 낸 그들의 용기를 다루었어요. 아이들이 제게 '두려운데도 했던 일이 있으세요? 위험한 일인 데도요?'라고 묻길래, 제가 그랬죠. '그럼. 사실 하루하루가 무섭단다. 하지만 아무것도 안 하고 바꾸려고 노력하지 않는 것도 무섭지.' 아이들이 나를 행동하는 사람이라고 생각하고 있다고 느낀 순간이었어요."

역사를 연속성으로 이해하기 시작한 학생들에게 코로나19 팬데믹 기간 중 트럼프 행정부의 이민자 단속, 경찰관에게 살해당한 조지 플로이드George Floyd와 브레오나 테일러Breonna Taylor 사건으로 일어난 시위는 특히 의미 있는 사건들이었다. 로사에게는 이런 모든 사건이 같은 문제에서 시작된 것으로 보였고, '안식처 학교'의 중요성을 새삼 느끼게 해주었다.

코로나19의 추가 확산을 막기 위해 학교가 폐쇄되었을 때, 현장 수업을 온라인 수업으로 전환하는 일은 엄청나게 힘든 일이었다. 모든 실험적 프로젝트도 하루아침에 날아갔다. 여기에 로사처럼 부모이기도 한 교사들은 스트레스가 한 겹 더 더해졌다. 지난번 파업으로 더욱 강해진 LA 교사연합은 재빠르게 집결하여 기존 합의에 추가 합의를 얻어낼 수 있었다. 새로 얻어낸 추가 합의에 대해 로사는 "학생들과 교사들이 필요했던 사항이고, 특히 집에서 아이들까지 돌봐야 하는 교사들의 요구가 잘 반영됐어요."라고 했다. 봄부터 로사는 다른 과목과 제휴하는 방식의 교과과정을 시작했고, 팬데믹 기간을 오히려 교육에 활용하는 방향으로 다른 교사들을 도왔다. 사회과목과 역사, 과학을 통합해 팬데믹의 생물학적 측면과 역사를 지도하겠다는 계획이었다.

하지만 여전히 교사들에게나 학생들에게는 힘든 변화였다. "많은 아이가 온라인 수업에 접속하는 것 자체는 물론이고, 먹을 것과 돈이 충분하지 않아 고생하고 있어요. 요즘 신입생이 많은데, 일부는 더는 온라인 수업에 접속을 안 합니다. 일을 하기 시작한 거죠. 가족이 직장을 잃거나 근무 시간이 단축되어서 달리 방도가 없는 거죠. 그 아이들의 선택은 '온라인 수업을 들어야 하나, 아니면 돈을 좀 벌어와야 하나?' 둘 중 하나입니다."

학생들이 코로나19 팬데믹과 관련해서 일련의 요구를 제안했다. (전 세계적 감염병 위기에서 점수를 따려고 공부해야 하는 부담을 덜어주기 위해)전학생 진급, 임대료 취소, 바이러스 확산을 막기 위한 수감자 석방 등이었다. 그리고 교사들은 그 내용을 수업으로 가져갔다. "교사들이 학생들과 제안 사항 하나하나를 검토했어요. '어디서 이 요구사항이 나왔지?'라는 질문으로 시작해, 교도소 내 코로나19 감염률을 찾아봤고, 흑인들이 더 많이 죽어가는 이유를 알아보고, 어느 인종과 계층이 영향을 더 받는지에 요인으로 작용하는 역사적 사례들도 들여다봤습니다."

로사는 이 시간들을 통해 "학교 교육 차원에서 무엇이 가능한지를 다시 생각할 기회"를 얻었다고 한다. 코로나19로 캘리포니아주 필수 시험이 모두 취소되었다. "아무도 아쉬워하지 않아요!" 로사가 웃으며 말했다. 하지만 결국 학교는 다시 열릴 것이고, 서둘러 학교 교육의 잠재력에 대한 질문의 답을 찾아야 했다. "학교가 다시 열린 시점에 무엇이 마련되어 있어야 할까요? 그 마련되어야 할 것이 마련되지 않았을 때, 우리는 뭘 해야 할까요?" 노조는 바이러스 확산을 감수하며 교사들과 학생들을 강제로 복귀시키지 말고, 가을까지 사회적 거리두기를 유지하기로 하는 내용의 동의를 결국 교육 당국으로부터 얻어냈다.[44]

로사는 그간의 일들을 생각하면 처음 아이들을 가르치기 시작했던, 공립학교 예산 확대를 위해 싸워야 했던 그때가 생각난다고 했다. "투명 인간 같은 존재들이었어요. 당시 교사 노조도, 세상도, 다른 부문 모든 노조도 지금 우리처럼 반격할 수 있는 처지가 아니었어요." 하지만 이제는 강력한 노조와 도시의 강력한 연대를 등에

업은 교사들이 또 한 번 자신들의 힘을 사용할 준비를 하고 있었다.

시위 이후, 로사는 몇 가지 새로운 역할을 맡았다. 노조와 지역사회에서 이렇게 바쁘 활동하다 보면 자신에 대해 생각해볼 겨를이 없을지도 모른다. 하지만 파업에서 로사는 한 가지 중요한 것을 배웠다. 파업 첫날 아침 피켓 라인에 서 있을 때, 뭔가에 머리를 세게 얻어맞은 것 같았다. "우리가 탐욕스럽고 돈만 밝힌다는 이야기를 너무 자주 들었어요. 하지만 정말 비싼 도시에 살고 있고, 하루하루 더 비싸지고 있어요. 녹록한 일이 없습니다." 시위 첫날 경찰이 현장에 투입되는 것을 보며 감정에 복받쳐 눈물이 났다. 비를 맞고 있는 동료들을 보며, 악착같이 힘을 내려고 하는 그들을 보며, 휴대용 스피커에서 흘러나오는 음악에 맞춰 춤추는 그들을 보며, 그 감정은 선명해졌다.

로사는 말을 이었다. "이런 생각이 들었어요. '아, 노동자이고 미혼모인 나 자신을 위해서도 지금 이러고 있는 거잖아. 돈을 받는 것도 아니고, 희생하고 있는 거잖아. 그러니까 이건 나 자신을 위해서 하는 일이라고 해도 괜찮아.'"

웃음 띤 그들의 기쁨과 슬픔: 판매직

온라인 판매 시대의 도래, 코로나19 팬데믹, 최근 몇 년간 언론마다 이야기하는 '소매업의 종말'에도, 소매업은 여전히 경제의 주춧돌이고 수백만 명의 일터이다.

앤 마리 라인하트는 처음부터 인생의 반을 판매직원으로 일하며 보낼 계획이 아니었다. 어쩌다 보니 그렇게 되었다.

"일을 안 한 적이 없어요. 두세 가지 일을 계속 했었어요." 첫 아이를 낳기 전 그때까지 했던 의료비 청구 일을 그만뒀고, 이후로는 딱히 뭘 해야 할지 모르고 지냈다. 출산 후 몇 달이 지났을 때 토이저러스 매장에 들렀다가 직원 모집 안내를 봤다. 휴가철 충원 인력으로 고용되었고, 그때가 1988년이었다.

"평생 계산대에서 판매원을 할 생각은 전혀 없었어요. 인생의 버킷리스트에도 당연히 없었죠(웃음). 요즘 시간제 근무자들은 대부분 엄마거나 학생이거나 부업을 뛰는 사람이에요." 하지만 남편 크리스마스 선물을 남편 돈으로 사지 않아도 되고, 다시 일을 시작해서 기쁘기도 했다. "제 수중엔 늘 제가 번 돈이 있었거든요."

뉴욕 롱아이랜드 출신인 앤은 노스캐롤라이나주에 수년째 살고 있기는 하지만, 말투를 들어보면 알 수 있다. 따뜻한 말투에, 장난스러운 얘기를 할 때는 눈에서 짓궂은 광채가 난다. 처음 시작했던 토이저러스 일은 휴가철이 끝나면 그만둘 줄 알았지만, 고객 서비스와 매출 관리 교육을 받기 시작했다. 급여는 그저 그랬고 판매직 성격상 스트레스 받는 일도 꽤 있었지만, 업무시간을 어느 정도 자유롭게 정할 수 있어서 가족과 함께할 시간이 있었다. "창업주인 찰스 라자러스Charles Lazarus가 '저희 직원들은 늘 저와 함께 일했습니다' 라는데, 그건 제가 나중에 할 유언처럼 들렸어요. (웃음) 직원들보다는 자신이 세운 기업을 앞세우면서 말이죠. 그 소위 가족 같다는 분위기."

앤은 탄력적인 업무시간 덕에 둘째 아이 출산 때까지 일할 수 있었지만, 그때 잠깐 그만둘까를 생각했었다고 했다. 그러다 두 애들 모두 학교에 다니기 시작했을 때, 매니저들과 동료들의 권유대로 정직원 제안을 받아들였고 관리자가 되었다. 의료보험 혜택도 함께 따라왔다. 남편이 다니던 회사는 규모가 작아서 해마다 의료보험료만 수천 달러가 들었다. 토이저러스는 의료보험 혜택에 업무시간도 여전히 탄력적이었고 좋은 직장이었다. "당시만 해도 토이저러스는 모두에게 잘해줬어요. 제가 원했던 엄마로 살 수 있었던 것은 회사 덕분이었어요."

그렇다고 완벽한 직장이라는 이야기는 아니다. 회사가 시간을 조정해주어서 아이들 학교 일에 참석할 수는 있었지만, 앤의 근무 시간은 길었다. "판매직 일을 하는 사람들의 그 모든 희생을 아무도 모를 거예요. 우선 가족을 희생합니다. 12월 한 달 내내 남편을 한 번도 못 봤어요. 출근이 이른 남편은 제가 퇴근하고 집에 오면 자고 있었죠. 반대로 남편이 출근할 때가 저에게는 자는 시간이었고요." 그러자 한 번은 남편이 '제대로 된' 직장을 찾아볼 때가 된 것 같다고 말했다. 분통이 터졌다. "제가 그랬어요. '매일 꽁무니가 빠져라 일하고 있는 거 당신은 모르지? 내가 하고 있는 것도 일이라고!'"

그리고 언제나 고객들이 있었다. 친절한 사람들도 있었지만, 믿기 힘들 정도로 무례한 사람들도 있었다. 앤이 당하는 경우도 있었고, 동료가 괴롭힘을 당할 때 관리자로서 나서야 할 때도 있었다. "정말 세상 욕이란 욕은 다 들어본 것 같아요." 갈색 단발머리를 한 앤이 앞머리를 들어 고객이 던진 녹색 파워레인저 인형에 맞아 생긴 흉터를 내게 보여줬다. 그 고객은 회사의 환불정책을 악용해 같은 인형을 계속 다시 가져왔다. "결국 상사가 이러더라고요. '잘 들어요. 그 고객 매주 상대할 거예요? 영수증도 없고, 제품 상자도 없잖아요. 더는 그 고객한테 아무것도 해주지 마세요.'" 그래서 앤이 그 고객에게 더는 교환을 못 해준다고 말했다. "말을 잘 해봤지만, 안 통하더군요. 인형을 집어들더니 저한테 던졌어요." 이마를 만져봤더니 피가 흘렀다고 했다.

앤을 괴롭혔던 또 다른 사건은 한 동료에게 벌어진, 앤이 개입해야 했던 일이었다. 한 여성이 환불을 요청했고, (역시 분명 사용한 흔적이 있었다) 고객서비스팀 직원이 불가능하다고 공손하게 대답했다. 그 고객은 직원을 호되게 꾸짖고 모욕하기 시작했다. 일곱 살쯤

돼 보이는 자기 딸에게 "이래서 엄마가 공부 열심히 하라는 거야. 그래야 이런 일 안 하고 살아."라고 했다. "제가 끼어들어 그 고객에게 그랬죠. '방금 뭐라고 하셨어요?'" 그 직원은 눈물을 흘렸고, 앤이 고객에게 나가달라고 말했다. "현실을 깨달은 순간이었어요. 정말 모두가 판매직 일을 하는 사람들을 무시하는구나."

또 다른 끔찍한 이야기에는 같은 매장 고객서비스 팀에서 일하던 앤의 며느리가 나온다. "그 고객은 제 며느리한테 막 화를 내더니, 자기 딸이 입고 있던 젖은 팬티를 벗겨서 던졌어요." 이 이야기를 하던 앤의 눈에 눈물이 차올랐다.

일을 하며 앤은 더 강단이 생겼고, 쉽지 않은 사람들을 다루는 능력에 자부심을 느낄지도 모르지만, 지난 사건들은 생각만 해도 아직도 가슴이 서늘하다. "판매직이 그래요. 아무리 형편없는 일이라도 일을 잘하면 잘릴 일 없어요. 하지만 어떤 때는 집에 오면 녹초가 돼요." 그리고 최악은 고객들이 끔찍하게 행동하고 나면 경영팀 직원이 와서 그 고객들을 달래주는 것이었다. "고객한테 모욕당하고 꾸짖음 들었는데, 점장이 와서는 어쨌든 그 고객이 원하는 대로 해주면 또 한 번 배신감이 들어요."

판매직은 '제대로 된 직장'이 아니라는 인식은 고객들이 꾸준히 일깨워주었다. "멍청하다는 말들을 너무 많이 들어서 이제는 그들이 우리를 모두 못 배운 사람 취급한다고 믿습니다. 저도 대학을 나왔고, 저희 계산대 직원들 반이 대학에 다녀요. 감히 어떻게 그렇게 말하죠?" 앤은 경제구조가 변하면서 판매직이 더 이상 십대들이 하는 일이 아니라고 강조한다. 물론 노조도 없고, 연금이 퇴직연금으로 바뀌었지만, 앤에게 판매직 일은 공장 일자리로 미국의 중산층을 탄생시킨 것만큼의 급여를 챙겨준 직업이었다. "제 나이가 60인데요. 저희는 어릴 때 엄마가 다 집에 있었잖아요." 하지만 이제는 판매직과 서비스직 노동자의 대다수가 여성들이고, 앤처럼 가족을 부양하는 경우도 많다.

앤은 롱아일랜드 헌팅턴 토이저러스 매장에서 거의 10년을 일하고 새로 문을 연 베이비저러스Babies "R" Us 매장으로 옮겼다. 휴가철이 되면 해마다 미친 듯이 북적댔던 토이저러스 때와는 달리 한산했고 집에서 아이들과 시간을 더 보낼 수 있었다. "집에 오면 집은 벌써 추수감사절 직후부터 크리스마스 단장이 되어 있었어요. 그전에는 누릴 수 없던 호사였죠. 애들이 9살, 10살 정도 됐었고, 애들도 더 좋아하더라고요."

애들이 커가며 앤과 남편은 노스캐롤라이나주에 살고 있던 앤의 언니와 남동생을 따라 남쪽으로 이사 가는 것을 고민하기 시작했다. 이때도 토이저러스를 관둘까 생각도 해봤지만, 전국에 거의 800개 이상의 토이저러스 매장이 있어서 이사하더라도 그중 한 매장에서 일하면 됐고, 게다가 뉴욕에서 벌던 만큼 벌 수도 있었다. 앤은 토이저러스에서 일하며 판매직이 변하기 시작했다는 점도 눈치챘다. 모든 채용공고가 급여 외에는 아무 복지 혜택이 없는 단기 알바직이었다. 노스캐롤라이나주 더럼으로 이사했고, 사우스포인트 쇼핑몰에 있는 베이비저러스에서 매장 관리자로 일을 시작했다.

이제 막 부모가 된 사람들과 앉아 물건 고르는 일을 돕는 일은 재밌었다. 몇 년 후 다른 업무를 하다가 예전 고객을 우연히 마주쳤는데 바로 앤을 알아봤다. "'제 아기 물건 다 골라주신 그 분 맞죠? 가구 사는 것도 도와주셨는데'라고 하더군요." 앤이 사실 자기가 하는 일을 좋아했던 것도 이런 순간들 때문이었다.

토이저러스가 아기용품 매장을 대형 슈퍼마켓으로 확장하기 위해 베인캐피탈Bain Capital의 투자를 받을 것이라는 말을 처음 들은 건 이사했던 때쯤이었다. 처음에는 대수롭지 않게 생각했다. "인사팀 대표로 채용박람회에 나가기라도 하면, 회사에 대해 더 좋게 말했거든요. '재정 안정성이 탄탄한 기업입니다. 오랫동안 승승장구해온 기업입니다'라고요."

지금은 그렇게 했던 말들이 그녀를 끝없이 괴롭힌다. 2005년, 베인캐피탈, 콜버그 크래비스 로버츠Kohlberg Kravis Roberts, 보나도 리얼티 트러스트Vornado Realty Trust가 합작으로 토이저러스를 인수했고, 상황이 바뀌기 시작했다. 처음에는 천천히 진행되었다. 일하던 매장이 문을 닫을 것이라는 말을 들었을 때 앤도 놀랐을 정도였다. 2018년 4월에 토이저러스는 결국 문을 닫았고, 바로 매각됐다. 사모펀드는 불안정한 기업을 외부자금으로 차입 매수해 사들인 후, 빌린 돈을 사들인 기업 재무제표에 다시 얹어놓는 방식으로 기업을 인수한다. 결국 토이저러스 같은 경우처럼 업계 경쟁이 치열해지거나 코로나19 사태로 인해 사들인 기업이 인수 이후에도 어려움을 겪으면, 모든 것이 순식간에 무너져 내린다. 한때는 큰 브랜드였던 의류 기업

제이크루J. Crew와 고급 백화점 체인 니먼 마커스Neiman Marcus가 그런 식으로 파산했다.[1]

앤에게는 29년을 다닌 직장을 퇴직금도 못 받고 잃게 되는 문제였다. "제가 일했던 시기 거의 전부를 이 회사에 바쳤어요. 이제 어쩌죠?" 앤이 고개를 가로저었다. 하지만 고객서비스팀에서 일을 시작했던 때부터, 인사팀에 급여 인상을 주장하던 그 오랜 시간 동안 앤은 스스로와 동료들을 변호하는 법을 배웠다.

"바로 그런 경험들 속에서 회사와 싸울 수 있도록 훈련이 되어왔던 겁니다."

◇❥◇

1892년 펜실베이니아주 서쪽, 홈스테드 제철소 노동자들은 회사의 대폭 임금 삭감안에 항의했다. 항의했던 노동자들이 감금되자 결국 시위로 번졌고, 회사 측은 조합 깨부수기 전문 기업 핑거톤Pinkerton의 용역을 불러들였다. 이후 충돌로 노동자 7명이 죽임을 당했다. 그러한 죽음에도 공장 가동을 계속하며 연기를 내뿜던 높은 굴뚝들은 오늘날에도 아직 그 자리에 남아 있지만, 그 외 대부분은 쇼핑몰로 바뀌었고, '전통과 유행이 만나는 곳'이라는 표어가 걸려 있다. 노동자들이 근로 기준을 지켜내기 위해 싸우고 죽어갔던 그 공장지대에 지금은 판매직 직원들이 일하고 있다. 과거 그 모든 투쟁

이 아예 없던 일처럼. 판매직 직원들의 급여는 여전히 낮고 이직률은 높다.[2]

소매 판매직은 미국에서는 단일 최대 규모의 직종이고, 대부분 나라에서도 일반적인 직종이다. 온라인 판매 시대의 도래, 코로나 19 팬데믹, 최근 몇 년간 언론마다 이야기하는 '소매업의 종말retail apocalypse'에도, 소매업은 여전히 경제의 주춧돌이고 수백만 명의 일터이다. 하지만 대부분 소매업 관련 직장은 형편없다. 고용 안정성은 낮고, 급여 외 복지도 거의 없고, 변덕스러운 근무 스케줄에, 사실상 승진 기회는 거의 없다고 봐야 한다.[3] 물론 판매직이 전혀 새로운 직종이 아닌 만큼 판매직이라고 하면 떠오르는 전형적인 특징도 있다. 주로 여자들과 시간제 근로자들이 하는 일이고, 육체적으로 고되고 고객과 관리자 사이에서 정신적·감정적으로도 힘들다. 그런데 경제구조가 제조업에서 소비산업으로 바뀌면서, 주로 남자들이 정직원으로 일했던 제조업 일자리가 줄어들었다. 제조업 대신 소매업이 부상했고, 그 과정에서 여성 노동 양상도 두드러졌다. 하지만 소매업 직장과 제조업 직장의 실질적 차이는 '웃음 띤 서비스'였다. 제조업 노동자와 달리, 소매업 노동자들은 일을 사랑하는 것처럼 보여야 한다.[4]

소매업은 오랫동안 부수적이라는 취급을 받았다. '실질적' 경제에 덧붙여진 부문일 뿐이며, 소매업 노동자들은 공장 노동자들만큼 중요한 사람들이 아니었다. 또한 오랫동안 소매점들은 영세했다. 대공황 전까지, 개인이 운영하는 점포들이 소매 업장의 89퍼센트, 소매업 매출의 70퍼센트를 차지했다. 한두 명의 직원을 둔 부부가 운영하는 가게가 딱 그런 식이었다. 대개는 아이들도 나서서 가족만으로 운영되었다.[5]

하지만 자본주의식 생산방식은 자본주의식 소매업을 낳았다. 대형 백화점과 문어발처럼 뻗어 나갔던 체인들이 똑같은 매장들을 전국에 세워 놓으며 고객이 어느 매장을 가든 비슷한 상품을 구매할 수 있다고 약속했다. 그리고 본사 중심으로 관리하는 자본주의식 소매업은 대규모 점원이 필요했다. 미국의 경우, 판매직은 1880년 3만 2천 개에서 1930년 230만 개로 폭발적으로 증가했다. 매장마다 일의 형태도 다양했다. 고급 의류 매장이라면 참을성 많은 여직원이 머리부터 발끝까지 고객의 옷을 입혀주는 고급 개인 서비스를 제공한 반면, 잡화점은 늘어나고 있던 중산층을 대상으로 식료품, 건물류, 그리고 가끔 스쳐가는 미소도 선물했다. 하지만 모두 낮은 보수에 장시간 일한다는 점은 같았다.[6]

소매점 수가 늘어나며 판매 직원이 할일도 늘어났다. 물건을 권유해 구매로 이어지게 하는 일은 상품 지식은 물론, 체력도 필요했다(주중 하루 15시간 근무가 드문 일도 아니었다). 고객이 좋아할 만한 상품을 권하거나 더 비싼 물건을 사게 하려면, 고객의 예산은 물론 기분까지 읽어낼 줄 아는 인내심과 사람 다루는 능력도 요구됐다. 하지만 그런 능력들은 공장이나 농장에서 일하던 남자들이 가진 능력만큼 귀한 대접을 받지 못했다. 역사가 베타니 모어튼Bethany Moreton은 이렇게 썼다. "서비스 경제는 여자들이 딱히 노동자가 아니고, 그들의 능력도 딱히 능력이 아니라는 광범위한 사회적 합의를 이용했다." 다시 말해, 서비스직 여성들도 육아와 교육을 포함해 여성의 가사 노동에 적용했던 똑같은 논리에 이용당했다.[7]

쇼핑도 가사의 연장으로, 여자들의 일이었다. 따라서 소매점들도 고객이 부유층이든 저소득층이든 여성의 감성을 자극하도록 설계되었다. 소매점들은 선천적으로 고객과 같은 감성을 가졌을 테고 그러니 매장도 집처럼 아늑하게 느껴지게 할 거라는 가정하에 여성 노동자들을 고용했다. 어쨌든 여성들은 배려를 타고나서 타인의 필요와 욕구에 민감하고, 그래서 도를 넘지 않는 선에서 다른 여성들에게 물건을 파는 데 능하다고 간주하였다.

특히 백화점들은 능숙한 판매를 사업 차별화의 핵심으로 삼았다. 하지만 직원들의 능력을 개발시키는 것과 수익을 높일 수 있도록 인건비를 낮춰야 할 필요성 사이에서 균형을 찾아야 했다. 여성 중에도 특히 나긋나긋할 것 같은 어린 여성들을 채용하는 편이 그 점에서 나았다. 게다가 젊은 여성들은 금방 결혼해서 가족을 꾸릴 수도 있다는 점 때문에 이직률이 상대적으로 높았고, 직원의 몸값이 너무 비싸지거나 직원이 깐깐해지는 것을 원하지 않았던 고용주들에게는 안성맞춤이었다. 여기에 시간제 근무 편성으로 급여를 낮출 수도 있었다. 젊고 어린 여자들은 아직 부모에게 경제적으로 의지하고 있으니까 시간제 근무가 문제 될 것이 없었고, 기혼 여성들은 결혼했는데 왜 직장을 다니냐는 엄청난 편견에 시달려야 했던 시대였기 때문에 일을 '용돈' 정도 버는 기회로 생각했다. 이들

"서비스 경제는 여자들이 딱히 노동자가
아니고, 그들의 능력도 딱히 능력이
아니라는 광범위한 사회적 합의를
이용했다."

의 진짜 일은 가사여야 했다.[8]

판매직은 상대적으로 급여는 적었지만, 신분 상승을 열망하던 젊은 여자들에게는 괜찮은 일이었다. 백화점 판매원은 자신이 파는 물건의 모델이 되어야 한다는 기대와 물건을 사면 할인을 해주겠다는 종용을 함께 받았다. 괜찮은 직장이라는 기대는 주로 백인 여자들만 일할 수 있다는 뜻이었다. 흑인 여성들은 물론 유대인 여성들과 기타 이민자들은 판매 업무에 필요한 중산층 분위기를 풍기지 못했다. 하지만 그런 백인 여자 판매원이라도 고객이 아무리 자신들을 힘들게 해도, 고객들에게 그럴듯한 존경의 표현을 해주어야 했다. 노련한 직원들은 위압적인 (보통 남자) 매니저나 도도한 고객의 눈치를 보지 않아도 되는 독창적인 방법을 찾아냈다. 고객들 앞에서 고객에 대해 이야기하는 자기들만의 암호화된 언어를 만들어 사용했고, 판매 목표액 채우는 일을 서로 도우며 이런 규칙을 따르지 않는 동료들을 응징했다. 특히 진보 시대Progressive Era(20세기 초, 미국에서 정치, 사회적 열망이 확산되었던 시기)에는 사회개혁에 관심이 있던 고객들과 가끔 연대할 수도 있었다.[9]

고객의 기분을 위해 속내를 감춰야 하고 잔잔한 미소와 즐기고 있다는 분위기를 늘 풍겨야 하는 일은 사람들을 상대하는 일을 하는 사람들에게는 익숙한 장면들이다. 사회학자 앨리 러셀 혹실드 Arlie Russell Hochschild가 '감정 노동'이라고 부르며 유명해진 이런 노동은 여전히 판매 직원이 하는 일의 가장 중요한 요소이고 공장 노동과의 핵심적인 차이이기도 하다. 자동차 조립공장에서 일한다면 웃든 찡그리든 문제가 안 되지만, 판매 매장에서 일하면서 즐거운 분위기를 발산하지 못하면 (특히 수수료나 팁을 받는 일이라면) 그날을 망칠 수도 있다. 혹실드는 "일을 사랑하는 것처럼 보여야 하는 것도 일의 일부가 되었다. 사실 일을 사랑하려고 노력하고 고객 응대를 즐기려고 하다 보면 일하는 데도 도움이 된다."라고 썼다.[10]

이런 노동은 심각하게 성별화되어 있다. 여자들은 직장이 아니어도 타인의 감정을 책임져야 하고, 그런 감정 관리는 직장에서도 일의 일부가 된다. 하지만 이러한 감정 노동의 성 배분은 전반적인 사회 불평등을 반영한다. 타인에게 내 감정을 강요하는 일을 피하려고 내 감정을 관리하는 일은 스스로 종속적인 관계를 자처하는 격이다. 온종일 타인의 감정을 어루만져야 한다면 정작 자기감정과 개인적 요구사항은 삼켜버리도록 길들여진다. 서비스 업계에서 필요로 하는 능력은 힘 없는 삶에서 습득한 능력이고, 결국 천부적인 권리로서 존경을 기대하는 힘 있는 자들이 그런 능력을 능력으로 인정하지 않는 것도 놀라운 일은 아니다.[11]

소매업 고용주들은 낮은 보수로 여성이 가진 감정 능력의 가치를 깎아내리긴 했지만, 어느 정도 기여를 인정하기도 했다. 20세기 초, 훈련 프로그램과 심지어 직업교육이 도입되며 판매직도 숙련직이라는 정서를 낳았다. 하지만 일관된 저임금은 여전히 노동자들을 힘들게 했다. 판매직 여자들은 판매직 남자들의 급여의 42~63퍼센트를 벌었다. 한 신발 매장 여직원은 노동 실태 조사관에게 이렇게 불평했다. "남자 사원들보다 오늘 제 판매 점수가 600점이나 앞

섰지만, 저는 그들만큼 급여를 받지 못합니다. 그래도 웃으며 참아야 합니다. 불행히도 여자로 태어났으니까요." 연구원 조너스 안셸름Jonas Anshelm과 마틴 헐트만Martin Hultman이 말하는 '산업사회의 남성 가장 노동자' 체제를 노조도 받아들였다. 가장의 직장이 중요했고 따라서 우선시되었고, '여자들의 노동'은 노조가 크게 관심을 줘야 할 만큼 중요하지도, 가치가 있지도 않았다. 가족 임금제를 뒷받침했던 그 이념이 결국 여자들의 급여를 갉아먹었고, 판매직은 미래도 없고 단기로 하는 쉬운 일이라는 인식을 낳았다.[12]

그럼에도 소매업 노동자들은 자신들의 노조 설립 자격을 설득해가면서, 근무 시간 단축, 급여 인상, 유연한 복장 규정을 위해 투쟁했다. 무엇보다도 자신들의 일이 중요한 일이고, 자신들의 일도 일이라는 인식을 쌓기 위해 싸웠다. 미시간주 제너럴 모터스 공장 연좌시위에서 영감을 받은 디트로이트의 프랭크 윈필드 울워스Frank Winfield Woolworth 잡화점 직원들은(모두 젊은 여성들이다) 1937년 7일간 매장을 점유하며 연좌시위를 벌여 거의 모든 요구조건을 관철했다. 울워스 잡화점은 시위 동안 4층 벽돌 건물 전체를 사용했고 역사가 다나 프랭크Dana Frank는 이곳을 "노동자 계층을 위한 공간"이라고 썼다. 이들은 노조 인정, 하루 8시간 근무, 초과근무 수당, 점심 할인, 무료 근무복, 선임권seniority rights, 신입직원 모집시 노조와의 협의, 시간당 25센트에서 35센트로 급여 인상을 요구했다.[13]

울워스 파업은 소매업계에 날렸던 경고였다. 이 파업에 대해 다나 프랭크는 "월마트, 갭, 맥도날드가 동시에 파업한 것과 같았다."

고 썼다. 게다가 그들은 훌륭히 해냈다. 울워스 여직원들은 자신들이 채용될 수 있었던 그 매력을 기자들도 좋아할 줄 알았고, 카메라 앞에서 흥겹게 놀았다. 노래하고 춤췄고 서로 화장도 해주고 머리도 만져줬다. 디트로이트시 다른 노조들은 물론, 매장을 주로 찾던 노동자층 고객들도 이들을 지지했다. 음악인 노조가 찾아와 연주해주기도 했다. 며칠 후 식당 종업원 노조도 파업에 돌입했고, 전국으로 확대하겠다고 위협했다. 경쟁 체인이었던 크레스기스Kresge's는 직원들 급여를 5센트 즉각 인상했고, 파업 7일째 울워스도 항복했다. 디트로이트의 성공을 본 전국의 소매 노동자들이 그 뒤를 따랐다.[14]

따라서 체인점의 급성장기가 체인점 노동자들이 짧게나마 많은 승리를 쟁취할 수 있던 시기였기도 했다. 소형 소매점들과 요즘 정치인들이 '영세상인들'이라며 칭송했던 일종의 작을수록 좋은 가게라는 인식이 대형 체인점들에게는 여전히 걸림돌이었고, 대공황기 소매업계 거물 기업들이 받는 압박에 딱히 연민을 느끼는 사람은 없었다. 특히 미국 남부에는 '사회주의, 무신론, 체인점, 전통적인 결혼 개념 대신 친구 관계 같은 평등을 중심으로 한 우정 결혼Companionate Marriage'이 미국 문화의 종말을 가져올 것이라는 믿음이 퍼져 있었다. 하지만 체인점의 성장을 막을 수는 없었다. 1940년대 후반 전미 소·도매 및 백화점 산업노동조합은 9천 명, 소매업 국제노동조합은 거의 20만 명의 회원을 보유하고 있었다. 하지만 이런 절정기에도 소매업 노조 가입률은 10명에 1명꼴이었고 소매업 노

동자들은 초기 최저임금법에서 빠져 있었다.[15]

다소 어이없게도 체인점 반대운동은 20세기 가장 큰 체인 중 하나의 성공을 도왔다. 월마트는 야구 모자를 눌러 쓴 이미지의 창립자 샘 월튼Sam Walton의 소박한 이미지 덕을 봤다. 월마트가 전국으로 뻗어나간 후, 월마트가 지역에 뿌리를 둔 '가족' 기업이라고 홍보하는 것에 그 이미지를 이용했다. 월마트에서 오래 일했던 근무자들은 2010년대에도 월튼에 대한 애정 섞인 이야기를 나에게 들려주었다. 하지만 이제까지 살펴봤듯이 '가족'도 일종의 노동이고 월튼은 이를 어떻게 이용할지를 잘 알고 있었다. 생전 처음으로 보수를 받는 직장에 취직한 주부를 부려 먹기 위해서는, 또 고객이기도 한 그 주부에게 매력적으로 보이려면, 월마트에는 가족 같은 '느낌'이 있어야 했다.[16]

월마트는 아칸소주에 있는 시골 마을 오자크에서 시작했고 지금도 그곳에 본사를 두고 있다. 역사가 넬슨 리히텐스타인Nelson Lichtenstein에 따르면, 월마트는 창립 이래로 18세기 네덜란드 동인도 회사에 필적할 만큼의 세계 무역량을 통제하는 수준까지 성장해나갔다. 그리고 바로 그 성장기에 세계 경제는 제조업 중심에서 소매업 중심으로 변화하고 있었다. 울워스와 시어스Sears 같은 초창기 통신판매 기업들도 기업 규모를 이용해 물건을 만들던 제조업체들에 약간의 힘을 행사하긴 했지만, 전 세계 사업방식의 더 큰 변화를 주도했던 장본인은 월마트였다.[17]

월마트 혁신의 핵심은 유통이었지만, 대공황으로 많은 사람이 집을 잃었던 미국 시골 촌구석에서 시작한 월마트가 성공할 수 있었던 가장 큰 이유는 월마트 초기 할인점에서 일하던 여자들 덕분이었다. 월튼은 이 여자들을 통해 그들에게 무엇이 중요한지를 배웠다. 그녀들에게는 기독교적 봉사 의식과 지역사회에 이바지하고 있다는 기분이 급여보다 더 신나는 일이었다. 일하던 직원들이 기독교적 가족관을 회사에 불어넣었고 그 가치관들은 조직 위로 스며들며, 월튼이 브랜딩 중이던 그 소탈한 이미지에 영향을 주었다. 체인점 확산을 우려했던 반대운동에는 '점원의 나라'에 남자는 없을 것이라는 두려움이 있었다. 하지만 꼭대기에서 웃고 있는 남자 창업자를 위해 여자들이 물건을 파는 월마트만의 가족적 위계질서는 탄탄했다.[18]

월마트는 셀프서비스 방식으로도 비용을 절감했다. (대부분 여자인) 고객들은 잘 정리된 진열대에서 스스로 물건을 고르고 아주 가끔만 판매직원들의 도움이 필요했다. 즉 월마트는 질 좋은 서비스를 광고했지만, 사실 뒤에서는 그 질 좋은 서비스를 제공할 인력을 줄여가고 있었다. 한편 직원들은 계산대에서 시간당 500건을 스캔할 수 있는 효율적인 시스템을 '보상'받았다. 그 효율적인 스캐닝 시스템은 직원들이 참아내야 하는 손목 통증이었고, 무엇보다 월마트 유통시스템과 적시 재고관리에 유용하게 쓰였다. 직원들은 탈숙련화되었고, 그간 입으로만 치켜세웠던 여자들의 감정 노동조차도 가치가 떨어졌다.[19]

1960년대 존 F. 케네디는 소매점 직원들 급여 인상을 대선공약으로 내세웠고, 대통령에 당선된 후 법제화까지 시켰다. 당시 반대했던 보수파 인물들에는 가족이 백화점을 운영했던 공화당 상원의원 배리 골드워터Barry Goldwater와 최저임금 인상에 거세게 반대했고 관리자들을 시켜 노조 결성도 막았던 샘 월튼이 있었다. 노조 없는 월마트는 서비스직의 중요성을 강조하는 문화를 지켜갔지만, 급여 인상이 아니라 역시 말 잔치를 통해서였다 (가슴에 '차이를 만들어내는 월마트 직원들'이 새겨진 명찰을 찼고, 그것은 2015년 파업 때 월마트가 다시 써먹은 표어였다). 월마트와 월마트를 모방했던 다른 기업들은 직원들에게 소속감을 불어넣어 낮은 임금에 대한 불만을 무마하려고 노력했다. 직원 모두가 헌신하고 있다는 분위기에 필요했던 것이 바로 그 소속감이었고, 그런 기업 분위기가 기업들을 성공으로 이끌었다.[20]

월마트 매장은 고용시장으로 대거 유입되는 여성 노동을 이용하며 미국 전역으로 퍼져나갔다. 같은 시기 세계적으로는 (알아챈 사람은 거의 없지만) 페미니즘 운동이 일었다. 중산층 여자들이 삶의 의미를 찾기 위해 일했다면, 노동자 계층 여자들의 목적은 돈벌이였고, 일을 해보니 집에서 하던 일과 너무 비슷했다. 판매직과 음식 서빙일은 보수는 물론 관리자들의 태도도 형편없었다. 직원들의 노력과 헌신을 최소한이라도 인정해주는 척이라도 했던 월마트는 그에 비하면 좋은 직장이었다. 월마트가 그렇게 꾸준히 성장해갈 때, 공장들은 문을 닫거나 임금이 낮은 국가로 떠나고 있었고, 곧 월마트는 동네마다 몇 개 안 남은 직장이 되고 있었다. 여자들도 노동시장에 뛰어들었지만, 남자들도 여자가 하는 일처럼 보이는 일을 하는 경우가 늘어났고 여자들에게는 당연시됐던 감정 노동도 익혀야 했다. 여자들이 하던 노동이 전반적으로 확대되어 가며 남녀 모두 이런저런 저임금 노동으로 생계를 꾸려갔다.[21] 그건 페미니즘이 꿈꿨던 평등이 아니었다.

월마트로 미국에서 가장 부자가 된 월튼 가문은 경제적 영향력은 물론 정치적 영향력도 넓혀갔다. 우선 학생들에게 자본주의, 즉 '시장경제'의 장점들에 대해 지도하는 대학 프로그램을 후원하는 단체에 투자했다. 막대한 돈을 작은 기독교 대학들에 쏟아부어, 경영지식을 갖추고 있고 월마트가 내세우는 가치들에 충성할 수 있는, 장시간 일할 준비가 되어 있는 수습 직원들도 뽑아갔다. 아울러, 월튼 가문 재단을 통해 사립 차터 스쿨을 완곡하게 표현한 '학교 선택School Choice' 프로그램에도 자금 지원을 시작했다. 재단 기록에 따르면, 현재까지 미국 내 차터 스쿨의 25퍼센트를 지원했다. 이런 교육 지원의 이면에는 학교가 무엇을 어떻게 가르치는지를 개조하려는 이념적 목표가 있다. 다시 말해, 교육에 대한 문턱이 낮아지고 서비스 산업이 경제를 장악하면 교육 받은 사람들이 일할 곳은 주로 서비스업이 된다. 결국 월튼가 같은 이들은 노동자들이 자신들이 일하고 있는 시스템을 굳게 믿도록 해야 했다.[22]

월마트는 미국의 직장을 바꿔놓았고, 의료보험도 없고 들쭉날쭉한 근무 시간에 이직률도 높은 월마트식 여성화된 저임금 일자리가 꾸준히 만들어지고 있다. 한 통계에 따르면, 1973~1980년 사이

미국에서 생겨난 모든 일자리의 70퍼센트 이상이 서비스업과 소매업이었다. 주로 여성들과 유색인종으로 이루어진 '서비스 프롤레타리아Service Proletariat'라는 새로운 임금노동자 계급을 탄생시켰다. 월마트는 물건이 싼 이유가 직원들 급여를 낮춘 덕분이고 그렇게 노동자 계층의 생활수준이 올라가게 된다고 주장한다. 월마트는 직원들이 일을 좋아한다고도 주장한다. 이런 주장들이 맞든 틀리든, 월마트가 끼친 영향력은 너무 막강했다. 역사가 베타니 모어튼은 "이른바 신자유주의, 1980년대 영국 경제의 재생을 꾀한 대처 총리의 대처주의, 같은 시기 미국 레이건 대통령의 레이거노믹스Reaganomics, 규제 없는 자유방임 정책이 대부분의 경제 및 사회 문제를 해결할 수 있다고 믿는 자유시장 근본주의Free-market Fundamentalism와 같은 경제사상들을 모두 월마트주의Wal-Martism라고 불러도 무방하다."라고 말한다.[23]

물밀듯 밀려오는 월마트에 소매점들이 할 수 있는 일은 아무것도 없었다. 지역사회에 월마트가 입점하면서 체인이 가진 무지막지한 이점들과는 경쟁할 수 없던 많은 가게가 문을 닫았다. 한 연구에 따르면, 아이오와주에 월마트가 들어오고 10년 안에 식료품점 555개, 철물점 298개, 건축자재점 293개, 여성의류점 158개, 약국 116개, 신발가게 153개가 문을 닫았다고 한다. 전체적으로 소매업계는 성장하고 있었고 미국과 유럽에서 경제의 더 큰 몫을 차지하고 있었다. 하지만 고가와 저가 시장으로 나누어졌고 여러 다른 층을 공략하기 위해 시장 분할도 심해져 갔다. 월마트를 막을 수 있는 기업은 거의 없었고, 있다 하더라도 타깃Target처럼 약간 근사한 분위기로 차별화하거나 아마존처럼 월마트를 개선한 방식이었다. 토이저러스 같은 기업들은 월마트 경영방식을 자기들 전문 분야에 적용해, 그 분야를 완전히 장악해갔다. 셀프서비스와 바코드 스캐너로 기존 백화점·옷가게·식료품 직원들의 숙련 노동이 비숙련화되었다. 고가 매장들은 여전히 인건비 절감, 즉 급여를 낮추려는 노력을 그치지 않았지만, 어느 정도 고객서비스에 투자하기는 했다. 하지만 대세는 인력을 비교적 쉽게 교체할 수 있는 집약화·표준화·조직화였다.[24]

1970년대 이렇게 소매시장 판도가 잡혀가고 있던 시점에 불황이 닥치자 미국의 로널드 레이건 대통령과 영국의 마거릿 대처 총리는 공공서비스와 공공부문 일자리를 대폭 축소했다. 노조가 결성되어 있거나 거의 노조 수준의 급여와 복지를 고수하던 소매기업들은 압박을 느꼈고 인건비를 줄이기 시작했다. 노동자들은 임금이 깎였고 파트타임과 복지가 전혀 없는 일자리가 늘어갔다. 몸값이 비싼 노동자들을 해고하고 싶었던 사용자들에게 높아진 이직률은 뜻밖의 기회였다. 소매업 초창기 수십 년 동안의 특징이었던, 민주주의 정치체제를 바탕으로 하여 사회복지와 자본주의 시장 경제 체제를 동시에 지향하는 복지 자본주의welfare capitalism에서 일탈이 일어나고 있었다. 사회학자 피터 이켈러Peter Ikeler는 그 일탈의 결과를 '임시고용 통제contingent control'라고 한다. 즉 임시고용이라는 방식을 통해, 소매업과 다른 서비스업 고용주들은 필요에 따라 고용과 해고가 쉬운 유연한 노동력을 공급 받게 되었다. 이런 노동자들은 관리자의 권위에 도전할 만큼 오래 근무하지 못할 뿐더러, 앤처럼 한 직장을 오래 다니는 경우는 드문 사례가 되었다.[25]

2013년 기준 미국 소매업 노동자 중 노조 가입률은 5퍼센트 이하로, 1983년의 11퍼센트에 비해 낮았다. 젊은 노동자들은 평생 20번 이상 이직을 해야 하고, 이는 1946~1965년에 태어난 베이비부머 세대의 거의 두 배다. 괜찮은 복지와 노조 대신, 소매점들은 월마트에게서 배운 대로 그럴듯한 말로만 노동자들의 요구를 들어주는 척했다. '팀워크'를 강조하면서, 한편으로는 노동자들이 연대할 만큼 뭉치지는 못하도록 했다. 합리적인 계약 관계 대신 서로의 정에 호소함으로써 노사관계를 끌어가는 온정주의는 가족을 부양할 필요가 없는 젊은 사람들, 학생들, 그리고 앤의 말대로 본업은 가정에 있는 여성들에게 가장 잘 통한다. 소매업 노동자의 대략 3분의 1이 시간제 근무자다. 이런 노동자들은 노동의 긍정적인 면은 강조하고 부정적인 면은 가볍게 넘기기 더 쉽다. 한 젊은 노동자의 말대로 '진짜 직장이 아니라' 잠깐 하는 일이고 결국 노동자들은 개선을 바랄 동기가 부족하다. 애초에 가족을 부양할 정도의 임금 같은 것을 바라지 않는다면 '쿨한' 관리자나 '가족 같은' 매니저, 휴게실 간식 정도로 많은 단점을 상쇄하기에 부족함이 없다. 하지만 소매업 노동력의 3분의 2가 사실 25세 이상이고, 연령이 더 높아지는 추세라는 것을 기억해야 한다. 아주 많은 소매업 종사자가 사실은 누군가를 부양하고 있다는 뜻이다.[26]

2000년 성차별 집단소송으로 철옹성 같았던 월마트에 첫 균열이 일어났다. 당시 여성들은 월마트 고용 인력의 72퍼센트를 차지했지만 관리자급에는 34퍼센트에 불과했고, 거의 모든 직급에서 여자들은 남자들보다 급여가 적었다. 월마트의 여성 착취의 역사는 월마트 직원이었던 베티 듀크스Betty Dukes가 150만 월마트 여성 근무자를 대표해 월마트를 고소한 자료에서도 여실히 드러났다. 1986년에야 처음으로 이사회에 여성을 받아들였고, 그 사람은 월마트 본사 소재지 아칸소 주지사의 아내였던 힐러리 클린턴Hillary Clinton이었다. 소송 시기는 여성들이 저임금 노동으로 내몰리던 복지개혁 이후였다. 2011년 소송은 절차상의 문제로 월마트에 패소했다. 전 세계가 2008년 금융위기가 초래한 경기침체를 빠져나오느라 안간힘을 쓰고 있던 때였다. 여성들의 노동이 경제를 지탱하고 있었지만, 여전히 남자들 노동만큼 인정받지 못했다. 급여 차이도 극명했다. 한 예로, 듀크스가 주도했던 성차별 집단소송 원고 중 한 여성은 우연히 동료의 세금 신고서에서 급여 차이를 발견했다고 말했다. 얼핏 봤는데, 1년 차 대리였던 그 남자 직원의 연봉이 같은 직급으로 5년을 일한 자신보다 만 달러나 더 많았다. 윗선에 불평을 해봤지만, "그 남자 직원은 아내와 두 아이를 부양하는 가장이잖아요."라는 답이 돌아왔다. 당시 임신 중이던 그 여성은 월마트가 말하는 가족적 가치의 진상을 깨달았다. 원고 대표 베티 듀크스는 한 기자에게 월마트는 못된 남자친구 같다고 말했다. "듣기 좋은 말만 해요. 그러다 사랑이 식으면 그냥 날 가지고 놀았구나 하는 기분이 들죠."[27]

대형 소매기업 중 월마트만 법정에 끌려 다닌 것은 아니었다. 타깃은 인종 차별로 고소당했고, 식료품 체인 럭키스토어Lucky Stores는 1992년 집단소송에서 패소했다. 홈디포Home Depot도 집단소송에 연루되었다. 자사 의료보험으로 직원들의 피임 비용을 지불하지 않으려고 미국 정부를 고소했던 전적이 있는 생활용품점 하비 로비Hobby Lobby는 이번에는 임신 휴가를 요구한 직원을 해고했다. 그 직원이 회사를 고소했지만, 구속력 있는 중재 동의서를 모르고 서명한 적이 있어 소송은 기각됐다.[28]

소매업계는 아직도 성별화와 인종 편향이 극심하다. 젊은 유색인종이라면 패스트푸드점, 백인 10대라면 명품매장에서 일할 가능성이 크다. 유색인종 노동자들은 소매업계에 취직이 된다고 해도 매장보다는 창고에서 일할 가능성이 더 크다. 한 연구에 따르면 흑인계·중남미계 소매업 노동자 70퍼센트가 시간당 15달러 이하의 급여를 받지만, 백인이라면 58퍼센트이다. 또 다른 연구에 의하면 트랜스젠더들은 구직활동에서 42퍼센트가 차별을 받은 것으로 나타났다.[29] 구직경쟁이 심화되면서 소매업계도 괜찮은 직장을 구하려면 험난한 채용 과정을 거쳐야 한다. 작고 개인이 운영하는 소매업체라도 대형 체인과 별반 다르지 않다. 뉴욕에 한 서점은 최저임금 직원을 채용하는 자리에서 대학생 지원자에게 작가들에 관한 퀴즈를 내고, 소설에서 가장 좋아하는 구절을 암송해보라고 했다. 런던에 한 장난감 가게는 지원자들에게 즉석에서 노래를 시키거나, 매장에서 아무 상품이나 골라 어떤 놀이로 그 상품을 팔지를 시현해보라고 했다. 일부 기업들은 채용 과정을 길게 끌어 지원자들을 솎아내고, 결국 경제적 필요에서보다는 특정일을 하고 싶어 지원한 구직자만 남게 만든다. 당연히 그런 지원자들이 회사에 대한 충성도도 더 높다.[30]

초창기 판매직 여성들이 자신들이 파는 상품의 모델이 되어야 했던 것처럼, 고급 매장들에서는 직원들이 자사 브랜드를 구현하고 자사 상품을 사용하기를 기대하는 '미적노동Aesthetic Labor' 자격요건이 있다. 작가이자 노동운동가인 민디 이써Mindy Isser에 따르면, 이러한 규범들에 정해진 이미지를 구현해야만 하는 여성들이 특히 시달리고, 자사 상품을 사용해야 해서 발생하는 비용은 이른바 치장격차Grooming Gap를 낳는다. 이써는 이렇게 썼다. "치장 격차는 '임금 삭감 딜레마'로 이어진다. 즉, 순응하지 않는 여성들은 급여가 줄어들고, 순응하더라도 더 받은 급여로 화장품이나 몸치장에 지출해야 한다." 이러한 요구사항들은 여성들의 지갑은 물론 시간까지 빼앗지만, 따르지 않으면 직장을 떠나야 한다. 자사 제품을 사고 입는 일은 소매업 종사자들이 일에 대한 열의를 증명하는 방법이기도 하다. 한 젊은 직원은 이렇게 말했다. "제가 버는 돈이 모두 다시 회사로 들어가는 것 같아요." 하지만 급여는 여전히 낮고, 자사 브랜드에 대한 충성은 오히려 불리하게 악용된다. 그들의 일은 결국

일이 아니라는 말, 즉 "할인 때문에 일하는 거잖아."라는 말을 듣는
다.[31]

고급 매장들이 사실 꼭 고급 일자리를 제공하는 것도 아니다. 이
문제를 조사한 연구자들은 최고의 서비스를 내세우는 시내 중심가
에 자리 잡은 소매기업들 중 그에 상응하는 노동 환경을 갖춘 경우
는 거의 없다는 것을 알아냈다. 나는 2017년 뉴욕 맨해튼 블루밍
데일스 백화점에서 일하던 블루밍데일스 노동조합 소속 노동자들
과 이야기를 나눈 적이 있다. 이들은 파업을 준비 중이었다. 뉴욕에
서 손꼽는 매장에서 부자 고객을 상대하는 소매업 노동자의 귀족
이라 할 수 있었지만, 그들이 받는 수입은 줄어들었고 근무 여건도
악화하고 있었다. 인터넷 판매로 급여가 줄었다며 로이드는 이렇게
설명했다. "고객들에게 상품에 대한 정보도 제공하고, 원하는 상품
을 보여주죠. 옷도 입혀주고, 사이즈도 재고, 여러 가지 색상도 보
여줍니다. 정말 잘 어울린다는 말도 해줍니다. 그런데 고객이 이럽
니다. '도와줘서 정말 고마워요. 집에 가서 이거 온라인으로 사야겠
어요.'"

또한 소매기업들은 견디기 힘들 정도로 노동자들을 의심해왔다.
'서비스 쇼핑'이나 '시크릿 쇼핑'은 1900년대 초반, 백화점들이 판
매직 여성들의 근무태도를 조사할 위장 쇼핑객을 매장에 투입하며
시작되었다. 근무가 끝나고 귀가 전 몸 수색은 소매업 노동자들에
게는 흔한 일이다. 대개의 소매업체는 '손실 방지'에 집착한다. 반
노조에 집착하던 월마트는 좀도둑질은 물론 지나친 항의를 하는

직원들을 감시하기 위해 일종의 사내 감시부서를 만들기도 했었다. 신기술로 감시는 더 쉬워졌다. 근무자들에게 쥐여주는 스캐닝 장비들은 상품관리는 물론 장비를 시작하려면 자기 정보를 입력해야 하는 직원들 추적용으로도 쓰인다. 일본 소매업 노동자들은 매장에서 얼마나 행복감을 잘 투사하고 있는지를 측정하는 '웃음 스캐너'를 소지하기도 했다. 감정 노동 자동 측정기인 셈이다. 이제는 흔히 볼 수 있는 매장 CCTV는 절도범뿐만 아니라 근무자들이 웃고 있는지도 감시한다.[32]

하지만 노동자들의 가장 큰 어려움은 근무 시간이다. 이 측면에서도 역시 기술이 한몫을 톡톡히 하고 있다. 판매점들은 매출 흐름에 따라 필요한 직원의 수도 조절하려고 노력하지만, 추측에 의존할 수밖에 없는 일이다. 하지만 일정 관리 소프트웨어는 일기예보, 작년 같은 기간 판매량 등 무수한 데이터를 토대로 만들어낸 알고리즘으로 붐비는 날의 확률을 계산해낼 수 있고, 회사는 결과값에 따라 필요한 직원이 몇 명인지를 예상할 수 있다. 결국, 직원들의 근무 시간은 늘 들쭉날쭉하게 되고, 언제든 시간이 되거나 학교 행사·육아와 같은 다른 일이 없는 직원들에게 우선순위가 돌아간다. 직원들이 밤늦게 매장을 닫고 몇 시간 자고 나와 바로 다음 날 아침 문을 여는 끔찍한 '클로프닝Clopening'은 이미 아는 사람은 다 아는 업계용어이다. 대기 근무 역시 늘고 있다. 2014년 캘리포니아주의 한 연구에 따르면, 소매업 노동자들 4분의 1이 당일 근무를 위해 대기해야 했다고 한다.[33]

이 모든 노동환경은 전 세계 후기산업화 국가들에서 나타나는 보편적인 특징이다. 영국에는 제로 아워 계약Zero-hours Contract이 일반적이다. 어떤 이유로도 직원을 해고할 수 있는 임의 고용 조건으로 일하는 미국 노동자들에게는 계약이란 말 자체가 꿈처럼 들릴 수도 있지만, 제로 아워 계약은 노동자에게 최소한의 노동시간을 제공할 의무가 없다. 2017년에는 90만 명 이상이 제로 아워 계약 조건으로 일하고 있었다. 『나쁜 직업이 더 나은 곳Where Bad Jobs Are Better』의 저자 프랑수아즈 카레Françoise Carré와 크리스 틸리Chris Tilly는 덴마크, 프랑스, 독일, 네덜란드, 영국, 미국 여섯 나라의 소매업 노동실태를 연구했다. 노동환경은 나라마다 차이가 있었지만, 여성과 젊은 층이 압도적으로 많았고 평균 이하의 급여를 받고 있었다. 이 책은 "6개국 모두에서 지난 20년간 소매업 노동은 전반적으로 더 열악해졌다."고 결론지었다. 독일 소매업 노동자들은 직무훈련을 받고 근무표도 6개월 전에 안내받고 노조의 보호까지도 받을 수 있지만, 보수와 복지가 열악한 '미니 일자리mini-job'에서 일하는 노동자 비율이 증가했다. 프랑스 계산원들의 경우, 앉을 수 있고 매장 문도 일찍 닫는 편이지만, 바코드 찍는 속도까지 감시 당하고 있었다. 멕시코 월마트는 노조를 인정했지만, 근무자들은 과도한 무급 초과근무에 불만이 많았다.[34]

다른 나라 노동자들처럼 노조의 사치는 누릴 수 없지만, 미국 소매 노동자들은 최악의 근무 여건을 개선해내는 데 어느 정도 성공했다. 캘리포니아 에머리빌은 소매점들이 즐비한 작은 마을로 미국에서 가장 높은 시간당 15.20달러 최저 임금과 유급 병가를 주민 투표로 이루었다. 직후 2016년 10월에는 '공평한 노동일 조례' 투표도 했다. 조례에는 고용주가 근무표를 최소한 2주 전에 제공해야 하고 근무표가 바뀔 때마다 1시간 노동에 해당하는 급여를 추가 지급해야 한다는 내용이 포함되었다. 즉, 일정보다 일찍 귀가하거나 쉬는 날 불려 나와 일하게 되더라도 보수를 받을 수 있게 되었다. 또한 고용주는 새 인력을 모집하기 전에 기존 직원들에게 시간을 제안해야 한다. 이것은 노동자들이 연대하여 이루어낸 성과다. 단순히 급여만 인상한다고 될 일이 아니라는 것을 이들은 알고 있던 것이다. 그 운동을 주도한 단체들은 말한다. "회사가 시간을 관리하는 그 방식을 공략해야 했습니다. 그래야 직원들이 더 큰 발언권을 가지게 되고 결국 근무표와 시간에 대해 통제권이 생기기 때문입니다."[35]

물론 소매업 노동자들이 얻어낸 모든 결실은 급여 인상이 이른바 '소매업의 종말'을 가속화할 것이라고 주장하는 고용주들의 반발 속에 이루어졌다. 이제 인터넷에서 물건을 사는 사람들이 늘다 보니 점포들이 문을 닫고 있고 오프라인 매장을 접는 브랜드들도 늘고 있다. 그 결과, 앤과 같은 소매업 노동자들의 삶에도 어쩔 수 없는 변화가 생긴다. 점포들이 변해가는 수요에 대응하기 위해 감원이나 근무 시간 단축에 나서며 이미 힘들던 노동자들의 삶이 더 퍽퍽해진다고 주장하는 노동자도 있다. "사람들이 오프라인 쇼핑에 시간과 돈을 덜 쓰게 되고 고객서비스 경험을 줄여나가기 시작하면 회사들도 직원 감원 결정을 내리게 될 테고, 이렇게 악순환이 시작되어 고객들은 다른 쇼핑 방법을 찾겠죠." 자동화의 압박도 있다. 이제 셀프 계산대는 미국과 영국의 식료품점들과 다른 소매 아울렛 매장에 보편화되어 있지만, 아직은 일자리 감소에 미치는 영향은 상대적으로 크지 않은 편이다.[36]

소매업 종말이 때론 부풀려지기도 했다. 사회학자 스테파니 루스Stephanie Luce는 오프라인 쇼핑과 고객서비스는 아직 인기 있다고 설명한다. "쇼핑하면서 물건만 사지는 않습니다. 쇼핑은 일종의 활동이죠. 관광에 쇼핑이 포함되듯 말입니다." 미국 노동통계국Bureau of Labor Statistics도 향후 10년 동안 소매산업의 고용하락은 미비할 것으로 예상한다. 온라인 시장이 비교적 단기에 크게 성장했지만, 전체 소매 판매나 전체 소매 노동자 고용에서 차지하는 비율은 아직 낮다.[37]

하지만 전자상거래가 커지면서 물류센터가 소매업 노동에서 차지하는 역할이 점점 확대되고 있다. 월마트 비즈니스 모델의 핵심이고, 이제는 아마존 비즈니스 모델의 핵심이기도 한 물류 허브는 상품을 쌓아두는 창고보다는 운송센터에 가까운 개념이다. 그 안에서 이루어지는 노동은 비참하기로 악명 높다. 휴대용 스캐너, 상품진열대, 속도의 압박 등 소매점 안에서 이루어지는 노동과 비슷한 측면이 꽤 많다. 그러나 '포장 담당자picker'들은 고객을 향해 늘 웃고 있어야 하는 감정 노동 대신, 택배 배송 직전 단계에서 물건을 집품·포장하는 일을 창고에 갇혀 장시간 혼자 작업하며 끝도 없는 지루함을 견뎌야 한다. 기자 출신인 에밀리 구엔델스베르거는 주문 수령에서 최종 상품배달까지의 모든 과정을 '만족Fulfilment'시키는 아마존 일괄 물류센터인 '풀필먼트 센터'에서 실제 일을 해본 후, 그 경험을 담은 『작업 중On the Clock』을 출간했다. 한 번은 야간 작업 중 크리스마스 전날 산타 복장을 하고 온 동료를 마주쳤다고 한다. 그 동료는 물류센터 외에 나름 또 다른 직업으로 산타 역할을 하고 있었지만, 자원해서 하는 일이어서 보수는 없었다고 한다. 그 산타 동료는 "여기서 일할 정도로 건강한 것은 복 받은 것"이라며 그녀를 격려했다고 한다. 하지만 물류센터 노동이 누군가에게 축복이나 만족을 선사할 것 같지는 않다.[38]

그래도 창고에서 일하는 노동자를 구분하는 일이 소매점 매장에서 강제로 웃으며 일하는 노동자를 구분하는 것보다 쉬울지도 모른다. 사회학자 앨리 러셀 혹실드는 일에 과하게 몰입하다 보면, 이젠 유행어가 돼버린 끔찍한 '번아웃'으로 이어질 수 있다고 지적한다. 번아웃은 1980~2000년대에 태어난 밀레니얼 세대 소매 노동자들에게 주로 나타난다. 더 나은 급여를 받을 정도는 아닌 저임금 노동이지만, 재밌고 만족스럽다고 꾸준히 자신을 어루만져야 하는 현실에서 느끼는 극도의 피로감이다.[39] 게다가 애초에 필요한 능력으로 인정받은 적도 없던 감정 노동은 이제 탈숙련화 과정까지 겪고 있다. 월마트와 타깃 같은 대형마트들은 고객 응대 매뉴얼을 배포하여 직원들의 의사결정을 애초에 차단하고, 위장 쇼핑객을 투입하여 매뉴얼대로 일하고 있는지를 감시한다. 이런 탈숙련화 자체가

100퍼센트 자동화로 가는 과정처럼 보일 수도 있지만, 당장은 그저 또 다른 통제 수단일 뿐이다.[40]

코로나19가 전 세계로 확산하며 소매업계에 이미 진행 중이었던 많은 추세에 속도가 붙었다. 자택에 격리되면서 온라인 주문이 폭증했다. 제이 크루처럼 도산하는 기업들이 나타났지만, 반면 아마존을 대표로 많은 인터넷 소매기업들은 막대한 수익을 올렸다. 코로나19가 지나갈 때까지 비용 절감을 해야 했던 기업들은 특히 시간제 근무자들을 중심으로 직원들을 해고했다. 월마트와 타깃 등은 직원들을 위해 바이러스 차단막을 설치해주고 출근하는 직원들에게 단기 보너스를 제공하기도 하면서 계속 문을 열었다. 하지만 직원들은 더 많은 것을 요구했다. 웨스트버지니아주에 있는 유통업체 크로거Kroger에서 보조 약사로 일하고 있는 트레비스 부스Travis Boothe는 자신 같은 소매업 노동자들은 코로나19 팬데믹 동안 '필수' 인력으로 분류됐고, 나라 전체가 "국가 경제 전반에 우리가 얼마나 필요한지"를 깨닫고 있었다고 설명한다. "크로거는 매출도 수익도 오르며 정말 잘되고 있어서 코로나19 내내 그럴 것이라고 확신하고 있었죠." 하지만 크로거는 근무자들에게 주던 시간당 추가 2달러 '영웅 수당hero pay'을 코로나19가 시작된 지 두 달 만에 중단했고, 직원들은 (일부 고객들도) 분노했다. 조금 전까지 필수 인력이라며 떠받들다가 위험수당을 빼앗은 사측에 노동자들은 분개했다. 그 분노가 2020년 5월 말 전국에서 터져 나온 시위의 불길에 기름을 부었다.[41]

앤은 처음 토이저러스가 곧 파산할 것이라는 소식을 들었을 때, 이런 생각이 들었다고 한다. "상실을 받아들이는, 소위 말하는 상실의 7단계를 밟고 있는 것 같았어요. 저뿐만 아니라 다른 직원들도 그랬던 것 같아요. 처음에는 아닐 거라고 부정했죠."

공식적인 발표는 2017년 9월에 나왔다. 처음에는 정상영업을 할 것이라고 했지만, 얼마 후 앤이 일하던 노스캐롤라이나 대형 할인점을 포함해 100개 이상의 매장이 문을 닫을 것이라고 했다. 앤은 그전에도 문을 닫는 매장들을 봐왔기 때문에 혹시나 하는 마음을 갖고 있었다. 하지만 이후 몇 년간 금융기관차입부 기업매수와 같은 생소한 금융용어를 듣고 알아가면서 모든 희망을 내려놓았다. "예전에 토이저러스는 가족 같은 분위기였어요. 창업주인 찰스 라자러스가 청바지에 체크 남방 차림에 한 번은 예고 없이 저희 매장에 왔어요. 회사를 자기 자식처럼 생각하셨어요. 회사가 파산하자마자 2018년 3월에 돌아가셨죠."[42]

2012년 대통령 선거 때 앤은 베인캐피탈에 대해 알아본 적이 있다. 대선에 출마한 밋 롬니Mitt Romney(현 유타주 상원의원)가 창업주 중 한 명이었다. 투표하기 전에 후보들에 대해 이것저것 알아보던 앤은 약탈적인 베인캐피탈의 경영방식에 놀랐다. 약탈 대상에 자신이 포함될지는 꿈에도 몰랐고 아주 오래전 일이었다. 그리고 매니저가 자신이 일하던 베이비로저스가 대형 할인점 안으로 입점할 거라며 베인캐피탈의 경영개입을 말해줬을 때 매니저한테 제가 그랬죠. '베인캐피탈이 기업에 무슨 짓을 하는지 알아요? 그 회사에 대해 하나라도 아는 것 있어요?" 당시 매니저는 베인캐피탈을 싸고 돌았지만, 파산 후에 말을 듣지 않아 미안하다며 앤에게 사과했다. "그 매니저는 10년 정도 일했겠지만, 저는 지난 30년을 빼앗겼어요."

직장, 의료보험, 퇴직연금에 무슨 일이 생길까 알아보느라 뉴스를 뒤지고 있던 것이 토이저러스 직원들만은 아니었다. 지금은 '존중을 위한 연대United for Respect'로 알려진 조직이 소매업 노동자들의 연대 확대를 모색 중이었다. 그 단체의 원래 명칭은 '우리의 월마트Our Walmart'였다. '식품 및 상업노동자 연합'도 전국 월마트 노동자들을 규합하려고 설립했다. 이들은 노조 설립 투표에서 성과가 없었을지는 몰라도, 근무 여건 개선을 위해 경영진을 압박할 정도로 여러 매장에서 동시 행동을 취할 수 있는 노동자들을 구축하기 위해 SNS를 활용했다. 조직 설립자들은 월마트를 둘러싼 자신들의 싸움을 소매업계 전체에 영향을 줄 방법으로 생각했다. 즉, 월마트가 사라지면 저임금 일자리도 사라진다는 믿음이었다. 하지만 토이저러스 직원들에게 토이저러스에 벌어지고 있는 일은 소매업계에 일고 있는 변화의 또 다른 단면이었다. 다시 말해, '소매업의 종말'은 인터넷 때문이 아니라, 금융자본이 개입해 소매 기업들의 마지막 한 푼까지 쥐어짜 털어먹으려 하면서 일어나고 있었다.

월마트 직원들처럼 토이저러스 직원들도 회사를 아꼈다. 하지만 청산 결정에 배신감을 느꼈고, 사모펀드가 압박 수위를 올릴수록 근무 여건이 점점 악화하고 있음을 느꼈다. 동료 중 한 명이 앤에게 '죽은 기린의 사회Dead Giraffe Society'라는 페이스북 그룹에 관해 이야기했을 때 처음에는 관심이 없었다고 했다. 얼마 후 들어가 보니 다들 추억과 사진을 공유하며 좋은 시절을 슬퍼하고 그리워도 하고 있었다. '죽은 기린의 사회'는 분노를 표출하는 공간이었고 '존중을 위한 연대'가 도움이 되고자 뛰어들었다. 문을 닫고 있는 체인에 일하고 있는 근무자들을 어떻게 연대할지가 관건이었다. 회사 스스로 문을 닫고 있으니 파업은 불가능했다. 하지만 싸울 방법을 어떻게든 찾고 싶었다. 다들 "그냥 직장일 뿐이잖아."라고 하면 앤은 이렇게 답했다. "내가 30년을 바친 직장이에요. 그래서 싸울 거예요. 저희 모두 제대로 된 대접을 못 받고 있잖아요."

앤이 일하던 매장은 문을 닫았지만, 아직 영업하던 매장들이 있었고 페이스북 그룹 동료들은 분란을 일으키는 일에 걱정이 많았다. 하지만 앤은 더는 참을 수 없었다. 회사는 늘 언론에 입조심하라고 경고했지만, '죽은 기린의 사회' 페이지에 인터넷 뉴스 《버즈피드BuzzFeed》와 인터뷰할 사람을 찾고 있다는 모집을 봤을 때, 하겠다고 나섰다. "저한테 뭘 어쩌겠어요? 직장이 없는 저를 어떻게 해고해요?" 첫 인터뷰는 한 시간 걸렸고 앤은 날 것 그대로 다 말했다.

얼마 후 앤에게 인터뷰를 부탁했던 '존중을 위한 연대' 조직책이 워싱턴 DC에 가서 버몬트주 상원의원 버니 샌더스Bernie Sanders를 만나보지 않겠냐고 이메일을 보내왔다. 앤은 뉴욕 토이저러스에서 같이 일하다 텍사스로 이사 간 친구에게 전화를 걸었다. "'정말 갈 거야?'라고 묻더군요. 그래서 "전화로 두 번이나 통화했어. 내 직감을 믿어.'라고 했어요." 앤의 직감을 믿고 둘은 존중을 위한 연대와 동행했다. "제 며느리가 그러더라고요. '어머님 제정신이세요? 뭘 믿고 그 사람들을 따라가요? 잘 알지도 못하는 사람들이잖아요!' 하지만 우리가 이제까지 한 결정 중 최고의 결정이었어요."

2018년 5월에 가진 그 미팅에는 직장을 잃게 될 3만 명 직원 중 불과 여섯 명이 앉아 있었다. 앤은 초조했다. 한 번도 이런 일은 해본 적이 없는데 갑자기 국회의원을 만나고 있었고 생전 처음 시위 팻말을 만들고 있었다. "아무도 우리 이야기에 관심 없다고 생각했어요. 팻말까지 만들어오긴 했지만, '고작 6명인데'라고 생각했어요. 베인캐피탈도 찾아갔어요. 워싱턴 DC에 사무실이 있거든요. 건물을 돌아 나가는데 갑자기 버스 두 대가 나타나더니 팻말과 풍선을 쏟아냈어요. 월마트 직원들이더라고요. 한 여자 분이 '만났네요. 도우러 왔어요.'라고 했어요. 눈물이 나더라고요. 그 여자 분이 절 끌어안았고, 전 그날을 절대 못 잊을 겁니다."

장차 '소매 노동자들이여 일어나라Rise Up Retail'로 불릴 캠페인의 시작이었다. 그날 월마트 노동자들은 토이저러스 노동자들을 지원했고 토이저러스 노동자들에게 분란을 일으켜도 괜찮다는 것을 보여줬다. 샌더스 상원의원이 자신의 유튜브 채널에 그날의 영상을 올려준 것이 도움이 되어 더 많은 노동자가 모여들었고 캠페인은 탄력과 힘을 받기 시작했다. 거대 기업들이 주도하는 '종말'이 확산하며 다른 매장들도 합류했다. "우리 같은 사람들이 이렇게 많다니 슬픈 일입니다." 초조한 초보 운동가였던 앤은 이제 시민불복종 시위까지 자진해서 참여한다. "우리 퇴직금 못 받겠죠?" 하지만 앤을 비롯한 많은 소매 노동자는 최소한 다음 사람들은 자신들처럼 대우받지 않도록 하기 위해 열심히 목소리를 냈다. 앤은 "어떻게든 퇴직금을 받게 되리라는 희망을 놓지 않을 거예요. 우리가 정말 바라는 것은 법을 바꿔 아무도 이런 경험을 하지 않도록 하는 것입니다."라고 했다.

토이저러스의 매장들이 연이어 문을 닫았지만, 직원들은 기업들의 사무실을 점거했고, 퇴직금 관련 회의도 이어갔다. 의회에 찾아가 농성을 벌였고, 무엇보다도 그들에게는 인터넷이 있었다. 기자회견도 여러 차례 가졌다.(처음 6명이 그 다음에는 75명이 되었다) 월가에서 시위도 벌였다. 언론의 관심을 받으려면 극적으로 보여야 한다는 것을 알아채고, 문을 닫게 된 매장에서 시위를 벌여서 온라인으로 공유했다. 토이저러스에 그간 일어난 일들을 속속들이 알아가며 서로 이야기도 많이 나누었다. 아무것도 받지 못하는 노동자들과 달리 임원들은 이른바 '체류 보너스'를 받고 있었고, 토이저러스를 무너뜨리면서 베인캐피탈과 나머지 인수한 두 기업이 번 돈은 대략 4억 7천만 달러였다. 앤은 "정말 많은 것을 알게 되었고 알면 알수록 더 화가 났어요. 싸워야 한다는 결의도 그럴수록 강해져 갔죠."라고 말했다.[43]

"싸움을 통해 제 안의 모든 화와 분노를 표출할 수 있었고 그래서 덕분에 미치지 않을 수 있었던 것 같아요. 특히 이런 상황이라면 보통은 '다 부질없어'라고 체념하게 되는데, 다 같이 싸우며 그래도 목소리는 낼 수 있었어요." 토이저러스에서 지원해주던 의료보험이 사라지자 앤은 정말 말 그대로 자기 천식약을 살지 남편 당뇨약을 살지를 결정해야 하는 최악의 상태에 놓였지만, 그때 오히려 더 힘을 냈다. 워싱턴 DC에 있는 샌더스 상원의원과 매사추세츠주 상원의원 엘리자베스 워런Elizabeth Warren을 만나느라 몇 차례 두 곳을 오갔다. 파산법원에 토이저러스 노동자들의 요구사항을 탄원했던 집단소송의 대표 원고를 맡기도 했다. "믿기지 않았어요. '워싱턴 DC라…. 여기 앉아서 내가 뭘 하는 거지? 내가 금융개혁에 관해 이야기한다고?'" 앤은 대량 해고를 할 경우 퇴직금 지급을 의무로 하는 새 뉴저지주 노동법을 이 모든 노력의 성공사례로 들었다.[44]

그리고 합의도 타결되었다. 2018년 11월 베인캐피탈과 콜버그 크래비스 로버츠는 직원들에게 2천만 달러의 보상금을 약속했다. 앤과 동료들이 요구했던 7천 5백만 달러에는 훨씬 못 미쳤지만, 그래도 승리였다. 물론 직원 각자에게 지급되는 돈은 얼마 안 됐다. 2020년 1월에 앤은 "크리스마스 전까지 주당 300달러를 받습니다. 그러고는, 끝이죠."라고 말했지만, 그래도 직원들은 아직도 살아있는 '죽은 기린의 사회' 페이스북 페이지에서 소식을 나누고 있다. 이들은 파산법원으로부터 2백만 달러를 추가로 얻어냈다.[45]

얼마 전, 친구와 전화 통화에서 그 친구가 앤에게 이런 말을 했다고 한다. "이 모든 일이 역사에 기록되는 거야. 너 소송 대표였잖아." 그 말을 듣는 순간 앤은 자신이 했던 투쟁의 중요성을 깨달았다. "그래, 뭉치면 돼."

대의를 위하면서 돈을 벌면 왜 안 되죠?:
비영리단체

다들 '돈 벌려고 이 일을 하지는 않죠. 좋으니까 할 수 있는 일이죠'라고 하지만, 글쎄요, 왜 둘 다 가지면 안 되죠?

애슐리 브링크는 고등학생 때, 의사였던 조지 틸러George Tiller가 살해당한 사건을 생생히 기억하고 있었다. 틸러는 진보계와 여성들의 출산과 관련된 재생산권을 주장하는 사람들 사이에서는 잘 알려져 있었다. 하지만 임신 24주 이후 낙태 시술을 제공하는 전국에서 몇 안 되는 의사 중 한 명이었기 때문에 낙태에 반대하는 사람들의 표적이었다. 임신 24주 이후 낙태는 어쩔 수 없는 경우에만 해야 하는 힘든 시술이었고 사회적 낙인이 따라다녔다. 고향에 있는 한 교회에서 교인들을 안내하고 있던 틸러가 총에 맞은 것은 2009년 5월, 애슐리가 졸업하기 직전이었다. 그때를 애슐리는 이렇게 기억한다. "친구들이 복도에서 기뻐하며 '세상에, 드디어! 이제 아기들이 죽임을 당할 일은 없겠어.'라고 하더군요. 사람이 살해당한 걸 기뻐하면서 어떻게 생명을 존중한다고 할 수 있지?"[1]

애슐리는 위치타 주립대학에서 낙태 합법화 운동을 벌였던 사람들에 관해, 그리고 그들과 함께했던 일을 이야기하며 '내 사람들을 찾았다'고 했다. 그리고 2013년 틸러가 병원을 하던 자리에 다시 문을 연 사우스 윈드 여성센터 인턴직에 지원했다. "인턴으로 시작했고 일이 너무 재밌었어요. 누군가 '졸업하면 어디서 일할 거예요?'라고 물으면 '낙태 시술 병원이요'라고 답할 줄은 추호도 생각 못했어요. 하지만 일해보니 정말 재밌더라고요. 환자 돌보는 일도, 동료들도 너무 좋았어요. 나답게 행동할 수 있었고 사람들이 동의하지 않고 혹은 저를 저울질할지도 모를 생각들을 스스럼없이 말할 수 있다고 느꼈어요."[2]

애슐리는 감정적으로 힘든 일을 수년간 해오면서 몸에 여유가 있고 말에 자신감이 넘친다. 항의하던 사람들을 피해 다니며 환자들이 힘들 때는 달래주었고 기쁠 때는 함께 웃었다. 출산 의료분야에서 평생 일을 할 계획이었다. 비영리 기관에 몸담은 많은 노동자처럼 대의를 믿었지만 보상에 대해서는 크게 생각하지 않았다.

사우스 윈드 여성센터에서 3년을 근무한 후, 남자친구와 새로운 도전을 해보기로 했다. 둘 다 캔자스에 평생 살고 싶지는 않았으므로, 2016년 봄 애슐리가 '가족계획연맹 로키산맥 지부Planned Parenthood of the Rocky Mountains'에 일자리를 구하면서 콜로라도주로 이사했다. 이사비가 많이 들었고 생활비는 훨씬 더 비쌌고 심지어 시간당 15.50달러에서 12.65달러로 급여도 줄었다. 하지만 일은 확실히 재밌었다. 콜로라도주와 와이오밍주 곳곳에 의료 인력이 부족한 병원을 그때그때 지원하는 이동이 잦은 자리였다. 퇴직, 휴가와 병가 등이 있으면 해당 병원 관리자들이 월 단위로 지원을 요청하는 식이었다.

"어떨 때는 남쪽으로 운전해서 한 시간 반 걸리는 콜로라도 스프 링스로 가기도 했고, 또 다른 지역에 가서 며칠 있다 오기도 했어 요. 비행기나 차로 주 전체를 다녔죠. 와이오밍주 캐스퍼는 지금은 없어졌지만, 병원이 있었을 때는 지원을 자주 다녔어요. 항공편으 로 두랑고에 갔다가 같은 날 덴버로 돌아오는 경우도 있었죠. 아침 에 비행기로 가서, 차를 빌려 병원에 가서 종일 일하다 다시 공항으 로 와서 덴버로 오는 거죠. 최소한 하루에 16~17시간 근무인 셈이 죠. 감정적으로 진이 빠지더라고요." 가족계획연맹이 왜 인력 문제 를 해결하고 직원들의 근속기간도 늘릴 수 있는 효율적인 방법을 내놓지 못할까 하는 생각도 들었지만, 재밌어서 계속 일했다.

병원 안에서 하는 업무는 다양했다. 수술실에 들어가는 일은 물 론, 환자 수속, 보험 확인, 환자 상담, 굉장히 사적인 성건강·임신 교육도 담당했다. 주사, 채혈, 초음파 검사 교육을 받았고, 환자들의 자궁 내 장치 삽입과 낙태 시술을 도왔다. 환자들 일정도 조율했고, 수납 업무도 했고 약도 나눠줬다. 환자들이 내는 병원비와 기부금 으로 운영되던 병원들이라 의료보험이 있는 환자는 물론, 메디케이 드 지원을 받는 저소득층 환자들을 대상으로 했다. 하루하루가 고 됐다. 예약 없이 오는 외래환자가 많거나 큰일이 터진 경우에는 쉬 는 시간도 없고 점심을 거르는 경우도 많았다. "몸을 쉬게 할 시간 이 없다는 걸 알았지만 그냥 계속 일했어요."

순회업무는 어느 병원에 가든 똑같았지만, 병원마다 운영방식 이 약간씩 달라 힘들었다. 병원마다 자신들에 맞게 업무처리 방식을 정해놓다 보니, 어떤 병원끼리는 크게 차이가 나는 경우도 있었다. 새로 가는 병원마다 마치 새로고침 하듯 장비를 보관하는 곳이나 환자 진료기록부를 보관하는 서랍을 기억해야 했다. 24개 이상의 병원에 다니며 동료들도 많이 알게 되었다. "일하면서 그 부분이 제일 좋았어요. 남자친구한테 매일 출근할 때마다 딴사람이 되어야 하는 것 같다고 말했죠. 방문하는 병원에 맞게 제 성격을 살짝 바꿔야 했죠. 그렇다고 나쁜 건 아니었어요. 일 속성상 어쩔 수 없죠. 누구나 할 수 있는 일은 아니지만, 저하고 맞았어요."

가족계획연맹의 정치 부서는 지부인 '가족계획연맹 로키산맥' 같은 개별 비영리단체들이 운영하는 병원들과 분리되어 있다. 병원들은 가족계획연맹의 직접적 관리를 받지는 않지만, 같은 이름을 쓰고 같은 목표를 추구한다. 애슐리 같은 직원들은 재생산권 정의 운동에 참여한 경험이 있어서 그 정의를 위해 임상 실무에 뛰어든 사람들이었다. 과거 환자였던 사람들이 병원에 일하는 경우도 있었고, 의대에 진학하려고 하는 학생들과 의료분야에 종사하려고 하는 사람들도 있었다. 일부는 애슐리처럼 관리직으로 올라가 출산 의료 분야에서 경력을 쌓으려고 하거나, 일부는 그저 맞는 일을 하면서 자기 방식대로 살 수 있는 일이어서 하고 있었다. 연맹이 제공하는 여러 복지 혜택 중 하나는 직원들이 병원을 이용할 수 있다는 점이었다. 하지만 애슐리는 대부분 직원이 재생산권 정의에 대한 신념으로 일한다고 했다.[3]

하지만 가족계획연맹 로키산맥 직원들은 낙태 반대론자들과 정치인들의 표적이 되기도 했다. 애슐리도 고등학교 때 재생산권 정의 운동에 처음 참여했을 때 배운 교훈이었다. 2015년 콜로라도스프링스 지부에서 총기 난사 사건으로 3명이 죽고 9명이 다쳤을 때였다. 일부 병원에서는 직원들과 환자들이 고함치는 시위대를 뚫고 출근해야 했다. 직원들은 매일 진이 빠지는 다른 문제들을 마주해야 했다. "특히 환자들과 얘기할 때 보안 문제에 신경 써야 해요." 일부 낙태 반대론자들은 가족계획연맹을 무너뜨리려는 계획의 일환으로 병원이 태아 신체 일부를 판매하고 있다고 우기거나 공포를 조장하는 "가슴 아픈" 영상으로 연맹을 공격해왔다. "전화 통화할 때도 입조심을 해야 되요. 낙태 반대론자들이 늘 뭔가를 캐내려고 하고 녹화라도 되면 왜곡될 소지도 있고요."[4]

애슐리에게는 환자가 가장 중요했으므로 늘 성실하게 대하려고 노력했다. "감정 수위가 0에서 60으로 올랐다가 또 뚝 떨어지며 왔다 갔다 해도 말이죠." 암 판정을 받고 걱정하는 환자를 위로하기도 했고 임신을 확인하고 좋아하는 환자를 축하하기도 했다. "좋은 내용으로 환자를 만날 약속은 신이 났지만, 감정적으로 힘든 일입니다. 사람들의 삶과 관련된 일인데 '네, 15분 다 끝났네요. 다음에 봬요' 이럴 수 없잖아요. 사람을 대하는 일이고 약속 잡고 오신 그분들의 시간이 아깝지 않게 대해야죠."

직원들은 최고의 돌봄을 제공하기 위해 자신들의 삶과 그 안에서 생기는 문제들은 잠깐 미뤄둬야 했다. "사람이기 때문에 그렇게까지 버틸 수 있는 겁니다."

자선은 힘의 관계를 담고 있다. 자선의 역사와 비영리단체, 비정부기관(NGO) 등 사회복지단체의 역사는 힘 있는 자가 가난한 이에게 '환원'하는 방식으로 자신들의 힘에 대한 사람들의 관심을 피해온 역사이다. 이 힘의 역학이 좋은 일을 하면서 생계도 유지하려고 이 분야에 들어온 오늘날 비영리단체 노동자들의 발목을 잡고 있다. 사람들이 수세기 동안 보수 없이 했던 일이라는 사실이 노동자들에게는 덫이 된 셈이다. 다른 돌봄 분야와 마찬가지로 비영리단체 일도 여성 노동을 중심으로 꾸려지기 시작했고, 부유한 여자들이 남는 시간을 쓰는 방법이었다. 그리고 그 인식이 미국 제조 부문 전체 크기에 맞먹는 이 비영리 부문에서 일하는 사람들의 노동 환경을 아직도 지배하고 있다. 자선사업을 연구하고 비영리 분야에서 일해온 정치과학자 에이미 실러Amy Schiller는 이렇게 썼다. "자선 윤리의 토대는 위계 구조와 수혜자의 의존으로 이루어져 있으며, 즉각적인 물질적 필요에만 응답하고 집단의 문제를 개인 선행의 영역으로 재배치한다." 다시 말해, 자선은 필연적으로 비대칭적인 관계가 존재하고 또 다른 불평등을 낳는다는 뜻이다.[5]

현재 비영리 부문이 안고 있는 문제점들은 이 필연적 불평등이 낳은 자연스러운 결과들이다. 비영리단체의 존재 이유는 부와 권력의 불평등한 분배로 초래되는 최악의 결과들을 완화하기 위해서이지만, 정작 비영리 조직들은 자신들이 그토록 막으려고 노력하는

"자선의 역사와 사회복지단체의 역사는
힘 있는 자가 가난한 이에게 '환원'하는
방식으로 자신들의 힘에 대한 사람들의
관심을 피해온 역사이다."

착취에서 남은 찌꺼기로 자금 지원을 받고 있다. 그리고 비영리단체에서 하는 일은 돌봄 노동인 동시에 서비스 노동이다. 공립학교 교사들과 달리 민간 부문에 해당하지만, 이윤추구의 동기가 없다고 간주한다. 하지만 수익 목적이 없다고 간주해도 비영리 조직들은 자본주의의 예외가 될 수 없다. 오히려 존속에 꼭 필요한 자본주의 시스템에 깊은 뿌리를 내리고 있다.

자본주의 이전에도 기부나 자선 사업은 불평등을 표현하는 방식이었다. 아주 오래전 고대 그리스 부자들도 공공건물, 축제, 심지어 학교를 후원하는 식으로 부를 일정 부분 환원했다. 가난하고 궁핍한 이들을 돕는다기보다 시설 건축이 주된 관심사였다. 오늘날의 부자들처럼 고대에도, 극장과 스포츠 경기장에 자신들의 이름을 새겨넣는 일이 더 중요했다. 자선 목적이 극빈층을 돕는 방향으로 바뀐 시점은 기독교가 나타나면서부터였다. 이때부터는 기부한 사람의 내세에 보상이 따를 것이라는 기대감으로 기부가 이루어졌다.[6]

이제 가난한 사람들이 부자 이웃들에게 쓸모가 있게 된 셈이었다. 자선이라는 행위는 자신의 선함과 가치를 내보이는 방법이었고, 무엇보다도 불평등하게 부를 축적할 자격이 있음을 보여주는 방법이었다. 한편 교회는 기부자들이 낸 돈으로 대신 자선활동을 하며 부자들과 가난한 사람들 사이에 서 있었다. 교회가 허락하면 선행으로 용서를 살 수 있는 일방 시스템처럼, 관용을 구매하는 식으로 자선의 개념이 만들어졌다. 이런 태도로 가난한 사람들은 나머지와는 다르다는 인식이 자리 잡았고, 아량을 베풀어야 할 대상이거나 잠재적 골칫거리 둘 중 하나가 되었다. 그리고 교회뿐만이 아니라 국가도 부자들의 이런 행동에 관심을 두기 시작했다.[7]

종교 나름의 가난한 이들을 돕겠다는 의무감은 구걸을 조장했지만, 만약 모두가 구걸한다면 누가 일을 할 것인가가 중요했다. 결국 누군가는 손에 흙을 묻혀 일해야 한다면 그 누군가를 꼬여 내거나 혹은 강제로라도 그 일을 시켜야 했다. 이런 논리로 초창기 가난한 이들을 규제하는 법들이 나타났다. 1531년 영국 의회가 통과시킨 한 법률은 노동이 사실상 불가능하다고 보이는 사람들을 등록해서 구걸을 법적으로 허용했다. 교회가 수행하던 자선 기능의 연장으로 병원이 탄생해서 병들고 빈곤해 돌봐줄 사람이 없는 사람들을 돌봤다. 그 외에는 모두가 일해야 했고, 직업이 없다면 잔인한 처벌이 기다리고 있었다.[8] 이러한 법적 제도들은 가난한 사람들이 사회 불안이나 반란을 일으킬 수 있는 잠재적 문젯거리로 취급되기 시작했다는 징후였다. 통제해야 했고 감독이나 감시가 필요한 일터나 구빈원에 가둬놔야 했다. 국가는 특별한 경우에만 구제에 나섰다. 한편 교회들과 개인 기부자들은 사회의 해진 구석들을 정비해가며 어느 정도 조화로운 사회를 유지해야 한다는 기대를 받았다.[9]

따라서 자선과 강제로 일을 시켜야 할 필요성, 그리고 일하지 않는 사람에 대한 의심은 오랫동안 밀접한 관계를 유지해왔다. 1662년 영국 빈민구제법Poor Relief Act은 이 관계를 성문화하여 정말 일할 수 없거나 돌볼 가족이 없는 사람들을 위한 구빈원을 세웠고, 그 외에는 모두 일하도록 만들었다. 이 시기 구제방식은 농경 체제에서 밀려난 사람들을 관리하여 천천히 이들을 새로운 급여 노동 체제로 편입시키기 위한 초기 자본주의 완충장치였다. 프랜시스 폭스 피번과 리처드 클로워드는 저서 『빈민 통제 Regulating the Poor』에서 이렇게 썼다. "구제 제도는 농업에서 밀려난 빈민을 무조건 도와주지 않고 특정 방식으로 행동해야 한다는 전제하에 도움을 줬다. 가장 중요한 전제는 일해야 한다는 것이었다." 구제 규모는 확대와 축소를 거듭했고 빈민을 관리할 새로운 노동자 계층이 필요해졌다.[10]

병원과 대학은 다른 기업들과 다르게 인식되며 오랫동안 비영리 기관으로 존재해왔지만, 19세기 산업 자본주의가 확산하면서 사회의 빈민층을 돌보는 일을 도맡는 정식 전문 비영리 부문으로 떠올랐다. 그리고 대체로 여자들의 직업이었다. '도덕적 가치의 수호자'로 여겨졌고 집 밖에서 급여를 받고 일하지 않는다고 기대되었던 중산층 여성들이 국가 대신 민간 조직들이 수행하는 공공서비스에 참여하며 영향력을 넓혀갔다. 일부는 교회의 안내로 선교 일을 도왔고, 도시에 살던 여자들은 노동자층이 몰려 사는 동네의 더러운 공동주택을 찾아다니며 공공서비스를 제공하거나, 미국에서는 노예제 폐지 운동에 참여하기도 했다.[11]

이 여성들이 했던 일 대부분은 무급이었다. 자발적인 데다 여자들이어서 아예 노동 취급도 받지 못했다. 이런 기대가 오늘날 애슐리가 일하고 있는 비영리 부문까지 스며들었다. 하지만 꽤 힘든 일이었다. 집에서 할 수 있는 일도 있었지만, 대부분은 농장 노동을 하는 노예들, 공장 노동자들, 빈민가 주택, 교도소 등의 실태를 조사하는 일이었다. 여성 개혁운동가들은 연설도 하고 청원 서명도 받고, 같이 모여 공부도 하며 남자들의 생각에 도전했다. 최초에는 자신들의 성별화된 역할에 자극받고 시작한 일들이지만, 그 과정에서 자신들의 사회적 위치를 생각해보게 되었다. 초기 페미니즘 운동을 이끌었던 많은 지도자는 원래는 노예제 폐지 운동을 하던 평범한 사람들이었다. 다른 사람들을 속박하고 있던 사슬을 끊으려고 싸우다 보니, 자신들이 원래 벌이고 있던 운동이 갖고 있는 한계를 보게 된 것이다.[12]

하지만 이 여성들의 개혁 운동에는 현재 비영리단체처럼 모순이 있다. 백인 여성들은 노예제 폐지를 주장하며 정작 노예제를 직접 경험했던 흑인 여성들이 얻을 수 없던 일정 수준의 힘을 얻어냈다. 당시 백인 여성들이 노예제 폐지 운동을 벌일 수 있던 이유는 돈을 벌 필요도 없었고 돈을 못 버는 인권운동을 해도 남편이나 부모가 충분한 경제적 뒷받침을 해주고 있었기 때문이었다. 노예제 폐지 운동에 가담했던 백인 여성들은 노골적인 인종차별 언동으로 여성의 권리를 주장하기 시작했다. 즉, 자신들은 교육받은 여자들이기 때문에 투표 자격과 타인을 대변할 자격이 있다고 주장했다. 작가 앤절라 데이비스가 지적하듯, 이들은 노예제라는 억압적인 체제에는 반대했을지 몰라도, 산업 자본주의라는 또 다른 억압체제에 의지했다. 가난한 이들을 위한 더 나은 주택을 요구하거나 여성 공장 노동자들을 위한 근무일 단축 등을 지지하며 핵심적인 문제는 피해 다녔고, 기존 체제를 자신들에게 유리하게 이용하며 착취의 현

실에는 눈을 감았다.[13]

고등교육의 확산, 특히 몇몇 여자대학이 생겨나면서 자선활동을 할 만반의 준비가 된 노동자 세대가 탄생했다. 대학 교육을 받은 많은 여자가 미혼으로 남았고, 교직으로 빠지지 않은 여성들은 세상에 기여할 다른 방법을 찾았다. 역사가이자 문학자인 사이디야 하트먼은 이렇게 말했다. "빈민가 개혁은 특권층의 나태함에 대한 해결책, 대학 교육을 받은 여자들이 가진 지성과 야망의 배출구, 결혼이라는 소설Marriage Plot과 아버지의 집에서 빠져나올 수 있는 탈출구를 제공했다." 여성단체는 이전에도 있었지만, 진보 시대Progressive Era에 와서야 운동으로 인정받기 시작했다. 당시 유행했던, 우월한 인종이 열등한 인종을 지배하는 것을 자연의 법칙으로 주장한 사회진화론Social Darwinism도 자선활동을 대하는 태도에 영향을 주고 있었다. 즉, 여전히 노동윤리에 얽매여 있던 자선은 성공할 가능성이 큰 사람들에게, 스스로 자립할 가능성이 있을 때만 베풀어야 하는 것이었다. 무턱대고 돈으로 도와주지 않겠다는 이런 형태의 자선은 결국 인력이 많이 필요했다. 여자들은 자선단체의 도움을 받는 가정마다 돌아다니며 어떻게 더 나은 삶을 살 수 있는지를 가르쳤고, 지원 받는 돈을 낭비하거나 비도덕적으로 행동하지 말라고 당부하며 '친절한 방문객Friendly Visitors'으로 일했다.[14]

하지만 이러한 시대 흐름에 맞서 자본주의가 만든 장벽을 허물려고 안간힘을 썼던 다른 방식도 있었다. 인보관 운동은 도움을 받을 빈민의 삶에 뛰어들어 함께 일해야 한다고 주장했고, 실제로 그렇게 같이 살며 계층을 초월한 우애를 다져갔다. 그를 통해 사실 가난은 개인적인 실패의 문제가 아니라 집단으로 맞서 싸워야 할 불평등의 결과라는 것을 인식하기 시작했다. 이것이 여성들의 돌봄 노동을 정치적으로 이해하는 최소한의 계기가 되었고, 그 결과 인보관 운동을 펼치던 여자들은 정치적 선동을 자주 벌였다. 시카고에 헐 하우스Hull House Settlement를 설립하고 자신도 그곳에 살았던 제인 애덤스Jane Addams의 목적은 두 가지였다. 첫째, 여자들에게 가치 있는 일을 주고, 둘째, 기본적인 생필품들은 물론 언어 수업, 미술·공예 교육, 심지어 빈민가에 갇혀 있었을 사람들에게 오락도 제공하는 것이었다. 남자들도 있긴 했지만, 이 여자들은 자신들을 '사회를 돌보는 주부Social Housekeepers'로 여겼다.[15]

인보관은 인보관 거주자들에게 공장 노동에 대한 대안을 주려고 노력했다. 수공예품 제작 같은 기술들을 가르쳐 생계를 유지할 다른 방법을 알려주려고 했고, 이민자들이 자기 나라의 공예술을 알려주기도 했다. 하지만 수공예는 안정적인 수입원이 되지 못했고, 대개는 인보관 빈민들에게 노동의 가치를 설파하는 꼴이었다. 좋아서 하는 노동 형태를 수공예에서 찾았던 엘렌 게이츠 스타Ellen Gates Starr 같은 여성들은 가난한 여자들이 부자들의 집을 꾸미는 데 쓰일 공예품들을 만드는 일은 결코 좋아서 하는 노동일 수 없다는 것을 깨달았다. 그는 산업 체제의 변화를 요구하는 사회 개혁가가 되었고, 식당 여종업원 파업에 동참했다가 체포되었다. 이를 두고 역사가 에일린 보리스는 스타 자신도 살았던 헐 하우스에 기부한 부자

들의 공헌을 위태롭게 만들었다고 했다.[16]

인보관에서 뛰쳐나와 소란을 피운 것은 그 사건뿐만이 아니었다. 근무 시간 단축과 아동 노동 금지를 요구하는 연대를 조직하는 데 헐하우스를 거점으로 이용했던 플로렌스 켈리Florence Kelley는 공장에서 자신들이 살 물건을 만들고 상점에서 자신들이 살 물건을 파는 여성들의 노동환경을 개선하는 데 여성들의 구매력을 이용하려고 했던 '전국소비자연맹National Consumers League'의 위원장이 되었다. 상류층과 중산층 여성들은 돈을 기부하거나 이름과 사회적 지위를 빌려줬고, 노동자 계층 여성들은 노동 현장에서 연대하여 시위를 이끌어갔다.[17]

제인 애덤스를 비롯한 여성들은 아내와 엄마 역할도 충실히 하면서 여성들이 사회에 기여할 수 있고, 일다운 일을 할 수 있는 여지를 개척했다. 하지만 역사가 앨리스 케슬러 해리스Alice Kessler-Harris는 "여성들이 사회적 지위를 잃지 않고 노동에 대한 보수를 받을 수 있을지의 문제가 남아 있었다."고 썼다. 그래서 일부 여성들은 자신들의 사회복지 활동에 전문적 지위를 요구하고 나섰고 교육과 훈련의 필요성을 외쳤다. 과거 '친절한 방문객' 역할이 발전하여 공장 조사관, 방문 간호사 등 여성들을 위한 새로운 직업들이 생겨났다. 그런 일을 하려면 훈련이 필요했는데, 이는 여자들이 의대와 법대 등 다양한 고등교육을 접할 수 있게 되었음을 뜻했다. 케슬러 해리스에 따르면, 여자들의 교육에 대한 열의가 '야망이 아니고 가치에 뿌리를 두고 있다면' 경영대학도 진학할 수 있었다.[18]

도덕적 가치 논리로 여자들이 직업 세계로 들어가는 것이 정당화되었듯, 19세기 말 남북전쟁 이후 비약적인 경제 성장기였던 길디드 에이지The Gilded Age, 이른바 도금시대에 소수의 막대한 부 축적은 자선단체 기부로 정당화되었다. 앤드루 카네기Andrew Carnegie를 포함한 업계 거물들은 자신들의 이름이 새겨진 거대한 기부재단을 설립했다. 기업 총수들은 노동자들이 처한 끔찍한 노동환경을 개선하고 노동자들이 계급 권력보다는 신분 상승을 꾀하도록 유도하기 위해 '복지 자본주의Welfare Capitalism'를 내세웠다.

기업들은 합병을 통해 성장해가면서 자선단체를 통합하여 자신들의 기부행위 효과를 극대화하려는 노력을 펼쳤다. '효과 극대화'란 '도움을 받을 자격이 있다는 명확한 확신이 드는 사람들만 돕는다'는 의미였다. 빈민들에 대한 광범위한 데이터를 수집하고, 빈민들을 마치 씻는 것 자체를 몰랐던 것으로 취급해 위생교육을 했다. 미국에서 이루어진 그런 교육의 목표는 백인들처럼 열심히 일하면 가난에서 탈출할 수 있다는, 새로운 이민자들을 '미국화'하는 것이었다.[19]

오늘날 부자들이 세금을 피하기 위한 방법으로 다양한 사회적 이상에 돈을 지원하는 자선재단은 이 시기에 시작되었다. 정치과학자 에이미 실러는 이를 개인은 물론 기업에 기부금 세금 공제를 허용하는 법들이 생겨나기 시작한 1936년을 전환점으로 본다. 물론 그러한 법들의 토양이 다져진 것은 1890년대로 거슬러 올라가고, 오늘날까지도 진화하고 있다(대표적인 예로 트럼프 행정부의 2017년 감세안이 있다). 이러한 일련의 법률을 통해 국가는 민간이 주도하는 사회복지사업을 보조하며 비정부단체들과 비영리 사업에 늘 깊이 관여해왔다. 자선재단으로 부자들은 기업의 밖에까지 영향력을 확대해나갔고, 엄청나게 돈이 많은 덕분에 자신들이 타인들의 삶의 방식을 결정하는 데 최고의 적임자라고 믿었다. 이러한 통제는 자선활동을 실제로 하는 사람들에게까지 뻗쳐, 현장 일은 여자들이 할지 몰라도 그 일이 수행되는 방식에 대한 결정권은 부유한 남자들에게 있었다.[20]

결국, 사회복지라는 돌봄 노동을 일부 직업화함으로써 일부 여성들은 해왔던 사회적 역할을 하며 돈을 벌 수 있게 되었다. 하지만 성별화와 인종 편중을 근본으로 한 분업은 여전했다. 기부될 돈을 버는 업계 거물들, 공공기금 지출 방향을 결정하는 공무원들, 복지 업무 진행방식을 결정하는 복지기관 관리자들은 거의 모두가 백인 남성이었다.[21]

대공황이 시작되며 민간 자선단체들은 모든 가난한 사람들을 다 돌볼 수는 없었다. 자본주의에 위기가 찾아오자 더 이상 덧대어 옷을 수선하는 식으로는 가난이라는 자본주의의 모순을 해결해 나갈 수가 없었다. 자본주의 전체의 붕괴를 막으려면 국가가 직접 나서 원조 제공, 고용 창출, 복지 지원을 해야 했다. 현대 복지국가의 형태가 다져졌고, 대공황의 가혹함을 지나는 동안 가난은 개인 탓이라는 오래된 믿음이 두 동강 났다. 빈민들은 정부가 나서야 한다며 시위했다. 카네기와 도금시대 다른 '강도 귀족'들이 쌓은 막대한 부도 영광의 배지가 아닌 공격의 대상으로 전락했다. 기부가 아니라, 누진세와 재분배가 시대의 규칙이 되었다.[22]

비영리 부문의 영향력은 국가가 민간 자선단체들 능력 밖의 일을 했던 대공황과 제2차 세계대전 동안에는 줄어들었지만, 그렇다고 비영리 부문이 사라진 것은 아니었다. 1936년 설립된 포드 재단 같은 대형 재단들이 냉전 속에 국가를 보조하며 국내는 물론 해외에서 영향력을 행사하기 시작했다. 이런 재단들의 목표는 양차 대전 후 일었던, 특히 1960년대 흑인들의 공민권 운동과 같은 사회적 소요를 줄이는 것이었다. 재단들이 가진 그 욕구는 자신들의 정치적 목적을 주장했다가는 자금 지원이 끊길 수도 있는 위협을 안고 있던 비영리 조직 말단 노동자들의 소망과 때로는 충돌했다. 이러한 양상은 오늘날까지도 지속되고 있다.[23]

◊ ❥ ◊

가족계획연맹의 뿌리는 20세기 초 페미니스트 운동에 있다. 1916년 여성 운동가 마거릿 생어Margaret Sanger가 뉴욕 브루클린에 미국 최초의 산아 제한 진료소를 열었고 곧바로 체포됐다. 음란죄로 기소되어 결국 감옥에 갔고 병원은 폐쇄되었지만, 석방 후 생어는 전국을 순회하며 가족계획을 주장했다. 생어가 설립한 초창기 조직들은 이미 다른 자선사업들도 돕고 있던 부자들의 지원을 받았다. 생어는 인류를 유전학적으로 개량할 것을 목적으로 연구하는 우생학에 관심 있는 사람들의 지원도 받으려고 했고, 이로 인해 생어가 남긴 업적에는 논란이 있다. 생어가 설립한 두 조직이 1942년 합병되어 '산아 제한'보다 덜 과격하고 반가족적으로 느껴지지 않는 이름의 가족계획연맹이 되었다. 이 이름에 심하게 반대했던 생어는 1956년 이렇게 썼다. "산아 제한 운동은 극빈층 부모들의 자유, 여성들의 생물학적 자유와 발전을 위해 싸우며 앞으로 나가자는 투쟁이었지, 말장난 운동이 아니었습니다."[24]

가족계획연맹이 커갔지만, 생어는 조직이 후원을 위해 원래의 이상을 버렸다고 생각했다. 하지만 어쨌든 민간 자본에 의지해야 병원들을 운영할 수 있었다. 1960년대 페미니스트 운동과 뉴딜 정책에 이어 다양한 방법으로 빈곤 퇴치에 주력했던 행정부의 '위대한 사회 정책Great Society'이 확대되며 가족계획연맹은 공적 지원을 받게 되었지만, 모든 비난을 한몸에 받았다. 이는 애슐리 같은 여성들이 일하기 힘들어지는 이유이기도 하다. 역사가 질 레포레Jill Lepore는 이렇게 썼다. "가족계획연맹에 대한 사람들의 분노는 낙태 반대와 정부의 빈곤층 지원 프로그램 반대가 응집된, 하나처럼 보이는 두 개의 정치적 분노였다."[25]

그럼에도 1960년대 재단들은 호황기를 맞았다. 그러다 재단 수가 급증하자 미국 정부는 재단을 부자들의 재산 관리용 조세 회피처가 아닌, 실제 자선활동을 하는 기관들에 필요한 자금을 전달하는 수단이 되도록 했다. 이렇게 규제한 결과, 재단 기부금을 더 잘

받기 위해 많은 기존 조직이 통합해가며 합법적 비영리 조직들이 늘어났다. 하지만 그런 기부금에는 조건이 따랐다. 로버트 L. 앨런 교수는 '인종평등회의Congress of Racial Equality' 같은 단체들에 대한 포드 재단의 전략적 기부 방식이 어떻게 해당 조직들의 방향에 영향을 미쳤는지를 연구했다. 그 결과, 재단들에 재정적으로 의존하기 시작한 조직들은 자본주의에 대한 비판을 멈추고 흑인들에게 자본주의에 더 통합되자고 외치기 시작했다. 미국 흑인 해방 운동의 슬로건이었던 '블랙파워Black Power'의 목표가 흑인 자본주의 구현으로 바뀐 것이다.[26]

1960년대에는 사회적으로 인종 차별, 환경, 반전 운동, 핵 확산 방지 등 여러 가지 문제들이 갑자기 쏟아져 나왔지만, 이것들은 원래는 통합된 한 운동, 즉 신좌파New Left 운동에서 갈라져 나온 것들이었다. 하지만 신좌파 운동은 자연스럽게 쟁점별 비영리 기관으로 갈라졌다. 급진적인 대학생이었다가 이제는 베이비부머라고 불리며 가업을 이어가고 있던 이들은 진보적인 목표를 관철하기 위해 고상한 수단을 이용했다. 그것은 주로 비영리단체를 통해 기부하거나 정당정치에 참여하고 자금력이 있는 사람들은 스스로 재단을 설립하는 것이었다.[27]

기부가 직업화·전문화되면서 계층과 출신이 기부자들에 더 가까운 비영리단체 종사자들은 정작 그들이 도우려던 빈곤층과 긴장 관계가 생겼고, 이는 미국에서만의 문제는 아니었다. 1982년 영국 성매매공동체English Collective of Prostitutes는 경찰폭력 종식과 기존 성매매공동체에 대한 법률 지원 서비스 유지를 요구하며 런던 성십자가 교회Church of the Holy Cross를 점유했다. 하지만 성 노동자들의 이러한 직접행동이 기사화되자, 이들의 초기 승리에 대한 반응은 시큰둥해졌다. 당시 성매매공동체 대변인이었던 셀마 제임스는 이렇게 썼다. "출세가 중요한 사람들에게 당시 교회 점유는 성 노동자들이 그간 자신들의 권리와 복지를 위해 쌓아온 법률 지원을 포함한 기타 지원을 직업화하고 정치색을 없앨 기회였다." 이후에 나온 기사에 성매매라는 직업에 대한 언급은 없었지만, 성 노동자들이 이루어놓은 법적 지원은 사라졌고 새로운 전문 법률 서비스가 생겨났다. 제임스는 또 이렇게 평가했다. "우리 두 눈으로 똑똑히 목격하고 있던 것은 여성들의 투쟁은 역사에서 잊히고, 대신 한 산업으로 둔갑하여 여자들의 직업이 되어가는 과정이었다. 운동을 펼쳐 몇 사람이 직업을 얻게 되면, 직업이 생긴 그 사람들은 운동의 목적이 이루어졌다고, 이것이 우리가 요구했던 변화라고 한다."[28]

자선단체나 비영리단체의 일을 급여를 주는 진짜 일이라고 간주하기 시작하면 기존의 분할 방식이 재설정된다는 것이었다. 부유하고 교육받은 백인 여자들은 이렇게 페미니즘이 요구해왔던 직업을 갖게 되었지만, 여전히 힘은 남자들보다 약했다. 비영리 부문에서 일하던 여성들은 돌봄 노동을 힘을 얻기 위한 방법으로 생각했지만 주로 다른 여성들에 비해 힘이 세진 것뿐이었고, 늘 하던 사회적 역할을 새로운 형식으로 하고 있을 뿐이었다.

1970년대 경제위기와 신자유시대를 맞이하며 사회복지사업들에 대한 공적자금 지원이 줄어들자, 비영리단체들은 자본주의로 초래된 (많은) 균열의 틈바구니에 빠진 사람들을 돕는 일을 전담하게 되었다. 1953년 미국에서는 대략 5천 개 조직들이 비영리단체 자격을 가지고 있었지만, 1978년에는 그 수가 거의 6배나 폭증했다. 지리학자 루스 윌슨 길모어의 말을 빌리자면, 비영리단체들은 "시장이 실패하면 자발적인 비영리 부문이 뒷수습한다."는 가정 속에 성장했다. 그들은 비대해진 복지국가의 축소된 부문을 메워가며 '국가의 그림자shadow state' 역할을 수행하기 시작했고, 비영리단체에 자금을 대던 재단들과 함께 급증했다. 오늘날 미국에서 비영리 부문은 세 번째로 많은 인력을 고용하고 있다.[29]

재단의 수적 증가와 정부 지원의 축소로 재단의 정치적 힘이 막강해졌고, 재단의 세금 면제에 대한 감독 기능도 정부가 아닌 재단이 맡아왔다. 1997년 니콜라스 레만Nicholas Lemann 교수는 《애틀랜틱 The Atlantic》지에 이렇게 썼다. "정부에서 재단으로 힘이 옮겨가면 그 힘의 행사가 눈에 덜 띄게 된다. (…) 재단들이 누리는 면세 혜택에 대해 이들의 경제적·정치적 활동을 어떤 식으로 규제할 것인지, 면세가 정말 합리적인지 같은 재단들에 대한 주요 정책적 의문들을 다들 함구하고 있다."[30]

하지만 비영리 부문에 종사하는 사람들 대개는 뜻있는 일을 하려고 애썼다. 이들 중 많은 사람들이 부가 축적되는 방식을 바꾸기를 열망했다. 운동가들이 자신들의 이상을 추구할 수 있는 한 방법이었고, 운동가들의 활동에 여러 가지 방법으로 자금 지원도 해왔다. 그런 뜻있는 비영리기관 노동자들과 운동가들이 기업이나 개인에게 종속되어 제 뜻을 펼치기 힘든 '비영리 생태계'를 비판해왔고, 덕분에 우리가 이 부문의 한계를 이해할 수 있게 되었다. 유색인종 페미니즘 운동가들이 겪은 폭력 기록과, 비영리 분야를 연구했던 다양한 작가들의 글을 모은 문집 『지원되지 않는 혁명The Revolution Will Not Be Funded』에는 비영리 생태계가 사회운동에 미치는 복잡한 영향을 조사한 내용이 담겨 있다. 책에 의하면 비영리 조직들이 모두 나쁜 것도 아니고 좋은 것도 아니다. 대신 비영리 조직들 내부의 노동환경은 물론, 정부, 기부가, 재단, 사회복지사업과 사회정의 집단 사이의 복잡하게 얽힌 관계를 이해하는 것이 중요하다는 것이 책의 핵심 내용이다.[31]

비영리기관들과 종사자들은 봉사활동과 정치적 변화를 위한 투쟁 중 무엇이 우선인지 고민했다. 1980~1990년대를 지나며 공공부문에 대한 자금 지원이 축소되어 도움이 필요한 사람들이 늘자 그 고민은 더 깊어졌다. 최근에는 2008년 금융위기와 2020년 코로나19도 있었다. 도움을 제공하는 일은 원래의 자선 개념에 부합하기 때문에 자금 지원을 얻어내기가 쉽다. 반면 "소외된 사람들이 연대하여 힘을 얻는 일에 자금이 필요합니다."라고 말하면 이미 힘을 가진 이들이 질색할 제안이 되어버린다. 비영리 단체들이 아직도 겪고 있는 갈등의 핵심은 본질적으로 불평등한 자본주의 체제의 수익금으로 지원받고 있지만, 그 체제는 먹여주고, 재워주고, 입혀주고, 돌봐주어야만 하는 사람들이 필요할 뿐만 아니라, 그들이 없이는 존립할 수도 없다는 점이다. 이러한 돌봄 활동으로 비영리 조직들은 자본주의라는 거대한 기계가 잘 작동될 수 있도록 기름을 쳐준다. 따라서 자본주의 체제가 작동을 멈추길 원한다면 자본주의 체제가 부드럽게 작동할 수 있도록 해주는 그 일을 그만해야 한다는 뜻이다. 하지만 그 기름칠이 사람들의 생존과 직결되는 일이기 때문에 선택은 더더욱 힘들어진다.[32]

비영리 사업모델 자체에 설계된 갈등도 있다. 비영리나 자선사업 모델을 채택한 조직들은 정치적 활동에 가담하는 것에 제약이 따른다. 미국의 경우 비영리기관들은 정당이나 후보를 위한 정치 활동이 금지되어 있다. 영국에서는 2014년 자선단체와 노동조합이 선거철에 할 수 있는 일과 발언을 법으로 제한했다. 2017년 총선을 앞두고 50개 이상의 자선단체가 '로비법Lobbying Act'으로 알려진 해당 법률의 개정을 요구하는 서한을 보냈고, 내용은 이랬다. "불합리하고 불공정한 법 때문에 민주주의 사회에 충분히 기여할 수 있는 우리의 능력이 제약받고 있다." 이와 같은 제약들이 비영리단체가 정치적 행동을 함에 있어 몸을 사리게 만든다.[33]

또한 이들은 자금 지원을 받기 위해 서로 경쟁할 수밖에 없다 보니 일반 기업들이 소비자들에게 상품을 홍보하는 것처럼, 조직원들은 후원자들에게 조직의 성공을 알리는 데 시간을 써야 한다. 그래서 비영리 조직들이 제공하는 서비스의 '고객들'은 조직들이 돕는 사람들이 아니라 조직들에 자금을 대는 사람들이 된다. 따라서 비영리 조직들은 공장 노동자들이 느끼는 압박과 비슷한 압박을 조직원들에게 가하며 작은 기업 같은 조직구조를 취할 수밖에 없다. 지리학자 루스 윌슨 길모어는 이렇게 썼다. "비영리단체 종사자는 고객들이 누구이고 그들이 무엇을 원하는지는 물론, 사회가 전반적으로 요구하고 있는 사항들의 규모와 범위를 잘 이해하고 있다. 이러한 강제적 전문화를 통해 큰 조직을 운영하는 기술직 관료, 즉 테크노크래트Technocrat가 된다." 비영리단체는 법적 구조 때문에 정치적 활동에도 한계가 있다. 게다가 길모어에 따르면, 보통 진보 성향의 후원자들은 기부금이 해당 조직 운영비로 쓰이기보다는 구체적인 프로그램에 쓰이길 원하지만, 보수 성향의 후원자들은 비교적자유롭게 후원한다고 한다. 이렇게 애슐리 같은 비영리단체 종사자들은 조직 운영비의 부족으로 원래는 더 많은 인력이 해야 했을 일을 감당하느라 혹독한 장시간 업무에 시달리게 된다.[34]

또한 자본주의 시대의 자선은 그 자체가 사업모델이 되었다. 아마도 가장 유명한 사례는 록밴드 U2의 가수 보노Bono가 옷과 장신구를 브랜딩하여 에이즈 연구 기금을 모금했던 프로젝트 레드(RED)일 것이다. 자선을 소비 개념으로 바꾸어 놓은 이 모델은 급속히 확산되어 티셔츠나 신발을 산 사람은 '운동가'가 되고, 누군가를 돕는 일의 가치에 가격표가 붙는다. 비영리단체 종사자들도 후원자들에게 구매가 되고 교환되는 인기 상품처럼 취급받는다고 느낄 때가 많다고 말한다. 자료에 집착하는 후원자들은 비영리단체의 활동을 '결과물'로 상품화하여 자기들 돈이 잘 쓰였는지 증거를 요구하고, 새로운 인기 '상품'을 찾아 기성 조직을 내팽개치며 태도가

돌변하는 경우도 잦다.[35]

이러한 근시안적 태도는 대부분 높은 이직률로 이어진다. 때때로 비영리기관들은 어떤 방법이 가장 좋을지를 찾아낼 틈도 없이 자금 부족으로 문을 닫게 된다. 활동가였던 아마라 H. 페리스가 일하던 단체도 똑같은 일을 겪었다. 문을 닫은 것은 설립한 지 이제 막 3년이 지났을 무렵이었다. 페리스는 이렇게 썼다. "진척을 좀 보이자 주로 받았던 조언은 지역사회에서 어떻게 효과적으로 연대해 갈 것인지에 대해서가 아니라, 어떻게 효과적으로 기금을 모금할 것인가에 대해서였다. 지역사회를 위해 했던 일과 조직 운영 업무는 서로 성격도 완전히 달라, 직원들은 두 업무 사이를 왔다 갔다 해야 했다. 조직은 눈에 보이는 결과를 요구하면서도, 후원자의 요구로 강요된 '기업 문화'가 조직의 본래의 일보다 우선이었다. 어떤 활동이 유효했고 어떤 노력이 효과가 없었는지에 대해 반성하는 일은 일 취급도 못 받았다. 그저 직원들에게 더 오래 더 열심히 일하기만을, 그래서 번아웃까지 치닫도록 강요당했다."[36]

매우 다양한 노동자들이 번아웃을 외치지만, 증상은 부문별로 다르게 나타난다. 소매업에서는 매번 8시간 교대근무를 할 때마다 착용해야 하는 웃음이 고역이지만, 대의명분을 위해 일하는 비영리단체 노동자들의 경우는 약간 다르다. 세계보건기구가 정의하는 번아웃의 특징은 1. 탈진된 느낌 2. 일에 대해 느끼는 정신적 거리감, 혹은 일에 대한 소극주의와 냉소주의 3. 업무효율 저하이다. 2, 3번 증상은 업무에 대해 애착과 긍정적 감정이 있었다는 점을 방증하지만, 1번 '탈진'의 경우는 모든 노동자에 공통으로 해당한다. 다시 말해 번아웃은 사랑 노동 시대의 문제이고, 비영리단체나 정치단체 노동자들과 연관 지어 자주 논의되는 것은 당연하다. 이 노동자들은 애슐리처럼 믿고 있는 큰 이상이 있으니 일을 위해 삶을 포기하라는 기대를 받지만, 그 이상이 당신을 막 대하고 있다면 그 이상을 믿기가 점점 더 힘들어진다.[37]

하지만 비영리 조직들은 근무 여건 개선에 저항하고 있다. 오바마 행정부 시절 노동부가 초과근무 기준을 상향 조정해 더 많은 근로자가 초과근무 수당을 받게 되자, 대형 비영리단체들은 성명서를 통해 늘어난 인건비 부담으로 자신들이 결국 파산하고 말 것이라고 주장했다. 비영리단체 관리자들은 급여 지출이 많아지면 조직이 제공하는 서비스 규모도 축소될 것이라고 주장하며, 직원들과 직원들이 돕고 있는 사람들을 이간질했다. 하지만 애초에 임금 수준은 낮다. 2014년 한 연구에 따르면 미국에서 물가가 비싼 지역 중 하나인 뉴잉글랜드 소재 비영리단체 근로자의 40퍼센트 이상이 전국 중위 소득에 훨씬 못 미치는 연봉을 받는 것으로 나타났다. 한 업계 관계자는 이렇게 꼬집는다. "저는 사회변화를 위한 열정이 고된 일을 하며 하루를 다 바치다시피 하는 사람들에게 무기로 쓰이는 경우를 너무 자주 봤습니다." 여러 연구에 따르면 미국과 캐나다의 비영리 조직들은 전체 노동시장보다 이직률도 더 높다. 업무 강도가 높고, 근로자들은 이직하거나 혹은 다른 분야로 떠나지 않는 이상 그런 일상에서 빠져나올 기회가 거의 없다는 뜻이다. 조직들은 빠듯한 예산과 인색한 후원자들을 탓하지만, 비영리 부문 노동 문화가 '적은 자원으로 더 많은 일 하기'를 우선시한다는 점도 부인할 수 없는 사실이다.[38]

후원자들이 발휘하는 영향력의 실상은 자주 입에 오르내리는 한 일화에서 분명히 드러난다. 억만장자 조지 소로스George Soros는 '열린 사회 재단'을 설립할 당시, 방 안에 있던 사람들에게 화가 나서는 주먹으로 책상을 내리치며 "이건 내 돈이오. 내 식으로 할 겁니다."라고 말했다. 그때 한 직원이 냉큼 이렇게 얘기했다고 한다. "소로스 씨, 죄송하지만, 재단 자금의 반은 소로스 씨 돈이 아니라 공공자금입니다. 재단에 소로스 씨가 투자하지 않으셨다면 지금쯤 그 나머지 반의 자금은 재무부 금고에 있을 겁니다." 이 이야기가 사실이든 아니든 부자들이 사회에 쓰일 돈에 어떻게 통제력을 행사하고 있는지를 보여준다. 이들이 그렇게 행동할 수 있는 이유는 세법상 그런 행동이 허락되기 때문이다. 이들은 심지어 자기들이 기부하는 돈에 대해서 통제권을 쥐고 있다. 이 올가미를 피하고자 일부 풀뿌리 조직들은 부자들 대신, 해당 지역사회에 봉사를 하며 자금을 끌어오는 기금모금 방식에 의존해왔다.[39]

불평등 구조가 오래 유지되었다는 것은 부유한 후원자들이 백인일 경우가 더 많고, 유색인종을 고용하고 보살피는 조직들은 자금 조달에 안간힘을 써야 한다는 뜻이다. 위에서 언급했듯이, 지역사회로 자금이 흘러 들어갔다면 그 자금은 대개 적당히 영향력이 있거나 서비스를 제공하는 비정부 조직들에 돌아가지, 강하게 주장을 펼치며 연대하는 조직들은 제외된다. 비영리단체의 급여를 낮게 책정하면 그 정도의 돈은 필요 없는 사람들이 그 일을 할 가능성이 높고, 문제는 저임금에 그치지 않는다. 부유한 백인들이 비영리단체 일자리들을 장악하게 되면, 빈곤층의 삶은 개선되어야 하고 빈곤층이 부유한 백인들의 삶을 닮도록 가르쳐야 한다는 오류를 반복할 뿐이다. 게다가 지원이 줄기라도 하면, 특히 코로나19로 불경기가 초래되는 힘든 시기라면 유색인종이 이끌어가고 유색인종을 돕는 기관들이 가장 큰 타격을 입는다. 그라운드스웰 기금Groundswell Fund 설립자이자 이사인 바네사 다니엘Vanessa Daniel은 《뉴욕 타임스》에 기고한 글에 자선 사업가들은 사회복지사업을 '고급화gentrify'한다고 적었다. 여성과 유색인종 성전환자들이 이끄는 조직들을 지원하는 다니엘은 "하버드 대학에서 빈곤 문제를 공부한 젊은 백인 남자가 제안서로 백만 달러 보조금을 받기가 수십 년을 현장에서 일한 40대 흑인 여성이 2만 달러 보조금을 받기보다 훨씬 더 수월하다."라고 지적한다.[40]

'흑인의 목숨도 소중하다'는 외침이 다시 전 세계 곳곳의 거리에서 터져 나와 2020년 봄에서 여름까지 소요 사태가 일었다. 이런 일들이 터졌을 때 누가 자금 지원을 받아야 하는지의 문제는 특히 중요하다. 5달러에서 20달러에 이르는 적은 액수의 기부금이 구금되어 직장생활이나 가족관계에 문제가 생긴 사람들을 위한 석방기금들과, 이전부터 운영되어온 풀뿌리 조직들에 엄청나게 쏟아졌다. 하지만 프린스턴 대학 교수였던 키앙아 야마다 테일러keeanga yamahtta taylor가 썼던 대로, 기부자들이 흑인 단체에 손을 뻗었던 이유는 "결속을 위해서가 아니라 사회운동에 내재한 진보적 속성을 자신들의 '브랜드'와 연결하기 위해서"였다. 테일러 교수는 비영리단체들이 특히 자금이 말라가면서 앞다투어 자금을 지원받으려고 했고 결국 서로 경쟁하게 되었다는 점을 강조한다. "어떤 운동에 자금이 더 유입될수록 그 운동의 평판과 영향력, 목소리가 높아지며 더 큰 힘이 생긴다. 이 역학이 결국 경찰 폭력과 살인에 맞서는 데 필요했던 단합에 파고들었다." 자금 지원을 받을 수 있던 단체들은 대개 점진적인 변화를 외치던 조직들이었고, 거리 곳곳에서 들렸던 폭동의 언어를 사용하던 조직들이 아니었다.[41]

비영리단체 자금 지원을 받아내는 사람들이 창업 지원을 받아내는 사람들과 꽤 닮았다는 점은 단순한 우연이 아니다. 펀딩 결정을 내리는 사람들은 어쨌거나 사회에서 가장 부유한 사람들인데다가, 요즘 대부분의 투자나 기부를 하는 사람들은 기술·금융 분야의 부호들이고 투자와 기부를 동일한 사고방식으로 접근하는 사람들이다. 후원자들의 이러한 결과지향적 소비주의는 노동자들에게 눈에 보이는 결과를 내야만 하는 압박이 된다. 그 결과는 후원자들에게는 괜찮은 '사업'이 되지만, 그 '사업'은 사회가 앓고 있는 나날이 곪아가는 상처에 반창고를 붙인 정도다.[42]

한 국가 안에서 부유층이 자선사업을 이용해 공공정책에 영향을 미치며 정치적 힘을 발휘한다면, 해외에서도 마찬가지다. 실비아 페드리치는 중산층이 빈곤층에게 어떻게 행동해야 하는지를 명령

하는 방식이 바로 가난한 국가들이 부국들의 소비를 위해 생산 활동을 하는 "새로운 국제적 노동 분업"과 일치한다고 꼬집는다. 따라서 선진국 여성들은 일터에서는 물론 비정부조직과 지원을 통해 후진국 여성들의 감독자로 군림하게 된다. 남반구의 저개발국들에서 진행되었던 변화의 운동들에는 해외 부자들의 입맛과 우선순위가 교묘히 깔려 있다.[43]

　기부자들이 자신들이 기부하는 단체의 직원들이 '잘되는 사업'을 하길 원한다면, 직원들은 어떻게 느끼고 있을까? 적은 보수로 장시간 일을 해야 한다는 기대는 위에서만 내려오지는 않는다. '사회 운동' 조직 내부의 문화도 자기희생을 강요하는 데 일조한다. '운동가'들은 뭔가 다른 사람들이고 더 헌신적이라는 추측 때문에 자원봉사 노동자들과 그들이 돕는 사람들 사이의 오래된 이분법이 반복된다. 일과 삶의 균형은 이 부문 노동자들이 포기하기로 선택한 것이지만 그 선택이 이내 곧 자격요건으로 둔갑하리라는 것을 모르고 내린 선택이었고, 결국 쉬고 싶을 때 쉬지도 못한다. 번아웃을 호소하는 사람들은 열정이 부족하거나 급진적이지 못하다고 재단된다. 이렇게 힘든 환경에서 열심히 노력해 조직에서 승승장구하더라도 결국 밑에 사람들에게 똑같은 노력을 강요한다.[44]

　이러한 희생 문화로 비영리부문 노동자들은 회의, 기부자와 전화 통화 등으로 퇴근 시간 이후에도 자리를 지키거나 집에 가서도 늦게까지 프로그램을 기획하며 일한다. 동성애자 인권 옹호 단체인 '평등 반대Against Equality'의 공동 창립자 야스민 나이르Yasmin Nair는 비영리단체 노동자들이 사랑이라는 이름으로 개인적인 이야기를 나누고 자신들의 약점을 드러내기를 강요당한다고 썼다. "우리는 이 일이 유급이든 무급이든 일을 사랑하라는 기대를 받았을 뿐만 아니라, 서로 사랑하며 함께 투쟁해 나간다고 기대도 받았다." 그렇게 일하면 인정받고 영웅시될 수도 있지만, 누가 뒷정리를 하고, 회의장에 접이식 의자를 열 맞춰 펴놨는지와 같은 소소한 일들은 못 보고 지나쳐질 수도 있다. 하지만 이 모든 것이 조직뿐 아니라 자본주의 사회가 시계처럼 멈추지 않고 돌게 하는 재생산 노동이다.[45]

비영리단체 노동자들은 자신들을 위한 요구를 하면 고객과 거리가 생겨버리는 일에 익숙하다. 교사들과 의료계 종사자들처럼 급여 인상을 요구하거나 연대해 파업하겠다고 하면 헌신이 부족하다고 손가락질 당한다. 반면 수혜자들과 너무 가까워지면 전문성이 떨어진다고 비난받는다. 봉사하는 사람들과 처지나 배경이 비슷한 비영리단체 노동자들에게 특히 쏟아지는 의심의 눈초리이다. 이들이 자금 부족을 겪는 것이 사실이고 직원 훈련, 장비, 괜찮은 사무실은 물론 직원 기본급 같은 간접비 지출을 머뭇거리는 것도 사실이다. 그렇다고 부족한 것들을 노동자들이 채우기를 기대하는 것은 불공평하다. 누군가가 기대 이상으로 열심히 한다면 일에 대한 열정으로 받아들여지지만, 이로 인해 열정적인 노동자들이 당하는 착취가 정당화된다.[46]

마지막으로 집계했을 때, 미국의 비영리 부문 노동자 수는 1,200만 명이었다. 전체 민간 부문 고용의 10퍼센트 이상에 달한다. 영국도 자선 부문 종사자가 80만 명이 넘는 것으로 나타났다. 엄청난 노동력이고 일부는 '비영리단체 경영' 석사학위를 소지한 경우도 있다. 대부분은 신념을 갖고 뛰어들었지만, 조직에서는 말단 신세다. 애슐리와 비슷한 근무 환경에서 애쓰는 경우도 많다. 결국 이들이 스스로를 지키고 근무 환경을 개선하기 위해 노조를 결성하기 시작했다는 사실은 놀랄 일도 아니다.[47] 하지만 비영리단체 노동자들에게는 연대하려고 할 때 부딪치는 자신들만의 모순이 있다. 평등과 대의에 대한 헌신을 설파하는 경영진이 거센 반대자로 돌변한다는 점이다. 노동권 운동가이자 언론인인 스터즈 터클Studs Terkel의 활동에 영감을 받아 설립된 뉴욕 소재 '스토리코프StoryCorps'는 직원들의 노조 결성을 필사적으로 반대했다. 『소명: 일의 의미와 열정Callings: The Purpose and Passion of Work』의 저자이고 조직 창립자이자 회장인 데이비드 아이세이Dave Isay는 직원들에게 보낸 이메일에서 스토리코프에 노조가 생기면 "단절이 일고 더 엄격하고 딱딱한 일터가 될 것이며 적대적 조직문화가 조장될 것입니다."라고 했다. 하지만 직원들은 연례 기금모금 행사장 밖에서 피켓 시위를 하는 등 2년이 넘는 싸움을 통해 노조투표권을 따냈고 첫 고용계약을 쟁취했다. 스토리코프 한 직원은 이렇게 말했다. "다른 많은 진보 단체처럼 우리도 우리가 세상에 알리려는 가치와 동일한 가치를 일터에서도 요구하고 있다는 것을 경영진이 이해할 것이라고 믿습니다."[48]

2020년 코로나19 팬데믹이 유행했을 때, 비정부기관 노동자들에 대한 이중구속도 심해졌다. 더 많은 사람이 도움이 필요했고 더 많은 사람이 연대를 원했지만, 팬데믹이 낳은 경기침체로 비영리 부문에 대한 자금 지원도 말랐다. 이전부터 노조 결성을 준비해 오던 비영리 부문 노동자들은 앞으로의 자신들 생존 문제에 영향력을 행사하려면 서둘러야 할 이유가 생겼다. 비영리 전문직 종사자 연합 회장 케일라 블라도의 설명에 의하면, 추가 7개 비영리단체가 경영진에게 노조를 인정해 달라고 요구했음을 발표했고, 이 책을 쓰는 시점(2022년)에는 노조 결성 초기 단계에 있는 수백 명의 노동자들과 대화 중이라고 했다. 블라도는 많은 회원들이 적지 않은 학생 대출금을 안고 있다고 했다. 졸업하고 보니 코로나19로 불경기가 시작되었고 의료보험과 주거 여건도 불안하다.[49]

시카고 교원단체가 했던 말을 그대로 빌려 쓰자면, 비영리단체 노동자들이 처지는 이들이 돌보는 사람들의 처지이기도 하다. 노동자들의 과로와 번아웃은 그들이 특별한 열정이 있어서가 아니라 착취의 결과이다. 지금의 체제로 돈 많은 자선 사업가들은 세제 혜택과 함께 자신들의 막대한 기부금에 대한 통제력도 유지할 수 있다. 어찌 됐든 비영리 조직들은 자본주의 체제에서 운영되다 보니, 2016년 트럼프가 당선된 후 가족계획연맹에 기부한 수십만 명 같은 보통 사람들도 약간의 특권의식을 느끼기도 한다. '미네소타 자유 기금Minnesota Freedom Fund'은 작은 조직이었는데, 조지 플로이드 사건으로 미네소타 지역에 일어난 소요 사태 이후 기부금이 3천만 달러에 육박하자 왜 그 돈을 모두 사용하지 않느냐며 SNS에 반발이 빗발쳤다. 뚜렷한 결과물을 요구하는 병이 대형 기부자에서 우리 모

두에게 전이되었다.[50]

돈 많은 기부자든 트위터에서 일어나는 의견이든, 당장의 이익만을 생각하는 이런 사고방식은 실질적 변화를 만들어가는 노력에 도움이 되지 않는다. 인종차별은 불과 몇 주에 해결될 문제가 아니다. 보통 사람들의 작은 기부로 운동가들이 지속 가능한 운동을 펼쳐갈 수 있다. 또한 세상 전체를 이미 통제하고 있는 자들 대신, 헌신하고 있는 지역사회 운동가가 더 나은 모델로 가는 방향을 제시할 수 있다. 자본주의가 끝도 없이 쏟아내는 위기들에 대처하며 더 영구적인 변화를 주도하고 다른 균형을 찾아가는 데 보통 사람들이 힘이 될 수 있다. 루스 윌슨 길모어가 쓴 것처럼, "목표는 해방을 얻어내는 것이지 조직이 오래 버티기 위해서가 아니다."[51]

◇�){

애슐리의 어머니는 오랫동안 노조원이었고, 다른 가족들도 노조에서 활동했다. 그래서 한 동료가 애슐리에게 노조 결성에 관심 있냐고 물었을 때 바로 합류했다. "노조를 만든다고 무슨 해가 있겠어요? 노동자들 돕겠다는 얘기잖아요."

노조 결성 움직임이 거세진 진짜 이유는 2017년 5월 연맹이 와이오밍주에 하나뿐이던 의료센터를 포함해 몇몇 진료소 문을 닫는다는 발표를 한 것 때문이었다. 연맹 측은 재정상 문제라고 했다.

병원들이 보험사와 메디케이드로부터 충분한 변제를 받지 못해 운영이 힘들다는 이유였다. 애슐리는 그간 알게 된 직원들과 환자들이 있는 병원들을 폐쇄한다는 소식에 울화가 치밀었다. "병원에서 일하던 저희 누구도 이 결정을 내리는 과정에 참여하지 못했습니다. 저희와 상의도 하지 않았고, 저희에게 묻지도 않았고 일방적인 통보였어요."

하지만 갑작스러운 소식에 당황해서 이제 어디로 가야 하냐고 묻는 환자들의 말에 정작 답해야 하는 사람들은 의료센터 직원들이었다. 애슐리는 "'너무 막막해요. 이제 어디로 가요? 보험료를 감당할 처지도 못 되고, 여기 말고는 제 형편에 마땅히 갈 곳이 없어요.'라고들 말하며 병실에서 우는 환자들도 있었어요."라고 했다. 환자들의 질문에 대답하며 직원들은 노조의 필요성을 뼈저리게 느꼈고, 국제서비스노조연맹 콜로라도 지부와 한동안 의논한 결과 노조 결성 운동을 대중들에게 알리는 일을 돕겠다고 했다. 당시 가족계획연맹 본부에서 오랫동안 회장으로 있던 세실 리처드Cecile Richards는 젊은 시절 국제서비스노조연맹의 조직책으로 일한 적이 있었다. 동참하겠다는 직원들이 늘어갔다. 하지만 협상해야 할 사람은 가족계획연맹 지부 경영진이었다. 그들은 홈페이지에 '노조를 막는 법'이라고 홍보하고 있는 법률사무소를 고용했다.[52]

애슐리는 병원의 반노조 활동 강도에 놀랐다. 병원은 주중 시간에 직원들을 모아 놓고 노조가 왜 잠재적으로 불리한지를 설파하는, 일반적인 노조 방해 전술 중 하나를 동원했다. 직원들은 그런 강연들 때문에 환자들을 돌봐야 할 시간이 뺏겼다. "병원 측은 임금협상에 시간이 너무 오래 걸려 그동안은 임금이 동결될 것이고 결국 그러다 보면 관리자들과의 관계에서 부정적인 영향을 미칠 뿐만 아니라 환자 돌봄에도 역시 부정적으로 작용할 것이라고 주장했어요." 하지만 애슐리는 노조가 생기면 직원들이 더 이상 지치지 않고 금전적으로 힘들지 않게 되어 환자 돌봄이 오히려 개선될 것으로 믿었다. "여성 인권을 지지한다고 주장하면서 직원들은 생활이 쪼들리거나 가족을 돌볼 경제력이 없는 조직이라면 굉장히 위선적이고 절망스러운 조직입니다. 저는 그런 가치는 믿지 않아요."

당시 애슐리와 애슐리 동료들만 곤란을 겪고 있던 것은 아니었다. 전국의 여러 연맹 직원이 출산휴가나 의사가 권고하는 휴가조차 거절당했고 아기를 낳으면 쫓겨났다는 사실을 2018년 《뉴욕 타임스》에 제보했다. 임신 사실을 알리면 고용이 취소됐다고 말한 직원들도 있었다. 가족계획연맹은 예외가 있긴 했지만, 일반적으로 육아휴직을 지원하지 않았다. (연맹은 《뉴욕 타임스》에 "전국에 12,000명에 달하는 직원들에게 유급 출산휴가를 지원하는 데 필요한 비용을 검토"해보겠다고 했지만, 2019년에도 직원들의 육아휴직 청원은 계속됐다) 해당 기사에는 가족계획연맹을 상대로 2013년부터 진행되어온 십여 개의 소송에 대한 언급도 있었다. 가족계획연맹 시애틀 지역 담당자는 병가를 허락하면 병원들 문을 닫을 수밖에 없다고 변명했다. 애슐리가 동료들과 노조 결성작업을 시작했을 때 가족계획연맹의 56

"여성 인권을 지지한다고 주장하면서
직원들은 생활이 쪼들리거나 가족을
돌볼 경제력이 없는 조직이라면 굉장히
위선적이고 절망스러운 조직입니다.
저는 그런 가치는 믿지 않아요."

개 지부 중, 다섯 군데만 노조가 있었다. 노스캐롤라이나주 가족계획연맹에서 일하던 한 간호사는 노조를 만들며 겪었던 어려움들을 기자들에게 털어놨다. "조직의 사명과 이상에 너무 치중하다 보니, 많은 비영리 조직에서처럼 근무자들이 저임금과 적은 복지혜택을 받으며 착취될 수 있는 취약한 구조입니다."[53]

자금이 부족하다며 앓는 소리를 하는 가족계획연맹을 봐왔던 직원들은 노조를 추진하며 좌절감이 들었다. 트럼프 대통령 당선 이후, 다른 진보성향의 비영리 조직들처럼 가족계획연맹으로 들어오는 기부금은 하늘을 찔렀다. 한 추측에 따르면 가족계획연맹 기부금은 선거 후 1,000퍼센트가 뛰었으며, 애슐리는 2015년 콜로라도 스프링스 가족계획연맹 총기 난사 사건 후 특히 가족계획연맹 로키산맥에 기부금이 늘었다고 한다. 그리고 그 기부금 중 일부가 노조 결성을 방해하는 데 쓰였다. 비싼 수임료를 받고 일하는 조합 깨부수기 전문 변호사들이 꾸린 서류가 애슐리를 포함한 직원들 집에 날아들었다.[54]

노조 결성을 추진하던 애슐리는 이동직이었기 때문에 보통 다른 직원들보다 더 많은 동료와 이야기를 나눌 수 있었다. 하지만 그래서 일상은 더 힘들었다. "솔직히 6~8개월 내내 퇴근하는 차 안에서 매일 울었어요. 노조 만드는 일 자체가 또 일이에요. 감정 소모가 많은 늘 하던 일에 또 일이 생긴 셈이었고 긴 이동시간도 있었죠." 동료들도 같은 이유로 힘들어했고 감금 강연장에 앉아 있느라 근무 시간을 뺏기기도 했다. 자신 같은 시간 급여를 받는 직원들이

'하찮다'는 취급을 받는 현실도 화가 났다. 병원이 한가하면 일찍 퇴근시켰고, 예산이 부족하면 근무 시간도 줄어들 수 있었다. "우리가 일회용 같다는 생각에 늘 마음이 아팠어요."

애슐리는 자신들이 돈을 벌기 위해서가 아니라 그저 사명감으로 일한다고 치부되고 있는 것 같다고 느낀다. "모든 비영리단체가 다 똑같아요. 하지만 사명과 가치를 여성 인권 신장에 맞춰놓고 어떻게 급여를 주지 않는 것의 핑계로 이용할 수 있죠? 그러니 존중과 정의는 환자와 그 외 사람들을 위한 것이지, 우리는 낄 수 없구나 하고 자주 느낍니다. 하지만 저희는 사람들에게 그런 대접을 해줘야 했고 그래서 저희 안에서 꺼내왔어야 했어요."

노조 투표는 2017년 말에 있었다. "투표 집계가 있던 날 연맹이 모두에게 휴일 보너스라는 것을 줬어요. 어떻게 그때 딱 맞춰서 말이죠. (웃음)" 72대 57로 노조를 찬성하는 쪽이 우세한 결과가 나왔고 애슐리는 뛸 듯이 기뻤다. 2018년으로 접어들며 애슐리는 협상 팀에 발탁되었고 노조의 첫 근로계약 협상을 고대하고 있었다. 그런데 가족계획연맹 로키산맥이 위원회에 투표 결과에 대한 이의신청을 이미 진행 중이었다. "우리가 노조를 결성하려고 하던 때 그 사람들 말은 늘 이랬어요. '우리는 가족입니다. 노조가 왜 필요해요. 기회균등 정책도 마련되어 있잖습니까. 서로의 이야기를 들어봐요. 제3자가 들어와서 우리를 대변하거나 우리 대신 결정을 내려줄 필요 없습니다. 같이 이야기해봅시다.'" 그러더니 연맹은 투표 당시 가족계획연맹 로키산맥 산하 24개 병원 중 불과 14개 병원만 협상팀에 포함되었다며 불공평한 선거라고 주장했다. 애슐리는 이의신청을 알게 된 순간 연맹이 노조에 얼마나 강경하게 나올지를 깨달았다고 했다. "이런 것이 가족은 아닙니다. 가족이라고 말하고 싶겠지만, 가족끼리 서로 이렇게 대하지는 않아요."[55]

당시 전국 노동관계 위원회는 트럼프 대통령이 임명한 사람들로 꾸려져 있었다. 그들은 노조 권리를 빼앗는데 분주한 반대 입장이었다. 이 갈등은 사람들의 입을 타고 전국에 알려졌다. 콜로라도주 민주당 의원 37명이 가족계획연맹 로키산맥 노조 지지서약서에 서명했다. 서약서를 발표한 의원들은 기자들에게 이 같이 말했다. "우리는 최전선에서 일하고 있는 근로자들이 급여, 근무 환경, 안전, 고객 만족을 머리를 맞대고 의논해가겠다는 선택을 했는데, 연맹이 그 선택을 존중하지 않으려고 한다는 사실에 놀랐고 안타까울 따름입니다."[56]

하지만 그해 4월 전국 노동관계 위원회는 첫 결정에서 연맹 측의 손을 들어주었다. 분쟁이 길어지면서 직원들은 노조 결성에 대해 계속 열의를 유지하기가 힘들 때도 있었다. 많은 사람이 그냥 끝냈으면 했다. 하지만 조합을 깨부수려는 시도가 벌어질 때마다 애슐리는 결의를 더 다져갔다. "우리 때문에 기부금이 줄어들었다며 손가락질당하고 있다는 기분이 들었어요. 언론도 저희 탓이라고 했죠. '보세요, 당신들이 자초한 일이에요' 라면서요." 애슐리는 사측이 보여준 '감히 어딜 대들어'라는 태도도 화가 났다. "이런 상황에서 어떻게 저희가 괜찮은 직장을 갖기를 기대할 수 있을까요? 어떻게 우리에게 생활이 가능한 정도의 임금을 지불하지 않을 수 있죠? 어떻게 근무 여건에 문제가 있다는 우리 얘기를 안 들어줄 수 있죠?"[57]

이런 시간이 지나고 결국 합의가 이루어졌고 가족계획연맹은 노조반대를 철회했다. "8월에 결정이 내려졌던 것으로 기억해요. 저는 9월에 관뒀고요. 저는 '와, 우리도 노조가 생겼어! 하지만 더 이상 여기서는 일 못해'라는 마음이 들었어요." 노조 결성에 그렇게 열을 올렸으니 승진의 기회는 절대 주어지지 않을 것도 알고 있었다. "환자들, 여성들의 재생산권과 노동권에 대한 제 믿음이 의심받았죠. 하지만 노조를 추진했던 건 같이 일한 사람들을 아끼기 때문이었어요. 우리는 더 잘할 수 있고 더 잘해야 할 간절한 필요가 있기 때문에 했던 일이에요."[58]

노조는 2019년 첫 계약서를 받았다. 그리고 애슐리는 다른 재생산권 기관에서 관리직으로 일하게 됐다. 하지만 새 직장에도 똑같은 고질적인 문제들이 있었다. 애슐리는 이런 현실이 수면 위로 떠오르고 있는 부분적인 이유가 세대교체 때문이라고 했다. 젊은 세대들의 학자금 대출 부담이 늘었고 경제가 더 불안해졌을 뿐만 아니라, 그들이 지향하는 정치적 가치도 이전과는 다르다. "이 일을 시작하는 대부분 사람은 부당한 문제나 정책에 시달려봤기 때문인데, 일해보면 그냥 속은 거구나 하고 느끼죠. 경제적 정의는 재생산권 정의와 별개가 아니에요. 노동권은 재생산권 정의 가치와 페미니스트 가치와 같은 선상에 놓여 있습니다."[59]

애슐리는 떠났지만, 전국 가족계획연맹 노동자들은 연대를 계속했고, 특히 2020년 코로나19 시기 활동이 더 두드러졌다. 텍사스주에서는 2020년 4월 대략 20명의 직원이 해고됐고 이들은 노조 결성 시도에 대한 보복이라고 의심했다. 해고되기 전 그들은 개인보호장비 부족과 유급병가 부족에 대해 문제를 제기했다. 한편 한창 시위가 전국을 휘젓고 있을 때 뉴욕 가족계획연맹 직원들도 들고 일어나 지부회장을 내쫓으며 "흑인 직원들에 대한 조직적인 인종차별, 급여 불평등, 승진 기회 부족"을 외쳤다. 이들은 코로나19로 병원 직원들이 무급강제 휴가 조치를 받은 상황에서도 맥퀘이드는 변함없이 억대 연봉을 챙겨갔다고 지적한다. "뉴욕 가족계획연맹은 모든 직원이, 특히 흑인 및 기타 유색인종 근무자들이 전문성을 존중받고 의사결정과정에 참여할 수 있는 곳을 꿈꿉니다."[60]

애슐리는 곧 대학원에 진학할 예정이고 이후 다시 자신이 사랑하는 이 일로 복귀할 생각이지만, 현재는 재생산권 관련 일을 그만두었다. 하지만 과연 다시 돌아오게 될지는 늘 의문이다. "다들 '돈 벌려고 이 일을 하지는 않죠. 좋으니까 할 수 있는 일이죠'라고 하지만, 글쎄요, 왜 둘 다 가지면 안 되죠?"

2부

'일을 즐겨라'는
말 뒤에
숨겨진 것들

예술이라는 노동, 예술가라는 직업에 대하여: 예술가

전 외롭게 작업실에서 혼자 작업하는 예술가는 아닌 것 같아요. 제 작업실 속에 세상이 펼쳐져 있거든요.

아일랜드 코크Cork시에 있는 크로퍼드 미술대학 인쇄실 창으로 해가 들던 늦은 오후, 케이트 오시어는 밝은 연두색 물감을 커다란 인쇄용 스크린에 쏟아부었다. 대학 입주 작가로 급여는 없지만, 훌륭한 교내 시설을 사용할 수 있다. 인쇄기에 몸을 기울여 화사한 연두색 스크린을 짙은 자주색 물감에 포개자, 스크린 위 글자들이 굵은 모양, 글씨, 형태를 가로지르며 여러 방향으로 흩어졌다. 스크린을 들어보니 옅은 무지개색으로 섞여 있었다.

그는 오래된 작품에 새 물감을 덧씌우는 프로젝트를 진행 중이었다. 조금 전 부었던 연두색 밑에 오래된 인쇄물은 코크시에 버려진 한 은행 건물에서 공동제작자 이브 올니와 올렸던 전시회에 선보인 작품이었다. "모든 작품은 아이디어, 기법과 이론들을 켜켜이 쌓는 작업이에요. 그리고 저는 예술의 또 다른 영역을 인쇄를 통해 이해하죠. 모든 전시회는 바로 이전 전시회를 기초로 해요. 그러니까 기본적으로 기존에 남은 것에 무언가를 새로 얹어 인쇄하는 거죠. 결국 모두 하나의 작품인 셈입니다."

오시어는 모노 프린트, 산업용 레이저로 절단한 스텐실 기법, 대학교 안에 있는 스크린 등 다양한 방법으로 작품을 만든다. 내가 찾아갔던 날은 두꺼운 종이와 신문지 위에 했던 과거 작품에 인쇄를 하고 있었다. 그 외에도 접은 종이, 엉겨 붙은 종이, 새 종이 위에도 다양한 아이디어를 실험 중이었다. 내가 있는 동안 한 예술가가 와서 작업을 하고 떠났고, 한 작업실 근무자는 오시어가 인쇄기를 설정하는 일을 도와줬다. 조각이나 그림은 주로 혼자만의 고독한 작업일 수도 있지만, 판화의 경우는 절대 그럴 수 없다고 오시어는 말한다. 대학 안에서 작업하지 않을 때는 '코크시 판화가들Cork Printmakers'이라는 공동체 공간에 마련한 작업실에서 여기저기서 모은 것들을 쌓아두는 서랍장을 뒤지며 어떤 재질에 새 물감을 씌워볼까를 실험한다. "도시마다 판화가들이 있어요. 뉴욕, 필라델피아 등 어디에나 있답니다." 얼마 전 미국에 다녀왔을 때는 작업실을 쓰려고 피츠버그까지 6시간 운전해 갔다가 다시 숙소가 있는 뉴욕 해밀턴으로 돌아온 적이 있다. "판화 작업을 좋아하는 이유는 커뮤니티가 있기 때문이에요."

오시어가 추구하는 예술은 늘 사람들과의 소통을 포함한다. 원래 대학은 건축학과로 입학했다. "예술가는 딱히 직업도 아니고 사회적으로 인정받지도 못하잖아요.(웃음)" 건축은 창의적이고 돈도 잘 벌 수 있는 일처럼 보였다. "하지만 그때 우울증이 심각했고 덕분에 그만둘 수 있었어요. 그렇게 많이 아팠으니 망정이지 안 그랬

으면 고집스러운 제 성격상 아마 그냥 다녔을 거예요." 그는 우울
증 덕택에 삶의 모든 것을 다시 생각할 기회를 얻었다고 했다. 치료
를 위해 자랐던 동네로 돌아왔다. "천천히 요리에 재미를 붙였어요.
하루에 요리 하나는 꼭 했죠." 그 덕분에 아버지 땅에 있던 낡은 오
두막을 작은 카페로 만들어 경제적 자립도 할 수 있게 되었고 병도
많이 호전되었다.

오시어는 이 모든 경험을 통해 예술을 하면서 먹고살 수 있는 방
법을 찾아야겠다고 결심하게 됐다고 한다. 그리고 불경기가 이상하
게 도움이 되었다. "오히려 이런 시기에 예술가가 되겠다고 하기가
더 쉬운 것 같아요. 제 주변만 봐도 다들 자기 목표를 이루기가 쉽
지 않다 보니 아무 일이나 잠깐 하며 불안한 시기를 보내잖아요."
재능은 있어도 먹고살기 위해 형편없는 일을 하는 많은 지인과 비
교해보면 그렇게 상황이 나쁘다고 볼 수 없었다.

아일랜드에서 예술가로 살면 여러 가지 이점이 있다. 미술 학위
가 수십만 달러인 미국과 달리 아일랜드에서는 무료로 공부할 수
있었다. "미국에서 공부하는 것만큼의 돈이 필요했다면 예술가가
되겠다고 결심할 수 없었을 거예요." 게다가 아일랜드는 다른 유럽
나라들만큼 예술가 1인당 정부지원금이 높지는 않지만, 예술인을
위한 보조금이 나오기 때문에 생활비 충당에도 도움이 된다. 물론
과거보다는 복지 규모가 줄어들기는 했지만, 정말 수지 타산도 못
맞출 지경인 예술가들에게는 최후의 보루다.

오시어는 카페를 지역사회가 사용할 수 있는 공간으로 만들었

다. 그것은 일종의 예술 활동이면서 동시에 연대 활동을 펼치는 방식이기도 했다. "지역사회를 기반으로 한 사회 프로젝트에 음식을 활용해보면 어떨까 하는 생각을 했었어요." 예술의 길에 대한 확신이 없어 1년 과정 예술 수업을 들었고, 그 1년 동안 예술가가 될 수 있고 또 되어야 한다는 확신을 얻었다. 학교에서 판화를 접했을 때 창작 방식이 다를 뿐 카페 일과 비슷하다고 느꼈다. 운동가로서의 활동을 담아 판화와 작은 정치 간행물을 만들다가 책도 출간했고, 연대의 공간으로서 판화를 연구해 석사 학위도 받았다. 석사 연구로 1871년 파리 시민과 노동자들의 봉기로 수립된 자치정부 파리 코뮌Paris Commune, 1960년대 급진 인쇄소 운동, 오늘날 인쇄소 운동까지 다방면을 공부했다. "처음 판화를 시작했을 때는 제 머릿속에 있던 것들을 무작정 모두 꺼내 정말 화려한 건축물 작품을 만들었어요(웃음). 3년이 지나서야 정치적 색채를 담은 판화의 세계에 대해 알게 됐죠."

버려진 은행에서 열었던 전시회에는 판화와 카페 경험, 그리고 어느 정도의 건축 배경을 총동원했고, 작품 전시는 물론 전시 공간 디자인과 각종 행사 및 저녁 식사까지 기획했다. 오시어와 함께 그 은행에 갔을 때는 공사 인부들이 전시회 뒷정리를 하고 있었다. "미술관은 그 역사와 속성상 정말 상위 소수를 위한 곳입니다. 제 예술은 대안적인 세계를 창조해내서 세상을 보고 공간을 인식하는 다른 방법을 제시하는 것이 목적이기 때문에 보통 미술관에서 전시회를 한다면 그 목적을 이룰 수 없죠. 은행이나 교회 같은 공간에서 남길 것은 남기되 완전히 다르게 공간을 상상해 연출하는 것이 전시 작품들만큼 중요해요."

그는 미술관이나 자본주의가 내포된 '예술계'에 반대하는 것이 아니라, 그런 공간에서 소외감을 느끼는 이들을 미술관에 초대하는 것이 목표다. 하지만 이런 말도 했다. "큰 미술관에서 전시할 기회가 생기면 할 거예요. 늘 경제적으로 살아남을 방법을 찾고 있거든요." 생존 방법을 찾고 의미 있는 작품을 만들려면 작품을 팔아야 하고, 지원금과 입주 작가 신청도 해야 하고, 협업도 해야 한다. 다른 판화가들과 더블린 노조가 쓰는 리버티 홀 같은 역사적으로 유명한 곳에서 단체 전시회도 했고 카페나 작은 미술관에서 개인전을 열기도 했다. 하지만 무엇보다도 먹을 것이 있고, 타인과 소통할 수 있는 그런 공간을 연출해 전시회 이상이 되게 하려고 노력한다.

코로나19 팬데믹이 기습했지만, 오시어가 진행 중이었던 대부분 프로젝트는 끄떡없었다. 2020년 6월에는 1832년 아일랜드를 휩쓴 콜레라 팬데믹에 관한 프로젝트를 진행 중이던 예술가 마르 브렛의 프로듀서로 일하고 있었다. 크로퍼드 미대를 내가 방문했던 날 오시어가 공들이고 있던 인쇄물들은 더블린에 있는 예술단체 'A4 Sounds'가 진행하던 '우리가 원하는 건 지구뿐이에요We Only Want the Earth' 프로젝트 초기 활동과 관련되어 있었다. A4 Sounds의 프로젝트는 코로나19로 연기됐지만 취소되지는 않았다. 기대하고 있던 더블린에 입주 작가 자리는 코로나19로 연기되었지만, 입주 대신 온라인 대화 진행자 역할을 맡게 되는 기회를 얻기도 했다. 늘 셜

시간이 필요했던 차에 봉쇄령으로 고향에서 가족들과 지내며 꼭 작품을 팔아야 한다는 중압감에서 벗어나 예술가로서의 면모를 키워갈 수 있는 시간도 벌었다. 봉쇄령이 고마웠던 또 하나의 이유는 멀리 떨어진 사람들과 더 많은 이야기를 할 수 있었고 그런 대화를 통해 얻은 것들을 예술에 적용할 수 있었다는 점이다. "전 외롭게 작업실에서 혼자 작업하는 예술가는 아닌 것 같아요. 제 작업실 속에 세상이 펼쳐져 있거든요."

⫸ ⦿ ⫸

사랑이 역사 전반에 여자들이 할 일이라고 여겨졌다면 예술가는 남자의 일이라는 선입관도 역사 전반에 존재해왔다. 혼자 작업실에서 온 사방 물감을 튀기며 식사도 거르고 천재성에 이끌려 작업하거나 뭔가를 시도하다 죽는 그런 예술가의 모습은 역사의 산물이다. 그 자체가 특정 문화의 이미지라는 것을 아직도 많은 사람이 믿고 있다.

가정에서 아내가 하는 일이 마땅한 평가를 받지 못했던 그 오랜 시간 동안 남자 천재의 이미지는 높은 평가를 받아왔다. 게다가 그 천재는 그야말로 가정에 있는 여성과 정반대로 정의된다. 《디 애틀랜틱》의 메건 가버Megan Garber가 옥스퍼드 영어 사전에서 '천재Genius'의 어원을 연구한 결과, '한 사람의 타고난 성향의 의인화, 숭배의 대상으로 간주할 법한 영혼이나 성격, 한 공간의 영혼, 기업의 영혼, (문학에서는) 재능, 영감, 재능을 타고난 사람, 또는 일반적인 악령이나 영적인 존재'의 뜻도 있었지만, 눈에 띄는 파생 의미는 '가정의 남성 정신'이었다. 그래서 여자들이 천재에 관한 담론에서 자주 누락되는 것이라고 가버는 지적한다. 이 궤변에 따르면 여성들은 영감을 주는 뮤즈 (혹은 뒷정리하는 주부들)이고 그래서 그들이 예술가가 될 수 있는 경우는 거의 없다.[1]

또한 그런 이유로 우리는 천재가 무슨 '일'을 하는가를 생각할 때 어려움을 겪는다. 영혼, 악령, 영적 존재, 숭배의 대상이라는 그 모든 단어를 살펴보면, '타고난 성향' 이외에도 정신과 관련된 신비한 무언가를 의미한다. 가버는 이렇게 썼다. "천재성에 대한 숭배는 그 자체로 믿음이다. 초월, 예외, 그리고 옆에 걸어가는 누군가가 신일 수도 있다는 믿음이다. 나아가 천재성은 그 자체로 체제의 인프라, 즉 기반이다. 우리는 천재성을 기반으로 예술을 체계화해왔고, 천재성의 장래성을 기반으로 경제를 조직해왔다." 천재성에 대한 그 믿음은 우리가 전혀 예상하지 못했던 많은 영역으로 흘러들어왔다. 천재에 대한 찬가들이 예술계는 물론, 첨단 기술 관련 언론 기사, 미디어에 넘쳐난다. 결국 어떤 사람들은 우리가 아무리 노력해도 얻을 수 없고, 할 수 없는 뭔가를 '타고났다'고 믿게 된다. 반면 누군가가 열심히 노력해서 얻는 진짜 능력은 경시된다.[2]

이처럼 능력이 경시되는 것, 즉 노동을 무시하는 것은 돌봄 노동을 타고난 여성성으로 치부해 무시하는 것과 같다. 이 경우를 통해 우리는 사람들이 특정 일에 대한 성향을 타고난다고 믿게 되고, 동시에 그 노동 자체는 당연하다고 학습된다. 여성의 무급 가사 노동에 대한 인식이 교직이나 소매업 노동과 같은 다른 일에도 번졌듯, 예술가 하면 떠올리는 우리의 고정관념도 프로그래머, 학자, 심지어 운동선수들이 하는 일에 대한 우리의 생각을 물들여왔다. 예술가가 일에 느끼는 로맨틱한 사랑과 여성들이 돌보는 일에 느끼고 있다고 생각하는 가족에 대한 사랑이 포개져 사랑의 노동이라는 신화가 완성되었다. 오늘날 노동에 대해 우리가 가진 인식은 그 신화에 조종당하고 있다.

수십 년 혹은 심지어 수세기 동안 예술 작품들에는 뭔가 심금을 울리는 아름답고 심오한 것이 존재한다는 점 때문에 예술가들은 사랑의 노동 신화에 시달린다. 왜 어떤 사람들은 예술 창조의 필요를 느낄까? 무언가를 창조하려는 욕구가 분명 인간적인 행위이기는 하지만, '그럴 수 있는 시간과 여력이 있으니까' 정도로는 답이 되지 않는다. 사회의 불평등적 요소들로 어떤 이들은 위대한 예술을 창조할 수 있고 다른 이들은 그럴 수 없게 되는 이유를 잘 감지해내는 존 버거John Berger 같은 마르크스주의적 예술비평가도 예술의 '탁월함'에 대해 말한다. "제가 말하는 탁월함이란 마음을 움직이는 예술 작품이 가진 힘을 말합니다." 작가인 루이스 하이드Lewis Hyde는 예술가가 재능을 '선물 받은' 자여서 세상에 자신의 예술을 선물로 주기 때문에 예술은 자본주의 경제에 적합하지 않은 일종의 선물이라고 주장한다.[3]

맞는 얘기일 수도 있다. 하지만 예술은 자본주의 체제하에 존재하고 있고, 많은 사람에게 다양한 일자리를 제공한다. 부업이 되는 경우도 있고 전혀 돈을 못 받는 일일 수도 있다. 가르치는 일, 파는 일, 비평하는 일도 있고, 작품 창작을 보조하며 자신들의 이름을 미술관 벽에서 볼 일이 없는 사람들도 많다. 하이드는 이렇게 썼다. "예술가들은 영혼에 즐거움을 선사하기 위해 작업할 수도 있겠지만, 물감, 점토, 돌, 영화, 심지어 자신들의 신체를 버거의 표현처럼 '예술적 유형물'로 바꿔 예술 작품을 탄생시키기 때문에, 어찌 됐든 그들의 작품은 유형물로 존재한다."[4]

'천재적'이라는 단어에 영적인 뿌리가 있다면 '창의적'도 마찬가지다. 문화비평가 레이먼드 윌리엄스Raymond Williams가 지적했듯이, 먼저 '창의적'이라는 단어는 인간이 아닌 신이 하는 무언가를 설명하는 단어로 시작해, 이 두 단어는 나란히 발전해왔다. 인간이 만들어내는 예술에 '창의적'을 적용하기 시작하면서, 문학비평가 존 패트릭 리어리John Patrick Leary가 덧붙여 말한 것처럼 "창의성은 생산 결과가 아니라 상상의 결과이고, 노동의 결과가 아니라 예술성의 결과이다."라는 개념이 굳어졌다. 이 같은 예술성과 실제 창작물의 이분법으로 인해 예술 활동에 투입되는 노력은 늘 주목받지 못했다.[5]

초기 예술은 그 자체가 숭배나 마술의 형태였고, 요즘에는 예술이 부호들이 절세 용도로 운영하는 '내 박물관ego-seum'에 갇혀 있는데도, 예술의 그런 신비한 분위기를 오늘날 예술계에서 걷어내기는 쉽지 않다. 동굴 벽에 그려진 종교화나 사원에 목각품들은 인간의 감상물이 되기 전까지는 신에게 바치는 제물이었다. 이후 예술은 한낱 인간이 놀이로 하는 것이 되었고, 또 시간이 지나며 광범위하게 재생산되고 공유될 수 있는 것이 되었다.[6]

예술가를 특별하고 천부적이고 사회의 틀 밖에 존재한다고 처음 생각한 것은 르네상스 시기 유럽이었다. 부유층이 본격적으로 막대한 재산의 일부를 예술에 투자하기 시작했고, 부유한 상인들은 가족과 재산을 화폭에 담는 데 최고의 예술가를 고집했기 때문에 예술가도 고유의 명성을 누리기 시작했다. 존 버거는 유화가 "개인 재산의 향연"이었다고 썼다. 물론 유화 자체는 개인 재산이었다. 하지만 예술가에게는 '직업'이었다.[7]

예술가들이 예술가 길드조직보다 개인적 명성을 토대로 흥정하게 된 계기는 사회가 개인을 강조하기 시작하면서였다. 그래도 대부분의 예술가는 갑자기 영감이 와서 마을 최고의 부자나 그가 아끼는 동물을 화폭에 표현하려던 것이 아니라, 생계를 위해 그리고 있었다. 하지만 많은 예술가가 초상화나 그리고 있던 이 시기에 위대한 예술 작품들이 출현할 수 있던 이유는 최고의 예술을 수집하려던 부유한 후원자들의 욕구가 돈 이상의 것에 이끌려 일하는 지금의 '천재 창작자' 개념을 낳는 데 어떤 면에서는 도움이 되었기 때문이다.[8]

노동자로서의 예술가와 선지자로서의 예술가 사이에 흐르는 미묘한 긴장은 예술품 자체에서는 알아채기 힘들지만, 실눈을 뜨고 자세히 보면 보일 때가 있다. 버거는 늙고 가난했던 프란스 할스

Frans Hals가 1664년 겨울 빈민 노인 수용시설의 남녀 관료들을 그린 집단 초상화를 예로 든다. 할스가 관료 모두를 검은색으로 그린 이유가 관료들과 할스의 권력관계 때문이라면 어떨까? 버거는 거의 누구도 예술 작품의 이런 측면을 인정하지 않고 있다는 사실이 곧 기만이라고 했다.[9]

특히 프랑스 혁명 이후 예술가에 대한 후원이 서서히 줄어들고 산업 자본주의가 전개되면서 예술을 상품으로 취급하는, 즉 그 자체를 가치 저장 수단으로 보는 시장이 성장했다. 프랑스 혁명 이전에는 예술가들이 예술가다운 자질을 원했다면, 혁명 이후에는 예술가가 되어 작품을 팔려고 하는 사람들이 늘어났다. 그렇게 새로운 예술가들이 쏟아져 나오자 새로운 제도가 필요해졌다. 예술비평가인 벤 데이비스Ben Davis는 이 확장에 대해 이렇게 말했다. "결국 관습에 얽매이지 않는 반사회적인 예술성이 짙은 이들, 즉 보헤미안 집단Bohemian Society이 형성되었다. 아울러 매년 프랑스 파리에서 개최되던 현대미술 전람회에서 탈락한 많은 명망 있던 예술가들이 항의하며 1863년 자체적으로 연 '낙선전Salon des Refuses'은 향후 100년 동안 지속될 모던 아트 운동Modern Art Movement의 상징적인 시작점이 됐다."[10]

산업혁명이 예술에 미친 영향은 집을 꾸미는 데 쓸 돈이 넘쳐나는 새로운 부르주아층의 형성만은 아니었다. 이상하게 예술과 노동은 정반대라는 개념이 생겨났다. 대량생산이 확산되는 시대지만 예술은 기계로 생산할 수 없다는 점 때문에 예술에 가치가 더해졌고,

공장에 밀려 장인이 설 자리를 잃게 되면서 예술가와 장인의 구분도 더 확실해졌다. 한때 '능력' 정도의 의미를 지녔던 예술은 현재 우리가 떠올리는 순수예술과 비슷한 급으로 격상되어, 사실 배운다고 얻을 수 있는 것이 아닌 것처럼 되었다. 따라서 예술가는 특별한 사람이었다. 돌봄 노동처럼 예술 노동도 자본주의 생산체제 밖에 존재하며 그 체제에 반대되는 것이었지만, 돌보는 이들을 사랑해서 일하는 돌봄 노동자와 달리, 예술가는 일과 사랑에 빠졌기 때문에 하는 것으로 여겨졌다. 예술은 더 이상 종교적 가치가 필요 없었다. 그 자체로 더 높은 가치가 있는 상품이었다.[11]

하지만 상품 가치보다 예술 자체의 가치가 더 크다고 아무리 떠들어대도 예술가들도 밥은 먹어야 한다는 사실에는 변함이 없다. 배고픈 예술가라고 공기를 먹고 살 수 없다. 우리가 알고 있는 모든 위대한 작품들이 존재할 수 있던 이유는 예술가가 어느 정도 연명 수단이 있었기 때문이었다. 대부분의 예술가는 자기 영혼만을 만족시키는 '순수' 예술만을 추구할 수 없고 프란스 할스처럼 시장의 요구와 타협해야 한다. 문화비평가 윌리엄스가 적었던 것처럼, 예술가를 신비로운 존재로 이상화함으로써 예술가의 생존 문제가 해결되기는커녕 우리의 문제의식만 둔감해졌다. 예술가들은 자신들의 예술이 부자들이 구매하는 상품으로 전락하는 일에 저항했을지는 몰라도 자본주의를 빠져나가기는 쉽지 않았다.[12]

어찌어찌 긁어모은 돈으로 대충 생활하며 흥청망청 술 마시고 그림 그리고 춤추고 자유연애를 즐기며 살다가 간혹 급진적 정치

"배고픈 예술가라고 공기를 먹고 살 수
없다. 우리가 알고 있는 모든 위대한
작품들이 존재할 수 있던 이유는
예술가가 어느 정도 연명 수단이 있었기
때문이었다."

활동을 하는 자유분방한 예술가의 이미지는 1800년대 생계와 공동체를 꾸려가며 살았던 예술가들의 처지에서 시작됐다. 예술가들은 '위험'할 수도 있고, 이들의 예술은 잠재적으로 사회질서에 반할 수도 있었다. 그렇게 자유분방함의 매력이 깃든 예술은 작품 구매를 통해 급진적 '취향'을 즐기고 싶던 이들이 이른바 '부자의 빈민촌 구경Slumming'을 하기에 딱 좋은 것이었다.[13]

한편 자본주의를 비판하던 일부 사람들이 노동 자체를 더 즐겁게 만들기 위해 예술과 노동을 다시 합치려고 노력했다. 역사가 에일린 보리스의 말에 따르면, 존 러스킨John Ruskin과 공예가 윌리엄 모리스는 비록 서로 정치적 견해는 달랐지만, 둘 다 "예술을 인간이 노동에서 느끼는 즐거움을 표현하는 방법으로 바라봤고, 현대문명이 노동의 즐거움을 빼앗아간 것을 안타깝게 생각했다." 러스킨과 모리스에게 예술은 손으로 만든 쓸모 있고 아름다운 모든 것이었다. 비록 이후 이 둘이 벌인 (특히 모리스의 혁명적 사회주의) 운동이 원래 목표에는 못 미쳤지만, 이 둘은 예술과 노동의 벽이 허물어진, 아름다운 공예품을 만들 수 있는 유쾌한 공간을 만들려고 노력했다. 모리스는 노동에 다시 즐거움을 가져다 놓으려면 자본주의가 사라져야 하며, 창의성이 노동하며 겪는 소외감을 이겨내는 방법이 될 수 있다고 주장했다. 하지만 1800년대 후반에서 1900년대 초의 예술가 길드Art Workers' Guild 같은 기능인 조합을 주축으로 모리스가 주도했던 '미술과 공예운동Arts and Crafts Movement'은 실제로는 수공예 자체만을 강조했다. 또한 일터를 재조직하여 덜 비참한 곳으로 만들려던 시도는 관리자들의 입맛에 더 맞게 일터를 재배열했을 뿐이었다. 공예품들도 대개 새로운 중산층의 집을 꾸미는 데 쓰였다. 한 비평가는 당시 공예품들을 "부자들의 장난감"이라고 표현했다.[14]

혁명적 열망을 품은 또 다른 예술가 집단이 자신들을 노동자라 생각했고 심지어 노동자로서 연대를 시도했다. 마르크스와 자국 내 혁명에 영감을 받은 디에고 리베라Diego Rivera, 다비드 알파로 시케이로스David Alfaro Siqueiros, 호세 클레멘테 오로스코José Clemente Orozco 등 멕시코 벽화가들은 정부가 예술을 지원하여 일반인에게 전시하자고 요구했다. 멕시코인들, 노동자들, 식민지국들을 대변하고, 자신들이 건설하려고 하는 혁명적인 국가가 누릴 자격이 있는 그런 예술을 목표로 삼았다. 1910년부터 약 10년간 지속되었던 멕시코 혁명이 기대한 바를 모두 이루어내지는 못했지만, 벽화가들은 자신들의 예술을 설명할 정치적 담론을 만들기 위해 싸웠던 경험을 이용했다. 이들은 창작 작업에 자동차 도료와 산업용 분무기 등의 현대적 소재를 실험했고, 급진적 성향의 간행물도 발간했으며 미술을 넘어 멕시코 노동운동에도 관여했다. 하지만 이들의 작품들도 노동자층이 아니라 주로 부자들이 주문해서 사주었다. 시케이로스는 진정한 순수예술은 급진적으로 변화된 사회에서만 존재할 수 있다고 주장했고, 결국 그의 혁명 활동도 '순수예술을 위한 싸움'의 일환이었다.[15]

멕시코 벽화가들은 전 세계 예술가들에게 영감이 되었는데, 특히 대공황 동안 여러 구제 프로그램을 통해 예술가들과 공무원들이 함께 민주적인 공공예술을 만들어내려고 노력하던 옆 나라 미국 예술가들에게 큰 영감을 주었다. 뉴딜 정책 중 특히 '연방 예술 프로젝트Federal Art Project'는 예술가들을 고용해 급여를 제공하며 최초로 예술창작 분야에 공정한 경쟁의 장을 마련했다. 이를 통해 예술가들은 과거보다 더 많은 사람이 볼 수 있는 지역사회 공간들에 예술 작품을 만들었고 그에 대한 보수를 받았다. 선명한 흑백사진에 공장 노동자들을 담은 루이스 하인Lewis Hine이나 화사한 추상화로 작업장을 표현한 스튜어트 데이비스Stuart Davis 등, 작품들 대다수의 주제도 노동 현장이었다. 예술가이자 운동가였던 랄프 피어슨Ralph Pearson은 판화가들이 자신들을 '노동자 사이의 장인'으로 생각해야 한다며 이렇게 썼다. "판화가는 잉크와 롤러를 자유자재로 사용할 수 있는 두 손으로 에칭, 석판화, 목판화를 만들어낸다. 판화가는 일한다. 판화가는 생산한다. 판화가는 살아간다."[16]

한편 대공황으로 예술가들 역시 다른 사람들처럼 일이 없는 것은 마찬가지였고, 구제 프로그램에 뽑히기 위해 경쟁해야 했다. 연방 예술 프로젝트의 주안점은 예술의 결과물보다 제작에 있었다. 즉, 결과물보다는 예술가들이 일을 해야 한다는 점을 강조했다. 구제 프로그램으로 인해 예술가들은 돈 많은 후원자들의 취향으로부터 자유로워졌고 다양한 정치적 관점, 작품 스타일, 한계를 실험해볼 수 있는 기회가 되었다.

예술가들은 미국 공산당의 '존 리드 클럽John Reed Club'과 산하기관

'실업 예술가연맹Unemployed Artists' Group'을 통해 연대 노력도 펼쳤다. 실업 예술가연맹은 연방정부로부터 예술 기금을 받아내는 데 성공하며 이후 '예술가연맹Artists' Group'으로 이름을 바꿨다. 이름만 연맹이 아니었다. 연방 예술 프로젝트 지도부와 협상 테이블에 앉았고 의견이 맞지 않을 때는 시위도 벌였다. 물론 이런 조직들을 탐탁하게 보지 않는 예술가들도 있었다. 한 예술비평가는 노조가 예술에 상반된다며 이렇게 썼다. "예술가를 예술가로 만드는 그 속성 때문에 예술가는 극도로 개인적이다. 그런 이들에게 노조는 생각 자체만으로도 헛구역질이 난다. 예술가는 탄광 광부와 다르다." 하지만 많은 예술가에게 노조의 존재는 충분히 일리가 있었고 노조 덕택에 수많은 사람처럼 대공황 구제 프로그램의 도움을 받을 수 있었다.[17]

연방 예술 프로젝트에 의하면 예술가들은 노동자들이었지만, 모든 노동자를 동일하게 대우한 것은 아니었다. 기술 노동자, 미술관 보조직, 순수 예술가들 모두 지원해줬지만, 급여는 달랐다. 특히 흑인 예술가들은 백인 예술가들과 같은 급여를 받았지만, 주제 선택과 활동 지역에 제한이 있는 경우가 있어 물의를 빚었다. 미국 정부는 1933~1943년 사이 예술에 무려 3,500만 달러를 지출해 수만 개의 벽화, 조각상, 그림, 판화, 포스터, 사진이 만들어지도록 지원했다. 고던 파크스Gordon Parks, 스튜어트 데이비스Stuart Davis, 도로시아 랭Dorothea Lange이 연방 예술 프로젝트의 지원을 받았고, 리 크라스너Lee Krasner와 잭슨 폴록Jackson Pollock 같은 미래의 거장들도 있었다. 미국 정부는 지역 미술센터에도 막대한 자금을 들여 예술 전시뿐만 아니라 일반인들이 예술 소비자에서 생산자가 될 수 있도록 강연과 수업을 열었다. 미술사가 A. 조안 사브A. Joan Saab에 따르면, 일종의 "예술적 기회의 재분배"가 이루어진 것이다.[18]

당시 뉴딜 예술지원 프로그램들은 질 떨어지는 예술을 양산했고, 공산주의자들을 지원했다는 두 가지 비난을 받았다. 첫 번째 비난은, 대공황 이후 대공황기 정부의 예술 지원을 매도하기 위해 그저 그렇거나 모욕적인 작품들만을 골라서 부풀려 비난하는 일이 끊이질 않았다. 연방 예술 프로젝트가 누가 봐도 '질 떨어지는' 몇몇 예술을 지원했던 것은 분명 사실이었지만, 그런 예술은 한 사회가 예술을 진정 가치 있게 생각한다면 어느 정도 필요한 요소이다. 두 번째 비난은 어느 정도 사실이기도 했다. 미국 공산당의 선동 덕에 연방 예술 프로젝트가 시작될 수 있었고, 소련도 분명 예술가들의 훈련과 작품 활동을 지원했다. 하지만 이 프로젝트를 지지했던 이들의 목표는 미국 예술을 지켜가고 확대하는 것이었다. 제2차 세계대전이 발발했을 때, 예술가들은 다른 사람들처럼 징집되어 전쟁을 미화하는 포스터 등을 제작했다. 전쟁이 끝나자 미국 예술가들은 위대한 일을 해낼 수 있는 자본주의를 (자유라는 단어로 포장했지만) 대표하는 상징이 되어 있었다.[19]

전후 미국은 대중들과 확연히 구분되는 특출함을 지닌 고독한 예술가의 이미지를 냉전에 이용했다. 자신의 정체성을 캔버스에 쏟아내는 잭슨 폴록은 그의 특별한 천재성을 이해할 수 있는 영민함이 있는 사람들 외에는 이해하기 힘든 예술가였고 냉전에 딱 맞는 예술가였다. 폴록의 추상적인 작품들은 소련의 현실주의와 대비됐고 자유의 전형으로 여겨졌다. 국가의 지원으로 폴록이 예술 활동을 할 수 있었지만, 한편 국가에서 지원을 받는 예술은 지나치게 경직되고 제약이 많아 훌륭한 작품을 만들어내기 힘들다는 비판이 있었다.[20]

그럼에도 예술가들은 다양한 직·간접적 보조금에 의존하여 창작을 이어갔다. 특히 전후 탄생한 유럽의 복지국가 모델은 여유로운 삶, 실업수당, 국영 예술교육을 제공했다. 과거에 비해 복지 규모가 삭감되기는 했지만, 현재까지도 오시어 같은 예술가들을 돕고 있다. 또한 예술은 회색 양복을 차려입고 출근하는 통상적인 업무환경에 순응해야 하는 것보다 더 매력적인 작업 선택권을 부여했다. 1960년대가 되면서, 두 프랑스 사회학자 뤽 볼탕스키와 이브 시아펠로가 말했던 자본주의에 대한 '창의적 비판artistic critique'이 일기 시작했다. 자본주의 노동규율이 끝도 없는 고역과 순응을 강요하고 있다는 비판이었다. 노동자들은 주 5일, 오전 9시에서 오후 5시까지 하는 일에 그 이상의 것을 요구하기 시작했다.[21]

이 격변의 시기에 예술가들은 다시 노동자로서 연대하는 방법을 택했다. 1960년대 후반 뉴욕은 폭동이 난무했고, 자본주의를 비판하던 신좌파의 목소리에 힘입어 예술가들은 자신들은 노동자이며, 자신들의 노동 또한 자본주의로 인해 위험할 수 있다고 생각하게 되었다. 연대 수단으로 많은 유명한 예술가가 모여 '예술노동자연합Art Workers' Coalition'을 창설했다. 예술의 상품화에 반대하며 박물관들이나 다른 예술 기관을 압박했고 반항이 담긴 정치 작품들을 제작했으며 사람들을 고용해 그 정치 작품들의 축소판도 만들어냈다. 하지만 내부적으로 이들은 서로 싸웠고 결국 성차별과 인종차별 문제 등으로 와해되고 말았다.[22]

예술노동자연합 소속 예술가들 사이에서도 예술 노동자의 의미에 대한 의견이 제각각이었다. 미술사가인 줄리아 브라이언 윌슨Julia Bryan-Wilson은 이렇게 지적했다. "일부 예술가들이 서방 세계 자본주의 규범에 예술 활동이 지배받고 있다고 주장했지만, 다른 예술가들은 예술을 노동으로 인정하는 것 역시 진지하고 가치 있는 노력을 의미한다고 받아쳤다." 이들은 공격 대상에 대해서도 의견이 달랐다. 뉴딜 시기 예술가연맹이나 사회주의·사회민주주의 국가들에서 국가 보조를 받던 예술가들과 달리 (예를 들어, 네덜란드와 덴마크 예술가들은 노조가 있었다), 뉴욕 예술가들은 마땅한 고용주가 없었다. 하지만 그렇다고 이들의 예술이 노동이 아니라거나 공공의 적이 딱히 없었던 것은 아니었다. 이들은 여러 차례 박물관을 목표물로 삼았다. 흑인계·중남미계 예술가들을 기용해줄 것과 예술가들에게 급여를 지급하라고 요구하며 급여제도 도입을 고민하기도 했고, 자신들이 판매한 예술이 전시되는 방식에 대한 권리도 주장했다. 이 모든 활동을 통해 자신들을 노동자 계층에서 배제하지 말 것을 요구했다. 또한 이들이 남긴 가장 성공적인 유산은 더 많은 대중이 자신들의 작품을 감상할 수 있도록 박물관에 '무료 관람일'을

요구한 것이다.[23]

예술노동자연합이 남긴 또 하나의 유산은 박물관 직원들에게 노조결성의 씨앗을 뿌렸다는 점이다. 예술노동자연합 회원 일부는 예술가로 자리 잡기 전까지 박물관 직원이었다. 그들은 박물관 전시 기획과 다른 지원업무도 중요한 예술 노동이라고 주장하며, 1971년 뉴욕 현대 미술관Museum of Modern Art의 직원들이 미국 박물관 노동자들 최초로 노조를 준비할 때, 주저 없이 지원에 나섰다. 박물관 측은 쉽사리 노조를 인정하지 않았고 결국 직원들은 2주간 파업을 진행했다.[24]

그들이 도전한 덕에 현대미술계는 마침내 제대로 된 위상을 갖추기 시작했다. 예술가들이 새로운 수준의 명성을 누리게 되었고 예술노동자연합은 연합의 활동과 요구에 이목을 집중시키는 데 예술가들의 이 새로운 위상을 이용했다. '국립예술기금위원회National Endowment for the Arts'가 만들어졌고 예술노동자연합 회원을 포함한 예술가들에게 보조금을 지원했다. 턱없는 수준이었지만, 보조금은 많은 예술가의 소득원이 되어 주었다. 1970년 한 보고서에 따르면 화가 혹은 조각가 10명당 1명 정도만이 예술로 생계가 가능했다고 한다. 예술노동자연합 회원 루시 리퍼드Lucy Lippard는 "예술로 집세를 낼 수 있는 사람은 거의 없어요."라고 했다. 일부는 유명해져 엄청난 액수로 작품을 팔았지만, 그 외에는 모두 시간제로 일하며 다 쓰러져가는 아파트에서 부러운 눈으로 바라볼 수밖에 없었다. 스타 예술가들은 작은 기업처럼 창작 활동에 사람도 고용했다. 그런 예술가들이 어떻게 노동자 계층과 연대할 수 있을까?[25]

예술노동자연합이 뉴욕을 흔들고 있을 때, 이탈리아 화가들은 일터를 넘어 사회의 모든 측면에서 자본주의와의 싸움을 벌여야 한다고 믿던 급진 노동자주의operaismo와 자율주의autonomia 운동에 고무되어 있었다. 그들은 예술기관들을 거부하고 공공장소에서 창작 작업을 하며 평범한 일상을 뒤흔들어 놓으려고 했다. 공장 노동자들이 반기를 들었던 혁명적인 시기에 예술가들도 동참할 방법을 찾고 있었다.[26]

국가 관료들과 자본가들은 예술가들이 노동자들의 반발과 연합하면 순탄했던 자본주의를 교란할 잠재력이 있다는 것을 깨달았고, 신자유주의하에 그 해법을 찾아내고야 말았다. 특정 예술가들을 맹목적으로 숭배하다시피 하는 한편, 그 특정 예술가들이 그 자리에 설 수 있게 해줬던, 예술가들에 대한 모든 국가 지원을 끊었다(혹은 선의의 무시로 강한 자식을 키우듯 방치했다). 복지와 국영 예술교육이 축소됐고, 한때 예술 문화로 주목받던 도시들의 주택 가격이 올랐으며, 예술 문화 자체가 관광 상품화됐다. 실험극장들은 죽어가지만, 관광객들은 브로드웨이로 〈캣츠Cats〉 공연이나 최신 해리포터 파생 작품을 보려고 몰려든다. 관광객들은 얼빠진 사람들처럼 유명 화가들의 그림을 보러 미술관에 가지만, 밀려난 예술가들의 작업공간인 도시 외곽은 외면한다.

신자유주의 시대에 예술가로 성공하기가 더더욱 힘들어진 만큼, 이 무렵 예술가는 신자유주의 시대에 걸맞은 이상적인 노동자가 되었다. 두 프랑스 학자 볼탕스키와 시아펠로의 말을 빌리자면, 오늘날 노동자가 성공하려면 "직관력과 창의성, 번뜩이는 영감을 지녀야 하고 한 프로젝트가 끝나면 다른 프로젝트로, 심지어 다른 지역으로 옮겨 다니는 늘 움직이는 사람"이 되어야 한다. 안정성은 한 번도 예술가 신분의 상징이었던 적이 없었다. 예술은 신나고 창의적이고 성취감을 느낄 수 있는 자기표현의 기회이지만, 다음에는 무슨 일을 하며 먹고 살아야 할지는 알 길이 없었다. 그들에게 노동 자체가 보상이라면 고용주는 입 다물고 일할 수 있는 걸 감사한 줄 알라고 하기가 훨씬 쉬워진다.[27]

〉❥〉

예술품 구매자들은 가치를 보고 구매한다. 작품의 독특함은 구매자 취향의 탁월함을 의미하고 작품을 구매하는 것은 예술가가 지닌 광채를 얻는 방법이다. 예술은 아마도 가장 숭배가 강한 상품일 것이다. 하지만 창작 활동에 투입된 노력은 대부분 주목받지 못하고, 잊혀지고, 닦아내어진다.

나는 이 책을 준비하는 동안, 사람들이 예술의 생산 과정을 들여다보려는 노력이 있었다는 증거를 찾을 수가 없었다. 예술 창작 과정은 거의 연구된 적도 없고 '노동'으로 표현된 적도 없다. 사회학자 하워드 베커Howard Becker는 대표작 『예술 세계들Art Worlds』에 고독한 예술가들이 받는 영감뿐만 아니라 창작에 참여하는 조연들까지, 예술 창작 과장 전반을 파헤쳐 썼다.[28] 베커에 따르면 예술 세계는 단독으로 존재하기보다는 "통상적인 작업 방식에 대한 여러 사람의 지식이 집합된 협력 네트워크를 통해 예술 세계로 인정받는 그런 작품을 배출해낸다." 구성원도 다양하다. 자금 지원, 제작, 배포, 전시, 비평, 감상을 하는 사람들에서, 예술가들을 지도하는 사람들과 당연히 구매자들도 포함된다. 조연진의 규모는 조금씩 차이가 날지 몰라도, 예술 작품 생산과 유통에는 이렇게 광범위한 노동자들이 필요하다(하지만 그들의 기여는 은폐된다).[29]

케리 가이넌Kerry Guinan은 작품 자체보다 작품에 녹아 있는 개념을 더 중요하게 여기는 개념 예술Conceptual Art을 추구한다. 그는 자신이 사는 아일랜드의 미술용품 판매점에서 쉽게 구할 수 있는 캔버스를 제조하는 도미니카 공화국 공장 노동자들과 협업한 작품을 통해 예술 세계의 범위에 대한 관심을 유도했다. 가이넌은 이렇게 설명했다. "공장 노동자 한 명 한 명이 빈 캔버스에 서명해서 아일랜드로 보냈고 제가 그것들을 전시한 거죠. 이 작품의 주제는 우리가 생산하는 모든 것에 투입된 노동에 의구심을 품어보자는 것입니다. 심지어 제가 하는 형체가 없는 개념 예술도요. 제가 추구하는 예술은 아주 실험적인 방식으로 저 자신은 물론 작업에 참여했던 모든 사람에게 힘의 관계를 드러내 보이는 것입니다."[30]

예술 세계는 끊임없이 뻗어나가고, 굴절되고, 변화하고 심지어 죽어간다. 예술가 지망생들은 예술가로서의 영광을 누리기 위해 경쟁하지만, 공급과잉이 종종 일어난다. 어쨌든 창의적 노동을 한다는 자체가 예술가가 된다는 것의 매력이기도 하고 특별한 지위를 부여해주기 때문이다. 미술관을 대표하는 예술가가 되거나, 공공보조금이나 재단보조금을 신청할 수 있거나, 위원회에 근무하거나, 작품 작업을 할 수 있다든가 하는 먹고사는 문제가 해결된 예술가가 되려면 우선 미대, 화랑, 박물관 같은 기관이 인정하는 예술가의 지위를 따내야 한다. 작품 활동만으로 생계를 유지할 수 있는 예술가는 거의 없다. 예술가이면서 박물관에서 일하든가 학생을 지도하며 작업 활동을 해나가는 등 예술계의 여러 분야에서 겸업을 해야하는 경우가 대다수다.[31]

예술가들이 선금이나 보조금을 받거나 혹은 직접 작품을 파는 등 작품 활동을 지원받기 위해서 누군가를 만족시켜야 하는 불안정한 체제라면 예술가들의 활동에 제한이 따를 수 있다. 이런 측면에서 볼 때 예술가 역시 자본주의가 다져놓은 힘의 위계질서에 종속된다. 직장 상사의 눈치를 볼 필요는 없을지 몰라도, 어찌 됐든 다른 사람들의 마음에 들어야 한다. 예술비평가 벤 데이비스의 주장처럼, 예술가들은 전형적인 중산층이어서 작업하며 약간의 권한과 자율성이 있기는 하지만, 먹고사는 문제에서 벗어날 수는 없다. 게다가 그들은 다른 중산층들처럼 상사가 없다는 것이 해방이라는 사고를 주입받아 왔다. 예술노동자연합의 노동자들이 깨달았듯이, 예술가들의 이런 위치가 더 좋은 대우를 주장하기 위해 연대할 수 있는 예술가들의 능력을 제한한다. 과연 누구에게 자신의 권리를 요구하란 말인가?[32]

　스스로를 노동자로 생각하기를 끔찍해하는 예술가가 꽤 있다는 점이 그리 놀라운 일은 아니다. 누가 노동을 좋아하겠는가. 하지만 예술 노동은 뭔가 경제구조에 동떨어져 존재한다는 이상적인 생각 때문에 우리는 예술가들의 작업 환경에 대해 거의 아는 것이 없다. 예술가들이 빈털터리인가, 생활비를 벌기 위해 애쓰고 있나, 경제에 어떤 기여를 하는가, 국가가 좀 더 지원해줄 방법은 없나? 등등. 2012년 대략 천 명의 뉴욕 예술가를 대상으로 한 연구에서는 대다수가 박물관이나 비영리단체 전시회에 참여해도 아무런 보상을 받지 못하는 것으로 드러났다. 영국에서 2014년 이루어진 조사에 따르면, 예술가들의 71퍼센트가 예술진흥회 기금으로 운영되는 박물관들에서 전시했을 때 아무런 사례금도 받지 못했고, 63퍼센트는 전시회 비용 자체를 부담할 수 없어 전시회를 거절할 수밖에 없었다고 밝혔다. 2018년 미국의 한 연구에 따르면, 조사에 참여한 예술가들의 연소득이 2만~3만 달러 사이였고, 그중 21퍼센트는 만 달러 이하를 벌고 있는 것으로 나타났다. 한편 박물관과 미술관 이용객들은 (별로 놀랄 일도 아니지만) 전체 인구에 비해 평균적으로 나이가 더 들었거나, 백인에 더 가깝고, 더 부유한 사람들이고, 이제는 그 이용객 수도 줄어들고 있다. 그런데 2008년 세계금융위기의 여파가 가신 현재 예술시장은 그 어느 때보다 규모가 커져 한 해 7천억 달러가 넘는 부를 창출하는 시장이다.[33]

　국가의 예술 지원 규모는 간지러울 정도로 적은 자금을 지원하는 미국부터, 제법 탄탄한 지원을 하는 유럽 국가들, 전체 공공분야 규모가 유럽보다 더 큰 사회민주주의 국가들의 놀랄 만한 수준의 지원까지 다양하다. 2010년 당시 크로아티아 대통령이었던 작곡가 이보 요시포비치Ivo Josipović는 이렇게 주장했다. "예술가들의 사회적 지위를 규정할 때 모차르트, 렘브란트, 베토벤, 발자크 등 천재 예술가를 염두에 두기보다 예술을 직업으로 선택한, 천재가 될 수 있는 내적 동기가 있는 평범한 사람을 기준으로 생각해야 한다. 예술가가 독립적으로 자기가 생각하는 최선의 방식으로 재능을 표현할 수 있고 자신과 가족을 부양할 품위 있는 삶을 확보할 기회를 제공해야 한다." 덴마크를 포함한 몇몇 국가에는 예술가 노조가 있어 예술가들이 국가 지원을 받을 가능성이 더 크고, 따라서 이들의 요구사항을 들어줄 대상이 있다. 멕시코 예술가들은 창작 활동으로 세금도 내고, 정부는 여러 기관과 공공 박물관에 예술가들의 작품을 전시해준다.[34]

하지만 아직도 노동자 계층은 예술계에서 그리 눈에 띄지 않는다. 2014년 미국의 한 조사에 따르면 예술가들과 다른 '창의 노동자'은 그들의 안정적인 부모 세대보다 수입이 35퍼센트 적지만, 대개는 중산층 출신인 것으로 드러났다. 2018년 영국에서 이루어진 한 연구에서도 예술가들은 돈이라는 실질적인 장벽 외에, 능력 있는 일부 계층만이 예술을 할 수 있다고 아직도 굳게 믿는 사람들과도 부딪히는 것으로 밝혀졌다. 예술가들 앞을 가로막고 서 있는 이들은 예술가들보다 더 편안한 삶을 살고 있지만, 가족의 지원이 부족한 (혹은 아예 없는) 유색인종 예술가들이 예술계에 진입하는데 겪는 어려움에 대해 손사래를 치며 부정하는 경우가 많다.[35]

그뿐만 아니라 불평등은 더 심화되고 있다. 소수 유명 예술가의 성공은 사실 낙수효과를 일으키지 않는다. 매년 미대에서 쏟아져 나오는 졸업생 수가 예술로 생계를 유지할 수 있는 예술가 수보다 더 많다. 영화감독이자 작가인 히토 슈타이얼Hito Steyerl은 대개 부자들이 예술계를 후원하고 있다고 생각하지만, 실상은 "역사를 통틀어 다름 아닌 예술가들과 예술계 종사자들이 스스로 작품생산을 지원해 왔다."라고 지적한다. 정작 가치 있는 예술을 창작하고 소비한 주체는 예술가들이다. 그 가장 큰 이유는 예술을 사랑하기 때문이고, 그 사랑하는 예술을 하기 위해 다른 무수한 일들을 해왔기 때문이다. 사회학자 앤드루 로스Andrew Ross는 이를 '희생 노동Sacrificial Labor'이라고 부른다. 의미 있다고 여겨지는, 심지어 대인관계보다 더 의미 있을 수도 있다는 일을 계속하기 위해 안정의 일부 요소를 포기하는 것이다(비영리 노동자가 처한 상황에도 들어맞는 개념이다). 아무튼 예술가라면 다른 무엇보다도 자신의 작업을 사랑해야 하니까 말이다. 2018년 어떤 말도 안 되는 연구에서는 희생이 천부적으로 예술가 뇌에 장착되어 있다는 것을 증명하기 위해 의료영상 기술을 사용해 자신을 '창의적인 사람'이라고 여기는 사람들의 뇌를 스캔하기도 했다.[36]

천부적이든 아니든 이 생태계를 유지하려면 일부 슈퍼스타들이 막대한 돈을 쓸어 담는 모습을 모두가 볼 수 있게 해야 하고, 예술을 목적 그 자체라고 포장할 필요가 있다. 생각만 해도 흥분되고 기대되는 성공과 작품 활동 자체의 즐거움 사이에서 대부분의 예술가는 길을 잃는다.

물론 예술계와 이러한 갑을 관계의 불리한 길을 가지 않고도 예술 활동을 할 수는 있다. 모더니즘 화가 스튜어트 데이비스는 그라피티와 거리 미술은 본질적으로 신자유주의에 대한 반항이라고 말한다. 거리 미술은 도시의 산업 중심부가 쇠퇴하며 남긴 자리에 그 몰락을 담아냈고, 또 한편으로는 낙후된 구도심 지역이 활성화되면서 일어나는 젠트리피케이션Gentrification을 표현해낸 것이라고 말한다. 물론 미술관들이 외연이 넓어지고 있는 예술 세계 안으로 거리 예술가들을 초대하며 이들을 껴안기 시작한 것은 사실이다. 하지만 지하철 승강장에서 브레이크 댄스를 추며 평범한 출퇴근 시간을 마법의 순간처럼 만드는 사람들처럼, 그라피티도 위치한 장소와 법 위반이라는 이유로 보통은 '예술'로 인식되지 않는다.[37]

어느 예술계와도 연관되지 않고, 심지어 그라피티 같은 예술을 추구하는 공동체와도 결부되지 않고 작품 활동을 하는 '아웃사이더' 예술가들도 이런 모순을 몇 가지 보여준다. 훈련받은 적도 없고 혹은 고도로 단절되어 그저 자기만족을 위해 작품을 만들거나 정신 질환이 있는 예술가들은 '자격 있는' 누군가가 이들의 작품을 '예술'이라고 선언하기 전까지는 비웃음을 사기 십상이다. 하지만 예술비평가 앤절라 아비뇽Angella d'Avignon은 "아웃사이더들에게 예술계가 필요한 것보다 예술계 자체가 더 아웃사이더들을 필요로 한다."고 지적한다. 아웃사이더 예술가라고 해도 창작 활동에 상당한 노력을 쏟는 것은 마찬가지다. 하지만 이러한 예술가들을 둘러싼 궤변은 탁월함이 노력해서 얻는 것이 아니라 그냥 얻어지는 것이라는 예술 그 자체의 이미지에 딱 들어맞는다.

한 번 보면 잊을 수 없는 수십만 장의 아름다운 거리 사진이 죽은 후 경매에 나오면서 세상에 알려진, 평생 보모로 일했던 비비언 마이어Vivian Maier 이야기는 이 수사를 되풀이한다. 그 사진들은 누구에게 보여주려고 찍었다기보다 순수한 사진에 대한 사랑으로 찍은 듯 보인다. 어떤 면에서 아웃사이더나 순진한 예술가는 이상적인 예술가이다. 보수나 인정에 대한 어떤 희망이나 갈망도 없이 혼자 작업하고, 교육을 받은 적도 없이 그 누구도 아닌 자신의 의식 고양을 위해 놀랄 만큼 뛰어난 뭔가를 배출해낸다. 하지만 마이어는 그녀의 작품을 우연히 발견한 사람에게조차 너무 혼란스러운 인물이어서 그 사람은《비비안 마이어를 찾아서Finding Vivian Maier》라는 제목의 다큐멘터리를 제작했다. 오직 사랑해서 작품을 만들어온 누군가와 맞닥뜨리게 되면, 우리가 가진 그 어떤 문화적 기준으로도 그 예술가를 이해하기 힘들다.[38]

최근 노동자로 인정해달라고 요구하고 나선 이들은 예술업계에서 지원업무를 담당하는 노동자들이다. 1970년대 뉴욕 현대 미술관 직원들의 사례를 본보기 삼아, 많은 미술관 직원이 물밀듯 노조에 가입하고 있다. 첫 시작은 뉴욕 뉴 뮤지엄New Museum in New York 근무자들이 박물관 경영진에게 진보적인 명성에 걸맞은 경영과 직원들의 연대를 인정하라고 주장한 것이었다. 2018년에 이들의 시위가 시작되었고 박물관 측은 조합 깨부수기 전문 로펌을 고용했다. 하지만 직원들은 "노조는 탄광 광부들이 하는 것이다"라는 말을 들으면서도 압도적인 수가 노조 설립에 찬성하는 표를 행사했다. 그에 비해 로스앤젤레스 '마르치아노 예술재단Marciano Art Foundation' 직원들의 시도는 덜 성공적이었다. 직원들이 노조 결성을 하겠다고 알리자, 민영 박물관이었던 경영진은 운영을 중단하고 직원들을 모두 해고했다. 마르치아노 예술재단에서 근무했던 이지 존슨Izzy Johnson은 기자들에게 이렇게 말했다. "예술 노동을 다들 일종의 특권을 누리는 사람들이 종사하는 노동 부문으로 간주하니까 예술계에서 일한다고 하면 대학을 나왔을 거라고 생각합니다. 혹은 주된 일 외에 틈틈이 하는 일일 뿐이고 진지하게 일하는 사람들이 아니라고 생각합니다." 하지만 변화의 움직임은 잦아들지 않았다. 2019년 온라인에 예술기관 종사자들이 익명으로 급여 정보를 공개한 엑셀 표 하나가 유포되며 산업 전반의 저임금 실태가 드러났고, 노동자들의 연대에 힘을 실어줬다.[39]

2020년 코로나19 동안 예술 노동자들에게 새로운 어려움들이 밀려왔다. 갑자기 세상이 '필수'와 '비필수' 인력으로 구분되며 응답자들에게 가장 덜 필요한 직종을 묻는 여론조사에서 예술가들이 1등을 차지했다. 박물관 직원들에게 무급휴가와 해고 결정이 쏟아졌다. 하지만 뉴욕 구겐하임 박물관Guggenheim Museum 신생 노조의 노조원인 브라이언 쿡Bryan Cook은 예술은 사람들이 '한편으로는' 원하는 것이고, 사람들에게 '살아갈 이유'를 제공하는 것이라고 말했다. 인터넷에 떠돌던 익명 급여 정보를 계기로 연대를 시작했던 필라델피아 미술관Philadelphia Museum of Art 직원들은 코로나19가 한창일때 노조 결성 노력을 대중에 공개했다. 필라델피아 미술관에서 교육 업무를 담당하는 사라 쇼Sarah Shaw는 이렇게 말했다. "그 어느 때보다도 상황이 불확실한 지금이 바로 저희에게 단체교섭권이 필요한 때입니다. 그래야 '필수'와 '비필수' 인력을 구분하는 정말로 중요한 의사결정 과정에 저희가 목소리를 낼 수 있어요." 8월에 정리해고가 진행되던 중, 89퍼센트의 직원들이 노조 설립에 찬성했다.[40]

예술가들 자신도 그들이 처한 문제들을 개인적인 문제가 아닌공동의 문제라고 생각하는 데 한계가 있을 수도 있다. 예술가이자디자이너인 빌 마자Bill Mazza는 예술가들의 성향은 정치적이기보다반권위주의적이라고 주장한다. 본능적으로 권위에 대한 반항을 주제로 작품을 만드는 고독한 예술가에 어울리는 성향이다. 그렇다보니 권위라는 문제를 드러내 표현할지는 몰라도, 해법을 제안하거나 집단행동을 취하기 바로 전에 멈추고 만다.[41]

하지만 예술계에서 성공한 일부 연대 운동들은 정치적 변화를일으키기 위해 예술 자체를 이용한 경우도 있었다. 분장과 의상을주된 도구로 공연하는 익명의 페미니스트 여성 예술가 그룹 게릴라 걸즈Guerrilla Girls는 박물관과 미술관이 여성 예술가를 포용해주길요구하며 예술계의 성차별에 도전했다. 예술가들이 도움을 받을 수없고 스스로 자립할 방법을 찾아야 한다면, 많은 돌봄 노동을 전담하고 있는 여성 예술가들은 그 예술계에 발을 들이기조차 힘들어질 것이다. 개념예술가 케리 가이년은 이렇게 주장한다. "예술계 종사자 대부분은 자신들을 진보나 좌파, 특히 급진좌파라고 생각할 것입니다. 제일 가난한 예술가부터 기관에서 일하며 가장 많은 돈을 받는 전시 기획자까지 모두요. 하지만 그렇게 같은 가치를 공유한다면, 왜 예술계가 노동자들과 예술가들을 착취하는 민간 자본과 무급 노동에 의지하고 있다는 사실에는 동의하지 않죠? 이 점이 바로 예술로는 세상을 바꿀 수 없으니 예술가들이 연대해야 한다는 증거입니다. 예술가들은 얼마나 우리 힘이 약한지, 그래서 얼마나 많은 힘을 모아야 하는지를 깨달아야 해요. 가만히 앉아만 있는다고 생기는 힘도 아니고 예술가로 태어났다며 신이 주실 선물도 아닙니다."[42]

하지만 현실은 오늘날 예술가로 성공했다면, 작업보조자들을 이용해 일어선 선대제 산업의 수장일 가능성이 짙다. 가장 대표적인 예가 데미안 허스트Damien Hirst이다. 허스트의 엄청난 성공을 소설가이자 언론인인 해리 컨즈루Hari Kunzru는 이렇게 말했다. "예술은 '정말' 시장과 같다. 전적으로 그리고 주로 금전적 가치만을 포착하여 구현해내는 일련의 제스쳐일 뿐, 다른 기능이나 가치는 부수적일 뿐이다." 허스트의 다이아몬드가 박힌 인간 두개골은 1억 달러에 팔렸다. 《아트뉴스ARTnews》는 허스트를 이렇게 표현했다. "그에게는 자신의 영감에 특허를 붙이고 제품화하여 인터넷에서 파는 'Other Criteria'라는 기업이 있다. 허스트 자신의 작품, 책, 포스터, 티셔츠는 물론 다른 예술가들의 작품도 판매한다. Other Criteria는 허스트의 방대한 작업실들, 120명의 직원과 다른 사업을 관리하는 대형 기업에 딸린 하나의 사업부에 불과하다." 이런 예술가들은 사람을 써서 물건을 만들게 하고 (종종 막대한) 중간 이윤을 얹어 파는 자본가들이나 다름없다.[43]

한편 미술가 제프 쿤스Jeff Koons는 직원들이 노조 결성을 고려 중이라는 소문이 돌자 자신의 '24시간 작업실'에서 일하는 조수들을 대량 해고했다. 쿤스의 '공장형 작업실'에서 잠깐 일한 적이 있고 현재는 팟캐스트 〈예술과 노동Art and Labor〉을 운영 중인 루시아 러브 Lucia Love는 이렇게 말했다. "공장 안에 창문도 없는 작업실에서 야간근무를 했었어요. 작업 내내 정말 햇빛을 본 적이 없다니까요. 작업장은 밝은 형광등이 주렁주렁 걸려 있었고, 작업도 정말 힘들었죠. 200개의 미묘하게 다른 색깔을 배합하는 일이었거든요. 그러고는 기를 죽이려고 마구잡이로 사람들을 해고하며 이런 식으로 말합니다. '전시회가 이제 끝났으니 모두 다 데리고 있으면서 급여를 줄 수는 없잖아요?'"[44]

물론 조수가 예술계에 드문 것은 아니다. 일부는 보수나 대우가 좋은 사람들도 있고 어느 날 독립할지도 모른다. 하지만 쿤스의 '공장형 작업실'에서 물감을 섞었든, 리처드 세라Richard Serra의 대형 금속 작품 〈회전하는 타원Torqued Ellipses〉을 만들었던 산업 노동자들이든, 이들의 이름을 미술관 벽에서 찾아볼 수는 없다(〈회전하는 타원〉이 전시된 디아 비콘 박물관에는 이름은 거명하지 않았지만, 작업자들에 대해 간단히 언급은 되어 있다). 브루클린에 있는 도미노 설탕 공장에 전시된 카라 워커Kara Walker의 거대한 작품 〈설탕 스핑크스Sugar Sphix〉는 워커의 스케치를 기초로 거의 20명이 되는 제작팀, 3D 조각과 연마작업을 담당하는 '디지털 아틀리에Digital Atelier'와 '스컬프쳐 하우스 캐스팅Sculpture House Casting' 같은 회사들에 의해 제작되었다고 한다. 그 작품을 보도하는 기사 후반에 워커를 도왔던 사람들이 이름도 언급되지 않고 감사한다는 표현으로 한 문장 안에 유령처럼 휙 등장하긴 한다. 작가이자 화가인 몰리 크레이배플Molly Crabapple은 케힌데 와일리Kehinde Wiley의 예술은 이제 중국 작업실에서 그의 조수들이 그린다고 지적했다. 2012년 와일리는 이렇게 말했다. "내 손이 어디서 시작하고 어디서 끝나는지, 물감은 몇 번을 덧칠했는지, 혹은 은은한 빛은 어떻게 냈는지 그 모든 구석구석을 왜 알려고들 하죠? 저만의 비밀 양념입니다! 내 부엌에서 나가란 말이에요!" 이에 대해 크레이배플은 이렇게 응수했다. "와일리의 작품이 존재한다는 사실이 전 기쁩니다. 너무 아름다워요. 하지만 다들 왜 그림을 그리는 사람이 와일리라고 믿는지 모르겠어요. 영화 마지막에 나오는 자막 같은 것이 예술계에는 왜 없죠? 혼자 할 수 없는 일이 예술계에는 참 많거든요. 누가 참여했는지에 대한 목록이 필요하고 공정한 보수도 필요합니다."[45]

이렇게 일부 스타 예술가들이 이름만 대면 알 정도로 유명해졌지만, 전반적인 시각 예술가들은 인터넷 때문에 작품의 가치가 떨어져 고생하고 있다. 문학평론가 발터 벤야민이 했던 유명한 말처럼, 기계적 재생산이 가능해지면서 예술계에 위기가 찾아왔다면 인터넷으로 그 위기의 크기는 곱절이 되었다. 감독이자 작가인 아스트라 테일러Astra taylor는 이렇게 적었다. "인터넷 시대의 뉴미디어적 사고를 하는 사람들은 사랑해서 창작을 한다는 아마추어 정신이 예술이 가진 고립된 창작 노동이라는 고질적인 문제를 뛰어넘으리라 믿는다. 하지만 이들이 고대하는 그 미래는 오히려 많은 사람이 간절히 원하는 금전적 보상을 위한 노동과 사랑해서 하는 노동 간의 틈을 더 벌릴 뿐이다." 인터넷 덕분에 아마추어들이 가진 창의성의 꽃이 온 사방에 피었다면, 보수를 받을 정도로 전문성이 없는 누군가가 돈을 벌게 되는 일은 어쩔 수 없이 생긴다. 하지만 테일러는 창작 활동은 돈이 많이 든다는 사실을 잘 알고, 인터넷으로 영화를 볼 수 있다고 해서(장차 무료가 될 수도 있고 영화표 값보다 훨씬 적은 돈으로 볼 날이 오겠지만) 영화 제작도 무료가 되는 것은 아니라고 지적한다. "기술 발달로 사실 거의 모든 창작 작업에 누구나 장벽 없이 접근할 수 있게 되었고, 이제 예술가들은 자비로 작품 활동을 해야 한다."[46]

예술가들은 인터넷으로 돈을 벌 수도 있다. 크레이배플은 온라인으로 작품 인쇄본을 팔아 창작 활동에 지속성이 생겼다고 한다. 어떤 면에서는 전통적 방식의 창작 활동이라면 불가능했을 방식이다. "기본적으로 예술가들은 모든 경비를 스스로 마련해서 전시회를 열어야 합니다. 전시회가 한 달 정도 진행되고 관람객들이 작품을 사 간다면 괜찮은 돈을 벌게 되죠. 하지만 그렇지 않다면 1년 헛

고생을 한 셈이 되니, 작품 활동을 계속 이어갈 수 있는 구조가 아닙니다." 하지만 인터넷 기업들은 자신들의 플랫폼을 사용한 예술가들과 그 부를 나눌 생각이 없다. 인터넷에서 활동하는 소수 사람들을 일시적으로 인기 대열에 올리고, 모회사 트위터에도 추가 매출을 올려줬던 짧은 동영상 공유 플랫폼 '바인Vine'의 사례는 시사하는 바가 크다. 일부 수백만 명의 팔로워를 가진 바인 창작자들이 회사에 자신들의 창작물에 대해 값을 지불할 것을 요구했을 때, 바인은 플랫폼을 종료해버렸다. 비평가 말콤 해리스Malcolm Harris는 이렇게 지적한다. "이 이야기의 중요한 교훈은 플랫폼 기업들은 인재들과 집단 협상을 시작하느니 차라리 뻥 하고 사라지기를 선택한다."[47]

바인에서 활동했던 창작자들이 '예술가'인지의 문제는 이 책의 주제에서 벗어난다. 하지만 요점은 아마추어의 창의성, 즉 좋아서 일을 하는 누군가를 치켜세우다가도, 조금이라도 반항하면 빠르게 뭉개버릴 수 있는 철권이 들어 있는 벨벳 장갑을 낀 경우가 많다는 점이다. 2019년 11월, 나는 런던의 한 미술관에서 열린 '일의 미래'에 관한 강연에 참석한 적이 있다. 질의응답 시간에 서로 다른 두 명의 예술가가 예술계에서 겪었던 착취의 경험을 언급했다. 팟캐스트 〈예술과 노동〉의 오케이 폭스OK Fox는 젊은이들이 배타적인 미술학교에 들어가기 위해서 부단히 노력하지만, 미술학교에 끌리는 많은 젊은이는 사회에 잘 적응하지 못하거나 자본주의 세계 직장에서 일해야 한다는 생각에 환멸을 느끼는 경우가 많다는 점을 지적했다. 그 팟캐스트 진행자인 루시아 러브와 오케이 폭스는 그 젊은 이들은 학교에 들어가서도 언젠가는 전문 예술가가 될 거라는 희망을 품고 그 꿈에 일상을 바치며 몇 년을 엄청나게 열심히 공부하지만, 결국 예술계는 그만큼 자신들을 사랑하지 않는다는 사실을 마주할 뿐이라고 말했다. 오랫동안 예술업계에 종사한 나타샤 번츠Natasha Bunten은 예술학교들이 경력을 어떻게 쌓고, 자금 지원은 어떻게 따내고, 보수를 받는 일은 어디에서 구해야 하는지 등에 대해 가르치는 경우는 없다고 지적한다. 리처드 플로리다 교수는 예술가들을 사회에서 중심 역할을 할 창조계급이라며 치켜세우지만, 그들은 여전히 사회 외곽에서 떠돌고 있을 가능성이 크다고 한다. 2016년 캘리포니아주 오클랜드시 낙후된 구도심지에 예술가들 공동체가 사용하던 '고스트 쉽Ghost Ship'에서 30명이 사망한 화재 사건이 있었다. 이에 대해 《레드 웨지Red Wedge Magazine》지의 알렉산더 빌렛Alexander Billet과 아담 털Adam Turl은 이렇게 썼다. "미국은 미국의 예술가들을 싫어한다. 미국은 미국의 젊은 노동자 계층을 싫어한다. 예술의 금융화가 이들을 죽음으로 내몰았다. 이들이 죽은 이유는 젠트리피케이션이 도시에 대한 우리 권리를 빼앗아 가고, 예술가들과 젊은 노동자들을, 특히 유색인종 예술가들을 사회 가장자리로 밀쳐내고 있기 때문이다."[48]

예술가가 예술을 사랑한다는 이유 하나만으로 작품을 창작한다는 (누구나 안정적인 삶을 살고 예술 활동을 할 남는 시간과 여력이 있으면 가능한) 논리는 예술 세계를 모두에게 개방하려는 목적보다는 다양한 착취행위를 정당화하는 데 쓰인다. 그래도 예술이 궁극적이고 가장 강렬한 즐거움이라는 사실에는 변함이 없다. 미국의 가난 문제 해결을 목표로 하는 비영리기구 '톡 파버티Talk Poverty'의 프리랜서 기자 앨리슨 스타인Alison Stin은 이렇게 썼다. "전 특별히 할 일이 없을 때, 제 아들에게 현관에서 그림을 그리는 행복한 한 시간의 선물을 줍니다."[49]

하지만 우리가 창작의 즐거움을 인정해야 하고 인정하고 있다 하더라도, 예술가가 하는 일을 일로 인정하지 않고서는 더 친절한 세상을 만들어갈 수 없다. 이것은 예술 노동자들이 연대를 통해 스스로 해야 할 일인지도 모른다고 케리 가이넌은 말했다. 나타샤 번츤은 수년 동안 순수예술계에서 일하며 일상적인 착취에 좌절했고, 뉴욕에 '문화 노동자 교육센터Cultural Workers Education Center'를 공동 설립했다. 예술가들과 공예가들을 지원하기 위해 작은 재단을 시작했던 조부모의 영향을 받아 번츤은 미대에 진학했고, 졸업 후 뉴욕 대학에서 석사과정을 마쳤다. 사회에 나와 무급 인턴을 하다가 구겐하임 박물관에서 정식으로 근무했고 이후 컨설팅 분야로 넘어왔다. "일을 하다 보니 나와 같은 공동체에 속한, 공감할 수 있는 사람들을 위해 뭔가를 해야겠다는 생각이 점점 분명해졌어요." 이를 계기로 번츤은 예술계 노동문제를 연구하기 시작했고, 다른 비슷한 업계의 노조 결성 사례들을 찾아보았다.

번츤은 특히 자택 요양, 가사도우미, 요식업과 같은 서비스업계의 노조 결성 사례에서 영감을 받았다. 그렇다면 예술계는 그럼 어

"우리가 창작의 즐거움을 인정해야 하고
인정하고 있다 하더라도,
예술가가 하는 일을 일로 인정하지
않고서는 더 친절한 세상을 만들어갈 수
없다."

떤 전략을 수립할 수 있을지를 모색하기 시작했다. "제가 가진 고민 중 하나는 어떻게 예술계가 고립된 세계임을 이해시키느냐 입니다. 예술가는 직업 특성상 작업실에서 홀로 뭔가를 만들고 그 결과물을 시장에 내어놓는 일련의 과정을 전담해야 하는데, 이는 가정간호 노동자가 고립되어 일하는 환경과 전혀 다르지 않습니다." 번츤에 따르면, 예술계는 공교육·비영리 부문과도 닮은 점이 많은 데도, 다르게 취급된다고 한다. 번츤은 동료들과 2019년, 예술 노동자 교육과 연대를 위해 문화 노동자 교육센터를 시작했고 반응에 놀랐다. 특히 예술 노동자들은 노조 결성에 관한 주제에 많이들 관심을 보였다. 번츤은 이렇게 말했다. "저희에게 해답은 언제나 집단행동이었습니다. 이 모든 고질적인 문제들은 어느 한 사람을 겨냥하거나 개인으로 행동해서는 논의될 수 없습니다. 우리 공동의 요구와 권리부터 우리 스스로 이해하고, 동료들과 함께 그 권리들을 주장하기 시작할 때 비로소 논의가 이루어질 수 있는 문제들이죠."

◇ ❥ ◇

내가 오시어와 작업하는 동료 예술가들을 만나며 오시어와 함께 기차와 버스를 갈아타며 더블린에서 리머릭, 코크까지 왕복하며 동분서주했던 때가 2020년 1월 말이었다. 더블린에서는 오시어처럼 사람들이 소통할 수 있는 공간을 만드는 일을 전문으로 하는 설치 예술가 마리 브렛Marie Brett을 만나 아침 식사를 했고 차를 마셨다. 코크에서는 이브 올니Eve Olney를 만나 오시어와 올니가 함께 제작해 설치한 조형물 '남는 방Spare Room'이 있는 은행을 방문했다. 이 공간은 예술 감상은 물론 사람들이 워크숍을 열수 있는 사회적·정치적 공간으로 사용하려고 기획되었다. 올니에 따르면 토론회 주제는 은행 업무, 페미니스트 경제, 판화 등이라고 한다.

올니는 "다양한 목적에 쓸 수 있는 건물을 쓰지 않는 것은 사실상 범죄"라는 개념을 표현하기 위해 시내 중심가에 빈 TSB 은행을 택했다고 한다. 프로젝트는 시작하자마자 애초의 기대를 넘어 눈덩이처럼 커졌다. 사회단체들과 다른 예술가들도 참가해 13개 전시회로 확대되었다. 워크숍도 26개나 되었고 그중에는 오시어가 방문객들의 허기를 달래주기 위해 기획한 '사람들의 주방People's Kitchen'도 있었다. 은행 금고 자리에 급진적 책들로 도서관도 마련했다. 하지만 올니와 오시어는 전시회 이후에도 지속될 새로운 단체들을 만드는 것이 목적이라고 강조했다.

오시어는 한때 사람들에게 다양한 공간을 만들어주는 작업과 판화가 어떻게 맞물릴 수 있을까에 대한 답을 찾아 헤맸지만, 이 은행 프로젝트를 통해 예술로 "적극적 행동주의를 담고 있는 시각적 공간을 창조"하는 방법을 이해하게 됐다고 설명한다. 예술로 공간의 문턱을 낮출 수 있었고, 급진적인 정치 모임에 한 번도 참석해본 적이 없는 사람들의 관심을 유도할 수 있었다. 또한 거리에서 한 번도 말을 나눠본 적이 없는 낯선 이들이 있는 공간에 사람들이 걸어 들어오게 할 수 있었다. "어떤 면에서 제 예술은 사람들이 핵심이에요. 그 순간 그 공간에 존재하는 사람들이 자신들만의 변화를 창조해내는 거죠."[50]

오시어와 동료들은 정치 예술을 넘어선 정치적 연대가 시급하다는 것을 잘 알고 있다. 오시어, 올니, 가이넌 이 셋은 힘을 합쳐 다양한 파장을 일으키고 있다. 단기적으로는 예술가들의 노동환경 개선을 위해 다른 예술가들과 연대하며, 더 많은 정치성을 띤 작품 활동에 자금 지원을 받을 방법을 찾아냈다. 장기적인 목표는 자본주의 체제에 도전하는 것이다. 가이넌은 이렇게 설명했다. "제가 예술가 연맹을 시작하려는 이유는 예술가들을 위한 더 나은 환경을 위해 싸우려는 것 이상입니다. 우선, 예술계에 종사하는 사람들의 노동환경이 개선되기 전까지는 예술이 진정으로 다가가기 편한 영역이 될 수 없습니다. 나아가 예술가들이 나서 예술계가 불안정하지 않고, 쪼들리지 않고, 무급 노동이 아닌 영역이 되도록 싸우지 않는다면, 다른 노동자 계층과 소외된 집단들의 처지도 결코 개선될 수 없어요. 예술가들이 구조적인 문제에 대항하려면 다양한 배경의 예술가들과 연대해야 합니다."

가이넌은 또 다른 공동 예술 프로젝트의 일환으로 예술가 노조를 조직했다. 더블린 'A4 Sounds'에 있는 작업공간에서 '우리가 원하는 건 지구뿐이에요'를 주제로 1년 내내 진행되는 전시회와 행사가 있었다. 가이넌은 현실적인 요구와 집단행동으로 체계적인 운동을 벌이고 싶었고, 이 행사를 활용했다. "수백만 달러의 지원 자금

증액을 목표로 하지는 않습니다. 단기에 이룰 수 있는 현실적인 목표가 아니잖아요. 하지만 아직 돈을 받지 못한 예술가가 있다면 저희 모두가 연대해서 해당 화랑이든 기관이든 찾아가 함께 싸워주는 일을 할 겁니다. 예술가들에게 이긴다는 기분은 물론, 작은 싸움이라도 이기기가 얼마나 힘든지 맛보게 해주고 싶습니다. 그래야 지금 우리 힘이 얼마나 약한지를 깨달을 수 있거든요." 코로나 19 봉쇄 기간에 가이넌의 노조는 예술계 지원을 부르짖으며 정부에 대항하는 운동도 벌였다.

나는 오시어에게 어떻게 보면 이 모든 협업과 상호지원 프로젝트들 자체가 예술가들에게 이기는 것이 어떤 기분인지를 느끼게 해주는 그런 노조의 시작이라고 말했다. A4 Sounds 직원들에게는 나타샤 번튼의 문화 노동자 교육센터에 대해 이야기해줬더니 "와! 딱 저희가 하는 일이네요. 저희는 그럼 예술 노동자센터네요"라고 했다.

A4 Sounds도 처음에는 공동전시회장으로 출발해서, 의식 있는 예술가들이 물가 높은 도시인 더블린에서 부담을 이겨내며 작업할 수 있는 공동체로 성장했다. 공동설립자 도널 홀랜드Donal Holland는 이렇게 설명했다. "올해가 자금을 지원 받아 진행하는 프로그램을 하게 된 첫 해입니다. 과거에는 적은 예산으로 전속 계약을 맺었었죠. 그러니까 예술인들은 저희 공간을 사용하고 저희는 급여 대신 현물을 지급하는 식이었던 거죠." 홀랜드가 말한 자금 지원을 받은 프로그램이 바로 '우리가 원하는 건 지구뿐이에요'이다. 프로그램

에서 오시어와 가이넌 같은 예술가들은 아직 자리 잡지 못한 예술가들을 상담해주며 단순히 공감하는 것에 그치지 않고, 지원받는 방법을 구체적으로 알려주며 멘토 역할을 해왔다. 코로나19로 잠깐 중단되었지만, 봉쇄가 해제되며 재개됐다.

오시어는 이렇게 말했다. "이 모든 것들이 하나로 연결된다는 사실이 너무 뿌듯해요. '우리가 원하는 건 지구뿐이에요'에서 작은 역할을 맡게 되었고 더 큰 팀의 일원이 되어 너무 신이 납니다. 그리고 곧 아일랜드 망명자 조직과도 일을 시작할 겁니다."

"'우리가 원하는 건 지구뿐이에요'의 가장 중요한 목표는 A4 Sounds가 받는 예술 지원금으로 소외된 예술인들을 돕자는 '부의 재분배'예요. 궁극적으로는 예술가 운동에 힘을 키워나가는 일입니다. 천천히 군대를 키워나가는 거죠."

법의 사각지대에서 하는
희망 노동: 인턴

**우리는 잃을 게 없었어요.
모두 공짜로 일해주고 있었거든요.**

카밀 마르코스의 첫 무급 인턴은 퀘벡대학교 몬트리올 학부에서였다. 로스쿨 진학을 준비하며 1년 내내 주 1회 지역 비영리단체에서 인턴으로 근무했다.

전 세계적으로 많은 재학생과 졸업생이 인턴십, 즉 실습 훈련을 거친다. 카밀의 경우는 무급이었다. 카밀은 "우리 학교는 대부분 졸업하기 전 의무적으로 인턴을 해야 했기 때문에 제가 일했던 단체는 학기 중에는 기본적으로 인턴들로 운영돼요."라고 설명했다. 로스쿨에 진학한 후에도 6개월간 또 인턴을 해야 했다. 그때는 운 좋게도 보수가 있었지만, 회사가 지급할 의무는 사실 없었다. "분명 어떤 법 분야에서 일하느냐에 따라 보수 여부가 결정되기는 하지만, 모두에게 급여를 줘야 할 의무가 있는 것은 아니에요. 시에서 가장 큰 회사에서 일해도 얼마든지 무보수로 일할 수 있죠."

인턴십이 의무이다 보니 지원한 직장에 인턴으로 뽑히지 못하면 다른 곳에서라도 억지로 일해야 했다. 여러 곳에서 인턴을 하며 카밀은 불공평한 환경에 우선 놀랐다. "인턴 자리마다 대우도 달라요. 여름 방학 때 회사법 관련 인턴을 하면 보수도 있고 학점 인정도 후합니다. (당연히 남자들이 더 많고요) 반면 1년 동안 주 1회 하던 인턴십은 무보수에 학점 인정도 얼마 안 됐습니다." 실제로 이렇게 학점 편차가 벌어지다 보면 남자들이 졸업도 빠르고 지갑도 더 두둑하다. 학생들의 시위로 학점 편차 관행이 약간 수정되기는 했지만, 차등 급여는 그대로였다.

카밀을 포함한 많은 인턴이 인턴십이 일부 학과에만 필수라는 사실을 점점 깨달았다. 학생들에게 인턴십을 요구하는 학과들이 늘고 있지만, 교육·사회복지·간호 등 여자들이 우세한 학과가 선봉에 있었다. 한편 공대 같은 남자들이 많은 학과는 인턴들이 급여를 받고 노동법의 보호도 받았다. 현재는 노동법 전문변호사로 일하고 있는 카밀은 이렇게 설명했다. "노동법의 적용을 받으려면 급여를 받고 있어야 합니다. 인턴십에 관한 노동법 규정을 보면, 교과에 인턴십이 필수로 정해져 있다면 노동법의 보호를 받을 수 없고 고용주도 급여 지급의 의무가 없습니다. 하지만 급여를 받고 있다면 직원인 셈인 거죠." 직원이 아니라는 것은 직장 성희롱과 같은 악습으로부터 보호도 못 받는다는 뜻이다. 따라서 무급 노동자들은 두세 배 더 착취될 수 있다.

미국 건축가 협회 같은 전문 단체들은 인턴십 과정에 어느 정도 영향력을 행사했고, 그렇게 공대 인턴들이 보수를 받게 된 것이라고 카밀은 설명했다.

카밀은 학부에서 인턴십을 할 때 수영도 못하는데 수영장 깊은 곳에 던져진 느낌을 자주 받았다고 한다. 일을 배워갈 때 감독이나 훈련이 거의 없었고 소위 현장실습은 허울 좋은 말뿐이었다. 카밀이 일했던 지역단체는 다양한 서비스를 제공했다. "사회복지 서비스, 입주자 권리 및 재정지원 상담을 했어요. 민감한 정보를 제공해야 했고, 상담 내용이 민감할 때도 있었지만, 동료나 관리자와 업무 처리에 대해 의논할 수가 없어서 난감한 경우가 많았죠."

인턴들은 직원회의에서 제외됐고 그래서 가뜩이나 힘든 상황이 더 힘들어졌다. "지역단체가 제공하는 서비스를 받는 분들과 까다로운 상황이 연출되기도 했는데 학교나 단체에 그런 문제를 이야기할 곳이 전혀 없었어요." 정직원들과 함께 일하며 그들과 같은 업무량을 소화해야 했지만, 주어진 권한은 달랐다.

대학도 거의 도움을 주지 않았다. "인턴들이 무슨 일을 하는지 전혀 모르거든요.(웃음)." 그런데도 인턴십이 학위 필수 과정이었고 성적에도 들어갔다. 일했던 단체의 직속상관이 대학에 평가서를 제출하긴 했지만, 그 정도로는 인턴들이 무슨 일을 했는지에 대한 건설적인 평가나 구체적인 자료가 되기 힘들다. 뿐만 아니라, 점수를 매길 수 있을 정도의 통찰력을 평가서에서 얻을 수 없다고 생각했고, 동료 인턴들의 생각도 같았다.

인턴십 프로그램이 확대되며 학생들에게 더 많은 시간, 더 장기적인 책임, 더 큰 희생을 요구하게 되었다. 물론 무급이었다. 직업 기술 교육이 기본이고 대학 준비 과정도 제공하는 퀘벡 소재 직업

학교 학생들에게도 인턴십은 필수다. 카밀은 미용학과, 간호학과, 행정학과 같은 과정을 밟는 학생들이 졸업해도 딱히 고임금 직장을 얻는 것도 아닌데 인턴 기간이 더 길다고 지적한다. "굉장히 계급 차별적 문제인 거죠. 교육 기간에 무료 노동을 강요받잖아요. 그렇다고 더 평판 좋거나 학생 대출을 갚기가 수월한 고임금 직장으로 이어지는 것도 아닌데도요."

퀘벡시는 공공·비영리 부문 무급 인턴십을 확대해 수년간 이어졌던 정부 예산삭감을 메워왔다. 비영리단체들이 국가가 하던 일을 하면서, 기존 자원봉사자들과 함께 이제는 인턴들도 그런 비영리단체들의 생존을 떠받치고 있다. 게다가 대학들은 인턴십을 의무화하여 저렴한 혹은 무료 노동력을 안정적으로 제공해주고 있다. 미국처럼 캐나다의 비영리 부문도 최근 몇십 년간 급속도로 성장해왔고 큰 뜻을 품고 일을 시작한 이들을 볼모로 인건비를 낮추거나, 인턴의 경우는 아예 급여를 주지 않는 식으로 운영된다.[1]

카밀은 이렇게 설명했다. "과정 초반부터 우리는 삭감된 예산을 보충하는 데 기여해야 한다고 배웁니다. 다들 저희에게 기대하고 있다고 하지만, 정작 일하러 가보면 동료들이나 저나 무임 노동을 하고 있어요. 보수도 없는데 추가로 더 일을 하는 이유는 취약계층을 돕고 있기 때문에 '이제 저 일 끝났어요. 안녕히 계세요'라고 일어설 수는 없거든요."

"우리를 교육하는 목적이 결국 착취하기 위해서인 것 같아요"

이 책에 나오는 대다수 노동자와 달리, 인턴은 무슨 일을 하느냐가 아니라 직장에서 어떤 지위를 갖느냐로 정의된다. 카밀처럼 전문직 직업을 준비 중이지만, 일주일에 한 번 지역단체에서 뼈 빠지게 일하는 법대생일 수도 있다. 언젠가는 업계에 발을 들이겠다는 희망을 품고 영화 촬영장에서 커피를 나르고 일을 점검하는 스태프일 수도 있다. 오랫동안 우상이었던 내로라하는 기자들이 쓴 기사의 사실관계를 확인하고, 어쩌다 자기 책상을 지나치는 편집장에게 자기가 쓴 기사를 한번 봐달라고 조르는 나 같은 변변찮은 젊은 기자일 수도 있다. 투자은행에 시간을 헌납하고 있는 아이비리그 대학 재학생일 수도 있고, 심지어 디즈니 월드에서 솜사탕을 팔거나 폭스콘 공장에서 아이폰을 조립하고 있을 수도 있다.[2]

그들이 보수를 받을 거라고 생각하지만, 받지 못한다. 인턴은 엄밀히 말하면 노동자가 아니다. 대신 장차 직업을 얻기 위해 현장에서 일을 배워가는 학생으로 간주한다. 한 연구원는 인턴십을 "학생이 직업에 대해 배울 수 있는, 일의 세계에서 얻는 모든 종류의 경험"이라고 하는데, 모호하기도 하고 구체적이기도 한 정의다.[3]

인턴의 핵심은 희망이다. 의사소통 전문가 캐슬린 쿠이Kathleen Kueh와 토머스 F. 코리건Thomas F. Corrigan은 경험을 쌓거나 업계에 노출되는 식으로 향후 채용 기회를 바라며 수행되는 저임 혹은 무임 노동을 뜻하는 '희망 노동'이라는 용어를 말했다. 희망 노동은 자기

꼬리를 삼키는 뱀의 역설이며, 단연 최고의 희망 노동자는 인턴이다. 인턴들은 언젠가는 사랑할 만한 가치가 있는 직장을 얻기 위해 무료로 일하지만, 저임금 서비스 직종에 만연한 비상 인력과 종속적인 노동환경을 점점 더 많은 유급직에 퍼뜨리는 데 이용될 뿐이다. 최고의 인턴은 정직원으로 채용된다는 성과주의 환상으로 포장한 인턴십은 기업 입장에서는 신입사원을 인턴으로 대체할 기회다. 사실상 새로운 최저임금을 전체 임금구조에 끼워 넣어 임금을 끌어내리는 효과를 낳는다. 인턴이 자신이 되고 싶어 하는 바로 그 직원을 대체하는 꼴이다.[4]

희망 노동과 인턴십은 힘의 문제다. 사무실에서 가장 약자가 인턴이지만, 시키는 일을 하되 누구도 방해하지 않으면서 최종 상패인 정직원 제안으로 이어질 수 있는 긍정적인 성과를 내야 한다. 고단하고 지루한 일을 '당연히 치러야 할 통과의례', '대인관계 쌓기'와 '연줄 쌓기'로 정당화해 '멋들어진' 신자유주의 경제에서 일할 기회를 얻을 수 있는 열쇠라고 포장하며, 그렇게 직장을 간절한 동경의 대상으로 둔갑시킨다. 물론 그토록 갈망했던 직장을 얻게 되면 바뀔 거라는 말도 잊지 않는다. 진짜 직업이 되면 급여는 물론, 존경과 평등한 대우도 받게 되어 더 이상 힘들게 일할 필요도 허둥댈 필요도 없게 될 것이라고 한다. 하지만 정작 인턴십은 실제 직업 세계가 얼마나 엉망이고 추악한지를 엿보게 되는 시간이 되는 경우가 많다. 특히 자신들의 근무 환경에 대해 그다지 통제권이 없고 급여 지급이 시작된다고 해도 상황은 그다지 변화가 없다는 것을 알게 된다. 다시 말해 인턴십을 통해 인턴들은 형편없고 성별화된 노동환경의 진상과 마주하게 된다. 쿠이와 코리건은 "우리는 힘이 부족해서 소망할 뿐이다."라고 썼다.[5]

융통성은 인턴들에게 요구되는 1순위 자질이자 이들이 하는 일의 가장 대표적인 특징이다. 인턴들은 현장에서 배워야 하지만, 명백한 실력 또한 요구되며 하라는 일은 기꺼이 다 해야 하고 그것도 웃으면서 해야 한다. 산업을 불문하고, 인턴은 서비스 노동자의 입장이어서 항상 웃고 있어야 하고, 누가 요청하든 "그럼요, 뭐든지 해야죠."라고 답해야 한다. 현장에서 쌓게 되는 인간관계는 장차 고용에 도움이 될 관계망이기 때문에 인턴들에게 가장 중요하다. 따라서 인턴들이 실제 하는 일은 부차적이다. 하지만 인턴제도가 더 많은 직업 세계로 확산하며 더 많은 노동자가 이와 비슷한 직장 경험을 하게 되었다. 비정규·탄력 근무가 늘어났고 고용주는 근로자에 대한 책임소재가 줄어들었다. 근로자들은 또 다른 불안한 자리로 옮겨갈 수단이 되는 연줄 맺기에 급급하다. 인턴십, 더 크게는 비정규직이 확산되면서 그들은 일을 하려면 우선 일을 사랑한다는 것부터 입증해 보여야 한다.[6]

인턴십의 기원은 과거의 도제, 특히 길드 체제로 본다. 특정 기술을 가진 장인이 어깨너머로 배우는 도제에게 기술을 전수하던 전통은 수백 년 전 1800년대 중반까지 거슬러 올라간다. 도제들은 평생 그 일을 할 생각으로 스승 밑으로 들어와 원하던 기술을 배웠다. 하지만 숙련공에서 '예술' 개념이 분화하기 이전, 장인들이 기술을

"그들은 일을 하려면
우선 일을 사랑한다는 것부터
입증해 보여야 한다."

전수했던 과정은 현재의 인턴십과는 꽤 달랐다.[7] 자본주의 이전 기능인들 조합, 즉 길드가 있던 시절의 도제는 강도 높은 과정이었고, 수년을 스승 옆에서 배우며 가족처럼 지내는 경우도 많았다. 장인은 부모를 대신해 숙식 등을 해결해줄 의무가 있었다. 사회학자 알렉상드르 프레넷Alexandre Frenette에 따르면 도제들은 부모에 복종하듯 스승을 따르며 성실함과 사랑은 물론 귀한 노동력도 제공해야 했다고 한다. 장인은 기술뿐만 아니라 값진 인생 조언과 도덕률을 전수해줬고 계약으로 영구적인 관계를 유지했다. 1563년 '장인규제법Statute of Artificers'으로 장인과 도제는 서로에 대한 의무를 성문화했고, (7년이라는) 기간도 설정됐다. 그렇다고 도제 제도가 단일하게 정비되었거나 만연했던 학대가 사라진 것은 아니었다.[8]

애덤 스미스는 도제가 노동자의 자유를 제한한다며 비판했던 것으로 유명하다. 그는 '노동의 달콤함은 전적으로 노동에 따른 보수에 있다'며 숙식 제공 대신 급여 제공을 주장하는 글을 썼다. 애덤 스미스의 주장대로 도제는 산업혁명이 확산되고 임금 노동이 일반화되면서 쇠퇴했다. 신생 국가 시기의 과거 미국에는 길드 제도의 성장을 둔화시켰던 몇 가지 요소가 있었다. 미국 독립을 꿈꿨던 강한 믿음처럼, 오랫동안 장인 밑에서 배우는 대신 누구에게나 열려 있던 미개척지의 매력은 강력했다(물론 거추장스러운 원주민들을 쫓아내야 했다). 도제들은 계약서를 던져버리고 미개척지로 물밀듯 빠져나갔다. 노동을 피해 나온 도제들에게 이때 마침 노예를 재산시하는 제도가 생겨났고, 아프리카에서 끌려온 노예들을 강제노동에 사

용하며 백인들 사이에 공정경쟁의 장이 열렸다.[9]

캐나다 도제들도 작업복을 벗어 던졌다. 몇백 년 후 인턴들이 시가지 시위를 벌일 1800년대 초반 몬트리올에서는 도제들에게 의미 있는 큰 전환점이 일어났다. 대규모 제조업의 성장 및 급여 제도가 도제들의 이탈과 맞물려, 도제제도는 빠른 하향길을 걷기 시작했다. 공교육과 고등교육의 확산도 도제의 쇠퇴를 도왔고 (꼭 일을 해야 할 처지라면) 직업을 준비하는 방식도 변했다.[10]

개혁론자들이 아동노동 금지를 주장하면서 개혁운동은 젊은이들과 그들의 배움에 대해 새로운 개념을 주입했다. 즉, 청소년기는 아동기나 성인기와 구분되는 특별한 때이며, 이들이 교육이라는 본분을 유지하면서 노동은 방학 때나 방과 후에 할 수 있는 일이어야 한다는 것이었다. 일부 도제는 존재했고 오늘날에도 이어지고 있지만, 더 이상 직업훈련의 주류는 아니었다.[11]

1861년 미국에서는 농업과 기술 분야처럼 좀 더 실용적인 교육을 하는 대학을 지원하기 위해 '토지 공여법Land Grant Act'이 시행됐다. (오늘날 일부 대학에 여전히 존속하는) 이러한 국가와 대학 협력체계의 또 다른 목적은 학생들에게 학교 교육과 현장실습을 받게 하고, 농업 같은 분야에서의 훈련을 공식화한 것이었다. 오늘날의 인턴십에도 어느 정도 영향을 미친 정책들이었다.[12]

하지만 흔히 말하는 '인턴십'은 의료 분야에서 시작됐다. 『청춘착취자들Intern Nation』의 저자 로스 페린Ross Perlin에 따르면, 젊은 의대생들은 병원 벽에 '인턴('안에 갇혀'라는 의미에서)'되어 의사가 되기 전 1~2년의 지옥을 경험한다. 1900년대 이전에도 의사들은 도제 과정을 거쳤지만, 의사가 직업으로서 형태를 갖추어 가면서 좀 더 체계적인 훈련이 시작되었다. 젊은 의사들은 의대 졸업 후 인턴십을 통해 선배 의사들의 감독을 받으며 실습 경험을 쌓았다. 페린은 "병원들이 어린 의대 졸업생들을 혹사하며 값싼 노동력을 쥐어짜 내고 있다는 비판이 쏟아졌다고" 지적한다.[13]

의료계 인턴십은 현재의 레지던트까지 확장되었지만, 여전히 레지던트도 햇수는 길고 매일 장시간 근무에 권한도 거의 없다. 미국의 일부 의료 인턴들과 레지던트들은 주중 일일 근무 시간을 8시간으로, 28시간 단위 교대근무를 16시간 단위로 축소해 달라고 요구했다. 하지만 아직도 인턴들은 일을 하는 것이 아니라 교육을 받고 있다는 소리를 듣는다. 장시간 근무가 의료서비스 질에 유해한 영향을 미친다는 반복적인 연구 결과에도 아랑곳없이, 인턴들이 듣는 또 하나의 익숙한 주장은 근무 시간 단축이나 휴식 시간 보장 등을 요구하면 피해는 고스란히 환자들에게 돌아가니, 환자의 필요를 자신들의 필요보다 항상 우선시해야 한다는 말이다. 의료계 인턴들과 레지던트들이 급여를 받기는 하지만, 의사 월급보다 훨씬 적고 병원 청소부 월급에 맞먹는 수준이다. (유럽 레지던트들은 40시간 정도 근무하는 데 반해, 미국의 민간 의료분야는 특히 레지던트들에게 고되기로 악명 높다) 주차장에 세워진 선배 의사들의 고급 세단을 지나 16시간 교대근무를 하러 출근하는 레지던트들에게는 '당연히 치러야 할 신고식'으로 합리화된 수많은 희망 노동이 요구된다.[14]

1920년대 들어 대학교수들, 회계 분야와 급성장하던 마케팅 산업의 전문 잡지들이 인턴십을 찬양하면서 인턴 제도는 다른 분야에도 조금씩 흘러 들어오기 시작했다. 심지어 육체노동자들이 거치는 도제와는 차별화되는 신분 배지로 이용되기도 했다. 하지만 인턴십이 정말 활개를 치기 시작한 것은 공공분야였다. 1930년대 시·주 정부들은 야망 있는 젊은이들에게 공익사업을 알릴 목적으로 다양한 프로그램들을 시작했다.

공익사업의 정신은 사람들을 실제 참여시키는 것이었기 때문에 현장실습이라는 모델은 이치에 맞았다. 하지만 실상은 무급 노동이다 보니 어느 정도의 여력과 소득이 있는 젊은 사람들만 그 기회를 활용할 수 있었다. 제2차 세계대전 이후 미국 의회는 의원들이 보좌관 수를 늘려가면서 크게 변모되어 갔다. 아직까지도 미국 연방의회에서 대다수 업무를 처리하고 있는 인턴들이 당시 대거 고용됐다. 1950년대 무렵에는 인턴십이 이미 나라 전역에 확산하였고 그 형태도 무척 다양했다. 유급, 무급, 근무 시간, 기관별 차이는 물론, 업무의 질에도 큰 격차가 존재했다. 다시 말해, 선반을 닦고 커피를 실어 나르느냐 아니면 기관의 실력 있는 직원들과 긴밀히 협업해 가느냐가 주사위 던지기처럼 운으로 결정되는, 오늘날 인턴들의 노동환경이 형태를 갖추어지고 있었다.[15]

대략 이 시기에 미국 대법원은 향후 수십 년간 인턴들의 미래를 결정할 판결을 했다. 대법원은 1947년 훈련생들은 노동자들이 받는 법적 보호(특히 최저임금을 포함해)에서 제외된다는 지침을 확립

했다. 사건의 쟁점은 포틀랜드 터미널이 제공한 2주 훈련 프로그램에 참여한 철로 노동자들이었다. 작가 로스 페린은 이렇게 썼다. "당시 정황상 훈련생들을 '공정근로기준법'에서 제외하는 결정은 분명 합리적인 결정처럼 보였을 것이다. 장차 직원이 될 사람들에게 무급으로 직업훈련을 제공하도록 기업들을 유도할 방법이라고 보였을 것이다." 판결에서는 근로자가 훈련생이고 따라서 법적 보호 대상이 아니라고 판단하는 기준들을 명시했다. 훈련생들은 현장 경험을 통해 혜택을 입지만, 정규직 직원을 대체하지 않는 실용 훈련이어야 한다. 훈련 후 고용이 보장되지 않으며 급여 보장도 없다. 단순히 무급 노동으로 치부되지 않으면서 훈련으로 고려되려면 실질적인 업무와 대체 어느 정도 거리를 두어야 할까?[16]

정치적 활동에 적극적인 젊은이들이 자신들의 가치를 현장에 구현할 기회를 도모하며 1960~1970년대에도 인턴 제도는 계속 확산해갔다. 의회도 이에 발맞춰 비영리단체, 로비스트 등 정책 결정에 목소리를 내고자 하는 신규 세력들을 끌어들였고, 위원회와 보좌관 수를 늘려가며 의회의 모습도 바뀌었다. 당연히, 싸고 야심 찬 젊은 인턴들도 무더기로 쌓아둘 수 있었다. 대학 진학률이 증가세였지만, 1960년대를 휘감고 있던 이상주의적 색채가 바래며 1970년대 경기침체가 시작되자, 젊은 대졸자들은 어떻게든 발붙일 자리를 찾아야 했다. 그들에게는 바로 인턴십이 다수와 자신을 차별화할 새로운 방법이었다. 대학이 후원하는 인턴십 프로그램은 1970년 200개에서 1983년 1,000개로 늘어났다.[17]

하지만 지금의 인턴 제도가 정식으로 생겨나기 시작한 시기는 1990년대였다. 무급 인턴십의 만연함에 대한 반발이 시작된 것도 이때였다. 건축학과 학생들은 '미국 건축가 협회'를 주축으로 연대해, 교육과정 자체도 가혹하기로 악명 높은 건축 분야에 만연한 무급 인턴십에 항의하기 시작했다. 미국 건축가 협회는 다른 단체들을 로비해 동참을 호소했고 건축 분야에서 유급 인턴 문화를 만들어내는 데 성공했다. 무급 직원들이 일한 시간을 고객들에게 청구한 파렴치한 유명 회사를 무급 인턴들이 고소하기도 했다. 이 학생들은 3만 1,520달러를 급여로 보상받았다.[18]

하지만 그 어떤 것도 무급 인턴십 확산을 막지 못했다. 일이 단지 생계 수단이 아니라 삶의 모든 성취감의 근원이라는 식으로 현대 노동 윤리관이 변하면서, 스스로 일을 '획득해내야' 한다는 이상한 논리가 힘을 얻어갔다. 특히 언론 같은 분야에서 더 보편화되었고, 급여를 받을 가능성은 더 희박해졌다. 한 연구에 따르면 1976년에는 TV 방송국 인턴들 57퍼센트, 라디오 방송국 인턴들 81퍼센트가 최소한 어느 정도의 보수를 받았지만, 1991년경에는 각각 21퍼센트와 32퍼센트로 떨어졌다. 산업노조 노동력이 외주와 자동화로 사라지며 고용시장 한가운데가 통째로 함몰되어 사라졌다. 좀 더 나은 고용조건과 급여를 보장하는 얼마 안 남은 직장을 얻는 데 학력과 인맥의 중요성은 더 커졌다. 동시에 '꿈의 직업'이라는 당근을 매단 채찍이 저임금 서비스 경제 전반에서 휘둘러졌다. 디즈니 월드에서 저임금 대학생들이 근무를 하며 팝콘이나 솜사탕을 팔거나 놀이기구에 사람들이 토해 놓은 것을 치우는 일 같은 서비스 직종들을 보면, 학력과 인맥의 중요성 그리고 '꿈의 직업'이라는 궤변이 교차하는 지점이 있다. 즉, 디즈니 인턴십과 정규직의 차이는 이력서에 적을 수 있는 디즈니 근무 경력 한 줄과, 고용 안정성과 괜찮은 보수 간의 차이이다 (대부분 디즈니 노동자는 노조의 보호를 받는다). 디즈니는 고용을 이렇게 두 형태로 양분해 한 해 2천만 달러에 가까운 인건비를 절약한다.[19]

꼭 음식을 나르지 않더라도 인턴들은 비굴한 처지다. 커피를 내리거나, 빈 책상에서 누군가 무급 인턴인 자신이 하는 일을 알아봐주기를 바랐던 적이 있다면, 형편없는 일을 하면서도 늘 감사하고 있는 것처럼 행동해야 하는 그 감정 노동이 어떤 것인지 잘 알 것이다. 인턴십은 다양한 형태의 임시직과 함께 발전해왔고, 고용 안정성을 즐거운 일과 맞바꾸는 것은 괜찮은 거래조건이라는 생각도 함께 발전해왔다. 희망 노동 천하가 되었다.

경제학자이자 작가인 가이 스탠딩은 고용 안정성이 열악한 노동자 계층을 이탈리아어로 불안정하다는 뜻의 '프레카리오precario'와 노동자를 뜻하는 '프롤레타리아트proletariat'를 합쳐 '프레카리아트precariat'라고 하는데, 인턴이 가장 대표적인 프레카리아트다. 스탠딩에 따르면 프레카리아트는 상류층 전문직이나 중산층 기술직 같은 특정 직종을 말하는 것이 아니다. 즉 계층이 아니라, 장기 고용 안정성이 보장되는 일자리가 줄어들며 점점 더 일반화되는 일련의 노동환경을 설명하는 용어다. 또한 스탠딩은 희망 노동과 유사한 용어로 '일을 위한 일work-for-labor', 즉 급여를 받기 위해 해야 하는 일이 있다고 주장했다. 일을 위한 일에는 앞일을 대비해 하는 희망 노동은 물론, "근무 시간 외 인맥 관리, 퇴근 후나 주말, 혹은 통근하면서 조직의 보고서 읽기가 포함"된다고 한다. 인턴십은 일을 위한 일의 한 예일 뿐이지만, 장차 노동자들을 기대 이상보다 더 열심히 일하게 할 수천 가지 다른 방법에 준비시키는 단계이기도 하다.[20]

믿을 만한 자료 부족이 늘 문제이긴 하지만, 연구자들에 따르면 4년제 대학생 50~75퍼센트가 최소한 한 개의 인턴십을 한다. 또한 대학생 인턴들은 무급 노동, 학교 공부, 유급 노동을 동시에 하고 있다고 한다(전체 학부생의 절반 정도가 주당 25시간 정도 유급 노동을 한다). 저소득층 학생들은 무급 인턴십을 할 가능성이 사실상 더 크고, 고소득층 자녀들은 인맥을 통해 최고의 인턴 기회를 얻는 경우가 많다. 전공도 중요한 요소다. 카밀은 남자들이 주를 이루고, 전문기술이 필요하다고 여겨지는 공대와 컴퓨터 공학과 인턴들은 대개 보수를 받는다고 말했다. 교육, 사회과학, 예술 분야는 보수 지급 가능성이 훨씬 줄어들고 여자들이 이 분야에서 일할 가능성은 더 크다.[21]

카밀과 동료 인턴들이 연대하게 된 계기가 바로 극도로 성별화된 인턴십의 실태 때문이다. 작가 미야 토쿠미즈는 이렇게 말한다. "순종, 순응, 끝없는 감사 표시, 무료 혹은 아주 적은 보수의 일을 요구받는 게 인턴십이라면 노동자들은 역사적으로 늘 불리했던 여자들의 처지로 전락하게 된다." 말콤 해리스는 저서 『밀레니얼 선

"순종, 순응, 끝없는 감사 표시,
  무료 혹은 아주 적은 보수의 일을
  요구받는 게 인턴십이라면
  노동자들은 역사적으로 늘 불리했던
  여자들의 처지로 전락하게 된다."

언『Kids These Days』에서 인턴은 대다수 사람이 상상하는 노동자 계층과는 전혀 다르다고 지적한다. 흔히 20세기 중반 여느 작업 현장에서도 마주칠 수 있던 안전모를 착용한 백인 남성의 이미지와는 거리가 멀다는 것이다. 대신 오늘날 전형적인 무급 인턴은 일할 기회 자체에 무한히 감사하며 웃고 있는 수줍은 젊은 여성일 가능성이 크다.[22]

게다가 공장 노동자들과는 달리, 인턴과 노조는 어딘가 어울리지 않는다. 어쨌든 노조는 분란을 일으키거나 요구가 수용되지 않으면 작업을 거절하는 방식으로 힘을 쌓아갈 수 있다. 하지만 인턴들은 이미 무료로 봉사하기로 한 이상, 요구사항을 들어달라며 소동을 부리기는 좀처럼 쉬운 일은 아니지 않을까?

대부분의 임시직은 늘 여자들 차지였다. 시간제 근무 자체도 19세기에서 20세기 초 점원과 소매 노동자 같은 여자들을 위해 고안된 직종이다. 정말 일이 필요하다기보다 '용돈벌이'나 하려고 일을 한다는 식으로 여겼다. 여자들의 고용시장 참여가 확대되며 '여자들 일'하면 떠올렸던 노동환경이 다른 노동자들에게도 확대되어 갔고, 한때는 남성적 위신과 특권이 찬란했던 업계로도 그런 노동환경이 번지게 된다.[23]

결국 요즘 인턴십은 카밀과 그의 동료들과 같은 많은 학생이 의무로 이수해야 하거나 안 하면 큰일이라도 나는 것처럼 독려 되는 과정이 되었다. 대학은 무급 일자리를 알선하는 인력시장 혹은 고용센터나 다름없다. 대학 취업지원센터들은 학생들을 근사한 자리로 안내하고 인턴 경험을 졸업 필수 요건으로 내세우는 학과도 늘어간다. 일부 대학들은 무급 인턴들에게 심지어 재정지원까지 하며 학생들을 데려다 쓰는 기업들을 노골적으로 보조한다. 한편 학점을 따기 위해 무급 인턴십을 하는 학생들은 학점을 위해 대학에 학비를 내며, 말 그대로 일하려고 돈을 낸다. 이 주제를 연구해 온 한 교수는 "인턴십을 강요 혹은 독려하는 대학들 입장에서 인턴십은 무척 값싼 학점 제공방법이다. (……) 비꼬아 말한다면 예산 수지를 맞추는 데도 유용한 방법"이라고 설명한다. 이처럼 인턴십은 대학의 기업화와 관련이 있고, 이에 대해서는 시간강사를 다루는 다음 장에서 더 깊이 논의하겠다.[24]

카밀의 설명에 따르면, 무급 인턴들은 법적으로 근로자가 아니어서 다양한 직장 학대 문제에서도 법의 사각지대에 놓이게 된다. 차별이나 성희롱? 직원이 아니라면 소송과 같은 법적 보호 장치는 애초에 기대하지 않는 편이 낫다. 브리짓 오코너Bridget O'Connor가 뉴욕 로크랜드 정신과 센터에서 인턴을 할 때, 의사 중 한 명이 오코너에게 성희롱 발언을 일삼고, 다른 여성 근무자들도 그의 그런 행동을 여러 차례 보고했다. 그런데 오코너가 법원에 손을 내밀었을 때 그가 직원이 아니라는 이유로 소송이 기각됐다. '미국 고용기회평등위원회US Equal Employment Opportunity Commission'의 한 대변인에 따르면, 인턴들은 '상당한 보수'를 받지 않는 한 연방법의 보호를 못 받는다고 한다.[25]

워싱턴 DC를 포함한 일부 주들에서 인턴들을 최소한 성희롱이나 차별에서 보호하는 법을 시행해왔지만, 급여를 받는 인턴들에게만 보호받을 자격이 부여되는 쓰디쓴 역설이 존재했다. 결국 무급 인턴들이 악용될 소지는 더 커진다. 하지만 정책 입안자들이 인턴들 보호에 능장을 부려온 이유는 그들도 무급 인턴십에 기대어 운영하는 사무실이 많기 때문이다. 미국과 영국 국회의원들 사무실은 무급 인턴들이 가득하다. 세계에서 가장 막강한 권력을 쥔 사람들 곁에서 일할 기회는 무급 노동을 암시하고, 이 자리가 가능한 것은 형편이 넉넉한 인턴들이다. 이런 이유로 지역의 우선사안에 정치인들이 귀를 기울이는 경우는 더욱 줄어들게 된다. 뉴욕 퀸스와 브롱크스 지역 출신이며 사회주의 성향의 의원 알렉산드리아 오카시오 코르테즈Alexandria Ocasio-Cortez는 2019년 당선 이후 사무실 인턴들에게 시간당 15달러를 지급할 것이라고 발표하여 큰 파문을 일으켰다(당시 하원의원 90퍼센트가 한푼도 지급하지 않았다). 사람들이 그녀에게 어떻게 인턴들 급여를 줄 생각을 하냐고 묻자, 오히려 오카시오 코르테즈는 인턴들이 마술을 부려 돈은 알아서 벌고 일은 무료로 했으면 하는 그들의 심보를 비판하며 그들의 '부의 모순'을 꼬집었다. 한 영상에서 오카시오 코르테즈와 일부 동료 의원들은 "경험으로 전기세를 낼 수는 없습니다!"라고 외쳤다.[26]

공익사업에 대한 고결한 미사여구로 가득한 비영리단체들에도 자원봉사자들은 물론 무급 인턴들이 바글바글하다. 스타트업 기업들의 도덕적 가치를 부풀리며 공익사업을 시행하는 실리콘 밸리에도 인턴들이 즐비하다. 보수가 적어도 열심히 일해야 한다는 문화를 정당화하는 모두의 합의는 사회학자 지나 네프Gina Neff가 말하는 '벤처노동'이다. 지금의 노력이 미래의 큰 보상으로 되돌아오리라는, 벤처투자자가 스타트업 기업에 막대한 투자를 하는 도박과 같다는 뜻이다. 벤처노동자들은 자신들의 시간과 노력을 미래에 대한 투자로 보며, 그 가정에 무급 인턴이 꼭 맞아 들어간다. 무급 인턴들이 바친 시간 역시 결실을 안겨줄 투자이기 때문이다. 하지만 호황에는 실리콘 밸리 기업들이 인턴들에게 후할지는 모르지만, 불황이 찾아오면 이들이 가장 먼저 내칠 사람들은 인턴들일 것이다.[27]

코로나19 팬데믹으로 불경기가 찾아오자 특히 언론, 비영리단체, 국회의원 사무실 쪽으로 취업을 노리는 학생들이 남보다 한발 앞서기 위해 기대고 있는 인턴십 프로그램들이 대폭 줄어들었다. 400개 이상의 기업들을 대상으로 한 조사에 따르면 80퍼센트 정도의 기업들이 프로그램을 변경하거나 아예 없앨 예정이었다. 요즘 인턴 경험이 '업무 자체를 배울 기회보다는 분위기를 익히는 기회'가 된다면, 더는 일할 기회조차도 없는데 인턴십이 무슨 가치가 있단 말인가?[28]

무급 인턴에게 가장 냉혹한 분야는 투쟁이 가장 빈번히 일어날 뿐더러 무급 인턴십으로 악명도 높은 예술·미디어 업계다. 경쟁이 극도로 치열하고 정상의 자리에 오르기만 하면 화려한 영예를 누릴 수 있지만, 희망 노동 없이는 돌아가지 않는 업계이다. 예술계에서 무급 인턴십은 지극히 일반적이다. 한 연구에 따르면 영국 예술계 인턴십의 86퍼센트가 무급이고 대부분 감수해야 하는 집세와

생활비가 최소 한 달에 1,100파운드나 되는 런던에서 제공된다.[29]

현실과는 동떨어진 듯한 억만장자들이 즐비한 예술·미디어 업계에서 무료로 일하는 것은 정말 최악이다. 그런데 마치 이 업계를 관통하는 불평등을 여실히 보여주려는 듯, 한때 '인턴십 경매Internship Auction'라는 현상이 불거져 나왔다. 표면상으로 경매 수익금은 자선단체에 기부되었고, 명품 패션 브랜드 베르사체에서의 인턴십이나 《허핑턴 포스트Huffington Post》(현재 《허프포스트Huff Post》)에서의 블로그 관리 인턴십 등은 하늘의 별 따기만큼 얻기 힘들었다. 인턴십 경매나 인턴십을 원하는 사람들에게 조언을 제공하며 운영되는 '인턴 기업Internpreneur(인턴십Intership과 기업Entrepreneur의 합성어)' 외에도, 인턴십을 판매하던 사기업 '드림 대학University of Dreams'도 있었다. 로스 페린에 따르면, 최초에는 인턴을 공급받은 기업들에서 알선 수수료를 받았지만, 세계금융위기 이후 드림 대학은 '꿈의 인턴십'이라고 광고하며 인턴들에게 (더 정확히 말하자면, 인턴들의 잘 사는 부모들에게) 수수료를 받는 것이 더 나은 비즈니스모델이라는 것을 깨달았다고 한다. 드림 대학에 대해 페린은 이렇게 말했다. "젊은이들 처지에서는 그래도 처음에는 채용 후보자가 아니라 고객으로 대접받는다는 점이 매력이다." 그저 온순하고 감사하는 인턴보다, 고객으로 대우받으며 뭔가 잘못되면 담당자에게 항의도 할 수 있는 지위를 누가 마다하겠는가?[30]

이렇게 중간 거름망이 존재하다 보니, 노동계 전반은 물론 특히 문화계에서 계층화가 심화되고 사회적 신분 상승이 사라진 점은 조금도 놀랍지 않다. 영국에서 이루어진 한 연구에 따르면, 인턴십은 "비공식적 경제Informal Economy의 일부분으로, 인턴십을 구하려면 누구를 아는지가 무엇을 아는지보다 더 중요한 경우가 많다"고 한다. 이러한 비공식적 경제가 초래하는 결과는 참담했다. 예를 들어, 언론계에는 노동자 계층 출신 신규 노동자가 10퍼센트도 안 되었다. 유색인종들은 상대적으로 부모에게 의지하기가 더 힘들고, 미국 백인 가정 중위 자산이 흑인 가정 중위 자산보다 대략 12배 높은 현실에서 백인 인턴 비율이 훨씬 높아졌다. 유색인종들에게 인턴십은 넘기 힘든 높은 담처럼 느껴진다. 이러한 불평등이 결국 어떤 이야기를 기사로 쓸지, 누구에게 마이크를 줄지, 누구에게 관심을 둘지를 결정한다. 문화산업에 대한 유사한 통계자료를 봐도 대중문화가 더욱더 중상류층에 의해, 중상류층을 위해 만들어진다는 사실을 확인할 수 있다. 일부 다양한 배경의 인턴을 모집하려는 프로그램들도 존재하긴 하지만, 극소수에 불과하다.[31]

인턴십은 미국에서 시작됐지만, 전 세계로 빠르게 확산되어 왔다. 캐나다에 사는 카밀처럼 이제는 중국 법대생들도 인턴십이 의무이며 공장 조립라인에서 인턴을 하기도 한다. 영국은 2008년 세계금융위기 이후 급증한 무급 인턴들을 딛고 서 있다. 세계금융위기는 불안정한 직장과 인턴십 확산의 분수령이 되었고, 코로나19로 인한 경기침체도 마찬가지 역할을 할 수 있다. 2010년대 경기침체로 해고됐던 중장년층 근로자들은 채용 규모가 줄어든 정규직 고용시장에서 어린 친구들과 경쟁해야 했다. 그러나 2016년 한 조사에 따르면 인턴이 끝난 후 일자리 제안을 받은 무급 인턴은 절반이 안 되고, 유급 인턴이라고 해도 3분의 1이 채 안 되었던 것으로 밝혀졌다.[32]

인턴들은 점점 반발하기 시작했다. 한 예로, 인턴 생활을 했던 아밀리아 일그너Amalia Illgner는 《가디언The Guardian》지를 통해 영국 잡지사 《모노클Monocle》에서 자신이 했던 '꿈의 인턴십'을 소송할 계획이라고 밝혔다. 근무는 새벽 5시 30분에 시작했고, 인턴들은 이탈리아 밀라노에 있던 《모노클》 편집장에게 직접 잡지를 전달하도록 보내지는, 마치 '인간 페덱스 택배'처럼 일했다고 했다. "자, 《모노클》, 듣고 있나요? 이제 나는 내가 받지 못한 급여를 청구할 소송절차의 첫 단계를 밟은 거랍니다." 또 다른 사례는 마찬가지로 언론계로 《하퍼즈 바자Harper's Bazaar》에서 일곱 번째 무급 인턴을 하던 다이애나 왕Diana Wang이 건 소송이었다. 그녀는 《하퍼즈 바자》의 모회사 허스트 커뮤니케이션Hearst이 연방·주 노동법을 위반했다고 주장했다. 아무런 보수 없이 밤 10시까지 일하기도 하며 주당 45시간까지 일했고, 잡지를 들고 나르며 뉴욕 시내를 돌아다녀야 했다고 했다.[33]

하지만 전 세계 혹은 최소한 미디어 업계에서 큰 반향을 일으켰던 인턴십 소송은 영화 〈블랙 스완Black Swan〉 사건이었다. 에릭 글라트Eric Glatt는 대런 애러노프스키Darren Aronofsky 감독의 〈블랙 스완〉 영화 촬영장 무급 인턴이었다. 재무 쪽 경력이 있다며 회계 부서로 옮겨졌지만(글라트는 당시 40세였고 영화계에서 경력을 쌓아보려고 하던 중이었다), 일하다 보니 아무것도 배우는 것이 없다는 것을 깨달았다.

영화사가 유급 직원에게 시켜야 했던 일을 대신하고 있었던 것이다. 사회적 약자였던 대졸자들이 주축이 되어 무급 인턴십과 학자금 대출 부담에 불만을 제기했던 반 월가 시위Occupy Wall Street가 한창일 때 글라트는 법원에 소장을 제출했다. 2013년 이러한 정치적 상황에서 법원은 글라트와 또 한 명의 인턴은 보수를 받았어야 했다고 판결했지만, 2015년 항소법원은 원심을 뒤집었다.[34]

소송을 두려워한 일부 미디어 기업들이 인턴들에게 급여를 지급하겠다고 발표하기 시작했고, 그렇지 않은 미디어 기업의 인턴들은 연대하기 시작했다. 내가 2009년 인턴을 했던 잡지사《더 네이션The Nation》은 최초에는 급여 지급에만 동의했지만, 사내 인턴들이 뭉쳐 급여를 요구하자 시급을 15달러로 인상하는 데도 동의했다. 프랑스에서는 노동법개혁에 항의하며 파업한 인턴들이 준수한 수준의 급여를 받게 되었고, 독일의 고용 불안정 시위의 주축도 무급 인턴들이었다. 하지만 무급 인턴십은 쉽게 사라지지 않고 있다.[35]

2012년 정부가 수업료를 75퍼센트 대폭 인상하겠다는 계획을 발표하자 총학생회와 대학생들이 거리로 뛰쳐나왔다. 정부의 시위 진압 시도로 이들은 더욱 과격해졌다. 몇 달 동안 몬트리올 거리는 냄비와 프라이팬을 나무 수저로 때리는 소음으로 가득했고, '빚에 허덕이는squarely in the red'의 의미를 담은 펠트 재질의 작은 빨간 사각형 문양을 가슴에 단 수천 명의 시위대로 들끓었다. 학생들은 수업료 인상을 저지하는 데 성공했고 다들 졸업 후 직업을 찾아 뿔뿔이 흩어졌다. 하지만 또 다른 학생단체가 이 성공의 여세를 어떻게 이

어갈지를 고민하기 시작했다.[36]

◇ ❥ ◇

2019년 퀘벡주의 매서운 추위에 외투, 목도리, 모자와 후드티를 꽁꽁 싸맨 수만 명의 인턴이 영어와 프랑스어로 무급 인턴십을 비난하며, '노동에 맞는 정당한 급여가 왜 그리 어려운 문제인가' '착취는 직업이 아니다'와 같은 팻말을 들고 거리시위에 나섰다. 작은 도시 가티노의 시위에서는 '급여 없이 인턴 없다'는 표어를 내걸었다. 학위 취득에 인턴십을 필수로 요구하는 것에 반대했던 몬트리올 시위 현장에는 카밀과 클로이 카브랄도 있었다. 요구사항은 단순했다. 급여와 노동법의 보호를 받는 노동자의 신분 요구였다.

　이 모든 시위는 '학생노동조합위원회Comités unitaires sur le travail étudiant'가 조직했다. 자율적 학생조직 네트워크인 이들은 2012년 학생 시위의 하향식 구조 대신, 자신들만의 인턴십에 대한 분석적 시각과 여성 인권 문제를 분명히 반영하는 것이 목표였다. 이들은 '가사 임금 캠페인'에서 영감을 얻어 학업도 일종의 재생산노동이라는 주장을 중심으로 2016년 연대를 시작했다. 여자들이 압도적으로 많은 분야에 성행하는 무급 인턴십도 당연히 공격 대상에 포함됐다. 학생노동조합위원회는 2016년 퀘벡주 정신과 인턴들이 급여가 아니라 일괄 총액 지급이긴 했지만, 일련의 경제적 보상을 약속 받자

사기가 높아졌다.[37]

인턴들의 첫 파업은 2017년 11월이었다. 다음해 2월에는 인턴 수천 명이 추가 파업에 돌입했고, 국제 여성의 날에도 파업을 진행했다. 2018년 가을, 5만 5천 명의 인턴들이 동맹파업에 들어갔고, 2019년 봄에도 3만 5천 명이 넘는 인턴들이 파업했다. 한 번은 인턴들이 모여, 시위를 중단하고 급여도 지급하지 않던 직장으로 복귀하라고 독려하는 관리자들이 보낸 편지와 이메일을 크게 읽어 자신들의 현실을 적나라하게 알리기도 했다. 인턴들은 2019년에 새로운 전략을 추가해, 인턴십이 진행되는 기업들을 순회하는 '인턴십 투어'를 벌여 해당 기업에 인턴들의 요구사항을 알렸다. 기존 학생시위는 대개 퀘벡에 있는 대학들과 직업학교들에 직접 찾아가 강의실을 돌며 동참을 호소하는 방식이었다. 하지만 카밀은 학교 앞에서 친구들과 연대하기 좋은 방식이었다고 설명한다. "인턴을 하는 당사자가 학교 친구들에게 왜 파업하고 어떤 변화를 기대하는지를 굳이 설명해주지 않아도 되잖아요." 일부 인턴십 현장에서, 특히 교사들이 탄탄한 노조를 기반으로 자신들의 주장을 관철할 준비를 하고 있던 학교는 물론, 병원들·비영리단체들 등에서 급여를 받고 일하던 노동자들에게는 어느 편을 들지가 난감한 문제였다.[38]

카밀은 어둡고 비좁은 지하실 방에서 열렸던 학생노동조합위원회 회의에 처음으로 참석했을 때를 떠올리며 친근한 분위기였다고 웃었다. 2017년 이미 한 차례 파업이 있었고, 조직 내 일부 회원들이 좀 더 법률적으로 밀어붙이기 위해 카밀에게 노동법 관련 조언을 얻기 위해 연락을 했던 터였다. 학생노동조합위원회가 발간하는 잡지에 법률관계를 다룬 기사를 작성했고 다른 인턴들과도 교류를 확대하며 운동에 더 깊이 관여해갔다. "정말 끝내줬던 건 회의를 끝내면서 업무 분담을 했는데 거의 모두가 할일이 있더라고요. 나도 할일이 있다고 다들 느꼈을 뿐만 아니라, 그날 회의에서 할당 받은 임무 후속 조치를 해야 했었기 때문에 다음번 회의에서는 한 명도 빠짐없이 발표하게 될 거라더군요. 정말 재밌었어요."

카밀과 클로이에게 여자들이 주최하던 학생노동조합위원회 회의들은 색다르고 흥미로운 경험이었다. 감정과 화를 드러내느라 목소리가 컸지만, 절제도 있었다. "파업을 제안한 것도 여자들이었고, 파업 제안을 변호한 것도 여자들이었고, 파업을 실행에 옮긴 것도 여자들이었어요. 회의를 이끌고, 결과를 기록하고 위험을 감수한 것도 인턴을 하며 고생하던 여자들이었어요. 우리가 추구하던 명분에 우리 스스로 깊게 관여했습니다. 다른 누군가를 도우려던 것이 아니었어요."

카밀은 모든 것을 처음부터 만들어내야 했다고 했다. 한 번도 시도해본 적이 없는, 대학과 직장을 둘 다 공격하는, 전통적인 직장파업과 학생파업의 속성을 모두 가진 운동이었기 때문이다. 급여를 받는 상사들에 둘러싸인 인턴들은 딱히 도와줄 사람이 없고, 결국 파업은 겁이 나는 일일 수도 있었다. 게다가 파업으로 직장과 학교 양쪽에서 대가를 치를 수도 있었다.

하지만 인턴들이 실제로 거리로 나가자 이들은 무시할 수 없는 존재가 되어 있었다. 파업이 있는 동안에는 파업에 동참했다가, 잠시 쉬는 동안에는 학생노동조합위원회와 협력을 이어갔다. 고분고분하고 사람들 비위 맞추기에 익숙해져 있던 위원회 조직책들은 사람들 앞에서 요구사항을 외치며 소란을 피우는 데 적응해야 했다. 2018년 가을, 인턴들이 한 주 내내 파업하면서 사태가 악화되어 갔다. 카밀에 따르면 많은 학생이 자신들이 다니는 회사에 분노했고, 일부는 파업에 참여했다는 이유로 쫓겨났다고 한다. 인턴들이 파업의 파장을 목격하면서 전에 없던 새로운 두려움도 일었다. 파업 초기에 대학들은 속수무책이었지만, 2018년경에는 차단 전략들을 갖추고 있었다.

하지만 인턴 운동의 가장 큰 문제는 회전율이었다. 카밀을 비롯한 학생들이 졸업 후 (유급)직장에 들어갔고 또 새로운 학생들이 유입됐다. 하지만 카밀과 동료들은 학생노동조합위원회를 통해 자신들 활동 전반을 이해할 수 있는 시야가 생겼고, 카밀은 인턴 운동이 무급 인턴 문제 이상으로 확대될 수 있는 잠재력을 봤다. "졸업하고 직장에 다니는 저와 같은 많은 사람이 지금 일하고 있는 직장에 대해서도 고민을 많이 하고 있고, 무급 노동에 반대하는 여성운동과 같은 방식으로 연대할 계획이에요. 다른 운동가들과 이 문제를 협의해왔고, 이제 다음 단계는 모두가 같은 방식으로 연대하여 여러 다른 직장에 똑같이 적용할 겁니다. 꾸준히 접촉하며 진화를 꾀하고 있어요."

다시 말해, 학생노동조합위원회와 인턴 운동이 연대를 통해 많은 회사에 적용했던 방식은 많은 사랑의 노동자 직업 현장에도 똑같이 적용될 수 있다는 뜻이다. 그들은 왜 어떤 일은 후한 급여를 받고 또 어떤 일은 제대로 가치를 인정받지 못하는지 따져 물었다. 왜 청년들에게, 특히 대부분 여자에게 무슨 일이든 시키면 잠자코 해야 한다는 행동 규칙을 강요하느냐며 반기를 들었다. 어떤 일은 일이고 어떤 일은 일이 아니라고 정의하는 기준과 성별로 일의 값어치를 정하는 기준에도 끊임없이 도전했다. 카밀은 동료 인턴들과 학생노동조합위원회에서 시작된 정치적 담론을 이어가고 앞으로의 연대의 토대를 마련하기 위해 프랑스어로 유급 노동을 의미하는 《일Ouvrage》이라는 이름의 온라인 잡지를 창간했다.

여러 가지 결실 중, 하나는 당시 새로 꾸려진 주 정부가 인턴 문제를 진지하게 해결해 나갈 것이라고 발표한 것이었다. 카밀은 인턴들이 급여 대신 학비 보조금으로 지원을 받게 되었다고 했다. "일 년이 지났는데요, 아직도 주로 들려오는 이야기는 약속한 돈을 실제로 받는 데까지 시간이 좀 걸린다고 하네요. 지급도 반으로 나눠줘서, 두 번째 반절은 인턴십을 통과해야만 받을 수 있다 보니 전액을 다 받기 전까지 빚을 져야 하는 사람들이 아직 있어요." 제대로 된 급여체계의 부재는 인턴들이 여전히 노동법의 보호를 받지 못함을 뜻했다. "기업들은 인턴십이 정식 일이 아니라고 믿게끔 하기 위해 교육과 노동 간의 구분을 더 명확히 하고 싶어 해요. 인턴십은 노동이 아니라 훈련이라는 겁니다. 인턴에 대한 감독을 더 늘리고 싶어 하면서도 노동법에는 아랑곳하지 않아요."[39]

"파업했던 인턴들을 가혹히 처벌했던 학교 관리자들의 위선은 코로나19 팬데믹 동안 더 심해졌어요. 일부 인턴들은 인턴십을 마치기 위해 학교 수업의 꼬박 1년을 재수강해야 했어요. 하지만 팬데믹으로 많은 기업이 문을 닫아서 인턴 생활이 중단된 학생들이 있었는데, 막상 인턴십을 못 끝냈다고 그들의 전문성이나 취업에 큰 장애가 되지는 않았어요." 다시 말해, 인턴들의 무임 노동을 기업들이 꼭 필요로 하지 않았다는 사실은 인턴십도 꼭 필요하지 않음을 의미했고, 결국 교육 과정의 필수가 아니었다는 것이다.

그래도 인턴 운동으로 생각지도 못했던 정부의 반응을 끌어낸 것은 무에서 유를 창출한 것이었다. "파업 때마다 '무엇을 얻었고 무엇을 내줬지?'라는 주제가 늘 화두였지만, 우리는 잃을 게 없었어요. 모두 공짜로 일해주고 있었거든요."

프롤레타리아 전문직:
시간강사

'왜 그 일을 하세요?'라고 물으면
제 답은 이겁니다.
고귀함을 느끼거든요.

캐서린 윌슨은 눈매가 매섭다. 인생 대부분을 연극계에서 보냈으니 그럴 법도 하다. 맨해튼의 포덤 대학교 안에 남는 작은 사무실에서 캐서린은 곧 사무실을 비워줘야 한다고 나에게 말했다. 시간강사인 그녀는 정교수로 대학에 정식 채용된 직원이 아니어서 전용 강사실이 없다.

"백과사전에서 시간강사를 찾아보면 '학문적인' 혹은 '교수'라는 표현들이 붙어 있죠. 그 뜻대로라면 책장들과 이런저런 집기들, 논문들이 잘 정돈된 사무실이 있겠죠. 요즘에는 프린터도 있어서 얼마든지 필요하면 인쇄가 가능한 그런 사무실 말이에요. 물론 책상도 있죠. 학문적인 일을 하는 곳이라면 그런 풍경이겠죠. 그런데 갑자기 대학이 꼭 그렇게 일해야 하는 것은 아니라며 절반 정도의 교수진은 스마트폰이나 가방을 들고 다니면서 지하철에서 채점하라네요."

실제로 캐서린은 많은 시간을 지하철에서 보낸다. 맨해튼 포덤 대학교는 물론, 브롱크스에 소재한 포덤 대학교 본교, 맨해튼에 있기는 하지만 도시 반대편에 있는 뉴욕시립대학 시스템(CUNY) 중 하나인 헌터 대학에서도 수업을 가르친다. 이게 끝이 아니다. 스태튼 아일랜드를 제외한 뉴욕 모든 자치구와 뉴저지, 롱아일랜드까지 강의를 다닌다. 포덤 대학에 사무실다운 사무실이 있기는 하지만, 이동시간을 고려하면 어쩔 수 없이 지하철에서도 일해야 했다. 노동자 계층 자녀가 많은 헌터 대학 강의가 끝나면, 포덤 대학이 새겨진 옷과 모자를 입고 부유한 백인 가정 출신 학생들이 많은 브롱크스에 있는 포덤 대학으로 이동한다.

뉴욕처럼 대학이 많은 동네라면 여러 대학에서 시간강사로 일하는 것이 드문 일은 아니지만, 캐서린은 드물지 않은 이야기를 해줬다. "저는 세 개의 다른 학과에 세 개의 서로 전혀 관련 없는 수업을 들어갑니다. 일반적이라고 할 순 없죠." 수입 대부분은 거의 모든 대학의 핵심 필수과목인 글쓰기 수업에서 나오지만, 한 번은 번역 아랍 연극과 직접 고안한 패션인류학 수업도 했다. 오전 8시 30분에 포덤에서 첫 수업을 하고 오후에 수업 하나를 더 하고 다음날 또 수업 두 개가 기다리고 있는 날이 가장 힘든 날이다. 캐서린은 "시간강사 삶의 핵심은 기회가 오면 무조건 잡아야 한다는 거예요"라고 했다.

채점, 수업 준비와 기타 업무는 집에서도 끝이 없다. 전임 교수들은 강의, 수업 준비, 학생 지도, 개인 연구와 출판 등을 보상하는 급여를 받지만, 시간강사의 보수는 수업으로만 계산된다. 임금체계가 이렇다 보니 세 곳에서 강의해도 캐서린의 급여는 전임교수 급여보다 턱없이 부족하고, 게다가 필요한 물품은 자비로 사야 한다. "임금체계와 수업 지원을 보면 수업 준비나 채점 같은 수업 외 시간은 전혀 반영이 안 되어 있어요. 아무 준비 없이 학생들 앞에 서도 신께서 알아서 다 준비해 놓는다고 생각하는 걸까요?"

홀로 지내는 캐서린의 아버지는 뉴욕시립대학 중 한 곳에서 영문학을 가르치는 교수였고 캐서린과 쌍둥이 여동생에게 늘 꿈꾸며 살라고 하셨다. "레이건 대통령 이후였던 그 시기에는 어울리지 않는 정신이었어요." 캐서린은 대학에서는 철학을 전공했고, 졸업 후 문과생들이 보통 그랬듯 뭘 할지 고민하는 시기를 보냈는데 만성으로 앓고 있던 질병 때문에 더 힘들었다. "줄곧 예술 쪽을 생각하고 있었어요. 어떻게 보스턴에 갔다가 정말 우연히 연극계에 발을 들이게 됐어요. 수업도 들어본 적이 없는데 말이죠." 캐서린이 했던 연극은 정치적으로 급진적이고 실험적이었다. 당연히 안정적인 소득과는 동떨어진 연극이었다. "실험연극은 박수 받기 힘들었던 때였어요." 연극계는 과거의 것들은 환호하는 반면 현재의 것들은 대개 무시한다. 돈이 안 되는 일을 10년 정도 한 후 캐서린은 자신이 하던 임시직보다 좀 더 안정된 일을 하기 위해 순수예술 석사 과정을 밟기로 했다. 그때가 2003년이었고 시간강사 일을 시작했지만, 석사 과정은 생각보다 별로였다.

"석사를 하면서 제가 지식인이라는 것을 깨달았어요. 연극은 지식인의 삶을 살 수 있는 도구였어요." 하지만 연극계는 더는 편치 않았다. "연극계에 비하면 대학이 천국처럼 느껴졌거든요." 사회생활을 하며 알던 지인들 대다수나 심지어 가족도 학계에 몸담고 있었다. 여동생도 박사까지 밟았고 지금은 종신교수로 재직 중이다.

학계로 마음을 정하면서 뉴욕시립대 대학원 센터에 등록했다. 하지만 학계 취업에 유용할 것 같았던 학위 과정은 큰 도움이 되지 못했다. 우선, 시기가 좋지 않았다. 박사 과정 중 2007년 세계금융 위기가 터졌다. 사실 학계는 이미 이전부터 변화가 일어왔다. "언제부터인가 '교수가 아니더라도 계속 학계에 있을 수 있도록 자신을 브랜딩 하는 법'이라든가 '비영리단체에도 도전해 보세요!' 같은 이메일이 오더군요. 좌절감이 심했죠. 제가 과거에 어지간히 다 해봤던 일들이었거든요. 박사 과정을 시작하면서 '그래, 지금 미국 사회에서 나에게 가장 맞는 일이 분명해'라고 생각했어요. 그런데 '자신을 브랜딩하라, 자기 홈페이지를 만들어라, 학교에서 배운 것 말고도 더 많은 것을 준비해라'와 같은 말들은 정말이지 견디기 힘들었고 사기를 꺾어 놓더군요."

"그런 모든 어려움 속에서도, 수업 시간이 좋았어요. 쉬운 일이 아니었지만 전 가르치는 일을 정말 좋아해요." 박사 논문은 연극 각본이 실제 구현되는 방식에 관한 내용이었는데 그 주제로는 한 번도 수업해본 적이 없고, 연극전공 지도는 딱 두 번뿐이었다. 캐서린은 자기 전공이 아랍 연극이라며 웃었다. "9·11 후에 연극과들이 아랍어를 도입할 줄 알았죠." 해본 일이 많아서 다양한 전공부서에서 일할 기회가 오는 편이기는 하지만, 또 한편으로는 이미 여러 개

돌리고 있는 접시에 새 접시를 추가해 돌리는 것과 같았다. 학교마다 학생들도 다르다. 뉴욕시립대의 학교들에서 캐서린은 '학생의 본분'에 대해서 자주 이야기하지만, 포덤 대학 학생들은 그녀를 대하는 태도가 굉장히 다르다고 한다. "드센 편이죠. 학생들은 툭하면 대학 측을 찾아갑니다. 시간강사의 삶은 학생평가에 달려 있어요." 캐서린은 학점 인플레이션이 바로 여기에서 비롯된다고 강조했다. 시간강사들에게는 학생들을 만족시켜야 할 더 많은 이유가 있지만, 캐서린은 타협하지 않으려고 노력하고 그래서 그 대가를 치르는 것 같다고 했다.

사소하기는 하지만 학교마다 좌절하게 하는 것에도 차이도 있다. "요즘에는 모든 것이 외주예요. 평가 업무만 봐도 대학 내부 프로그램이 아닙니다. 대학마다 사기업을 통해 성적 프로그램을 만들다 보니 다 따로 배워야 하죠." 학교마다 사용하는 이메일 주소도 다 다르고 학기마다 두세 개가 늘어난다. "정신적으로 참 버거운데 저 같은 사람들은 본능적으로 스스로를 나무라는 것 같아요. 예를 들어 A 대학에서 로그인하는데 B 대학 비밀번호를 치면 '캐서린, 왜 이래. 정신 차리자' 이렇게 되는 거죠." 게다가 대학들은 어떻게든 교수들이나 학생들에게 비용을 전가하여, 복사비 같은 것들도 받아낸다. "행정적으로 점점 뭔가가 늘어나요. 꼬치꼬치 다 따지고 들죠. 조각나고 파편화되어 일관성이 없는 현대사회의 특징인 것 같아요. 결국 이런 것들이 누적되면 탈진해버리는 거죠. 그렇다고 병가를 낼 수도 없어요."

게다가 노골적인 이원적 채용 구조로 빚어지는 모욕감도 있다. 종신 재직권이 있는 학과장들은 자기들 밑에서 일하는 사람들의 처지에 둔감하다. 물론 학생을 가르치는 일은 얼마를 급여로 받느냐에 상관없이 힘든 일이지만, 언제나 적은 자원으로 더 많은 일을 해야 하는 시간강사들은 선임 교수들이 하는 불평을 들으면 힘이 빠진다. 캐서린에게는 더 피부로 와닿는 문제이기도 하다. 같이 사는 애인이 포덤 대학 종신교수이기 때문이다. 하지만 캐서린은 종신직이 되는 과정을 밟느냐 시간강사가 되는 과정을 밟느냐의 차이가 타이밍에 달렸다는 것을 더 명확히 알게 됐다고 한다. "오히려 '그래, 나도 최소한 정년 과정을 밟을 자격이 되겠지'라고 생각할 수 있게 됐어요. 시간강사라도 하면서 이렇게 가까이서 기회가 오기를 기다리지 못했다면 '내가 별로인가? 아니면 똑똑하지 않나?'하는 피해망상에 시달렸을 거예요."

코로나19가 뉴욕에 상륙했을 때 그 모든 불안감은 더 커졌다. "포덤 대학 교수들은 허둥지둥 '원격' 수업을 준비했고 학교는 문을 닫았죠. 뉴욕시립대학들도 뒤를 이었고, 한 주 정도 일렁이는 불안감에 휩싸여 지냈는데, 제 봄 학기 수업이 취소되어 개인적으로 감염 걱정은 좀 덜었어요. 몇 군데 학교에 일이 걸쳐 있는 사람들은 어쩔 수 없이 여러 가지 정책들과 기술적 특징들을 모두 능숙하게 다룰 줄 알아야 하죠." 수업방식은 교수들에게 일임되어 캐서린은 가상수업을 택했고 다른 교수들은 녹화된 수업을 틀어주거나 온라인에 과제만 공지하기도 했다. 시간강사들은 기술적 문제도 있였다. "우리가 받는 이 정도 급여로 최첨단 장비를 갖추기는 분명 쉽지 않아요. 제 경우에는 마우스가 망가졌고 수업할 때마다 와이파이가 잘 견뎌주길 기도했죠." 여기에 학생들이 코로나 위기를 잘 헤쳐 나가도록 도와주는 감정 노동이라는 짐도 추가됐다. "시간강사이기 때문이 아니라, 여자이기 때문에 더 그런 것 같아요. 종신직 교수들도 같은 어려움을 겪었지만, 그들의 노력은 후한 급여로 이어지고 대학에서도 그들을 대학운영에 더 관여시키죠."

코로나19 봉쇄를 해제하는 과정도 힘들기는 마찬가지였다. 대학들이 가을학기에 혼합 방식을 논의하며 캐서린이 일했던 대학마다 다른 계획은 내놓았을 때 시간강사들은 자신들의 힘없는 처지를 마주했다. 팬데믹 기간에 현장 수업으로 복귀하라니 당연히 불안했지만, 그렇다고 학생들과의 시간을 의미 있게 보내기 위해 노력했던 자신을 생각하니 수업을 안 한다는 것도 자책감이 들었다. 코로나19 전 캐서린을 만났을 때, 캐서린은 학생들이 애니메이션을 제작하는 아랍 영화 수업을 마치고 온 길이었다. 캐서린은 학생들의 참여와 수업에서 그들이 즐거워하는 것을 보며 성취감을 느끼고 있었다. "대부분 행복하게 수업을 마치고 나오죠. 저한테는 그런 즐거움이 있습니다."

작가이자 교수인 스탠리 아로노위츠Stanley Aronowitz는 학계를 "미국에 남은 마지막 좋은 직장"이라고 말한 적이 있다. 학계가 직장으로서 가장 좋은 이유는 교수들에게 상당한 자율성, 흥미롭고 영감을 주는 프로젝트에 오롯이 집중할 수 있는 시간, 타협의 불필요성을 허락하기 때문이다. 역사적으로 대학 운영에도 크게 관여해왔고 이들이 하는 일은 오랫동안 단순한 직업 이상의, 소명처럼 간주했다. 학생 지도 업무는 사실상 초등학교 아이들 지도와 별반 차이가 없을지 몰라도, 교수의 이미지는 고독한 천재의 예술가 이미지와 겹치는 부분이 많다. 물론, 페인트가 난잡하게 튀어 있는 다락방 작업실이 아니라 책이 그득한 복도 끝 사무실에 트위드 원단의 양복을 입은 모습일 테지만.[1]

이름에서도 풍기듯 고등교육은 서열화된 위계구조의 역사가 깊다. 무엇보다도 고등교육은 사회 상류층을 훈련하는 방법이었다. 독립적인 학술연구가 이루어지고 공공재로 평가받는 지식생산 자체가 목적인, 캐서린이 찾고 있는 그런 지식 탐구의 장소로 발전한 것은 그 이후였다.[2] 하지만 실험과 토론의 장이 된 후에도 고등교육은 여전히 사회 엘리트 집단에게만 열려 있었다. 힌두교와 불교의 교육기관들이 예술, 수학, 천문학 등을 가르쳤던 인도에서, 고대 그리스의 플라톤 철학을 설파하던 고등교육기관과 이후 먼 땅에서도 배움을 찾아 학생들이 찾아들었던 알렉산드리아의 무세이온 학당까지, 지배계층이 지식 추구를 할 수 있던 가장 큰 이유는 다른 모든 노동을 누군가가 대신했기 때문이었다. 중국 어느 왕조에서는 능력을 기준으로 학생을 받아 어느 정도 사회적 신분 상승의 길을 터주기도 했지만, 그것도 대중을 위한 공립 고등교육과는 한참 거리가 멀었다.[3]

대학은 당시 길드제와 종교 교육에서 파생하여 11~12세기 이탈리아에서 처음 시작됐다. 당시에는 소위 7가지 인문 과목(liberal arts 여기서 art의 본래 의미는 기술skill이다), 즉 어법·수사학·변증법·음악·산수·기하학·천문학을 가르쳤다. 프랑스 파리와 이탈리아 볼로냐에서 교육 기관들의 규모가 확대되자 유럽 전역에서 학생들이 몰려들었다. 아랍어를 번역하면서 아랍어 안에 녹아 있던 고대 그리스어가 부활했고, 기독교·이슬람교·유대교의 영향을 교차해 받으며 대학은 발전해나갔다.[4]

하지만 여전히 대학들은 소수 특권층 교육을 위해 존재했고 학계의 지적 호기심은 교회와 국가의 규칙에 제약을 받았다. 교회의 영역에 지나치게 침범하면 이단으로 몰려 화형을 당하기도 했다. 학생들이 연대해 때때로 폭동을 일으켰고 결국 그러한 소요사태를 피해 학자들이 새로운 대학을 세우기 위해 다른 도시로 이주하던 때, 교수들은 대응책으로 자신들만의 길드를 조직했다. 학생들은 대략 길드의 도제 정도의 위치로, 한 과목 교육을 마친 이들은 초보 숙련공 혹은 학사가 되었고(이것이 학사 학위bachelor's degree의 유래다), 7과목을 모두 마쳤다면 장인이 되었다(이것이 석사 학위master's degree의

"지배계층이 지식 추구를 할 수 있던 가장
큰 이유는 다른 모든 노동을 누군가가
대신했기 때문이었다."

유래). 하지만 도시와 대학, 장인과 학생, 교회와 대학, 국가와 대학 사이의 권력 투쟁들은 끊이지 않았고, 이 때문에 대학은 분쟁의 공간이 되었다.[5]

교회와 국가 간의 다툼이 초기 대학에 영향을 미치기도 했다. 영국 옥스퍼드 대학은 헨리 2세와 교황이 옥신각신하는 중에 영국의 학생들을 파리로 유학가지 못하게 하면서 프랑스에서 학생들이 귀국했던 12세기에 발전을 했다. 한편 이탈리아 나폴리 대학은 공공기관으로 출발했고 사실상 당시 모든 기관이 교과에 종교가 들어있었으므로 아마도 최초의 비종교 대학이었을 것이다. 종교개혁으로 대학들은 큰 타격을 받았고 1600년대 대학 등록률과 졸업률은 최악이었다. 그 시기 대부분의 과학적 발견은 대학 밖에서 새로운 형태의 (대개 아마추어)과학 교육기관에서 이루어졌다.[6]

프랑스 혁명 이후 대학도 배움의 중심으로서 부활했다. 새로 집권한 프랑스 정부는 새로운 국영 시스템을 세울 의도로 대학들을 국유화했고 교회를 후원하던 교수들을 해고했다. 혁명가들의 계획이 보통 그렇듯 그 계획이 실현되지는 못했지만, 현대판 대학 발전을 위한 밑거름이 되었다. 독일에서는 빌헬름 폰 훔볼트Wilhelm von Humboldt가 프로이센 내무부 장관의 신분으로 개혁을 통해 국가의 교육제도를 뜯어고쳤다. 훗날 자신의 이름을 따 훔볼트 대학으로 바뀔, 당시 베를린 대학에 개혁안을 구현시켰다. 훔볼트의 교육적 이상이 담긴 훔볼트 대학은 연구와 수업을 결합해 교수들이 단순한 지식전달자에서 지식생산자가 되기를 바랐다. 이러한 교육적 이상으로 배움의 자유와 지도의 자유를 지칭하는 학문의 자유 개념이 탄생했다. 진실 추구가 대학의 임무라는 사실은 대학 노동자를 일반 대중과 구분지었다.[7]

18세기 후반경 유럽 전역에 140개 이상의 대학이 있었고, 훔볼트식 교육모델을 따라 더 많은 대학이 설립됐다. 학계가 동료 학자들과 교류를 확대할 목적으로 연구를 출간하기 시작하면서 학술 연구지가 시작됐다. 일종의 학문적 자유가 보장되었고, 정치적 표현의 자유까지는 확대되지는 못했지만, 간섭으로부터의 보호 장치도 마련되었다. 교수들은 한 교과를 전문적으로 다루기 시작했고 수업과 전문 연구의 결합도 시작됐다. 스코틀랜드와 독일 대학들은 일종의 비용 절감을 위해서 전문화를 추진했던 것이지만, 우리가 모두 아는 정치경제학자 애덤 스미스 같은 학자들이 유명세를 떨치는 계기가 되었다. 산업 자본주의의 성장과 함께 고등교육에 대한 접근성이 확대되어 더 많은 중산층이 대학 교육을 받을 수 있었다. 그와 함께 교수직 일자리도 늘어갔다.[8]

장차 미국이 될 땅에서 세워진 최초의 대학들은 종교적 색채를 띤, 엘리트층 교육을 위한 기관들이었다. 하지만 고등교육에 미국이 한 실질적 기여는 공립대학 제도였다. 1780년대 노스캐롤라이나주와 조지아주를 시작으로 주 정부가 지원하는 주립대학들은 더 많은 지역으로 뻗어 나가 고등교육의 접근성을 높였다. 현재 캐서린이 시간강사를 하는 뉴욕시립대학들의 전신인 시티 칼리지City College는 1847년 무료로 중산층 자녀들을 교육하기 위해 설립됐다.

이렇게 생겨난 69개 대학에는 MIT 공대, 코넬 대학교, 위스콘신 대학교 매디슨 분교가 있다(하지만 이 토지들은 토착 원주민들의 땅을 빼앗아 수익을 얻어 판 것이었고, 당시 대학들 역시 설립목적이 결코 모든 이들을 위한 고등교육 확대는 아니었음에 주목할 필요가 있다). 미국식 연구 대학은 기존 대학들에 비해 자금 지원 측면이나 특히 과학과 기술 부문에서의 연구 결과에서 있어 전혀 새로운 기관이었고, 전 세계 학자들이 몰려들었다. 점차 사립대학들과 공립대학들이 학생 유치와 연구 실적을 두고 경쟁했다. 1920년경 미국 고등교육 학생 비율은 유럽의 다섯 배였다. 물론 여전한 인종분리 정책으로, 분명 동등하지는 않았고, 여학생들은 남학생들보다 훨씬 적었다.[9]

일부였지만 노동자 계층에게 차츰 고등교육은 사회적 신분 상승을 노릴 수 있는 길이었다. 2차 세계대전 후 보통 '제대군인지원법 GI Bill'으로 알려진 법령 덕분에 유럽 전역과 특히 미국의 많은 사람들이 대학 문을 두드릴 수 있었다. 그러나 법안의 인종 중립적 언어에도 불구하고, 흑인들은 배제되었다. 그들은 공식적으로 자격을 거부당하거나 대학 대신 직업훈련 프로그램을 강요받았다. 마틴 루서 킹 주니어Martin Luther King Jr.가 졸업한 것으로 유명한 '흑인 대학 Historically Black colleges and universities'들은 미국 남북전쟁 이후 남부 주들을 중심으로 설립되었다. 기꺼이 더 많은 학생을 유치하려 했고 흑인 교수들도 환영했지만, 자금 부족에 허덕였고 모든 입학 희망자를 다 수용할 수 없었다.[10]

냉전이 시작되자 미국과 소련이 과학적 (결국 군사적) 우위를 선점하려고 경쟁하며 대학에 대한 새로운 자금 지원이 시작됐다. 각 주와 연방정부가 함께 학자금 대출, 직접 보조금 등 고등교육에 상당한 자금을 투입했고 학생 대부분이 공립학교에 다녔다. 하지만 대학 교육 확대로 교육이 소수만을 위한 것이라는 인식이 사라지게 되자 교수 신분의 위상도 낮아졌다. 대학들과 대학 안의 학생들은 명성을 기준으로 순위가 매겨졌고, 그 명성이 곧 직업과 직결됐다. 그래도 대학을 졸업하면 바버라 에런라이크와 존 에런라이크가Barbara and John Ehrenreich가 말하는 프롤레타리아도 부르주아도 아닌 자본주의의 새로운 계층, 즉 '전문직-경영인 계층Professional-Managerial Class'으로 사회적 신분 상승을 이룰 수 있었던 것이 20세기 삶의 단면이었고 더욱더 많은 사람이 대학 진학을 원했다.[11]

에런라이크 부부에 따르면 이 계층은 서비스·관리 전문가들로, 일정 수준의 학력이 요구되는 만큼 계급 사다리 아래 사람들에 대해 일정 수준의 권력이 약속되고, 업무 자율성도 보장되는 사람들이었다. 교사, 의사, 언론인, 사회복지사와 당연히 대학교수들도 이 계층에 포함됐다. 전문직-경영인 계층(PMC)에서 '경영'과 관련된 직종에 종사하고 있지 않은 전문가들은 대개 자신들이 하는 일을 수익 창출과는 무관하지만 사회적 가치가 있는 일로 여겼다. 에런라이크 부부는 이렇게 썼다. "교육계는 고도로 노동집약적이었고 당시만 해도 학생과 교수 간의 소통을 자동화하거나 간소화하여 대학을 수익성 좋은 사업으로 만들 마땅한 방법이 없었다." 아마도 영리 추구에서 잠시나마 자유롭다는 지위 때문에, 대학은 오랫동안

배제됐던 사람들을 위해 문을 더 활짝 열자는 선동은 물론, 반항의 온상이 되기 시작했다.[12]

교수들은 고용의 안정성과 학문적 자유를 지켜내기 위해 종신 보장을 요구했다. 종신 보장은 공립학교 교사들에게 던져진 비아냥처럼 '게으른' 교수들을 보호할 뿐이라고 과장되었지만, 사실 대학 안에서 적게나마 독립적인 사고를 허용하는 장치이다. 작가이자 교수인 스탠리 아로노위츠는 1950년대 내내 교수들 대부분이 연 단위 계약을 맺었기 때문에 고분고분할 수밖에 없었다고 썼다. 그런 의미에서 종신 보장은 과거나 지금이나 특히 급진적 성향의 교수들에게 꼭 필요하다. 아로노위츠 교수는 보수적인 대학에 대해 이렇게 비꼬아 썼다. "1960년대가 되어서도 노골적인 마르크스주의자, 동성애자, 흑인, 그리고 여성이 안정된 학계 직업을 가진 경우는 열 손가락에 꼽을 지경이었다. 진보 성향의 라이오넬 트릴링 Lionel Trilling은 급진론자이기도 했고 유대인이라는 이유로 10년 동안 콜롬비아 대학에서 매년 계약서를 다시 쓰며 교수 생활을 했다. 20세기 전반기 50년간 영문과들의 공공연한 비밀은 그들이 고상한 척하며 은근한 반유대주의자들이었다는 것이다." 하지만 급진론자들이 종신 보장을 받아도 교수직 자체에서 받는 압박으로부터는 자유로울 수 없었다. 학계의 전통인 동료 평가 제도로 남들과 같은 목소리를 내며 순종해야 했고 종신을 지켜내려면 시키는 대로 다 할 수밖에 없었다.[13]

노동자 계층에게 열려 있던 공립대학은 캘리포니아주와 현재 캐서린이 강의하고 있는 뉴욕주에서 가장 활성화되어 있었다. 뉴욕시립대학 시스템은 전성기에는 '프롤레타리아 계급의 하버드'라고 여겨졌다. 장학금과 중산층의 삶을 꿈꾸던, 하지만 아이비리그 대학들의 문턱은 높기만 했던 이민자들의 자녀가 뉴욕시립대학들의 강의실을 채웠다. 뉴욕시립대학 시스템은 또한 1969년 이래로 교수들, 대학원생들이 똘똘 뭉쳐 조합을 이루고 있었다. 조합이 설립된 다음해 흑인과 푸에르토리코 학생 조직책들의 압력으로 공식적으로 뉴욕시 전체 고등학교 졸업생들에게 입학의 문이 열렸다. 뉴욕시립대학의 두 교수 애슐리 도슨Ashley Dawson과 페니 루이스Penny Lewis는 이렇게 썼다. "뉴욕시립대학 시스템은 무시험입학제와 무상교육을 통합하여 미국 고등교육의 접근성을 민주화하는 새로운 지평을 열었다. 나아가 1973년 파업을 찬성하는 투표로 교수들과 교직원들은 첫 계약을 따냈다."

캘리포니아 주립대학 시스템도 무료였다. 1960년 대학 헌장에 명시된 기본계획에서는 교육 받기를 원한다면 누구라도 교육을 받을 수 있게끔 하겠다고 선언했지만, 이 내용이 학칙이 되기가 무섭게 신좌파에 맞서 급성장했던 신우익 혹은 뉴라이트New Right가 덤벼들었다. 로널드 레이건 선거운동에 참여했던 정치인은 캘리포니아 주지사로 출마하며 위기감을 분명히 드러냈다. "우리는 교양 있는 프롤레타리아 계층을 배출하려는 위험천만한 일을 하려고 하고 있습니다. 폭탄을 제조하자는 겁니까?! 누가 고등교육을 받을지를 까다롭게 골라내야 합니다."[14]

1975년 우익단체들은 뉴욕시립대학 시스템에 반격할 기회가 생겼다. 뉴욕시 재정위기는 10년 만에 전환점이 되었고, 뉴욕은 노동자 계층을 위한 공공재 지원에서 선회해, 지금의 신자유주의 정치로 방향을 틀었다. 《데일리 뉴스New York Daily News》지면에 제럴드 포드Gerald Ford 대통령이 "이제 그만"이라고 뉴욕시를 향해 한 발언이 실렸고, 뉴욕은 어떻게든 예산에 난 구멍을 메워야 하는 상황에 놓였다. 즉, 공익사업의 긴축과 '기업 친화' 정책으로의 방향 전환을 의미했다. 우선 뉴욕시립대학들에 수업료가 도입됐다. 노동자 계층에게 문을 활짝 연 지 불과 몇 년 만이었다. 대학들은 채권을 상환해야 했고, 한편 학생들은 직접 학자금대출을 받기도 했지만 학교를 완전히 그만두는 쪽이 더 많았다. 교수 조합은 싸웠지만, 수업료 도입은 막을 수 없었고 불과 얼마 전 불어나는 학생들을 지도하기 위해 채용했던 수백 명의 젊은 교수들의 해고도 막지 못했다.[15]

영국 마거릿 대처 총리도 교수들을 겨냥했다. 1988년 대처 정부는 한 연구원이 "학계 임용에 관한 한 가장 극적인 체제 변화 중 하나"라고 칭할 만한 조치로 종신제를 폐지했다. 표면적으로는 전통적으로 권위 있는 대학과 신생 대학 간의 격차를 해소하고 교수들에게 '책임을 묻는 제도'를 도입하겠다는 취지였지만, 다른 교직원들에게 그랬던 것처럼 '해고하기 쉬운 수단'으로 활용되는 경우가 더 많았다. 오늘날 고용 안정성이 사라졌다는 논란이 불거져 나오는 대부분 분야에서처럼, 국제적인 경쟁기준을 충족하지 못하는 종신직 교수들은 비용 절감을 위해 치워버려야 한다는 논리였다. 그

전까지만 해도 대처를 지지했던 한 런던 정치경제대학교 교수는 기자들에게 당시 이렇게 주장했다. "종신제를 폐지한다면 영국대학은 이류로 전락할 것이며, 결국 개혁은 기초 교양과목들은 죄다 걷어내고 수익성 있는 과목들만을 지원하는 방향으로 흘러갈 것입니다." 볼멘소리가 서서히 터져 나오기 시작했다.[16]

우파는 에런라이크 부부 같은 좌파들이 주장한 전문직-경영인 계층 개념을 자기들 구미에 맞게 변형해 대학을 공격하는 데 사용했다. 에런라이크 부부는 미국 내 우파들이 이렇게 욕을 퍼부었다고 적었다. "대학 교육을 받은 변호사, 교수, 기자, 예술가 같은 전문가들이 소위 '새로운 계층'이 되어 자신들이 생각하는 사회주의를 모두에게 강요하는 데 혈안이 된, 권력에 굶주린 '진보성향의 최상위층' 집단이 태어난다." 이렇게 혹평을 하던 사람들은 자신들도 같은 계층이라는 사실을 놓치고 있었다. 다시 말해, 비난하던 사람들도 자신들이 반대하는 그 집단의 정확한 실체를 파악하지 못했다. 이렇게 그 안에서도 분열이 있었지만, 다시 돌아보면 전문직 경영인 계층은 분명히 존재했고, 신자유주의가 시작되면서 사실 해체되기 시작한 것이었다.[17]

전문직-경영인 계층에서 '경영' 측면은 1970년대 임원급 급여가 다시 인상되기 시작했고 또 꾸준한 상승을 이어가며 그 어느 때보다도 호황이었지만, 직종 자체는 고용 안정성 악화와 급여 하락을 겪고 있었고 그 귀중했던 자율권도 옅어지고 있었다. 학계가 바로 이 대변화의 한가운데 있었다. 애초에 교육이 이 계층에 들어가는 방법이었고 바버라 에런라이크가 지적한 대로 결국 미래의 의사, 변호사, 사회복지사와 교수들을 양성하는 대학이 이러한 변화의 중심에 있었다. 교수라는 직업은 소수의 유명한 교수와 캐서린처럼 어떻게든 생계를 꾸려가려고 안간힘을 쓰며 수치심에 시달리는 다수의 프롤레타리아 종사자로 양극화되고 있었다. 에런라이크가 자신의 저서 『추락 공포Fear of Falling』에서 꼬집은 대로 중산층은 여전히 "부와 권력을 가진 엘리트 계급 한참 아래 놓여" 있었고, "그 중산층의 유일한 '자본'은 지식과 기술, 혹은 최소한 지식과 기술이 있다고 주장할 수 있는 자격뿐이었다. 실제 자본과 달리, 이들이 가진 자본은 어려운 시기를 대비해 쌓아둘 수 있는 물리적인 것도 아니었다." 박사 학위가 이른바 인적자본의 상징일 수 있을지 몰라도 그 가치는 장담할 수 없었다.[18]

다시 말해 대세였던 '지식 경제'를 언론들이 앞다퉈 보도할 때, 지식노동자들의 노동은 값어치가 떨어지고 탈숙련화가 일어나고 있었다. 의사들은 큰 병원에, 변호사들은 대형 로펌이나 기업 변호사로 일하는 사례가 늘었다. 신체적 부상보다 스트레스와 정신건강 문제가 더 많이 들려왔다. 2차 세계대전 이전에는 '스트레스'라는 용어가 인간이 겪는 무언가를 설명하는 데 사용된 적이 거의 없었지만, 연구자들은 심리적 긴장으로 인간의 육체에 가해지는 손상을 설명하는 데 스트레스라는 단어를 쓰기 시작했다. 2000년대 들어서자 스트레스는 일을 하지 못하는 원인으로 다른 신체 질환들을 앞섰다. 번아웃처럼 스트레스도 사랑의 노동 신화가 균열하며 생겨난 부작용으로 이해할 수 있다. 일을 하며 몸을 다치는 일은 줄어들었지만, 정서적 피해로 힘들어하는 사례는 늘고 있는 것이다.[19]

전문직 종사자들은 자본에 종속되었고, 더 많은 사람이 고등교육을 받으며 자격요건은 나날이 높아져만 갔다. 전 세계적으로 대학 수는 늘어갔고, 대학생 수도 1960년 10퍼센트에서 21세기쯤에는 여러 국가에서 대략 50퍼센트로 폭발적으로 증가했다. 2000년 무렵에는 전 세계적으로 대략 350만 명의 교수들이 8천만 명 이상의 학생들을 지도했다. 하지만 교수들의 근무 여건은 여러모로 악화되고 있었다.[20]

우선 대학 문턱은 대폭 낮아진 듯했지만, 대학 졸업장은 나날이 비싸졌다. 미국의 경우, 1987~2007년 동안 공립대 한 해 등록금이 3천 달러 이하, 사립대는 7천 달러 이하에서 각각 1만 3천 달러와 3만 5천 달러에 육박할 정도의 수준으로 올랐다. 이후 세계금융위기와 긴축재정 시기를 지나며 거의 25퍼센트 또 급등했다. 영국은 대학 등록금 1998년에 다시 도입된 이후 지속해서 늘어왔다. 그렇다고 대학의 늘어난 수입이 자격을 갖춘 더 많은 교수에게 더 나은 급여를 주는 것에 쓰이지는 않았다. 대신 교수들을 기다리고 있던 것은 삭감이었다. 대학 교육의 질이 떨어졌다는 불평을 핑계 삼아 공공예산을 축소하고 교수들을 해고했으며, 수업료를 인상하는 것을 정당화했다. 대학들은 유명한 교수들을 모시기 위해 경쟁하며, 후한 보수는 물론 연구에 집중할 수 있고 대학원생들을 지도하며 명성을 더 키울 수 있도록 수업 부담도 줄여주겠다고 제안했다. 그러나 유명 교수들의 줄어든 수업 부담은 고스란히 전임 자리에 오르려고 애쓰는 대학원생들, 시간강사들, 혹은 조교수들에게 전가되었다. 결국, 연구지원을 받게 되는 이들의 숫자는 상대적으로 줄어들면서 연구요건이 더더욱 까다로워졌다.[21]

훔볼트식 교육적 이상이 그리는 대학교수는 다른 두 개의 일의 조합, 즉 하나는 학생들 앞에서, 또 하나는 실험실이나 연구실에서 모두 잘 해내는 그런 모습이었다. 개인적으로 양쪽을 모두 즐겼던 아로노위츠 교수는 두 가지 일이 상호보완적이라며 이렇게 썼다. "아마도 미국 사회에 남은 마지막 좋은 직장이었던, 점점 줄어들던 교수 집단에 속해 있으니까요. 한두 개 수업을 담당하고 한 주에 한두 개 세미나를 주관하고 일 년에 최소 5개 정도의 논문 지도를 해야 하는 요건을 제외하면, 학교 내에서 일하는 시간은 대부분 제 소관입니다. 열심히 일하지만, 모두 제가 알아서 하죠. '여가'는 그다지 없습니다. 직장과 가정의 경계가 모호해서요." 그는 기사를 작성하는 날을 '글 쓰는 날'로 정하고, 책을 읽고, 기금모금 작업, 학생 상담, 대학원생 시험문제 출제 시간들도 따로 정해놨다고 했다. 자신 같은 교수들이 하는 학문적 노동은 거의 모든 일에 재활용되어, 예를 들어 그가 읽는 것들은 강의실에서나 집필할 때 쓸모 있게 쓰인다고 한다. 아로노위츠 교수는 학생들을 가르치는 일이 그 자체로 즐겁지만, 연구를 더 선호하는 교수들에게는 수업은 그저 산만한 요소일 뿐이라고 한다. 누군가는 훌륭한 교수이자 동시에 뛰어난 실험실 과학자가 될 수 있을지 모르지만, 누군가에게는 불가능

한 일일 수도 있다.[22]

학계 종사자들이 하는 일이 단계별로 파편화되면서 사실 수업과 연구의 두 영역도 분리되었다. 시간강사이자 노조 운동가인 럿거스 대학 에이미 하이거Amy Higer에 따르면, 전임 교수들이 수업을 원하지 않는 경우가 많아 시간강사들과 전임 교수들은 일종의 공생관계라고 한다. "수업을 좋아하는 교수들도 있지만, 대부분은 싫어한다고 봐도 무방합니다. 그리고 럿거스 대학은 연구에 집중하는 대학이니 크게 문제 될 것도 없죠. 하지만 전 수업이 좋습니다. 박사 과정을 밟으며 하고 싶던 일이 강의였거든요." 에이미에게 문제는 일을 그렇게 나눈 것이 아니라, 가르치는 일은 주로 여자가 한다는 식으로 자신이 하는 일이 폄하된다는 사실이었다. 시간강사들은 수업당 급여가 지급되고 연구에는 어떤 지원도 이루어지지 않는다. 캐서린은 연구를 진행하고 싶지만, 강의 때문에 엄두를 낼 수가 없었다. 연구는 높은 수준의 일이고 수업은 그보다 못한 취급을 받는다는 데 캐서린도 에이미와 같은 의견이었다.[23]

교수가 '미국에 마지막 남은 좋은 직장'이라는 표현은 일부 국가에 국한된다. 전 세계적으로 학계에는 시간제 근무가 늘고 있고 자율성과 권한도 사라져가고 있다. 학생 수가 늘어난다고 해서 정교수 자리가 늘지 않았고 강의실당 학생 수가 늘었지만, 급여는 정체됐다. 유럽 대학들은 미국 대학에 비하면 아직은 고용 안정성을 더 보장해주는 편이지만, 미국 시간제 교수들의 현실은 전 세계에 앞으로 일어날 변화를 알려주는 전조이다(중앙아메리카에도 강의하는 대학에 거의 소속되지 못하는, 택시 타고 이동하는 교수들taxicab professor이 오랫동안 존재했다). 1999년쯤 유럽 국가들의 학계 인력을 살펴보면 대략 5분의 1에서 많게는 절반이 '비정규직'이었다. 미국 교수연합회에 따르면 미국은 1975~2003년 동안, 전국 교수 중 전임자격에 정년 보장을 받는 교수들의 수가 57퍼센트에서 35퍼센트로 떨어졌다. 사실상 2천 개의 종신 직책이 사라졌다고 한다. 교수들을 늘 해고해야 하는 것도 아니다. 정년이 된 교수들이 은퇴하면 자연 인력 손실이 발생하고 빈자리는 비정규직으로 채우면 그만이다. 대학 교육의 확대는 일류 연구대학 교수와는 전혀 다른 일을 하는 교수들의 주도하에 주로 지역 전문대학을 중심으로 이루어져 왔다.[24]

게다가 더 '수준이 높은' 일인 연구 업무는 갈수록 상품화된다. 1980년 미국 의회에서 통과된 법안으로 대학들은 지적재산으로 특허를 출원하거나 연구 결과를 판매해 수익을 낼 수 있게 되었다. 발빠르게 학교가 교수들의 연구에 권리가 있다는 (물론 연구에 대해 후하게 특허권 사용료를 지불하기는 하지만) 정책을 발표한 뉴욕의 컬럼비아 대학을 비롯해 많은 대학이 교수들의 지식 활동으로 수억 달러를 벌어들인다. 외부에서 들어오는 연구자금 지원도 상품화에 기여한다. 제약회사들은 대학 연구를 지원하고 특허를 챙긴다. 일반적으로 연구자금은 따내기 힘들고, 따내더라도 구체적인 결과를 내야 하다 보니 결과 조작의 동기가 될 수도 있다. 대학원생들은 교수들보다 훨씬 적은 급여를 받으며 실질적인 실험실 연구 대다수를 담당한다. 게다가 후원기업들은 연구 결과를 발표하지 않는다는 비밀보장 요구를 하며 결과를 꿀꺽 삼켜서 막상 연구를 도맡았던 대학원생은 경력에 전혀 도움을 못 받기도 한다. 과학 관련 전공들에는 자금이 쏟아지지만, 인문학 계열에 대한 자금 지원이 씨가 말랐다. 그렇게 대학 내 또 다른 형태의 서열이 만들어졌고 앞서 1988년 런던 정치경제대학교의 그 교수가 대처 정부의 종신제 폐지를 두려워했던 이유가 충분히 증명되었다.[25]

이러한 모든 변화는 대처 총리가 말한 '책임소재'라는 뿌연 표현 속에 숨겨졌다. 책임소재를 명목으로 교수들이 대학을 운영하던 전통적인 구조를 걷어내고 대신 다른 산업이나 정부에서 영입된 외부 위원회와 간부들이 대학을 운영했다. 공립학교 교사들과 오하이오주 로즈타운의 제너럴 모터스 노동자들에게 일어났던 일이 대학에도 일어났다. 다시 말해, 개혁과 조직 운영에 대한 발언권, 노동자의 권익보장에 대한 요구가 오히려 캠퍼스 내 '유연성'을 집행하는 구실이 되었다. 교과 편성 과정에 참여를 요구하고 대학 내 권력구조에 도전하며 급진주의 학생들이 이끌었던 1960년대 시위운동들은 우파의 손놀림으로 학생들이 무엇이 배울지를 '시장'이 결정하자는 쪽으로 바뀌었고 교육 자체의 유용성도 문제 삼았다. 아로노위츠 교수가 쓴 대로 "신자유주의가 학생시위를 틈타 학교로 들어왔다."[26]

오늘날 학계 일자리는 전 세계에 포진되어 있고 학생들도 종종 자국 밖에서 공부한다. 유럽연합은 학위 인정 제도를 시행하고, 뉴욕대학과 같은 몇몇 미국 대학들은 전 세계 곳곳에 캠퍼스를 두고

있다. 이런 현상으로 학계 종사자들에게 국제 취업시장이 열렸다.[27]

다른 여러 전문직처럼 학계의 도제 기간 혹은 수습 기간 전통도 중세 길드 제도에서 시작됐다. 현대 대학에서 박사 과정 학생들은 학위를 따기 전까지, 전임 교수들이 프로젝트에 전념할 수 있도록 수업을 들어가고, 성적을 매기고, 교수의 이름이 들어간 연구도 거든다. 이러한 위계 구조의 중요한 기능은 바로 품질 관리다. 누구나 교수가 될 수는 없기 때문에, 교수가 되려면 연구를 통해 동료평가에서 인정받아야 하고, 뛰어난 스승이 세워 놓은 장애물을 넘어야 하고, 장시간 일하면서도 웃음기가 가시면 안 되고, 라면도 씩씩하게 먹어야 한다. 이 모든 희망 노동이 과거에는 꿈의 직업 이상으로 여겨졌던 학계에서 일어나고 있다. 과거에는 좋은 직장을 얻는 데 필요한 자격을 갖추기 위한 모든 난관을 통과했다는 그 자체가 어느 정도 믿을 수 있던 통과의례였지만, 요즘에는 그렇지도 않다.[28]

대학원생들은 장학금을 받는 대신, 자기 연구와 함께 많은 수업을 담당해야 하고 학생평가도 담당한다. 하지만 이런 대학원생들이 연대하려고 하면 대학 관리자들은 대학원생들이 하는 일은 일이 아니므로 장학금도 급여가 아니라 교육 보조금이라고 주장한다. 대학원생들의 노동은 노동이 아니라 특권이라는 뜻이다. 사회학자 에린 해튼은 "대학원 교육, 학위 수여와 졸업생들의 향후 고용 문제가 지도교수 손에 달려 있다. 박사 프로그램에서 탈락시킬 수도 있고, 실험실에서 너무 일을 잘하면 일부러 졸업을 지연시킬 수도 있다." 이런 식의 강압으로 가치가 떨어지고 불안정한 일에도 응하도록 조련한다. 나아가 근로 연계 복지 프로그램들처럼, 대학원 프로그램들도 근면을 도덕적 미덕인 양 지나치게 강조하고, 어떤 일은 일이 아니고 그 일을 하며 받는 보수도 급여가 아니라는 사랑의 노동 수사도 동원한다.[29]

대학에서 일하는 모든 사람이 바라는 핵심 요구조건은 근로 시간 단축과 자율성 확대다. 하지만 오히려 아로노위츠 교수가 이 문제에 대해 글을 쓴 이후 지난 20년간 정반대의 일이 벌어져 왔다. 대학이 다른 서비스 부문과 흡사해진 것이다. 소위 마지막 남은 좋은 직업을 갖고 있던 사람들은 그래도 한동안은 대학 밖에 있는 학벌도 낮고, 육체 노동 혹은 돌봄 노동을 하는 사람들을 쉽게 모른 척 할 수 있었다. 심지어 대학 안에서도 종신직 교수들은 교내식당에서 음식을 만들거나 강의실 청소를 하는 노동자들의 근무 여건에 관심이 없었다. 대학을 사회와 분리된 세계로 보는 전통 때문에, 다른 지식노동계 여건이 악화하고 있다는 사실이 자신들과 관련이 있다는 것을 알아채는 교수는 거의 없었다. 특히 연구발표에 대한 끊임없는 압박 때문에, 개인 연구에 극도로 집중할 수밖에 없는 대학의 개인주의 문화로 한동안 학계의 집단행동 또한 거의 없었다. 하지만 대학 근무자들의 환경이 점점 다른 노동자들의 노동환경을 닮아가기 시작하며, 이들도 노동자 계층이 사용하는 노동조합이라는 그 도구에 손을 뻗기 시작했다.[30]

1990년경 미국 전역에 노조의 수가 줄어들고 있었지만, 2만 명 정도의 교수들과 대학 직원들은 여전히 노조의 보호 아래 있었다.

대학원생들은 대규모로 연대하여 자신들이 하는 일이 일이 아니라는 인식에 도전했다. 이들은 대학에서 자신들이 얼마나 중요한 역할을 하는지와 일하기를 거절한다면 처리될 수 없는 일이 어느 정도인지를 잘 알고 있었다. 대학원생들에게 유용한 연구를 생산해내도록 요구함으로써 대학이 기업화되었지만, 대학의 기업화는 대학원생들이 자신들도 필요한 노동자라는 것을 더 빨리 깨닫는 데 도움이 되기도 했다. 2000년경 고용계약을 따낸 대학원 조교 노조는 30개 이상이었다. 하지만 대부분 노조는 공립대학 위주였다. 반면 사립대학들은 다른 싸움을 하고 있었다. 전국 노동관계 위원회는 1980년 예시바 대학 쟁점에서 사립대학 교수진은 경영진이고 따라서 노조 가입자격이 없다고 판단했다. 종신 재직권이 축소되며 교수들의 특권과 의무도 축소됐지만, 위원회는 대학을 교수진이 운영한다는 교수들의 주장을 곧이곧대로 받아들인 것이다.[31]

뉴욕대 대학원생 노조는 2005년 파업에 돌입하며 학계 노동의 몇 가지 결함을 세상에 폭로했다. 7개월 동안을 질질 끌던 파업은 대학 측이 협박, 언론 공세, 해고 등의 방법을 동원하면서 결국 종료됐다. 이전 2000년에 전국 노동관계 위원회가 대학원 조교도 노동자라고 판단하며, 뉴욕대 대학원생 조직위원회가 사립대학으로는 최초로 대학 측과 계약을 성사한 적이 있지만, 대학 측은 다시는 양보하지 않으려고 들었다. 게다가 그 시기 2004년 노동관계 위원회의 새로운 위원들이 대부분 보수파로 구성되면서 입장을 바꿔, 사립대학들의 노조를 인정할 수 없다고 했다. 당시에 뉴욕대는 새로운 명문대로 부상했고, 지원율도 높았고 전국에서 가장 학비 부담이 큰 학교였다. 즉, 학계의 기업화 혹은 신자유주의화의 상징이었다. 또한 종신 재직권이 없는, 파업에 참여했던 대학원생과 같은 대학 직원이 지도하는 수업 비율이 높은 학교 중 한 곳이기도 했다. 당시 총장은 뉴욕대의 역할은 새로운 경제의 핵심 부문이 단단히 뿌리를 내릴 수 있도록 하는 데 있다고 주장했다. 그는 그 핵심 부문을 ICE(지적Intellectual, 문화적Cultural, 교육적Educational)라고 불렀고, 뉴욕대 이사들 대부분이 배출되는 뉴욕의 유명한 FIRE 부문(금융Finance, 보험Insurance, 부동산Real Estate)을 보충할 수 있을 거라고 했다. 총장은 '지식' 생산자들의 노동환경을 악화시키는 장본인이었지만, 대학을 '창의 계층'와 결부시킴으로써 대학이 새로운 '지식' 경제의 핵심이라는 논리를 공고하게 다져놨다.[32]

　대략 220명의 종신직 교수와 전임교원으로 이루어진 핵심 단체가 뉴욕대 대학원생들의 파업을 지지했고, 심지어 시위에 동참하는 뜻에서 수업도 학교 밖에서 진행했다. 파업이 한창일 때 대학 측은 시위를 인정하려 들지 않고 특히 유학생들을 위주로 대학원생들을 윽박질러 업무로 복귀시키려고 했다. 하지만 노조는 대학원생들 사이에서 또 한 번 과반수 득표를 얻어내는 데 성공하며 광범위한 지지를 등에 업고 있음을 재확인했다. 학부생들과 노조 운동가들도 시위에 동참하며 대학원생들을 지지했지만, 결국 대학은 끝까지 저항했고 시위를 무산시켰다. 하지만 대학원생들은 포기하지 않았고 긴 싸움을 이어가며 2014년에는 결국 또 다른 계약을 성사했다.[33]

고등교육이 과연 무엇인가 하는 질문은 고등교육 현장의 노동환경 문제와 밀접한 관계가 있다. 만약 1960년대 학생들이 요구한 대로 고등교육이 모든 이들에게 열려 있고, 탐구하고 배우며 다른 목소리를 낼 수 있는 곳이라면, 그곳에서 학생을 가르치는 사람들도 도전하고 탐구하며 자신들의 배움에 지지와 격려를 받는 사람들이어야 한다. 하지만 대학이 학벌을 따는 곳이 되고 학생들이 시장에서 장을 보듯 졸업장을 사는 곳이 되면, 교수들에게 자기 발전의 시간과 자원이 마련되어야 한다는 주장은 점점 더 설득력을 잃게 된다.[34]

아마도 고등교육의 비숙련화와 비전문화 그리고 기업의 장악이 동시다발적으로 벌어지고 있는 극단의 사례는 직업교육과 기술교육을 전문으로 하는 대학일 것이다. 그러한 대학들은 수업보다 교수모집에 더 중점을 두고 연구는 뒷전이다. 수업은 늘 똑같지만, 교수들은 꾸준히 바뀐다. 교수들은 기존 대학들의 시간강사들보다도 더 단기로 일한다.[35]

2013년 에런라이크 부부는 전문직-경영인 계층을 다시 살펴봤고 그들이 상당히 분해되었다는 사실을 발견했다. 그들은 〈여피족의 사라진 꿈: 전문직-경영인 계층의 흥망성쇠〉라는 제목의 보고서를 통해 자신들이 최초에 연구했던 많은 직업의 '대몰락'을 기록했다. "최초에는 계급 고유의 야망과 이해관계를 가지고 있는 '전문직-경영인 계층'이라는 개념이 이치에 닿았지만, 아직도 그런지를 자문해봐야 할 때가 왔다." 부부가 만든 전문직-경영인 계층이 누리던 특혜의 변화 목록 상단에는 정년을 보장해줘야 하는 교수를 저임 시간강사로 대체하는 것과 대학의 권력 집중이 있다. 대학 학비도 목록에 들어가 있다. 학위 비용이 임금 상승률보다 거의 8배나 상승해 전문직-경영인 계층 배출이 점점 힘들어지고 있다. 에런라이크 부부가 그 말을 최초로 만들었던 때와 비교하면 2020년 학위 비용은 엄청나게 상승했다. 따라서 학계를 떠나 금융 애널리스트가 되거나 오로지 부호들을 상대로 일하며 자본에 종속된다. 혹은 그럴 능력이나 처지가 안 되면 시간강사가 되거나 서비스 산업에서 일하게 되는 사람들이 생겨났다. 2019년 한 인터뷰에서 바버라 에런라이크는 이렇게 설명했다. "탈산업화 시대 블루칼라 노동자 계층에게 벌어졌던 일이 지금은 일부 최고 경영진을 제외한 전문직-경영인 계층에게 일어나고 있습니다." 다시 말해, 전문직-경영인 계층은 분해됐고 남은 것은 경영진과 나머지 절대 다수이다.[36]

교수직을 지키려고 레이건 행정부와 싸운 지 수십 년이 지난 후, 앤절라 데이비스 교수는 에런라이크 부부의 주장처럼 학계가 학계의 엘리트 의식에 대한 답을 찾아야 한다고 주장했다. 데이비스 교수는 학문적 노동이 안고 있는 문제, 특히 학교 안의 흑인 여성들의 문제를 해결하려면 각자의 자리를 지키기에 급급하기보다, 식당·청소 직원들, 교수진 등 대학 내 노동자들을 동원한 집단투쟁을 벌여야 한다고 썼다. "제가 모든 노동자를 포함하자고 주장하는 이유는 마치 학교 내에서 보호할 집단이 흑인 여성 집단밖에 없는 듯 가정하며 너무 많은 이들을 배제했고, 그런 엘리트 의식이 이제는 바뀌었다는 것을 보여주는 징표가 되기 때문입니다." 한편 대학 강사이자 사회이론가인 마크 피셔는 교수들이 학생들에게 끊임없이 도전하라고 가르치기보다 그들을 고객으로 대하라는 요구를 받으며, 수업 자체가 서비스가 되고 있다고 지적했다. 한때 영국 예술학교의 문화는 노동자 계층의 창작 활동 참여도 허락했을 정도로 역동적이었다. 그러나 영국 노동당 정부가 의뢰해 정유기업 브리티시 페트롤리엄(BP)의 전 임직원이 작성하고 보수당과 자유민주당 연립정부 하에 발표된 2009년 '브라운 보고서Browne Report' 지침을 따라 계층화와 개편의 길을 걷기 시작했다. 이 보고서는 2010년 대규모 학생시위를 야기한 수업료 대폭 인상을 포함하여 일련의 변혁들을 권고했다.[37]

상당수 전문직-경영인 계층이 임금노동자가 되면 기존의 가지고 있던 힘을 빼앗기지만, 동시에 이들은 위험한 존재가 된다. 과거의 집권자들과 정치권이 한때 교육받은 노동자 계층을 우려했던 것처럼, 오늘날 정치인들도 '미래 없는 대졸자들'의 반발이 우려스럽다. 그에 대한 대응으로 정치인들은 대학을 더 단속해왔다. 영국에서는 수업료 대폭 인상과 광범위한 긴축정책에 대한 반발로 학생들이 들고일어났다. 하지만 올라가고 싶은 최고의 몇 자리가 아직 학계에 남아 있는 한, 일부 대학원생들과 비종신직 교수들은 힘들게 생계를 꾸려가고 어렵게 연구를 하며 희망 노동을 이어갈 것이다. 얼마나 버틸 수 있을까?[38]

심지어 종신을 보장받는 교수들도 더 해내야 한다는 압박을 받고 있다. 한 교수는 이렇게 썼다. "우리는 매일 상사가 없다는 환상에 빠져 삽니다. '자진해서 정한' 마감일만 있을 뿐이죠. 우리가 하는 모든 일은 우리가 선택한 일입니다." 그는 과로로 쓰러진 후 그간 정기적으로 하던 일을 정리해봤다고 한다. "가을학기에는 대학원 수업 두 개가 있었어요. 제가 가르치던 학과는 세 개의 연구가 진행 중이었는데, 그중 하나를 제가 맡아 하고 있었죠. 교수 10명에 석사생과 박사생을 합쳐 대략 50명 정도 학생이 있었어요. 학과 위원회와 대학 운영 관련 위원회 2곳에서도 활동했습니다. 유명 학술지들에 제출된 6편의 원고 검토를 하고, 한 학술지에서 부편집장으로도 일하고 있었습니다. 지도학생은 박사생 4명과 석사생 2명이 있었고, 15개 대학원 위원회에서 활동하며 의견을 주거나 추천서 쓰는 일을 했습니다. 거기에 읽고 답해야 하는 이메일이 매일 쏟아져 들어온답니다." 그녀의 직무기술서에는 일의 60퍼센트가 연구라고 적혀 있지만, 이 많은 일을 할 시간은 어디서 날까? 유색인종 교수들, 특히 유색인종 여성들은 다양성 위원회 활동, 유색인종 학생들 추가 상담 등 '대학의 발전에 필요하지만 보이지 않는 일'을 심지어 더 많이 한다. 이런 보이지 않는 노동이 이들의 시간을 갉아먹어 승진에 도움이 되기는커녕 방해가 된다. 여기에 디지털 시대다 보니 교수들은 SNS를 적극 활용하라는 압박까지 받는다. 학교 안에서 해야 하는 다른 추가 업무들처럼 인터넷을 활용할 줄 알아야 한다는 추가 부담까지 주어진다.[39]

학계가 연대를 하면 시간강사들은 '다른' 저임노동자와 자신들을 비교하며 자신들의 교육 수준을 강조한다. 하지만 그런 논리는 저임금이 누구에게는 당연한 것이고 자기들처럼 대학의 관문을 통과한 사람들은 염원하던 중산층 훈장을 달 자격이 된다고 해석될 소지가 크다. 교활하고 이기적인 논리로 비칠 수도 있지만, 이론가이자 시간강사 야스민 나이르는 이러한 지위 향상에 대한 망상을 '계층 충격class shock'이라고 불렀다. 전문직-경영인 계층이 해체되고 사회적 신분이 하락하면서 보이는 증상과 같다. 중산층이 옅어진다는 이러한 정서가 퍼지면 누구나 신분 상승의 사다리를 자기가 올라오고 난 후 치워버리고 싶어 한다. 그 사람은 복도 끝에 서 있는 시간강사의 어려움을 못 본 척하는 종신직 교수, 파업을 방해하는 대학원생, 혹은 캠퍼스 내 '기타' 노동자들을 비방하는 시간강사들일 수도 있다.[40]

캐서린은 코로나19로 대학 내 다툼이 늘었다고 했다. 예산 삭감이 임박해지자 대학 내 근무자들은 서로 대립하는 경우가 빈번했고 특히 공립대학들이 그랬다. 감염병의 확산으로 모든 노동자가 똑같이 타격을 받은 것은 아니었던 것처럼, 학과마다 미치는 영향이 달랐기 때문이었다. 대학원생들은 지원금이 사라질까 걱정했고 연구가 영원히 사라질까 걱정했다. 학기별로 계약이 갱신되는 시간강사들도 숨죽이기는 마찬가지였다. 하지만 일부는 대학 곳곳에서 연대하였고, 종신직 교수들은 서비스직 노동자들을 위해 목소리를 내기도 했다. 뉴저지주 럿거스 대학 노조들은 2만 명에 달하는 노동자가 모인 노동연합과 손을 잡았고, 가장 넉넉한 직원들이 가장 취약한 직원들을 위해 비용 절감 차원에서 무급휴가를 자원하며 단기 교수들과 시설관리 인력 모두의 일자리를 지켜주기 위해 싸웠다. 교수이자 역사가인 도나 머치Donna Murch는 연합과 손을 잡은 덕에 "공통분모를 가진 사람들과 정기적으로 만나 회의를 하며, 기업화, 민영화, 노조 폐쇄와 같은 정치적이고 막연했던 것들과 싸울 방법"을 얻었다고 했다.[41]

학계에서 이상적인 근무 환경은 규칙을 따를 때가 아니라 규칙에 저항할 때 얻을 수 있는 경우가 많다. 철학자 아미아 스리니바산 Amia Srinivasan은 2019년 파업 동안 자신이 보고 싶던 대학의 미래를 봤다. 옥스퍼드 대학 교수였던 스리니바산은 8일간 영국 전역 60개 기관 동료와 파업을 벌였다. 쟁점은 연금은 물론 임금 삭감, 임시직 채용, 과로, 성별·인종별 임금 격차였다. 퀸 메리 대학에서 보조 강사로 일하고 있는 클레이 잉글리시는 연 단위로 계약하는 임시직원 중 한 명이었고, 파업은 정직원이 아니기 때문에 느끼던 수치심을 깨는 데 도움이 되었다. "저와 같은 처지에 있는 그렇게 많은 사람과 피켓 라인에 서 있던 그때는 정말 놀라운 경험이었어요. 다들 한 달 늦게 급여를 받거나 강의 시작 후 한참이 지나서도 계약서를 작성해주지 않는 등 여러 가지 괴롭힘을 당하는 입장이었죠. 5시간 짜리 세미나를 하기로 했다가 학생 수에 변동이 생겨 세 시간으로 줄어들기도 했고요." 스리니바산은 체력적으로도 지쳤고 어렵게 얻은 근무조건을 자꾸 뺏겼지만, 학문적 노동이 "천직과 상호이익의 정신을 담고 있다"고, 그래서 사람들이 여전히 갈망하는 일이라고 썼다. "하지만 대학이 사랑이 넘치는 장소이지 일하는 곳이 아니라고 한다면, 직원들, 학생들, 그리고 대학 자체의 이상을 착취할 빌미를 제공하는 것과 똑같아요. 파업하는 강사들이 학생들을 사랑하지 않는다고 외치는 사람들은 사랑도 노동이고 피켓 라인도 교실이 될 수 있다는 점을 놓치는 거예요."[42]

〉❥〉

캐서린은 평생 다양한 방면에서 여러 가지 운동에 참여해왔지만, 노동 관련해서는 없었다. 페미니스트로서 성소수자 권리 신장을 위한 운동이나, 이스라엘의 팔레스타인 탄압을 규탄하는 연대 운동에도 참여했었다. 하지만 뉴욕시립대학 노조는 왠지 거리감이 느껴졌다. 종신직 교수들 모두가 가입되어 있었고 딱히 끌리지도 않았다. 반면 포덤 대학교에서는 달랐다.

캐서린은 'FFU'라는 대학 이니셜을 형상화한 마크를 등판에 손수 붙인 적갈색 스웨터를 입고 사무실에 앉아 있었다. FFU는 '포덤 교직원연대Fordham Faculty United'의 이니셜을 딴 것이다. 시간강사들보다는 한 단계 위지만 마찬가지로 정규직은 아닌 비정년트랙 강사들은 물론, 캐서린 같은 시간강사들이 가입한 노조 이름이다. "비정년트랙 강사들은 의료보험 혜택이 있고 학기당 수업 네 개를 맡지만, 우리 시간강사들은 최대 두 개예요."

포덤 대학 노조 활동은 이전에 거리에 앉아 이야기하거나 소리를 질렀던 운동들과는 상당히 달랐다. "정말 멋졌어요. 사무실에 갔는데 그러더라고요. '우리가 원하는 것을 외쳐댄다고 뭐가 바뀌나요. 이렇게 다들 나와서 어떻게 하면 효과적일지 함께 고민해야지요.'" 연대는 일부 시간강사들 사이에서 시작됐고 처음에는 힘을 실어줄 노조를 찾느라 힘들었다. 학생들과 전임 교수들의 응원, 그리고 시간강사들의 활동을 통해 마침내 이들은 대학으로부터 노조 투표를 허락한다는 동의를 받아냈다. 투표 결과는 16대 1의 승리였다.[43]

협상은 2018년에 시작됐고, 캐서린은 협상 과정에 흠뻑 빠져있었다. 노조 대표가 회의를 공개했기 때문에 누구나 와서 협상 전개 과정을 볼 수 있었다. "갈 때마다 뭔가를 배워오는 기분이었어요. 가끔 우리도 무슨 말을 하기는 했지만, 대개는 지켜보는 쪽이었죠. 하지만 우리 대표가 결과를 잘 알려줬고 가끔 파업 여부와 의료보험이나 기초수업비 인상 요구와 같은 주제로 투표도 했어요." 얼마 후 캐서린은 포덤 대학의 빠른 성공 사례가 다른 학교들에도 영감이 되었다는 것도 알았다. 포덤 대학 측에서 동의한 계약에는 3년에 걸쳐 시간강사들 급여를 67퍼센트에서 90퍼센트까지 인상한다는 내용도 포함되었다. 계약 종료 시점이 되면 수업 당 대략 7~8천 달러에 달하는 금액이었다. 전임 강사들은 계약 3년 차에는 최저 연봉이 6만 4천 달러가 되어, 가장 적게 받던 강사의 경우 연 1만 4

천 달러가 인상된 셈이었다. 전문성 개발에 대한 금전적 지원, 전임 직원의 경우 유급 전문성 개발 휴가는 물론, 부당해고 금지 즉 아무런 이유 없이 해고될 수 없는 권리도 따냈다.[44]

첫 노조 관리직 투표 때 캐서린은 공동의장으로 선출되었고, 긴밀하게 큰 그림을 그려야 하는 전반적인 문제들과 일상적 쟁점들을 동시에 작업해갔다. 그 과정에서 캐서린은 대학에 대해 많은 것을 알게 되었다. 대개 시간강사들은 다른 교수진과는 물론, 자기들끼리도 단절되어 있었다. "마치 형제자매를 알아가는 과정 같았어요." 사회복지학 시간강사들은 인문학 강사들에 비해 정말 턱없이 적은 급여를 받는다는 사실을 알게 되었다. 물론 인문학 시간강사 급여는 경영학 강사들이 받는 급여에 비하면 또 형편없었다. 포덤 대학 측이 시간강사와 조교수들을 별개 교섭 단위로 묶으려고 했지만, 모든 임시직 교직원은 단결해서 계약서 세부 사항은 다를지 몰라도 자신들을 함께 묶어 달라고 요구했다. "우리들의 셈법은 누군가의 급여가 인상되면 다른 사람들의 급여도 인상되어야 한다는 것이었어요. 우리들을 이간질해 장악할 생각은 안 하는 편이 좋죠."

캐서린에게 가장 큰 수확은 전문성 개발에 대한 금전적 지원이었다. "2002년부터 학술회 발표를 했는데, 학교로부터는 단 한푼도 받은 적이 없어요. 뉴욕시립대학 시스템은 그런 지원을 해주기는 하지만 자격심사가 까다로워요." 캐서린은 웃으며 이제 수업 외에 노조 간부 활동이 많아져서 학술회에 다닐 시간은 없다고 했다. 하지만 그런 금전적 지원이 갖는 의미는 시간강사들과 조교수들이 수업은 물론 연구도 하는 학자임을 인정받는 것이다. 수업 시간이 임박해서 취소되는 수업에 대한 어느 정도의 보장도 얻었다. 이제 대학은 특정 시간까지 수업 진행 여부를 알려줘야 하고 만약 수업이 취소되더라도 일정액을 지급해야 한다. 마지막으로 직원들과 대학 측의 모든 협의는 노조와 대학의 협의로 간주한다는 권리를 얻어냈다. "우리를 인정하지 않을 수 없게 된 거죠. 과거와 미래가 있는 노동자로서 말입니다."

캐서린은 계약 내용을 실행에 옮기며 다음번에는 어떤 점들을 개선해야 할지도 배울 수 있었다. 전문성 개발에 대한 금전적 지원이 가진 맹점이나 개인 교수실 부족 등, 시간강사들이 다른 교수진과 동등한 대우를 받으려면 무엇이 필요한지를 더 많이 알아가고 있다.

캐서린은 주로 고독한 지식인의 이상을 믿는 사람들이 학계에서 일하는 경우가 많다고 한다. "우리는 혼자 일해 왔던 사람들입니다. 논문도 혼자 쓰고, 가장 고독한 5년, 8년을 보내죠. 그런데 갑자기 우리를 노조에 몽땅 묶어서는 '자, 함께 같이 잘들 일해봐요' 이렇게 된 거죠." 캐서린은 노조 지도부에서도 운동가 경험이 있는 몇 안 되는 사람이었지만, 과거 참여했던 조직들은 대개 비공식기관이었다. 임시직 교수들 사이의 서열은 직함보다는 노조 가입 여부에서 차이가 나기도 한다. 강사나 교수들을 시간제로 고용하는 많은 대학은 이들이 각자의 분야에서 전문가이기 때문에 대학 수업으로 부수입을 벌 뿐이라고 합리화하고 또 어느 정도 맞는 말이기도 하다. 캐서린에 따르면, 박사 과정을 밟으며 전형적인 학계 진로를 꿈꿔온 자신과는 다른 경우, 즉 '부업을 하는 사람들'이 노조에 가입하는 경우는 드물다고 한다.

노조 간사가 캠퍼스별로 있기는 하지만, 교수들을 노조에 가입시키는 일은 여전히 힘들다. 과거에는 임시직 교수들은 노조에 끌어들이지 말라는 것이 관례였다고 캐서린은 말했다. 다 같이 뭔가 함께할 공간도 부족하고 교수마다 일정도 제각각이다. "대학은 공장이나 병원과 굉장히 달라요. 공장이나 병원은 이미 조직 특성상 순조롭게 돌아가는 뼈대가 있잖아요. 그런 집단이 노조가 되면 엄청난 힘을 발휘합니다. 사실 과학이 혼자 하는 일은 아니지만, 그렇다고 크게 관계를 맺지는 않잖아요. 인문학과 사회과학 분야의 우리 같은 사람들이 하는 업무 자체도 상당히 고립된 측면이 있어요."

캐서린은 대학이 변화하는 양상이 자신이 하는 일은 물론 자기 자신에게 큰 영향을 미쳤다고 했다. 캐서린은 창문이 있고 책장이 즐비한 사무실, 즉 일에 몰두할 수 있는 작업공간에 대한 욕심은 일찌감치 포기했다. 하지만 화가 났던 것은 학생들이 불안하고 힘들어하는 모습이었다. 그들은 모험을 감수하는 일이나 배우려는 자세는 부족해지고 졸업장을 딸 정도로만 대학 공부를 하는 것 같았다. "졸업에 필요한 학점 따기는 잡일이나 다름없어요. 지식과 씨름하고 문학작품을 붙들고 고민하고 글을 쓰느라 머리를 쥐어짜는 것과는 거리가 멉니다. 아름다운 것은 점점 쌓이고 더해 나가는 거예요. 꽃의 그런 아름다움을 말하는 것이 아니라, 아름다움이 더해져 즐거움을 깨닫게 되는 과정 말이에요. 제가 생각하기에 분명 돈의 문제는 아니에요."

캐서린은 값을 매길 수 없는 그것이 바로 시간강사들이 쟁취하려고 하는 존엄성이라고 했다. "단지 급여 얘기가 아니에요. 문학과 의식주를 같다고 보지 않지만, 아주 다르다고 할 수도 없잖아요. 겨우 살아가고 연명하고 이런 것들이 인간성이라고 생각하지는 않아요. 특히 우리 교수들은 사람을 키워내고 문명의 결실을 내는 일에 몰두해왔어요. 그런 우리 일상과 생존이 비참한 수준까지 이르렀다는 것은 정말 참기 힘든 모순이에요."

하지만 노조가 이들의 고립을 끊었고 체념적인 삶을 넘어서는 무언가를 선물했었다. "매달 한 번 학교 앞 주점에서 모여서 가볍게 한잔씩들 해요. 친목은 좀 더디게 쌓여가고 있지만, 다들 노력 중이에요. 여러 학교 강의를 뛰는 시간강사들과 포덤 대학 안에서 연대해보려고 하는 거예요." 하지만 그저 이런저런 서비스를 제공하는 곳이 노조라는 교수들의 인식을 바꾸려면 상당한 노력이 필요하다. 임시직 교수들은 임시직이 곧 끝날 거라는 희망을 가지고 노조의 보호를 원하면서도 그렇게 많은 일을 하려고는 하지 않는다. 캐서린은 그들이 자신들의 신분에 대해 아직도 수치심을 갖고 있다는 점도 지적한다. "아무도 자기가 시간강사라는 것에 자긍심을 느끼지 않아요." 다른 불안한 직장에 다니는 노동자들이든 시간강사들이든 빠져나갈 날만을 기다리며 희망 노동을 이어가기보다,

자신들의 처우를 개선하려는 진실한 노력이 필요했다.

　캐서린도 그 체념의 기분을 알고 있었다. "무언가를 찾아보는 일을 정말 포기했었죠. 이번 계약이 끝나면 정말 끝일 수도 있겠죠. 그래서 강의를 계속할 거냐고요? 글쎄요. 저를 행복하게 하는 일인지, 만족감을 주는 일인지, 비참하게 만드는 일인지도 모르겠네요." 그녀는 학위도 있고 대학 강의 말고 다른 일을 찾아보기에 57세는 버거운 나이라고 했지만, 그 자체가 캐서린이 마주했던 현실이기도 하다.

　"제가 대학에서 일하면서 유일하게 고귀하다고 느낄 때는 노조에서 활동할 때였어요. 제가 이제까지 가졌던 가장 고귀한 관계예요. 전 시간제 강사라서 '정말 훌륭했어'라고 할 만한 한 학기나 한 달이 주어지지 않습니다. 금전적 목표와 실질적인 권리 달성도 중요하지만 스스로 훌륭하다고 느끼는 그 감정을 위해 다들 투쟁을 벌여온 거예요." 한 주에 노조를 위해 무급으로 일한 다섯 시간, 열시간, 때로는 스무 시간이 캐서린에게는 가장 중요했다. "사람들이 그래요. '왜 그 일을 하세요?'라고 물으면 제 답은 이겁니다. 고귀함을 느끼거든요."

좋아하는 일이니까 다 괜찮지는 않습니다: 프로그래머

회사에서 일하는 것으로 충분하지 않은 것 같았어요. 인생을 최대한 바쳐야 했어요.

비디오게임 개발자들은 입사 초반부터 '크런치Crunch'(신작 출시에 임박해 기한을 맞추려고 야근과 주말 근무 등 강도 높은 근무를 하는 시기를 뜻하는 게임업계 은어)를 즐기라고 배운다. 같이 일하는 여러 동료들이 그랬듯 케빈도 일반적인 대학 대신 코딩을 가르쳐주는 학교에 진학했다. 그런 학교들은 높은 중퇴율을 명예 훈장처럼 생각하고 게임업계는 강자만이 살아남을 수 있는 약육강식의 세계라는 생각을 주입한다. 잔인한 일상이 당연하게 여겨지는 곳이다. 케빈의 고향인 독일은 대부분 대학이 무료였지만, 그가 다녔던 학교는 2년 과정으로 대략 2만 5천 유로의 학비가 있었다. 미국에 있는 비슷한 프로그램들은 대략 10만 달러 선으로 훨씬 더 비싸다.

런던의 한 술집에서 케빈과 동료 프로그래머들은 그런 학교들이 엄청나게 많은 개발자를 쏟아내고 있는데 일자리는 그만큼 충분한 편은 아니라고 나에게 설명했다. 졸업하면 프로그래머들은 스스로를 증명해 보이기 위해 장시간 근무를 해야 하고 마감일이 닥쳐

올 때는 그보다도 더 오래 앉아 있어야 한다. 케빈은 열렬히 원했던 분야에서 일할 수 있어서 장시간 근무가 오히려 의미 있다고 생각했다. "건강에 안 좋을 거라는 건 알고 있었죠."라고 말하여 케빈은 웃었다. "'젊으니 이 정도는 견딜 체력이 있지. 당분간은 근무 환경이 안 좋아도 괜찮아'라고 생각했어요."

케빈은 블록버스터 영화급으로 개발 비용도 많이 들고 여러 국가의 게임 스튜디오들이 팀을 이루는 이른바 '트리플 A' 게임 제작에 참여해보고 싶었다. 이력서를 뿌리고 다녔고 '스튜디오 고보Studio Gobo'라는 영국에 있는 회사에서 일하게 됐다. 자신들을 '그래픽 괴짜들과 예술성이 넘치는 사회 부적응자 가족'이라고 부르는 스튜디오 고보는 전 세계 고객을 대상으로 트리플 A급 콘솔게임 개발 서비스를 제공한다. 케빈이 풀어준 설명에 따르면, 스튜디오 고보는 대형 게임 스튜디오가 제작하는 게임의 특정 영역을 작업하는 것이라고 한다. "자유롭게 창의할 수 있지만, 위험 부담은 전혀 없어요. 예를 들어, 유비소프트Ubisoft(프랑스 비디오 게임기업)가 어떤 게임 개발을 중단한다고 해도 저희는 개발비를 받습니다." 여러모로 보나, 케빈은 직장에 꽤 만족하고 있다.[1]

일과의 일부는 시간대가 다른 지역에서 일하는 다른 프로그래머들에 맞춰 진행된다. 출퇴근 기록계를 찍을 필요도 없고 초과근무 수당도 없다. 오전 10시경 일을 시작해 대개 저녁 7~8시에 퇴근한다. 퇴근이 늦은 이유는 케빈이 점심을 먹고 돌아온 후까지도 출근을 안 하는 캐나다 몬트리올 개발자들과 일하고 있기 때문이다.

"출근하면 제가 퇴근한 후에도 작업을 계속하던 몬트리올 친구들이 한 일이 기록된 이메일부터 읽습니다." 케빈은 농담을 섞어 언제나 반반의 가능성이 있다고 했다. 출근했을 때 작업 중인 프로젝트에 문제가 있으면 몬트리올 직원들이 수정할 때까지 기다리거나, 문제가 없다면 자기 몫을 이어서 하면 되는 것이다.

얼핏 효율성이 떨어져 보이지만, 업계에서는 일반적이라는 것이 케빈의 설명이었다. 어떤 면에서는 대형 게임 제작에 각자 다른 영역을 담당하는 무수한 인력이 투입되다 보니 모두를 한 사무실, 한 회사에 모아놓고 일할 수 없기 때문이기도 하다. 케빈은 이것이 문화접변Acculturation 효과를 노리는 것이라고도 했다. 즉, 문화적 특수성에 갇혀 특정 시장 사용자들만 하는 게임보다 다양한 지역의 사용자들이 매력을 느끼는 게임을 개발할 수 있다는 것이다. "매번 실리콘 밸리 쪽 사람들과 작업하는 것보다는, 다른 배경을 가진 사람들과 개발하다 보면 더 나은 게임이 나오기도 하거든요." 비용 문제도 있다. 일부 프로그래밍 작업은 인건비가 낮고 노동환경 규제가 덜한 인도 같은 나라에 외주를 맡긴다. 케빈은 이렇게 말했다. "인도에서 일하는 사람과 스웨덴에서 일하는 사람은 서로 근무 환경이 완전히 달라요. 같은 회사에서 같은 게임 개발에 참여하고 있고 같은 기능을 작업하고 있는데도 말이죠."

혹독한 장시간 업무는 당연히 높은 이직률로 이어진다. 케빈과 동료들은 자신들의 일을 가족도 없고 육아 책임도 없는, 하루를 일에만 전념할 수 있는 젊은 남자들을 위해 고안된 일이라고 했다. 통계도 이 사실을 뒷받침해준다. 영국 게임산업에 종사하고 있는 압도적인 다수가 젊은 남자들이었다. 여자는 14퍼센트에 불과했고, 케빈처럼 유색인종의 경우 2015년 4퍼센트로 현저히 낮은 수준이다. 한편 미국은 2019년 조사에 따르면 19퍼센트가 여자였고 32퍼센트를 조금 웃도는 수치가 유색인종이었다. 게임업계가 주는 매력보다 직장 밖의 삶을 갖고 싶다는 욕구가 커지면 프로그래머들은 다른 산업으로 이동한다. 능력이 블록버스터 게임을 만들 정도로 출중하다면 돈도 더 받고 일은 덜 하면서 최신 금융 앱을 개발할 수도 있다. 케빈은 "그냥 다른 행성인 셈이죠."라고 했다.[2]

이 높은 이직률이 게임업계의 효율을 떨어뜨린다. 기업들은 경험이 풍부한 직원들을 놓치지 않으려는 노력은 하지 않고 빈자리가 생기면 케빈 같은 젊은 직원들로 메워버린다. 하지만 관리자 자리는 몇 달이고 공석으로 남아 있기도 하다. 결국 악순환으로 이어진다. 사원급 개발자들이 문제를 해결하려고 달려들다 보니 근무 시간은 마냥 늘어나고, 힘에 부쳐 결국 그만두고, 심지어 더 경험이 없는 신입사원이 그 자리에 꽂힌다. 그런데 기업들은 탁구대를 설치하거나 무료 스낵바를 제공하면 업계를 지속 가능한 직장으로 만들 수 있다고 믿는다. 스튜디오 고보 홈페이지에는 이렇게 쓰여 있다. "금요일 점심에는 사내 요리사가 방금 요리한 음식이 제공됩니다. 물론 무료! 딱 한 가지 규칙이 있다면 지난주에 같이 앉았던 사람 옆에 또 앉을 수 없다는 것입니다. 긴장을 풀고 같이 식사하다 보면 기발한 아이디어가 떠오를 수도 있어요."

하지만 그 방금 만들었다는 음식은 가정식도 아니고 그저 집과 직장의 경계를 모호하게 만들 뿐이다. "두세 시간 잘 때도 있죠. 집에 가면 바로 쓰러져 자고 일어나 다시 출근합니다. 침대에 누웠던 것과 다시 사무실로 돌아온 것 외에는 기억이 없어요." 케빈의 말이다. 동료들은 친한 친구가 된다. 밤늦게 일하는 사무실은 파티 같기도 하고 뭔가 중요한 일에 다 함께 하고 있다는 분위기가 지배한다. 스튜디오 고보의 홈페이지에는 또 이런 내용이 있다. "재미가 저희가 하는 일의 핵심입니다. 우리는 재밌는 게임을 만들려면 게임을 만드는 일도 재밌어야 한다는 것을 잘 알고 있습니다."

하지만 그런 재밌다는 분위기는 윗선에서 직접 압박을 주지 않아도 매일 더 오래 일하도록 직원들을 가두기 위한 계획에 불과하다. "상사가 한번은 저한테 이러더라고요. '케빈, 보니까 자주 야근하는 것 같은데 그러면 전체 팀에 안 좋은 영향을 미칠 것 같아. 자네가 안 가고 있으면 다들 '나도 더 일해야 하나?' 할 것 아닌가. 자네 열정은 알겠지만, 모두에게 부정적인 영향을 미칠 것 같군.'" 케빈은 당시에는 가볍게 무시하고 넘어갔다고 했다. 모두 각자의 이력서를 좋은 이력들을 채워 나가야 하는 부담이 있다 보니 모두의 문제라는 의식도 없었다. "그때는 이런 생각을 했습니다. '아, 몰라. 괜찮아. 잘하고 있는 거야.'"

하지만 케빈은 스튜디오 고보는 드문 사례고 대부분 고용주는 정반대의 압력을 행사한다고 했다. 크런치는 게임업계의 고질적인 문화였다. 한 조사에 응답한 게임업계 종사자들의 반 이상이 크런치 때는 주 40시간 기준 근로 시간보다 최소 50퍼센트 더 많은 시간을 작업했다고 답했다. 크런치는 2004년 게임개발업체 일렉트로닉 아츠Electronic Arts의 한 개발자의 배우자가 '공개 편지'로 남편이 몇 주 동안 주당 84시간을 일했다고 항의하며 알려졌다. 이후 무급 초과근무를 주장하는 집단소송 두 건도 접수됐다. 두 소송 모두 합의로 종결됐지만, 크런치는 2020년까지 사라지지 않았다. 게다가 하는 의미가 있는지도 명확하지 않다. 케빈은 "크런치를 하면 질 떨어지는 게임, 그저 그런 게임들이 양산돼요. 일부 좋은 게임이 나오긴 합니다만, 크런치를 한다고 해서 꼭 그런 건 아니에요."라고 했다.[3]

일부 업계 관리자들은 사무실을 덜 사무적으로 느껴지게 만드는 방법보다, 노련한 개발자를 놓치지 않을 방법을 강구할 필요가 있다는 것을 깨닫기 시작했다. 하지만 업계문화는 아직도 오래 일하는 것이 품질을 끌어올려 주고 열정을 유지하게 한다는 생각을 못 버리고 있다. "지나친 장시간 업무가 나쁘다는 생각을 전혀 못 해요. 이게 게임업계의 현실입니다. 누가 옳고 그름을 판단할 수 있겠어요? 저희는 그냥 하던 대로 해야죠."

코로나19가 시작되면서 케빈은 재택근무를 하게 되었고, 일과 일상의 경계가 심지어 더 흐려졌다. 코로나 초기에는 계속 출근하라는 말을 들었지만, 정부에서 코로나 관련 권고안을 발표하면서 재택근무가 허락됐다. 집안 배치도 좀 바뀌었다. 룸메이트가 나가면서 그 방을 작업실로 쓸 수 있었고 화면이 더 큰 작업용 모니터도 빌렸다. "기상하면 컴퓨터가 있는 다른 방으로 갑니다. 그리고 오랫동안 일을 하죠. 어느 순간 일을 멈추고 보면 8시간이 지나 있죠. 회사에 출근할 때는 동료들과 오후 1시가 되면 같이 식사하며 점심시간 1시간을 꽉 채웠는데, 지금은 '내가 뭘 먹었나? 안 먹었네. 뭐 좀 먹어야겠지. 그런데 몇 시지? 이런, 오후 2시네.' 이런 식입니다."

그리고 케빈은 그렇게 몰두해서 만든 게임들을 이제는 잘 안 하게 된다고 했다. "시간이 없으니까요. 아주 가끔 합니다."

◊❥◊

현재 젊은 남자들이 주로 하고 있는 프로그램은 한 여성이 개발했다. 에이다 러브레이스Ada Lovelace는 낭만주의 시인 바이런 경Lord Byron의 딸이었지만, 그의 어머니는 마치 '시적 성향으로 기우는 것을 막아줄 해독제'인 양 수학으로 그를 유도했다. 러브레이스는 기계식 직조기에서 영감을 얻어 컴퓨터의 아버지로 불리는 찰스 배비지Charles Babbage의 해석기관용 프로그램을 설계했다. 러브레이스는 컴퓨터가 복잡한 공식 계산뿐만 아니라, 코드로 축소될 수 있다면 음악, 그래픽, 단어 등 어떤 것이라도 (심지어 게임도) 처리할 수 있다고 내다봤다. 이 주제로 그가 쓴 논문은 컴퓨터를 닮은 그 어떤 것이 제작되기 수십 년 전이었던 1843년 한 학술지에 발표됐다.[4]

과연 어디까지가 '기술'이냐는 문제는 제쳐두고, 요즘 기술 산업은 세계 주요 자본주의 경제에서 혁신의 견인차라며 지나치게 치켜세워지고 있다. 프로그래머의 장시간 근무는 비효율적인 작업 처리 방식이라기보다 일에 대한 낭만적 몰입의 증거라고 여긴다. 프로그래머의 능력을 천부적인 재능과 막스 베버가 자본주의 성장의 요소로 꼽은 근면과 투지 중간 정도의 무언가로 그려내며 프로그래머들을 떠받든다. 이들은 예술가들이 그랬던 것처럼 본질적으로 창의적이고 전문적인 분야에 딱 맞는 우월한 능력을 타고난 천재 대접을 받는다. IT 업계 직업은 꿈의 직업으로 묘사된다. 기업들은 능력이 최고라면 고액 연봉, 엄청난 복지, 스톡옵션, 그리고 반려견도 데려올 수 있고, 마사지도 받고, 게임도 하고, 당연히 일 자체도 즐길 수 있는 재미투성이의 (결국 이 모든 것들 때문에 일을 더 많이 하게 될) 직장으로 인재들을 유혹한다. '혁신'에 집착하기 시작한 것은 사실 한 세기도 안 됐지만, 혁신이라는 개념은 능력이 특정 성별과 인종으로 치우치는 과정, 특정 노동자의 이미지로 연상되는 과정에 사용되는 경우가 많다.[5]

프로그래밍이 늘 걸출한 일이었던 것은 아니었고 컴퓨터가 늘 근사한 기계였던 것도 아니었다. '컴퓨터'는 기계식 계산기로 대량의 숫자 계산을 시키려고 고용한 사람들, 주로 여자들의 직함이었다. 제2차 세계대전 동안 남자들이 최전선에 보내졌을 때 미국 여성들이 그 일을 했고, 최초의 컴퓨터는 개발 중이었다. 세계 최초 컴퓨터 에니악(ENIAC)은 인간이 손수 케이블 선을 옮겨주거나 스위치를 돌려줘야 했다. 당시 컴퓨터 프로그래밍은 기계적인 단순 업무로 여겨졌고, 에니악을 개발한 펜실베이니아 대학은 남자들이 부족해, 기계로 수학 관련 일을 해본 경험이 있는 여자들을 모집했다.

1945년 여섯 명의 여성이 최초로 프로그래밍 훈련을 받았다. 이들은 장 제닝스Jean Jennings, 마를린 멜처Marlyn Wescoff, 루스 타이텔바움Ruth Lichterman, 베티 홀버튼Betty Snyder, 프랜시스 스펜스Frances Bilas, 케이 맥널티Kay McNulty였다. 그들은 군인들과 어울려 정치를 주제로 이야기를 나누었고, 복잡한 기계인 에니악에 적용할 다양한 미분방정식을 계산하며 에니악을 개발한 남자 공학자들의 지식은 물론 에니악의 내부 작동방식을 익혀갔다. 제닝스는 이후에 가로세로 2.5미터에 달하는 거대한 크기에, 수천 개의 진공관, 케이블, 스위치를 달고 있던 에니악을 "프로그램하기 정말 힘든 개자식"이라고 했다.[6]

이 여성들은 자신들이 하는 일이 숙련된 기술이 필요한 힘든 일이라는 것을 알았지만, 남자 엔지니어들은 프로그래밍을 사무적인 일에 가깝다고, 즉 하드웨어 측면이 없는 여자들의 일이라고 생각했다. 하지만 밤늦게까지 남아 에니악의 첫 시현을 준비하며 '크런칭'을 하고 있던 장본인은 이 여성들이었다(이들은 시현장에 초대받지 못했다). 제닝스는 이렇게 말했다. "사람들은 우리가 전문가라는 것을 절대 알아주지 않았어요."[7]

2차 세계대전이 끝나고 전시업무에 동원됐던 여자들은 하던 일을 남자들에게 넘기고 가정으로 돌아가 가정을 꾸리라는 분위기에

"1945년 여섯 명의 여성이 최초로
프로그래밍 훈련을 받았다.
이들은 장 제닝스, 마를린 멜처,
루스 타이텔바움, 베티 홀버튼,
프랜시스 스펜스, 케이 맥널티였다."

놓였다. 하지만 에니악을 운영했던 그 여성들은 능력이 너무 출중해서 이들을 대체하기란 불가능했다. 맥널티는 "우리는 전투기 조종사급이었죠."라고 했다. 이들은 현장에 남아 수학 교수이자 해군 예비역이었던 그레이스 호퍼와 함께 민간용 컴퓨터 개발업무를 담당했다. 1967년 호퍼는 한 기자에게 이렇게 말했다. "여자들은 컴퓨터 프로그래밍에 천재적인 소질이 있습니다." 하지만 소프트웨어 업무가 명성을 얻자 남자들이 치고 들어왔다.[8]

남자 프로그래머들은 일부러 업계의 이미지를 바꾸려고 노력했다. 여자가 하는 일을 한다고 비치길 원하지 않았기 때문이었다. 남자들은 프로그래밍에 특별한 매력을 불어넣기 위해 전문 협회를 만들었고 교육 자격요건을 강화했으며 심지어 프로그래머들을 '사람에 무관심'하고 '친밀한 인간관계가 필요한 활동들'을 싫어한다고 전제한 성격테스트도 도입했다. 교사들이나 소매업 노동자들을 착취할 때 운운한 대인관계 능력은 여자들이 가진 능력이었고, 외톨이 범생이들이 모여 하는 프로그래밍에 방해만 되는 것이었다. 아스트라 테일러와 조앤 맥닐 두 작가에 따르면, 컴퓨터 해커를 반사회적이라고 오해받는 천재로 인식하게 된 계기는 이러한 채용기준들이었고, 프로그래밍 업무의 성별 측면을 교체해 계급 지위를 끌어올린 효과도 봤다고 한다. 프로그래밍은 직접 해보며 배워가는 일에서 이제 컴퓨터를 살 경제력이 뒷받침되는 이들이 몇몇 연구 대학들에서 배우는 특별한 학위과정이 되었다.[9]

미국 국방성이 장차 인터넷을 탄생시킬 프로젝트에 자금을 투입하던 때, 컴퓨팅은 너무나 철저히 남성화되어 그 프로젝트에 참여한 여자는 한 명도 없을 정도였다. 그렇게 탄생한 최초의 인터넷 아르파넷ARPANET은 케이티 하프터Katie Hafner와 매튜 라이온Matthew Lyon의 책 제목처럼 '마법사들이 야근하는 곳Where Wizards Stay Up Late'이 되었다. 국방성 산하 고등연구계획국의 자금 지원을 통해 구축된 이 네트워크를 설계한 남자들은 일에 대한 남다른 열정이 곧 남보다 조금이라도 더 오래 일하는 것을 의미했던 '천재들'이었다.[10]

고등연구계획국의 '정보처리 기술연구소'는 1960년대 내내, 민간 분야와 심지어 대학들도 주저했을 법한 최첨단 연구를 지원했다. 소련이 스푸트니크 1호 위성을 쏘아 올리자 미국은 고등연구계획국을 신설하며 뒤처지고 있다는 두려움을 드러냈다. 바로 그 두려움으로 교육예산 확충과 공교육 확대가 이루어지기는 했지만, 분명한 군사적 활용목적이 없던 무수한 연구로도 자금이 흘러 들어갔다. 그중 하나가 아르파넷이었다.[11]

컴퓨터가 통신하게 하려면 신기술이란 신기술은 다 필요했다. 당시 대부분의 컴퓨터는 서로 같은 언어를 사용하지 못했다. 하프터와 라이온은 "소프트웨어 프로그램들은 각각의 독창적인 예술작품처럼 독특했다."라고 했다. 아르파넷과 인터넷을 만들어낸 그 모든 혁신은 여러 국가의 수십 명의 프로그래머들과 대학원생들의 공동작업 결과였다. 물론 획기적인 성과를 이들 개개인의 고유한 천재성으로 돌리는 경향도 있긴 했지만, 여러 국가의 연구자들이 거의 같은 시기 비슷한 아이디어들을 내준 덕분이었다.[12]

이 컴퓨터 귀재들은 서로의 혁신을 통해 학습을 늘려갔고 아르파넷으로 자신들의 집단지식을 더 깊게 접목해갈 수 있었다. 한 개인의 천재성에 집착하면 훌륭한 작품이 협업의 결과가 아니라 단한 명의 두뇌 덕분이라고 생각하게 되어 진실을 놓치게 된다. 이런착각이 연대할 생각도 못 하게 하는 효과를 낳기도 한다. 프로그래머인 칼 배런은 이렇게 말했다. "조심하지 않으면, 자신이 가장 중요한 일을 했다는 착각에 빠질 수 있어요. 실상은 내가 뭔가를 해냈다면 이전에 누가 해놓은 일에 덧붙인 것입니다. 모든 것들은 다 연결되어 있죠."[13]

대학을 중퇴하고 혁신적인 기술을 개발한 천재 개발자에 대한맹목적 숭배가 시작된 것도 아르파넷이 만들어지면서였다. 아르파넷을 구현해냈던 기업 BBN 테크놀로지는 매사추세츠 케임브리지에 소재한 MIT 공대 중퇴생들을 채용했다고 알려져 있다. 중퇴생들은 MIT 공대에 입학할 정도로 똑똑했지만, 학위가 없어 채용에돈이 덜 들었다. 불과 몇 년 만에 프로그래밍 분야는 신분 자격으로 학위를 요구하고 성별에 대한 장벽을 세웠다가, 얼마 후에는 학위를 내동댕이치는 사람들을 선호하게 된 것이다. 지금은 차고에서창업하는 스탠퍼드와 MIT 중퇴생들의 신화에 몰두하는 양상으로변했다.[14]

아르파넷 개발에 참여했던 프로그래머들은 하루 16시간 근무,야근, 저녁 거르기를 밥 먹듯 했고 책상에 엎드려 자는 경우도 다반사였다. 그뿐만 아니라 석사생들이 아르파넷과 연결된 컴퓨터들의 통신을 받는 여러 지점에서 송수신 업무를 거의 전담하다시피 했다. 이들은 내부적으로 갈등이 생기면 자기들끼리 해결하며 통신규약을 강구했고 서로 알고 있는 것을 공유하며 최초의 이메일 프로그램을 고안해냈다. 아르파넷은 아르파넷을 개발한 이들을 닮아 있었다. 잠이 부족한 컴퓨터광들이 네트워크에 대한 각자의 아이디어나 (국방성이 지원하는 이 개발 프로젝트에 찬성한다든지 반대한다든지 같은) 정치적 신념을 주장하며 만들어낸 무질서한 공간이었다. 이들은 심지어 아르파넷용 게임들도 개발해냈다. 예를 들어, 한 BBN 테크놀로지 프로그래머는 보드게임 '던전 앤 드래곤Dungeons and Dragons'에서 불필요한 것들을 빼 '어드벤처'라는 게임을 만들어냈고 아르파넷을 통해 널리 퍼져나갔다.[15]

수면 부족 자체가 상징인 분야에서 밤늦게까지 책상에 묶여 일해야 하는 직원들이 비디오게임을 한다는 것은 기업 입장에서는 완벽한 추가 매출이나 다름없었다. 프로그래머들이 아르파넷에 열심히 공들여 작업하는 것처럼 아르파넷으로 게임도 열심히 한다면 네트워크 성능을 확장하고 프로그래머들도 작업에 재미를 유지할 수 있는 좋은 방법이었다. 이후 이론가들은 이를 두고 일과 놀이를 동시에 하는 생산적인 '놀이노동playbor'이라고 불렀다. 잦은 야근이 직장과 집의 경계를 모호하게 했듯이, 어드벤처 게임은 일과 노동의 경계를 모호하게 만들었다. 아르파넷이 즐기는 데 쓰일 수 있다는 개념이 아르파넷을 만드는 데 투입된 노동을 훨씬 더 가치 있어 보이게 만들었다.[16]

초창기 비디오게임 기업들은 이 똑같은 개념들을 이용했다. 제이미 우드콕은 저서 『아케이드 게임의 마르크스Marx at the Arcade』에 이렇게 적었다. "아타리Atari 같은 기업들은 산업현장과 사무실의 포드주의식 제약의 대안으로 '놀면서 일하기'를 약속했다." 1970년대는 포드주의식 공장 노동에 대한 반발이 천천히 신자유주의식 일터 개념으로 합성되던 시기였다. 노조 결성은 생각할 수도 없었다. 대신 회사 컴퓨터로 비디오게임을 하는 등의 소소한 몇 가지 반항이 생겨났고 IT산업 자체의 작업 과정에 스며들었다. 당시 집 TV로 비디오게임을 할 수 있는 초창기 가정용 콘솔을 개발한 아타리는 비디오게임이 초대형 사업이 될 수 있다는 것을 증명한 최초의 회사였다. 이후 컴퓨터 산업이 호황을 맞으며 일과 놀이, 재미와 수익 사이의 긴장은 커져만 갔다.[17]

아르파넷이 개발된 후 초기에는 프로그래머들에게 상당한 자유가 주어졌다. BBN 테크놀로지의 프로그래머였던 세베로 오른스타인은 국방성 회의에 베트남 전쟁 반대 배지를 달고 나타났을 정도였다. 하지만 이내 직원들에게 얼마만큼의 권한을 줘야 할까 하는 것이 문제로 떠올랐다. 급속히 성장하던 IT 산업은 손댈 수 없는 '천재들'이 관여하는 영역을 빼고는, 능숙하지만 교체하기 쉬운 수많은 인력이 매일매일 필요했다. 또한 이들을 연대할 수 없도록 해야 했다.[18]

미국 동부 케임브리지가 기울고 서부 실리콘 밸리가 부상한 데는 많은 이유가 있지만, 그중 하나는 노조 없는 분위기로 기업들이 중요하게 여겼던 '유연성'이 확보되었기 때문이었다. 매사추세츠주는 오랜 노조 문화가 뿌리를 내리고 있었지만, 캘리포니아주는 미개척지였다. 그런데도 1970~1980년대 아타리나 인텔 같은 기업들에서 노조 결성 시도가 있었지만, 산업이 성장해가며 대부분은 IT 역사에서 지워졌다.[19]

이때쯤 컴퓨터나 컴퓨터 게임은 남자아이들(혹은 늘 아이처럼 사는 남자들)을 위한 장난감으로 깊게 자리 잡혀 있었다. 여자들의 컴퓨터공학 과정 등록률은 1980년대 40퍼센트에서 현재 20퍼센트 이하로 떨어졌고, 초창기에는 주로 컴퓨터 게임에 알맞게 제조된 개인용 컴퓨터는 어린 남자아이들에게 광고되고 판매되며 미래의 프로그래머들은 남자들이라는 개념을 더 굳게 다져갔다. 대중문화도 이러한 흐름을 알아채고 백인 남자 컴퓨터 괴짜들을 영웅시했다. 개인용 컴퓨터가 없다면 누구든 컴퓨터 능력이 뒤처질 수밖에 없었고, 결국 성별 장벽과 함께 계층 장벽이 세워졌다. 과학기술 연구원 자넷 아바트에 따르면, 학교와 기업들은 '고등학교 컴퓨터 동아리 활동을 하는 10대 남자아이'라는, 자신들이 생각하는 '컴퓨터적 인간상'에 맞는 사람들을 받아들이거나 채용했다. 컴퓨터도 예술처럼 재능을 타고나야 하는 분야라는 사고는 여전했다. 여자들은 남을 돌보는 일에 재능이 있고 남자들은 고립되고 사회에서 동떨어진 천재성이 필요한 일들을 잘한다고들 믿었다. 이 두 종류의 사랑 노동자들 간의 균열은 더 명확해졌지만, 어느 쪽이라고 할 것도 없이 똑같이 장시간 일하고 변덕스러운 회사를 견뎌내야 했다. 이러한 성 역할이 타고난 특성이 아니라 사회적으로 만들어진 고정관념이라는 사실을 그 어떤 똑똑하다는 남자들도 알아채지 못하는 듯했다.[20]

1990년대 닷컴 붐으로 개인용 컴퓨터가 흔해지자 수익 규모는 더 커졌다. 그러다가 벤처 투자가들의 현금으로 부풀려지며 과대평가 된 기업들의 거품이 빠지거나 터지면서 첫 대형 침체기가 시작됐다. 클린턴 행정부는 레이건에서 부시 대통령 시기에 이루어진 민영화와 규제 완화를 주로 발판으로 삼았지만, 프로그래머들에게 멋지다는 수식어구를 달아줬고 닷컴 기업들이 그런 추세를 주도했다. 이 시기에 사회학자 앤드루 로스는 이러한 새로운 직장 풍토들을 이해하기 위해 뉴욕의 IT 기업 밀집 지역인 '실리콘 앨리Silicon Alley'에서 일하는 직원들을 조사했다. 이들은 복장에 구애받지 않는다는 뜻으로 노카라No-Collar라고 불렸다. 정보통신 기술을 기반으로 한 새로운 유망 분야가 떠오르고 호황과 안정적 물가가 함께 이어지는 신경제New Economy 속에서, 직장인들은 전문성과 권위를 상징하는 정장과 서류 가방을 후드티와 티셔츠로 대신하며 반권위적인 태도를 보였다. 창의 노동하면 떠오르는 요소들을 IT 분야로 끌고 들어와, 자유분방한 예술가의 작업방식을 적용했다. 또한 이들은 일 자체가 흥미롭고 창의적이고 '하고 싶어 안달이 나는 일'이라면 금전적 이득을 미루더라도 (보통 스톡옵션 형식으로) 어수선하고 분주한 환경에서 일하는 데 기꺼이 동의했다. 로스는 이러한 현상을 관습에 얽매이지 않는 반사회적인 예술성이 짙은 이들, 즉 '보헤

미안 집단의 산업화'라고 불렀다.[21]

이러한 직장들은 일탈 성향이 짙은 컴퓨터 전문가들의 반발을 차단하는 방법으로 놀이와 노동을 혼합했다. 프로그래머가 반전 배지를 달고 국방성에 가게 놔두고, 근무 중 컴퓨터 게임을 하게 놔두면 즐겁게 일할 것이라는 계산이었다. 로스가 '디지털 장인들digital artisans'이라고 부르는 프로그래머들은 기계에 대해 어느 정도 자신들이 통제권을 가지고 있다고 믿게 됐다. 하지만 자기 장비를 자유자재로 통제할 수 있던 전통 장인들과 달리, IT 노동자들은 이윤에 목마른 고용주를 위해 힘든 노동을 이어가고 있었다. 러다이트 운동은 기술에 반대한 것이 아니라, 기술 때문에 자신들이 탈숙련화되고 쓸모없게 될 미래를 걱정했다는 점에서 실상은 아무런 통제권이 없는데도 속아서 열심히 일하던 IT 노동자들은 그들과 다르다. 재미를 추구하는 IT 업계 직장들은 일찌감치 테이블축구와 오락기를 비롯한 각종 게임을 회사에 들여놓기 시작했고, 프로그래머들은 그 안에서 자신들이 영향력이 있고 절대 대체되지 않을 것으로 믿으며 안정감을 느꼈다. 하지만 기업들은 이미 직장 감시를 늘리고 있었고 업무를 파편화해 프로그래머들의 창의적 자유를 분쇄할 방법을 모색했다.[22]

학자인 줄리언 시라보J.K.Siravo는 이런 일하는 환경은 컴퓨터 전문가들 스스로 만든 공간들에서 힌트를 얻었다고 지적한다. 컴퓨터, 기계가공, 과학, 디지털 아트 등 공통의 관심사를 가진 사람들이 만나 사회화하고 협업하는 공간인 '해커스페이스Hackerspace'는

1960~1970년대 일어났던 시위운동들이 공공 혹은 민간 건물을 점유해 자신들의 목적에 맞게 사용했던 데서 영감을 얻었다. 독일에서는 '카오스 컴퓨터 클럽Chaos Computer Club'과 같은 단체들이 정기 오프라인 모임을 가졌고, 다른 지역에도 전파됐다. 그외에도 다양한 프로그래밍과 시제품 제작 작업을 할 수 있는 공동체 단위의 수평적 공간들이 전 세계 곳곳에서 튀어나왔다. 하지만 사람들이 스스로 탐구하고 창조할 목적으로 만들어온 공간에서 만끽하는 자유와 영리가 목적인 기업 안에 재현된 공간에서 느끼는 자유는 다르다. 다시 말해, 거대 IT 기업들은 컴퓨터 전문가들 스스로 만들어왔던 공간들이 갖고 있던 활력만을 쏙 빼서 악용했다.[23]

이렇게 노동자들이 여가에 했을 법한 것들을 더 많이 직장으로 끌고 들어오며 회사 내에서 일과 놀이의 구분은 더욱 모호해졌다. 인터넷 발달로 이제 집에서 이메일을 확인할 수 있게 됐고 근무 중 게임을 하거나 개인 블로그에 글을 쓸 수 있게 되면서, 심지어 IT 업계 밖의 다른 노동자들도 일과 놀이의 경계도 모호해졌다. 특히 SNS 사용이 일반화되면서 이들이 여가에 했던 일들과 온라인상에 기록한 것들이 직장 생활에 영향을 미치기도 했다.[24]

경계가 무너진 또 다른 영역이 있었다. 구글에서 검색되는 물건들이나 온라인 비디오게임에서 참가자들의 상호작용까지, 사람들이 온라인에서 하는 행동이 IT 기업에는 수익원이 됐다. 조앤 맥닐은 "사용자들이 구글을 좀 더 직관적인 상품으로 만들었죠. 사용자들이 구글을 만들었다고 봐도 무방합니다."라고 했다. 하지만 그렇다고 사용자들이 구글을 소유했다는 뜻은 아니다. 다른 사용자들을 의미 있게 만드는 데이터, 그것도 '사용자 경험'을 쏟아내는 노동에 어떻게 값을 매긴단 말인가?[25]

개방성, 공유, 협업과 같은 초창기 인터넷이 가졌던 가치들은 수익이 핵심인 구글 같은 사기업 인터넷에서는 다른 의미가 되었다. 상투적인 말로 '상품에 돈을 내지 않으면 당신이 상품이 된다'고 하지만, 오늘날 사용자는 단순한 상품 이상이다. 무인계산대에서 스캔해서 계산하는 물건이 바로 자신들이다. 사용자들은 광고주들에게 팔려나가는 동시에 광고주들에게 이득이 되는 노동 또한 제공하고 있다. 당연히 무급 노동이고 형태가 없다. 페이스북(현재 메타)과 트위터는 사용자 없이는 존재할 수 없지만, 무수한 사람들이 이 플랫폼들을 사용하고 있는 점에서 얼마나 중독성이 강한지를 보여준다. 사용자인 우리들이 자신을 노동자로 생각하려면 소셜 미디어의 '소셜' 즉, 사회적 측면에 중요한 능력이 요구된다는 것을 인정받아야 하지만, IT 기업들은 전혀 그럴 의사가 없다. 그들의 이해관계와 어긋나기 때문이다. 우리가 그들을 위해 창출하는 가치에 그들이 값을 치러야 한다면 그 IT 업계들이 거물이 될 수 있었을까?[26]

⟫❥⟫

컴퓨터 전문가들이 뽐내는 그들의 창의 노동은 유연하고 놀잇거리가 가득한 직장에서는 인정받을지 몰라도, 사실 프로그래밍 작업은 대개는 지루한 작업이다. 고되고 반복이 많고 집중과 인내심을 필요로 하며, 잘라 붙이거나 미리 짜 놓은 틀 안에서 작업하는 일이 잦다. 그런데도 컴퓨터 천재에 대한 오랜 환상이 이러한 노동의 상당 부분을 가린다. 예를 들어 애플의 엄청난 제품들은 실질적인 제작에 참여했던 그 많은 기술자가 아니라, 스티브 잡스의 이례적인 천재성 덕택으로 돌려진다. 컴퓨터 천재에 대한 과대포장은 컴퓨터 신동들을 일부 영입하고, 그런 천재들이 왜 매번 백인이고 남자인지, 왜 컴퓨터 관련 직장을 떠나는 여자들이 남자들의 두 배나 되는지를 절대 문제 삼지 않는다.[27]

하지만 사실 IT 노동은 무서울 정도로 낭만적으로 그려진 창의 노동처럼 고투 그 자체이다. 아마존 기업의 직장문화를 다룬《뉴욕타임스》의 한 기사에서 아마존 직원들은 한밤중에 받은 이메일에 바로 답장하지 않으면 곧 화난 문자가 날아들어 왔다고 한다. 또한 일을 못한다고 판단되면 해마다 추려내졌다. 직원들은 "일이 살인적일 때도 종종 있지만, 무언가를 만들어내고 있다는 신나는 기분으로 달래려고 노력한다."고 했지만, 고된 업무로 이들은 예술가보다는 운동선수라고 느꼈다. 좋았다 말았다가 반복되는 학대 관계와 끔찍하게 닮은 관계에 갇혀 직원들은 책상에 앉아 종종 울었다.[28]

회고록『소년왕들The Boy Kings』에서 저자 케이트 로세가 페이스북 창업 초기 비기술직 직원으로 일했던 경험을 들어보면 페이스북 내부 사정은 그나마 약간 달랐다. 페이스북과 창업자 마크 저커버그에게 결국 환멸을 느끼고 퇴사하기 전까지는, 로세가 자기 손에 쥐고 있는 권한에서 느꼈던 경외감은 IT 기업 직원들이 느끼는 창작의 기쁨과 같았다. 하지만 저커버그는 자신과 같은 부류라고 믿었던 컴퓨터광들과 아이비리그 졸업생들을 지극히 아꼈고 로세가 담당했던 고객서비스 업무는 애초부터 낮게 봤다. '빠르게 움직이고 관습을 깨부숴라Move fast and break things'가 저커버그의 좌우명이었고 부수는 일들은 소년들이 하는 짓이었다. 그래도 로세는 '남자아이들로만 성공적인 기업을 이끌 순 없지'라고 생각하며 꿋꿋이 일했다.[29]

로세는 페이스북을 해킹하고 채용된 한 특이한 십대를 포함해 그 '컴퓨터광 소년들'과 친해졌다. 함께 라스베이거스와 코첼라 밸리 축제, 저커버그가 직원들을 위해 임대한 타호 호수 별장에도 놀러 다녔다. 심지어 로세는 궁극의 재택근무를 위해 직원들이 들어와 살 수 있는 수영장 딸린 화려한 집을 짓자고 저커버그를 설득하기도 했다. 저커버그가 사무실에서 1.6킬로미터 반경에 살면 주거비를 보조하겠다고 제안했을 때, 고객서비스 부서 직원이어서 자격이 없었던 로세도 손을 들었다. 로세는 이렇게 썼다. "회사에서 일하는 것으로 충분하지 않은 것 같았어요. 인생을 최대한 바쳐야 했어요." 인생을 최대한 바치도록 하려고 페이스북 본사 기술자들이 일하는 곳은 퍼즐, 게임, 레고, 스쿠터 같은 장난감들이 널려 있었다. 밤늦게까지 일하는 소년왕들을 즐겁게 해주려고 새로운 놀잇거리들이 줄지어 들어왔다. "심지어 일할 때도 노는 것처럼 보이는 것이 페이스북이 생각하는 미덕이었어요. 다른 기업들과의 차별화 전략이었고, 모든 것을 게임처럼 만드는 방법이죠." 하지만 프로그래머들은 파티에도 노트북을 챙겨와서 일을 끝마치곤 했다.[30]

사실 페이스북 직원들은 일을 너무 사랑해서 새로운 기능들과 새 프로젝트들을 시키지 않아도 만들어냈다. 페이스북에 영상을 올릴 수 있는 기능도 이렇게 탄생했다. 일과시간 후에 (페이스북에 일과시간이 있는지는 모르겠지만) 일종의 실험을 하다가 완성됐고, 저커버그가 세간의 폭발적인 호응 속에 공개했다. 그 괴짜들은 출시 날짜에 맞추기 위해 쓰러질 지경까지 일했다. 그중 하나가 로세에게 이렇게 말했다고 한다. "다시는 내 몸을 못 쓸 줄 알았어요."[31]

몸이 부서져라 일하는 프로그래머들에게는 그래도 후한 보상과 찬사가 쏟아진다. 반면 고객서비스는 여자들의 일이었다. 저임금에 평가도 낮고 딱히 일이라고 여겨지지도 않았다. 로세의 말로는 스타트업 창업자들은 감정 노동이 필수적인 업무에 지인들이나 여자 친구를 활용하는 경우가 많이 있다고 한다. 이후 실리콘 밸리 IT 기업들은 그런 업무를 필리핀이나 심지어 팔레스타인 가자지구 난민 수용소 같은 외국에 외주를 주었다. 플랫폼 사용자들에게 거부감을 일으킬 것으로 판단되는 폭력, 외설물 등을 지우는 불쾌한 업무였지만, 미국 본토 임금에 비하면 낮은 금액이었다. 한 기사에 따르면 그런 일을 하는 노동자의 수가 10만 명이 넘을 것으로 추산된다고 한다. 작가인 아스트라 테일러는 이 과정을 '가짜Fake'와 '자동화Automation'을 합쳐 폭스토메이션Fauxtomation이라고 불렀다. 즉, 알고리

"일할 때도 노는 것처럼 보이는 것이
    페이스북이 생각하는 미덕이었어요.
    모든 것을 게임처럼 만드는 방법이죠."
하지만 프로그래머들은 파티에도
노트북을 챙겨와서 일을 끝마치곤
했다.

즘이 해결한다고 대부분 사람이 생각하는 일을 사실상 사람이 하는 것이다. 실리콘 밸리의 IT 기업들 사이에서는 아마존의 메커니컬 터크Mechanical Turk 서비스에 감사하고 있다는 암묵적인 비밀이 있다. 메커니컬 터크는 컴퓨터가 나오기 수세기 전 스스로 체스를 둘 수 있는 기계라며 개발됐다. 하지만 그 안에는 사람이 들어가서 체스를 두고 있었고, 결국 속임수였다. 대다수가 미국인인 오늘날 아마존의 '터커Turker'들도 마찬가지로 푼돈을 받으며 반복적인 '잡일'을 하지만, 천재 프로그래머에 대한 환상 때문에 여전히 인간이 타이핑과 두뇌를 써가며 하는 이 일들의 실상은 가려져 있다.[32]

'소년왕' 이미지를 염두하고 만들어진 실리콘 밸리 직장 문화는 이 책의 이전 장들에서 다루었던 돌봄 노동을 아예 지워 없애려고 작정했던 것처럼 보인다. 사무실 외에는 가족도, 친구도, 그 어떤 책임도 없어야 하고, 사무실에서는 모든 요구사항이 충족되고 영원히 10대처럼 느끼며 살도록 놀이도구가 제공된다(페이스북과 애플은 일이냐 가족이냐의 문제를 기술적으로 풀기 위해 심지어 직원들에게 난자 냉동 시술도 지원하여 최소한 당분간만이라도 여자 직원들이 '직장 외 가족 금지' 규정을 준수할 수 있게 한다). 이 다 큰 소년들이 개발해낸 모든 앱을 묶어 '더 이상 엄마가 해주지 않을 것들'이라고도 한다. 세탁을 맡기고 저녁을 시켜 먹고 집 청소를 해야 된다면 당연히 그에 맞는 앱이 존재하고, 이런 앱을 만든 사람들은 IT 천재라며 침이 마르도록 칭찬받는다. 하지만 진정한 혁신은 노동법을 피해 가는 새로운 방법을 발견한 것이다.[33]

아마존 물류창고에서 앱으로 할당되는 작업에서 심지어 프로그래밍 작업까지, 인간이 해야 하는 몹시 재미없는 노동에 대해 IT 업계가 제시한 해법은 '게임화Gamification'였다. 게임화는 똑같이 매번 하던 등골이 휘는 육체노동과 거의 정반대의 개념으로, 무언가를 이길 수 있다는 게임 요소가 들어있다. 아마존은 창고에서 박스 포장하는 일이 고된 노동처럼 느껴지지 않게 하려고 물류센터에 비디오게임을 도입했다. '픽스인스페이스PicksInSpace'나 '드래곤 듀얼Dragon Duel' 등의 게임이 있고 혼자 게임을 하거나 다른 사람과 경쟁을 할 수도 있는데, 후자는 경쟁 요소를 배가시켜 작업속도를 끌어올리는 목적이 숨겨져 있을 법하다. 이 분야 어느 전문가의 설명에 따르면 그런 게임들이 '작업자의 행복감을 상승'하게 해줄 수도 있지만, '점점 뜨거워지는 물속에 든 개구리처럼 게임을 하는 사람이 알아챌 수 없게' 생산성 목표를 끌어올리는 데 사용될 수도 있다. 택시 플랫폼 우버와 콜센터도 게임화를 활용했다. 게다가 코딩교육이나 실제 소프트웨어 개발업무 현장에도 적용되고 있다. 일을 게임화한다니, 이보다 더 재밌는 게 있을까? 하지만 문제는 예술가이자 작가인 몰리 크레이배플이 수년 전 정확히 예측한 대로, "게임 상금이 과거에 급여라고 불리던 것이다."[34]

게임을 도입한 기업들은 사람들이 지겨운 일은 싫어하고 아무도 8~10시간 동안 박스 포장을 하거나 나르는 일을 즐기지 않는다는 점을 잘 알고 있다. 하지만 일을 즐겁게 혹은 지루하게 느끼게 되는 진정한 차이는 게임이 아니라 누구나 소중히 여기는 자율성에서 나온다. 페이스북 사무실에 널린 그 모든 장난감이 소리 없이 외쳐대는 것도 바로 그 자율성이다. "당신이 일을 잘해줄 것으로 믿습니다. 언제 어떻게 일할지와 언제 어떻게 놀지는 알아서 결정하세요." 자율적으로 일을 할 수 있다면 장시간 근무도 선택이라고 생각하게 된다. 이제 자율성은 속박의 상징이 아니라 신분의 상징이 되었다. 작가 미야 토쿠미츠는 『열정 절벽Do What You Love』에 이렇게 썼다. "근로자에게 약속하는 자율성은 사랑하는 일을 하는 '당신'에게 이미 갖춰져 있는 것이다."[35]

하지만 다른 분야처럼 IT 업계에도 감시는 만연하다. 1900년대 초반, 사회학자 앤드루 로스는 IT 기업들이 늘 근로자들을 감독한다는 사실을 알아냈다. 데이터로 먹고사는 페이스북 같은 회사들이 직원들을 감시하거나, 사무실 공유업체 위워크WeWork가 최고의 IT 기업이라고 떠들어대며 뒤돌아서는 공유 건물에서 일하는 사람들이 끊임없이 흘려보내는 정보를 채취하는 것이 그렇게 놀랄 일은 아니다. 신자유주의 경제의 수많은 프리랜서에게 꿈에 그리던 작업 공간을 팔며 위워크가 강조한 핵심 메시지는 '단순한 생계유지를 넘어 삶을 영위하기 위해 일하는 세상을 만들어갑니다'였다. 그리고 그런 노동자들이 사무실에서 보내는 시간이 늘어나는 만큼 뽑아낼 데이터도 늘어난다. 잠시 낮잠을 잘 수 있는 캡슐 형태의 작은 공간, 비싼 위스키, 저녁 식사에 나오는 스테이크와 그 모든 장난감은 일터에 노동자를 가두려는 수단들이다.[36]

다시 말해, 기업은 IT 노동자가 자아실현을 하는 데 필요한 모든

것을 제공하여 (물론 그 노동자는 언제는 '남자'이다), 오직 일에만 집
중할 수 있도록 해준다. 이렇게 기업이 엄마의 역할보다는 배우자
의 역할을 대신한다. 유능한 소년왕들을 채용하려고 하는 페이스북
같은 기업들은 유년기에서 성인기로 넘어오는 이들을 이끌어주며
엄마와 결혼 사이의 공백을 채워주기도 한다.

　하지만 당분간은 프로그래머들이 기업에서 제공하는 넉넉한 복
지혜택을 즐기고 대체할 수 없는 인력인 것처럼 보이지만, IT 기업
자본가들은 그런 그들의 입지가 오래가지 못하도록 노력한다. 코딩
교육 센터가 넘쳐나는 이유는 인기 있는 직장에 노동자 계층이 진
입하는 것을 돕기 위해서가 아니라 인력을 많이 생산해 인건비를
끌어내리기 위함이다. 《와이어드Wired》의 칼럼니스트 클라이브 톰
슨은 프로그래밍이 컴퓨터 귀재들이나 소년왕들을 위한 명망 있는
분야가 되기보다는, "차세대 대규모 육체노동자 업계"가 될 것이라
고 썼다. 일부 코딩 훈련기관은 교육 수료 후 2년간 급여의 일부를
떼어먹는 경우도 있다. 이렇게 프로그래머들을 흔해빠진 사람들로
전락시켜 프로그래밍이 특별한 소수가 하는 일이 아닌 것으로 만
들어 결국 급여도 낮아진다.[37]

　임금 문제에 대한 저커버그의 계획은 해외에서 많은 단기노동자
를 데려오는 것이다. 그는 이민법 개혁을 로비할 목적으로 포워드
어스FWD.us라는 비영리단체를 설립됐다. 저커버그의 목적은 전문직
취업비자 H1-B 발급 수를 늘리는 것이었다. H1-B 비자를 받고 일
하면 특정 직업에 묶이게 되어, 그만두거나 해고되면 미국을 떠나

야 하고, 결국 인건비를 낮추는 효과는 물론 이들을 아주 쉽게 길들일 수 있다.[38]

이 모든 것들은 IT 노동자들이 그들의 생각과는 달리, 오히려 20세기 중반 산업 노동자들과 공통점이 더 많을 수도 있다는 것을 의미한다. 실리콘 밸리 기업들은 자신들을 신경제의 선두 주자라고 내세우지만, 이들도 제품을 어디선가 생산해내야 하기는 마찬가지고, 직원들에게 복지를 제공한다는 전술도 썩 잘 통하지 않는다. 일론 머스크는 캘리포니아주 프리몬트 테슬라 자동차 공장에서 고생하는 근무자들을 위해 무료 냉동 요거트와 롤러코스터를 제공하겠다고 약속했다. 하지만 근무자들은 과도한 생산업무로 부상에 시달렸고 아픔을 달래는 데 냉동 요거트는 필요가 없다. 이들은 노조를 원했다.[39]

실리콘 밸리에 대한 과장은 여전히 남아 있고 야심 있는 프로그래머들도 단순히 노동자이기보다 창업자, 즉 다른 저커버그가 되고 싶어 한다. 온라인 송금업체 페이팔 창업자이자 트럼프 전 대통령의 열렬한 후원자였던 피터 틸Peter Thiel은 창업 지망생들에게 '당신의 스타트업을 광신교도 집단처럼 운영하라'라고 조언한다. 당연히 광신교 신자들은 돈 때문이 아니라 사랑해서 일한다. 의도적으로 광신교에 들어가는 사람은 많지 않지만 로세가 지적하듯, 사랑과 헌신, 무급 노동을 부추기는 집단을 일컫는 또 다른 이름이 있고, IT 기업들은 입에 침이 마르도록 그 집단을 칭찬한다. 바로 가족이다. 하지만 케빈은 가족이 어떻게 1년에 한 번 가족 구성원을 해고

하냐고 반문한다.[40]

스타트업 창업자들 역시 더 큰손인 벤처 투자가에 의지해야 하기는 하지만, 스스로 경영주가 되어 창업하는 편이 훨씬 낫다. 작가인 코리 페인은 한 벤처 투자가에게 스타트업 창업자들이 그들에게 있어 자본인지 노동력인지를 물어봤던 일을 기억했다. 그 투자가의 "유쾌하고 냉소적인" 답은 이랬다고 했다. "저커버그처럼 되기를 꿈꾸는 사람들 대부분이 실패합니다. 그들은 자본이 아니에요. 노동력일 뿐이에요." 저커버그처럼 되고 싶은 사람들은 제각각 돈을 벌어보려고 애쓰는, 단지 차이라면 좀 더 크게 벌어보려고 노력하는, 고용주의 필요에 따라 단기로 계약을 맺고 일회성 일을 맡는 긱 워커Gig Worker에 불과하다.[41]

일부 IT 종사자들은 창업하기 위해 회사를 떠나는 대신, 테슬라 공장 노동자들이나 자신들의 점심을 만들어주었던 노동자들에게 한 수 배워 연대하기 시작했다. 'IT 노동자 연합Tech Workers Coalition'은 대형 IT 기업들의 케케묵은 생각들, 즉 다른 일을 하는 노동자끼리 공통의 이해관계가 있을 수 없고, 프로그래머들은 노동자 계층보다 같은 업계의 저커버그와 같은 부류들과 더 공통점이 많다는 생각들에 도전하며 엔지니어 한 명과 식당 노동자 한 명이 조직했다. IT 노동자 연합은 한동안 느리게 성장하다가 2016년 트럼프 대선 이후 여러 사건이 불거져 나오며 신규회원들이 급증했다. 많은 IT 종사자가 최초에 요구했던 것은 고용주들이 트럼프 행정부와 거리를 두게 만드는 일이었다. IBM 직원들은 최고경영자 버지니아 로메티

Virginia Rometty에게 IBM이 과거 나치 독일, 그리고 남아프리카 인종 차별 정권과 손을 잡았던 역사를 트럼프 행정부와 되풀이하지 말아 줄 것을 호소했다. 거의 3천 명에 가까운 아마존, 페이스북, 구글 같은 기업의 노동자들은 트럼프 행정부가 이민자들이나 인종 단체들에서 데이터를 수집하는 일을 돕는 프로젝트에 협조하지 않겠다고 약속하며 '두 번 다시는Never Again' 서약에 서명했다. 아마존 직원들은 아마존이 법 집행 기관에 안면인식 소프트웨어를 제공하지 말 것을 요구했고, 마이크로소프트 직원들은 회사가 '미국 이민세관집행국Immigration and Customs Enforcement'에 클라우드 서비스를 제공하는 일을 중단할 것을 요청했다.⁴²

실질적인 최초의 IT 업계 노조 결성 운동은 '라네틱스Lanetix'라는 작은 기업에서 시작됐다. 계기는 할말을 거침없이 하던 한 프로그래머 해고였다. 동료들은 그녀가 훌륭한 직원이라고 해명했지만, 그녀가 회사 결정에 몇 번 토를 달자 느닷없이 해고되었다. 동료의 갑작스러운 해고를 본 다른 직원들은 남의 이야기 같지 않았고, 1933년 신문기자들이 설립한 노동조합 '뉴스 길드NewsGuild'와 연대하기로 했다. 엔지니어인 비외른 베스테르고르Björn Westergard는 "다들 모여 의견을 나누자마자 모든 관리자가 우리들의 불만을 각자 개인의 문제로 돌리려고 한다는 사실을 깨달았어요."라고 설명했다. 하지만 사측에 자신들의 노조를 인정해 달라는 문서를 전달하자마자 그들은 정식절차도 없이 해고됐다. 14명 모두였다. 사건이 업계에 일파만파로 퍼졌고, 해고된 14명은 '전국 노동관계 위원회'

에 노조 결성에 대한 보복은 불법이라며 항의서를 제출했다. 위원회가 청문회를 진행하기 전, 회사 측은 해고된 직원들과 합의하며 77만 5천 달러를 지불했다.[43]

다음은 미니 골프장, 실내 암벽장, 무료 음식을 제공하고 많은 사람이 일하고 싶어 하는 구글이다. 누구나 열망하는 구글 정직원이 되면 흰색 사원증을 받고, 그 외에 단기직은 빨간 사원증, 인턴들은 녹색 사원증을 받는다. 이러한 불평등에 대한 목소리는 2018년에 세상에 드러났다. 또 다른 청원은 국방성이 군사용 드론에 인공지능 기술을 도입하려던 '메이븐 프로젝트Project Maven'에 일부 직원들이 반대하며 이루어졌고 결국 구글은 항복했다. 하지만 구글 직원들이 노동자로서 연대하게 된 가장 큰 이유는 성차별과 성추행이었다.[44]

이전부터 소문들이 나돌았고, 구글의 임금차별 실태를 조사한 결과 여직원들을 차별하는 조직적인 임금 격차가 회사 전체에서 발견되었다. 해당 조사로 분노가 일었는데 여기에 구글 직원이었던 제임스 다모어가 남긴 사내 메모가 기름을 부었다. 그는 메모에 IT 노동의 성별 격차는 남녀 본연의 차이 때문이라는 뜻을 넌지시 비쳤고 그 메모가 퍼진 것이다. 또한 수만 명 구글 직원들이 동맹파업에 돌입하기 직전《뉴욕 타임스》가 광범위한 사내 성희롱과 가해자 면죄부에 대한 보도를 했다. 성폭행 혐의로 쫓겨난 임원에게 9천 만 달러에 달하는 고액의 퇴직금을 준 것이 알려진 것이다.[45]

동맹파업은 세계 전 지역에서 시작됐고(트위터에까지 확산되었다)

그 여파는 어마어마했다. 파업 주최 측은 할리우드 거물 하비 와인스타인이 수많은 성폭행 혐의로 고소되며 인터넷상에서 미투 캠페인을 주도했던 여성들은 물론, '15달러를 위한 투쟁Fight for $15'을 벌였던 여성들을 언급했다. 동맹파업 조직책들은 이렇게 썼다. "노동자가 없다면 기업은 아무것도 아니다. 구글 입사 첫날 우리는 단순히 피고용인이 아니라 구글의 주인이라는 말을 듣는다. 오늘 파업에 동참한 모든 사람이 구글의 주인이고 그들은 이렇게 외친다. 더는 못 참는다."[46]

파업 후 2020년 미니애폴리스의 한 경찰관이 조지 플로이드를 죽인 사건이 일어났을 때, 구글 직원들은 구글이 경찰과 맺은 지원계약을 종료해 달라고 요구했다. IT 노동자들은 전국 시위대와 결속하여 경찰에 대한 재정지원 중단과 경찰의 치안 단속 철폐를 촉구했다. 1,600명 이상의 구글 직원이 서명한 편지의 일부 내용은 이렇다. "왜 조지 플로이드 목을 무릎으로 눌러 죽인 그런 기관을 조직적으로 더 유능하게 만들기 위해 지원해야 하나?" 한편 아마존 프로그래머들도 코로나19로 위험해진 창고 노동자들의 근무 여건 개선을 돕기 위해 연대했다. 두 사례에서 알 수 있듯이 IT 노동자들은 최전선에서 투쟁하던 이들의 바통을 넘겨받고 있었다.[47]

이제 더 이상 IT 산업은 뚫지 못할 철벽이 아니었다. 우선 이 거대한 IT 기업들은 다른 업계에 비해 상대적으로 인력이 적은 편이다. 구글 모회사 알파벳Alphabet이 직원 10만 명을 넘은 것이 불과 2019년이고, 같은 해 말 페이스북은 4만 5천 명을 조금 밑도는 직원을 보유하고 있었다. 수익성이 크다는 의미일 수도 있겠지만, 모이라 웨이겔 교수가 《가디언》에 기고한 바에 따르면, 직원 한 명 한 명의 권한이 꽤 막강하다는 뜻이며, 적은 인원으로도 업무 중단이 충분히 가능하다는 뜻이기도 하다. 세계에서 가장 막강한 기업 중 하나인 구글의 직원들도 연대를 통해 여러 대륙에 걸친 대규모 집단행동에 성공했는데, 성공 못 할 기업이 없지 않을까?[48]

〉✦〉

비디오게임 산업에서 최초로 파업을 일으킨 장본인은 성우들이었다. '미국 배우·방송인 조합' 회원들은 대형 게임업체 11곳을 대상으로 1년 남짓 파업을 벌었다. 그들은 성공에 따른 추가 보상 지급과 저작권 사용료를 요구했다. 그런 요구들이 다 받아들여지지는 않았지만, 급여 인상을 약속받았고 게임 회사들을 협상 테이블에 앉힐 수 있다는 것을 증명해 보였다.[49]

당시 케빈에게 성우들의 승리는 다른 세상 이야기처럼 들렸다. 프로그래머들이 게임 제작의 실질적인 일을 하는 사람들이고 성우들은 와서 말만 하는 정도로 생각하는 경향이 있었다. 성우들을 대하는 게임 회사들의 태도에도 그 생각이 배어 나왔다. 케빈은 당시 영국에서 지낸 지 몇 달 안 됐을 때였고 자신도 그런 식으로 생각하고 있었다고 한다. 나름 잘 적응해서 열심히 하면 높은 자리에도 오를 수 있을 것 같았다. 하지만 게임업계에는 이미 불만이 이만저만이 아니었다.

끓어오르던 불만은 샌프란시스코에서 열린 2018년 '게임 개발자 회의'에서 흘러넘쳤다. '게임 개발자들에게 노조 결성이 갖는 장단점과 잠재적 파장'이라는 주제로 한 공개토론이 예정되어 있었다. 토론의 패널을 짜는 사람들이 평사원 프로그래머들보다는 경영진에 가까운 사람들이었기 때문에, 일부 개발자들 사이에서 친노조 성향의 노동자들로 패널을 짜려는 움직임이 있었다. 그 개발자들은 처음에는 페이스북에 모임 페이지를 만들었고, 그 페이지는 이제 조직명, 공식 웹사이트, 홍보지와 목표가 있는 단체 '게임 노동자 연대Game Workers Unite'가 되었다.[50]

케빈에 따르면, 공개토론 이후 연대 논의가 눈덩이처럼 커졌다고 한다. 사람들이 채팅에 참여했고 자신들이 사는 곳에 지부를 만들기 시작했다. 전 세계적으로 포진한 대규모 산업의 노동자들이었던 프로그래머들은 자신들이 일하는 직장에 지부를 만들려면 자신들이 가진 인터넷상의 영향력을 이용해야 한다는 점을 잘 알고 있었다. 크런치에 대한 논의는 물론 성희롱과 차별 문제도 의논했다. 그리고 케빈은 특히 차별 문제로 참여하게 됐다고 한다. "유색인종이거나 성소수자에 관한 문제가 나날이 더 악화되죠. 이미 힘든 노동환경인데 피부색과 성성향 때문에 더 힘들어지는 거죠." 케빈은 장시간 근무가 지겹기는 해도 실제 하는 일은 나름 괜찮다고 했다. 다만 "업계에서 존경하고 롤모델로 삼을 만한 현재 활동하고 있는 인물이 있냐고 묻더군요. 그런데 게임업계에서 생각나는 흑인은 한 명도 없더라고요." 내가 케빈과 인터뷰할 당시에도 케빈은 회사에서 유일한 유색인종이었고 그에게 있어 노조는 업계에서 소외된 사람들을 도와줄 방법이었다.

게임업계 노동자들은 대개 노조 경험이 없었다. 하지만 이제는 젊은 노동자들이 여러 산업에서 노조 상승 기운을 주도하고 있다. 또한 이들은 노조 결성에 있어 창의적일 필요가 있었다. 영국 게임노동자연대는 채팅에서 오프라인 공간으로 넘어온 후, 결국 이 분야에서 세계 최초의 노동조합 중 하나가 된 사례다. 케빈은 조합에서 회계 관리를 맡고 있다. 여러 다른 조합들과 논의를 거친 후 게임노동자연대는 '영국 독립노동자노조Independent Workers Union of Great Britain'의 지부가 되었다. 영국 독립노동자노조는 기존에는 오랫동안 노조가 없던 청소원, 경비원, 자전거 딜리버리, 우버 기사들 등 주로 저임금 이민 노동자들을 대변해왔다. 게임 노동자들이 가입함으로써 2012년 새로운 노조가 태어난 셈이었다.

게임업계 노동자들은 여러모로 봐도 기존 영국 독립노동자노조 회원들보다는 나은 처지였지만, 전염성이 강한 호전성을 노조에 더해주었다. 노조도 피켓 시위뿐만 아니라 회원들을 연대·규합하기 위한 다양한 사회행사를 주최하고 있다. 게임업계 노동자들의 SNS를 잘 활용할 줄 아는 능력이 노조의 다른 노동자들에게도 도움이 되었다. 게임업계 노동자들에 대해 지지를 호소한다면 집결할 여지가 분명한 비디오게임 소비자들에게 다가가는 데 SNS가 특히 효

"업계에서 존경하고 롤모델로 삼을 만한
현재 활동하고 있는 인물이 있냐고
묻더군요. 그런데 게임업계에서
생각나는 흑인은 한 명도 없더라고요."

과적이다. 미국 게임업체 액티비전 블리자드Activision Blizzard의 최고 경영자 바비 코틱은 800명의 직원을 해고하고도 수백만 달러의 보너스를 챙겼다. 그를 목표로 최근 벌인 '바비 코틱을 해고하라' 캠페인은 게이머들과 언론에 큰 주목을 받았다. 자사주 매입과 투자자들에게 배당금을 올려주는 방식으로 주가를 올리고 동시에 직원들을 해고하는 방식은 오늘날 경제에 꽤 일반적인 관행이지만, 캠페인의 목적은 게이머들에게 그러한 관행으로 초래되는 인력 희생을 도드라지게 보여주기 위함이었다. 게임노동자연대는 이렇게 말했다. "게임을 즐기는 사람들이 그 게임을 만드는 사람들이 고초를 겪고 있다는 사실을 알아가기 시작한 것 같습니다."[51]

투표를 통해 수렴한 게임노동자연대의 요구조건들은 다른 곳들과 큰 차이가 없다. 몇 가지 예로는 직급을 망라한 전 직원의 다양성과 포용성 개선, 노동자로서 누릴 수 있는 권리 안내, 학대나 괴롭힘을 당했거나 변호가 필요한 노동자 지원, 모든 노동자를 위한 안정되고 공평한 임금, 그리고 당연히 과도한 초과근무 폐지가 있다. 케빈은 이런 말을 했다. "크런치라는 업계용어를 안 쓰려고 노력해요. 너무 멋지게 들리거든요. '아삭아삭 크런치! 쿨한데!'하고 말이죠. 과도한 무임 초과근무일 뿐인데요."[52]

게임 개발자들은 업계에서 상대적으로 힘이 세기 때문에 힘이 약한 노동자들을 대신해 요구사항을 표출할 수 있었다. 노동자에게 정해진 근무 시간을 약속하지 않는 제로 아워 계약과 같은 문제들은 하청 직원, 특히 게임 출시 전 테스트 및 검수(QA)를 담당하는 직원들 사이에서는 아직도 흔하다. 케빈에 따르면, 일부 QA 근무자들은 심지어 게임에서 발견되는 버그 수로 급여를 받는다고 한다. 몇 시간이고 눈이 빠지라고 게임을 쳐다보고 있었는데 버그를 하나도 못 잡아내면 돈 한푼 못 받게 되는 것이다. 게임노동자연대의 우려는 게임 제작 회사가 운영하는 e스포츠 대회에 참가하는 전문 게이머들에게까지 미친다. 케빈은 회사가 더 이상 대회를 후원하고 싶지 않아지면 대회는 그냥 사라진다고 한다. 나아가 게임노동자연대는 아프리카 콩고에서 희토류 채굴을 하거나 중국에서 상품 조립을 하는, 게임기 자체를 만드는 일을 하는 노동자들을 대신해 목소리를 내기도 했었다.

게임업계에는 정치적 색깔이 없는 척하는 성향이 아직도 존재하며, 그로 인해 노동자들의 연대 열망이 꺾이기도 한다. 케빈은 그 논리를 이렇게 요약했다. "우리는 엄청난 예술을 하고 있지, 정치를 하는 것이 아니라는 거죠." 하지만 케빈은 국방부가 조심스럽게 자금 지원을 하는 워게임War Game이나, 스파이더맨 게임처럼 범죄자 추격에 경찰이 운영하는 감시탑을 사용하는 슈퍼히어로 게임 등, 컴퓨터 게임은 원래가 정치적이라고 지적하며 "어떻게 이런 게임들이 정치적 표현이 아닐 수가 있겠어요?"라며 반문했다. 특히 게임업계의 성희롱 및 여성혐오에 대한 비판과 이에 맞서 여성들과 소수민족을 공격한 극우파와의 광범위한 문화전쟁이었던 게이머게이트 논쟁Gamergate 등으로 온라인 게임은 해로운 문화라는 오명의 역사를 갖고 있고, 일터도 그런 종류의 문화에 물들어 있었다.

케빈은 게임 회사들이 2020년 조지 플로이드 사망 후 '흑인의 목숨도 소중하다'라는 입장을 급히 발표했지만, 회사 내에서 자신들이 만들어낸 환경을 인정하는 경우는 좀처럼 보기 힘들다고 한다.[53]

그런 회사 중 하나인 어스투Ustwo는 자신들을 '가족'과 '회사'를 섞은 거북한 혼성어 '팸퍼니fampany'라고 내세운다. 어스투는 다양성과 포용을 표방했지만, 영국 게임노동자연대 의장을 해고했다. 내부 이메일에서는 '다양성 설계와 노동관행 문제들'에 시간을 낭비했고 '변화의 수호자인 양 멋대로 행동'했다며 그를 비난했다. 《가디언》에 실린 한 이메일에서 어스투는 "우리는 고용주 대 피고용인이 아니라 '우리'라는 공동체로 운영된다."고 주장하며, 게임노동자연대 의장이었던 그 직원이 "회사를 곤경에 몰아넣었다"라고도 했다. (어스투 대변인은 그가 노조 활동과는 무관한 이유로 퇴사한다고 말했다) 게임노동자연대는 싸웠지만, 시간이 걸리는 싸움이었다. 코로나19 봉쇄령이 해제된 후에는 지원의 강도를 더 높였다.[54]

케빈은 노조에서 일하며 기업들이 생각했던 것보다 효율적이지도 현실적이지도 못하다는 것을 배웠다. "기업들은 그저 혼란스러워하는 악마 같습니다.(웃음)" 노동법에 대해서나, 자신들의 행동이 어떻게 인식될지를 인지하고 있는 경우는 드물었다. 그러면서 그 기업들은 '흑인의 목숨도 소중하다' 시위에 참가하며 인종 평등을 위해 싸우는 단체들에 기부하는 등, 사람들의 환심을 사려고 득달같이 달려들었다.[55]

코로나19로 노조가 신규 회원을 영입하는 방법이었던 오프라인 회의나 연설이 중단되었다. 2020년 게임 개발자 회의에서 하려고 계획 중이었던 공개 토론회도 연기해야 했다. 하지만 오히려 노동자들이 직장에서 불거져 나오는 이런저런 시급한 문제들을 해결하러 노조 문을 두드렸다. "다들 와서는 이럽니다. '정말 이제 못 참겠어요. 노조라는 방패가 필요해요!'" 어떤 회사의 직원들은 무급휴직 중인데도 일해 달라는 요청을 받고 있었다. 또 어떤 노동자들은 코로나19 봉쇄령과 상관없이 출근하라는 소리를 듣고 있었다. 여기에 이민 노동자 문제도 있었다. 케빈은 게임업계에서 이민 노동자들은 중요한 존재라고 했다. 자신도 영국에 사는 유럽연합 이민자로, 브렉시트와 보리스 존슨Boris Johnson 총리 정부의 이민자 단속으로 불안한 신분이었다. 코로나19로 일자리를 잃은 노동자들은 비자 문제가 어떻게 될지 몰랐고, 도움을 청하러 노조를 찾은 노동자들의 불안감은 역력했다.

이런 모든 일들이 케빈과 노조에는 발전이기도 했고 더 많은 과제이기도 했다. 게임업계와 더 광범위하게는 IT 업계 종사자들은 자신들이 꿈같은 직장에 다니는 행운아가 아니라, 막대한 수익을 챙기는 기업들을 밑에서 생산물을 만들어내는 노동자에 불과하다는 사실을 드디어 깨닫기 시작했다. "어찌 됐든 노조 활동을 한 지 1년 반인데 영국 독립노동자노조 지부 중 가장 빨리 성장해왔어요." 게임노동자연대는 게임업계의 권력 구도를 바꾸고, 노동자들에게 더 많은 힘을 요구하는 방향으로 가는 중요한 첫발이다.

이기는 것이 우리의 유일한 가치는 아니다: 운동선수

우리가 어떤 신체와 삶을 중요하다고 생각하는지에 대해 스포츠는 많은 것을 말해준다.

아이스하키 선수 메건 더건은 골대로 퍽을 쏜살같이 몰고 가 번개 같은 슛을 날린다. 다시 튕겨 나온 퍽을 낚아채는 재주도 뛰어나다. 힘과 스피드를 이용해 상대 선수들을 빠르게 뚫고 빈 아이스링크 에서 유유히 점수를 내는 포워드 포지션을 맡고 있고, 공수 전환도 빠르다. 팀을 이끄는 능력으로 코치들의 칭찬을 듬뿍 받는 팀 플레 이어이기도 하다. 동료들과 팬들은 메건을 '캡틴 아메리카'라고 부 른다.[1]

미국 하키팀 주장으로 올림픽에서 세 개의 메달을 땄고(금메달 1 개, 은메달 2개), 국제대회, 대학 리그, 두 개의 신생 프로 리그에서도 트로피를 거머쥔 화려한 경력의 소유자다. 3살에 얼음판 위에서 우 유 상자를 밀며 스케이트를 배웠고, 곧 하키 스틱과 퍽을 잡았다. 고향인 매사추세츠주에서는 유소년 하키가 인기였는데 오빠를 따 라 자연스럽게 하키에 입문했다.

처음에는 남자애들 사이에 유일한 여자아이라는 사실을 거의 깨닫지 못했다. "말괄량이였거든요. 제가 다르거나 이상하다는 생각을 한 번도 한 적이 없고, 부모님과 팀 친구들도 마찬가지였죠." 자신의 우상들이 모두 남자라는 사실을 깨달은 것은 조금 더 큰 후, 1998년 생전 처음 여자 올림픽 아이스하키 경기를 봤을 때였다. 메건은 미국이 캐나다를 이기고 첫 금메달을 땄던 그때를 이렇게 기억했다. "프로 여자 선수들 경기를 본 것이 그때가 처음이었어요. 있는지도 몰랐는 걸요." 올림픽이 끝난 후 우승의 주역들은 여러 언론에 등장했고 메건은 금메달을 딴 경기에서 첫 골을 터뜨린 그레천 윌리옹Gretchen Ulion을 만나는 경험을 했다. "그레천의 금메달을 제 목에 걸고 사진도 같이 찍고 그녀의 유니폼도 입어봤어요. 제 인생을 바꾼 순간이었어요. 그 어린 나이에 미국팀 주장이 되어서 금메달을 목에 거는 것을 인생 목표로 삼았어요."

이후 그레천과 다시 만나 찍었던 사진 속 메건은 자신의 메달 세 개를 목에 걸고 있다. 하지만 그 두 장의 사진 사이에는 아이스링크 위에서 보낸 수천 시간이 있었다. 메건은 작은 목표들을 이루며 꿈으로 한발 한발 나아갔다. 고등학교 때는 여자 하키부를 찾기가 쉽지 않아 하키팀이 있는 사립학교에 진학해야 했다. 대학에서는 미국 대학스포츠 관리조직인 전미대학체육협회(NCAA)의 1군에서 뛰었다. 가족의 지원이 있어 가능했고, 졸업 후 위스콘신 대학 하키부에 합류한 것이다.

"요즘에도 대학을 방문해보면 학생 선수들이 가장 궁금해하는 질문은 '공부와 운동 두 가지를 병행하는 특별한 방법이 있나요?'

그거더라고요." 전미대학체육협회 1군 소속 선수였던 때 그는 생물학 학사과정을 밟고 있었다. 국가대표팀에 발탁되었을 때도 아직 대학생이어서 이미 꽉 찬 일정이 더 바빴었다. "할일이 많다 보니 꾸려가는 데 시행착오가 좀 있었어요. 학교는 낯설고 누가 손을 잡아주는 사람도 없고 좀 힘들었어요. 전교 학부생만 4천 명이었으니 수업에 빠져도 모르죠(웃음). 하지만 전 늘 스스로 성실한 학생이라고 자부했어요. 그리고 친구들과의 시간, 하키와 공부 외에 좋아하는 것을 할 시간 등 삶의 전반적인 균형을 맞추는 일도 중요해요."

메건은 2006년 12월 처음으로 미국 하키팀 훈련소에 초대받았고 이듬해 봄에 국가대표로 발탁됐다. "제 포지션에 다른 친구들도 몇 명 있었어요. 고등학교와 대학교에서 같이 운동했던 친구들이에요. 그중 몇 명이 함께 처음으로 국가대표가 된 거였어요. 친구들 외에 다른 선수들과 뛰어본 것도, 국가대표 유니폼을 입은 것도 처음이었죠. 라커룸에 들어갔을 때 그 분위기와 그때 그 기분은 아직도 생생해요. 지금까지도 매번 그 유니폼을 다시 입을 때마다 가만히 서서 크게 숨을 들이마십니다. 당연하다고 생각할 수 없는 정말 특별한 경험이었어요." 메건은 스포츠에서는 크게 다치거나 나이가 들면 더 이상 기회가 없다고 했다. 유일하게 장담할 수 있는 것은 영원히 뛸 수 없다는 것이다. 하지만 메건은 그간의 노력이 그렇게 값진 열매를 맺었다는 사실에 늘 감사한다.

대학 공부를 할 때 손을 잡아주는 사람은 없었지만, 하키팀에는 메건과 팀원들이 졸업하고도 그리워할 만큼 충분한 지원이 있었다.

"우리 대학은 스포츠로 상위 10위 안에 드는 학교여서 선수들을 귀하게 대해 주었습니다. 저희는 전국대회 우승도 많이 했고 학교도 지원을 아끼지 않았죠. 하지만 졸업하자마자 정말 길에 나앉은 기분이었어요. 프로 리그와 비교하면 대학 시절은 정말 호사스럽게 지낸 것이었더라고요." 일단 졸업하자 메건은 실력을 유지하기 위해 하키장을 직접 찾아다녀야 했고, 생계를 위해 전업으로 삼고 있던 일과 하키 연습을 병행하다 보니 밤 11시에 연습할 때도 많았다. 삶이 고됐고 대학 시절에 받던 지원 같은 것은 꿈도 꿀 수 없었다.

여자 하키선수들은 지원, 관중 수, 그리고 가장 중요한 연봉 면에서 북미 아이스하키 리그(NHL)의 남자 선수들과 비교할 만한 것이 아무것도 없다. 캐나다 여자 아이스하키 리그(CWHL)는 11번째 시즌이었던 2017~2018년에야 선수들에게 연봉을 지급하기 시작했다. 금액은 캐나다 달러로 2천 달러에서 1만 달러 수준이었다. 미국 여자 아이스하키 리그(NWHL)는 2015년 열렬한 환호 속에 창단되며 제대로 된 연봉을 약속했지만, 금액은 1만 달러에서 2만 5천 달러 사이로 책정되었다. 가장 적게 받는 남자 선수의 연봉인 10만 달러 수준에 비하면 아무것도 아니었다. 메건은 대표팀에 들어가면 힘든 여정이 될 거라는 것을 알았다. 여자 선수들이 프로로 인정받으려고 아직도 안간힘을 쓰고 있고 관중들이 여자 프로 하키에 관심을 두게 하는 데 더 많은 시간과 노력이 필요하다는 점도 알고 있었다. 매일 몇 시간이고, 얼음 위에서 또 링크 밖 체육관에서 근력, 속도, 지구력을 키우기 위해 훈련하는 일이 어떤 것인지도 잘 알고 있었다. 메건은 대학 4학년 때, 대학 선수로서는 최고의 영예인 전미대학체육협회 소속 그해 최고 선수에게 수여되는 패티 카즈마이어 상Patty Kazmaier Award을 수상했다. 그때가 2011년이었고, 메건은 다 잘 해낼 수 있다고 생각했다.[2]

하지만 졸업 후 하키에 대한 열정에는 훈련과 경기 이상의 또 다른 노력, 즉 하키라는 스포츠를 수호하기 위한 노력이 필요했다. 팀이 홍보를 게을리할 때는 언론을 직접 상대해야 했고 아무리 힘들어도 팬들과 소통을 해야 했다. 프로팀들과 국가대표팀 수입으로는 부족해 일자리도 알아봐야 했다. 국가대표팀에 몸담고 있던 기간 내내 급여로 아주 적은 돈을 받을 뿐이었다. 생계에도, 훈련비를 대기에도 충분하지 않았고 올림픽이 임박한 준비기간에만 그나마여유 있는 지원이 이루어졌다. 캐나다 여자 하키 리그에서 뛸 때는급여가 전혀 없었고, 미국 여자 아이스하키 국가대표팀에 합류했을 때는 팀원 중에서도 가장 연봉도 높았고 승승장구하는 스타 선수였지만 첫 시즌 연봉은 2만 2,500달러에 불과했다.

선수 생활을 계속하기 위해 메건은 뉴욕 교외에 소재한 클락슨대학에서 하키 코치 생활을 시작했다. 캐나다 여자 하키 리그의 보스턴 블레이즈Boston Blades 팀에서 뛸 때였다. 주중에는 코치로서 맡은 업무를 해야 했고(그러면서도 시간을 쪼개 훈련도 했고), 밤새워 운전해 달려와 일요일에는 경기를 뛰고 경기가 끝나면 월요일 대학코치 자리로 돌아오기 위해 밤새 또 운전해 돌아와야 했다. 미국 최대의 라이벌인 캐나다 대표팀에서 마찬가지로 하키 선수로 뛰고 있는 메건의 아내는 메건을 지극정성으로 챙겨주었다. 메건의 열정을 아는 친구들, 동료들, 팀원들도 마찬가지였다. 하지만 왕복시간은 진이 빠지는 일이었다. 2018년, 훈련에 집중하려고 코치 자리를 그만두었다.[3]

위스콘신 대학 졸업 후 10년 동안 메건은 캐나다 여자 하키 리그 소속으로 두 번째 은메달(첫 은메달은 대학 때였다), 세 번의 국제대회 우승과 2018년 금메달을 목에 거는 성적을 거두었다. 금메달을 땄던 그 시기에는 하키 훈련에만 집중했고 여자 하키 인식 제고를 위해서도 팔을 걷어붙였다. 여자 하키 선수층도 두터워져 2018~2019년 시즌에만 8만 명 이상의 여자아이들과 성인 여성들이 하키를 하고 있었다.[4] 훈련과 하키 인식 제고 활동을 함께 하는 일은 몸만 힘든 일이 아니었다. 메건과 팀 동료들이 아무리 실력도 출중하다는 것을 증명해 보여도 여자 하키가 당연히 받아야 하는 존중을 받지 못하고 있다는 것을 꾸준히 실감했다. "그때를 생각하면 '어떻게 그렇게 할 수 있었지?' 하는 생각이 들어요."

◇❥◇

예술처럼 스포츠도 거의 모든 인간이 가진 보편적인 욕구를 상품화하여 수십억 달러의 산업으로 둔갑시켜 놓은 것이다. 스포츠를 통해 한 사회가 무엇을 그리고 누구를 값지게 생각하는지를 엿볼 수 있다. 특히 우리가 어떤 신체와 삶을 중요하다고 생각하는지에 대해 스포츠는 많은 것을 말해준다.

초창기 조직적인 스포츠 활동은 놀이보다는 전투 훈련에서 비롯되었지만, 우리는 아직도 '놀이'를 스포츠라고 생각한다. 펜싱이나 다양한 물건을 던지는 종목은 물론 복싱, 레슬링만 봐도 단순한 놀이는 아니었다. 전투와 연관성이 덜해 보이는 체조도 전투에 맞는 신체적 건강의 측면에서 필요했던 훈련이다. 노 젓기, 빙상 스케이트, 스키, 장거리 달리기 같은 스포츠들은 이동 방법과 연결되어 있다. 오늘날 전 세계가 '풋볼Football'이라고 부르고 미국은 '축구Soccer'라고 부르는 팀 스포츠는 대략 2천 년 전 중국에서 시작된 것으로 추정되며 영국에서 지금의 형태를 갖추었다. 고대 그리스에서는 운동선수들이 창 던지기, 원반 던지기, 도보 경주, 마차 경주, 레슬링 등을 하며 올림픽이 탄생했다.[5]

많은 직업화 혹은 전문화된 스포츠는 18~19세기 사이에 시작됐다. 크리켓과 로마 시대 게임에서 유래한 럭비는 이보다는 조금 앞선다. 프랑스 수도사들은 11세기 테니스와 비슷한 스포츠를 개발했다. 아메리카 대륙 원주민들은 라크로스의 전신에 해당하는 경기를 즐겼고, 신체 단련의 목적은 물론 영적인 목적이 있다며 의식을 불어넣었다. 식민지 개척자들은 초기에는 그 경기를 금지했지만, 나중에는 받아들였다. 골프는 스코틀랜드에서 발명되었지만, 스코틀랜드가 영국의 침략을 받으며 축구와 함께 1457년에 금지됐다. 필드하키와 유사한 경기들은 수세기 전으로 거슬러 올라가며, 오늘날 미국 동부에 위치한 노바스코샤Nova Scotia 지역에 살던 북아메리카 원주민 믹마Mi'kmaq족이 현재의 아이스하키와 비슷한 경기를 즐겼다. 그러다 19세기 후반이 되어서야 스포츠에 규칙이 생기며 대회가 생겨나기 시작했고, 올림픽이 부활하여 국제 운동경기가 되었다. 『올림픽이 해로운 이유와 이롭게 만드는 법Why the Olympics Aren't Good for Us and How They Can Be』의 저자 마크 페리만Mark Perryman에 따르면, 당시 올림픽은 "아마추어 선수급의 신사들을 응원하는 귀족들을 위한 행사"였다고 한다. 금전적 지원 없이는 훈련도 이동도 참가할 방법도 없던 사람들은 완전히 배제됐다.[6]

1896년 최초의 근대 올림픽은 아테네에서 열렸지만, 프랑스인의 주장으로 창시되었다. 당시 올림픽 위원회는 여자 선수들을 금지했고, 흑인 선수들을 무시했다. 제국주의의 지배를 받던 나라들은 식민국가의 국기를 달고 출전했다. 하지만 국제협력과 세계평화라는 올림픽의 목적만큼은 고상했다. 1894년 올림픽 헌장에는 '선수촌' 개념이 포함되었다. 모든 선수가 몇 주를 같이 묶으며 평화롭게 교류한다면 전쟁 가능성이 줄어들 것이라는 것이 창시자들의 희망이었다.(불행히도 그 귀족 신분의 창시자들은 애초에 자기들 중 누가 전쟁을 선포하는 것은 개의치 않았던 것 같고, 결국 그들의 목적은 보기 좋게 실패했다)[7]

놀이로서의 스포츠와 전쟁으로서의 스포츠라는 이 두 개의 개념이 오늘날까지도 우리의 스포츠 경험에 영향을 미치고 있다. 역사 속에서 스포츠가 꾸준히 정치적 논쟁에 휘말려 왔음에도, 너무 많은 사람들이 아직도 스포츠의 정치적 측면을 이해하지 못하고 있다. 국가 연주 때 일어서지 않고 무릎을 꿇어 흑인에 대한 국가 폭력에 항의했던 미국 내셔널 풋볼 리그(NFL) 콜린 캐퍼닉Colin Kaepernick 같은 운동선수들이 스포츠는 정치적이라고 상기시키면 돌아오는 말은 '닥치고 경기나 해라'이다. 현재의 스포츠는 선수들과 팀을 이루는 여러 사람의 직장이고, 소수의 누군가를 믿을 수 없을 정도로 부자로 만들었고, 그 소수들보다 더 부자인 사람들이 힘을 행사할 수 있는 놀이터를 제공하는 수십억 달러 산업이 되었다. 하지만 진지하게 스포츠 업계를 뜯어보기가 더더욱 힘들어졌다. 그들은 말한다. 결국 그냥 게임일 뿐이지 않은가?

하지만 스포츠는 스포츠 전문화에 대한 시도 초기부터 지금까지 세계자본주의와 긴밀히 얽혀 있었다. '아마추어 정신'으로 대충 얼버무려졌지만, 초창기 올림픽은 무역 박람회와 상업 전시회 같은 것으로, 국제무역이 번성하던 당시 친선 경기로 구경거리를 만들면 돈을 벌 수 있겠다 싶었던 상업적 목적이 묻어 있었다. 하지만 빅토리아 시대(1837~1901년) 대부분 사람은 스포츠를 시간과 에너지 낭비로 봤다. 남자는 일하는 편이 낫고, 여자는 속에 코르셋을 조여 입고 예뻐 보이는 편이 낫다고 생각했다. 여가를 즐길 여유가 있는 사람들도 스포츠 외의 것에서 놀잇거리를 찾았고, 종일 육체적으로 고된 직업을 가진 사람들은 퇴근 후 스포츠를 즐길 만한 힘이 남아 있지 않았다. 노동자 계층이 스포츠를 즐기기라도 하면 그들보다 우월하다고 생각했던 이들은 그 스포츠를 투박하다고 무시했다. 그도 그럴 것이 닭싸움이나 개싸움과 다를 바 없어 보이는 복싱 같은 오락들은 너무 잔인해서 보고 있기가 힘들었다. 하지만 20세기가 되면서, 사회개혁 운동가들이 스포츠가 노동자들의 행복 증진 수단이 될 수도 있다고 주장하며 사람들의 생각도 바뀌기 시작했다.[8]

사회개혁 운동가들은 스포츠 활동을 통해 노동자 계층이 건강한 경쟁의 미덕을 배울 수 있다고 생각했다. 그런 육체 활동으로 노동자들의 노동윤리를 개선할 수 있었고, 노동자들은 자기 수양과 향상된 체력 덕택에 더 오래 일할 수도 있었다. 모든 종류의 신체활동에 열의가 있던 루스벨트 대통령은 이렇게 주장했다. "남성적이고 빼어난 자질만으로도 미국이라는 문명사회를 유지하고 지킬 수 있습니다. 용기, 결단력, 인내심 등 그러한 자질을 배양하는 데 스포츠만한 것은 없습니다. 또한 그것만큼 몸이 허약한 사람이 위대하고 오래 기억될 업적을 이루어낸 사례는 아직 없습니다." 스포츠를 하면 소년이 남자가 될 수 있다고도 믿었다. 그래서 기업들은 YMCA 같은 기관들을 지원하거나 직접 팀을 창단해 (일부) 노동자들이 스포츠 활동을 하며 에너지를 발산할 수 있도록 했다.[9]

스포츠가 직업화되면서 노동자 출신 운동선수라도 야망만 있다면 돈과 명예를 거머쥘 수 있었다. 물론 위험이 따르기는 했지만, 그 외의 모든 대안이 등골이 휘는 일들이었다. 복싱으로든 축구로든 야구로든 공장 조립라인에서 해방만 할 수 있다면 뭐든 안 할 이유도 없었다. 생업에만 매달려서는 열심히 노력해도 사회적 신분 상승을 이룰 수 있을 것 같지 않았고, 혹시, 아주 혹시, 그 노력을 어느 한 스포츠 종목을 정말 잘하는 데 쏟는다면 성공할 수도 있었다. 1908년 최초의 흑인 헤비급 챔피언이 된 잭 존슨Jack Johnson 같은 복싱선수들이나, (흑인 기수들이 경마에서 조용히 퇴출당하기 전)1800년대 후반 경주마 위에서 부와 명성을 이뤄낸 아이작 머피Isaac Murphy는 고역의 삶 너머에 있는 열망의 대상이었다.[10]

레스터 로드니Lester Rodney는 정치적으로 사람들에게 다가가는 데 스포츠가 가진 잠재력을 알아챘다. 스포츠 기자였던 로드니는 "이전에 보도된 적이 없는 방식으로, 스포츠가 가진 사회적 영향력을 담아내는 보도"에 대한 깊은 확신이 있었다. 당시 떠오르는 신예였고 이후 가장 오랫동안 헤비급 챔피언 타이틀을 보유하게 될 조 루이스Joe Louis와 히틀러가 아꼈던 순수혈통 아리아 인종이자 당시 헤비급 챔피언이었던 독일 권투선수 막스 슈멜링Max Schmeling의 유명한 경기를 보도했다. 그렇게 스포츠를 도구로 힘과 공평을 설명하며 노조원들을 인종차별 반대 운동에 참여시켰다.[11]

스포츠는 대중매체의 성장, 특히 라디오를 타고 더 커졌다. 직접 관전하는 것보다 사람들은 주로 라디오로 권투 시합 같은 경기를 청취하게 되었다. 게다가 라디오는 일하면서도 들을 수 있었다. 제2차 세계대전이 수많은 전장에서 전개되었지만, 그중 하나는 선전전이었다. 히틀러는 전 세계에 아리아 인종인 독일인의 우월한 이미지를 주입하는 데 라디오를 활용했다. 애칭 '갈색 폭격기'의 조 루이스가 백인 독일 복싱 챔피언을 때려눕히고, 육상선수 제시 오언스Jesse Owens가 히틀러가 주최한 베를린 올림픽에서 네 개의 금메달을 목에 거는 모습은 백인이 우월한 인종이라는 주장을 약화시켰다. 흑인 선수들이 유전적 특질 때문이 아니라 인종차별로 뒤처져 왔음을 보여준 것이다. 루이스는 극히 예외적인 스타였지만, 백인 우월주의 사회에서 기회가 주어지지 않았던 그 무수한 사람들의 잠재력의 상징이었다. 이렇게 스포츠는 예술계가 늘 설파했던 특정 개인의 천재성 개념을 약화도 시키고 때로는 부각도 시켜준다.[12]

유명 흑인 선수들이 해야 하는 일은 이제 두 배로 늘었다. 메건 같이 유명한 운동선수들은 최고의 몸 상태를 유지하거나 최고의 팀원으로 활약해야 하는 개인적 책임감은 물론, 우러러보는 팬들을 위해 메시지를 전달해야 하는 책임감도 자주 느꼈다. 그 책임감의 무게는 미국 프로야구 메이저리그 최초의 흑인 선수였던 재키 로빈슨Jackie Robinson처럼, 장벽을 허물었던 선수들에게 가장 무거웠다. 그는 자신에게 뱉는 침, 상대편 투수들이 일부러 몸쪽으로 던지는 공, 관중석에서 소리치고 경기장에서 수군대는 인종 모독적 발언 등을 참아내야 했다. 하지만 백인 전용 식당에서 꼿꼿이 앉아 음식이 나올 때까지 연좌시위를 벌였던 흑인 운동가처럼 단 한 번도 화를 낸 적이 없다. 다른 선수들보다 두 배 더 많은 일을 하면서도 여전히 최고 선수 중 한 명이었다.[13]

미국에는 프로 스포츠가 성장하는 동안 아마추어 스포츠라는 또 다른 세계가 존재했다. 일부 부유한 사람들은 보수를 받아 마땅한 직업이라기보다 안락한 삶을 사는 자신들 같은 사람들을 위한 여가로 스포츠를 인식했다. 그러한 아마추어 정신을 기리며 시작된 올림픽처럼, 대학 스포츠계도 선수들이 무급으로 고생하는 동안 어떤 사람들은 부자가 되었다. 루스벨트 대통령과 같은 사람들의 논리를 따라 대학 스포츠, 특히 대학 미식축구 옹호자들은 스포츠를 명문대 우수 학생들을 단단하게 만들 방법으로 봤다. 최초의 미식축구 경기는 1869년 럿거스 대학과 프린스턴 대학의 경기였다. 예일과 하버드 같은 다른 아이비리그 대학들도 곧 이 전통을 이어받았다. 하지만 대학 미식축구 선수들은 스포츠를 직업으로 삼으려던 것은 아니었다. 그런 의도가 있었다고 해도 당시에는 졸업 후 경기를 계속 할 수 있는 프로 리그가 없었다. 대학 스포츠의 목적 또한 학생들이 스포츠를 직업으로 삼게 하려고 했던 것이 아니었다. 하버드에 다닌다면 이미 사회 지도층으로 가는 열차에 올라탄 셈이니까.[14]

한편 누군가는 대학 스포츠가 시작된 순간부터 돈을 벌고 있었다. 사상 최초로 급여를 받았던 하버드 대학 코치는 당시 하버드에서도 후한 보수를 받았던 전임 교수에 비해 거의 두 배를 받았다. 하지만 대학 선수들의 '아마추어 정신'은 가끔은 운동하다 몸이 망가지는 경우도 있더라도 언제나 당연했다. '학생 선수'라는 표현은 전미대학체육협회 설립자들이 노동자들을 보상하라는 1950년대의 요구를 피해 가려고 만들어냈다. 역사가 테일러 브렌치Taylor Branch에 따르면 운동 중 입은 머리 부상으로 사망한 대학 미식축구 선수 레이 데니슨Ray Dennison의 아내가《디 애틀랜틱》에 그 표현을 비판했다고 한다. "제 남편이 미식축구 장학금을 받았으니까 운동장에서의 그 치명적인 충돌이 '업무상' 재해로 인정이 안되나요? 그가 시간제로 일하는 조교나 서점 계산원처럼 학교 직원이 아니라서요? 아니면 학교 생활 외에 취미생활을 하다 그렇게 된 건가요?" 1957년 콜로라도 대법원은 대학이 "미식축구 사업체가 아니므로" 데니슨 가족도 보상금을 받을 자격이 없다며 대학의 손을 들어주었다. 결국 판결에는 학생 운동선수들은 재미와 자기 수양을 위해 경기를 한다는 의미가 내포되어 있었고, 오늘날 프로 선수들은 물론 아마추어 선수들을 괴롭히는 논리이다.[15]

미식축구의 경우는 애초부터 대규모 대학 스포츠 산업을 시작으로 상업화되었지만, 선수들을 노동자로 간주하지 않았다. 축구와 하키를 포함한 다른 스포츠들은 국제경기를 통해 발전했다. 최초의 프로 축구 경기는 1872년 영국 대 스코틀랜드전이었고, 20세기가 되자마자 국제축구연맹(FIFA)이 설립되며 국제올림픽위원회(IOC)와 함께 국제 스포츠 무대를 주무르는 양대 산맥이 됐다. 첫 월드컵은 1930년 우루과이에서 열렸다. 아이스하키는 캐나다 국민 스포츠로, 캐나다 팀들은 유럽 팀과 경기하며 서로 기량을 닦아 갔고, 미국의 노예제에서 탈출해 캐나다로 도망쳤던 흑인들의 후세들도 아이스하키를 즐기며 그 발전에 영향을 미쳤다. 다른 스포츠들처럼 대중매체의 큰 관심을 받지는 못했지만, 하키는 국가 간 교류를 통해 퍼져나갔고 심지어 냉전 시기에는 소련과 미국의 스포츠 전장이 되기도 했다.[16]

TV는 스포츠를 한 단계 더 끌어올렸다. 라디오 방송을 청취하며 열광했던 문화는 거실에서 편안히 소파에 앉아 경기를 볼 수 있게 되면서 시들어갔다. 처음에는 스포츠계 거물들이 경기장 매표 수익 때문에 방송을 제한하려고 했다. 하지만 1950년대 TV가 급속히 보급되면서, 특히 미식축구가 TV 방송으로 인기를 얻고 미국에서 스포츠계의 서열이 뒤집혔다. 미국 프로 미식축구(NFL)가 방송사와의 수익분배 구조 덕택에 대형 산업이 되었고 개개인 선수들은 기업 후원, 광고 등으로 추가 수입을 올릴 수 있었다.[17]

하지만 이 시기에도 프로 선수 대부분이 부자가 되지는 못했다. 스포츠기자 데이브 지린에 따르면, 1967년경에는 운동선수들 대부분이 비시즌에는 다른 일을 했다고 한다. 스포츠 관중이 천천히 늘어가지만, 그들의 삶은 부업을 해서 생계를 유지해야 하는 메건의 삶과 비슷했을 것이다. 많은 선수가 어린 시절부터 시작해 수년 동안 연습과 부상을 오가며 다른 관심사를 포기하고 시간을 투자해 정상에 올라도 제대로 돈을 벌기 힘들었다. 누구나 들어도 알 만큼 유명해지는 선수도 거의 없었다. 그런 현실이 운동선수들을 연대하게 했다.[18]

1960년대 전까지 대개의 프로 선수는 자신들의 위치까지 오르게 되어서 엄청나게 운이 좋다는 말을 믿었다. 메이저리그 선수 노조의 마빈 밀러Marvin Miller는 데이브 지린에게 이렇게 말했다. "기본적으로 우리가 근무조건에 대해 무지했기 때문입니다. 메이저리그에서 뛰게 해주는 것이 엄청난 호의라며 선수들을 세뇌했죠. 세상에서 가장 행운아들이라고. 선수들이 '뭐 이 따위지? 바꿀 필요가 있겠어'라고 생각하지 못하도록 길들인 거죠."[19]

1960년대 흑인들의 공민권 운동으로 운동선수들의 협상력에 힘이 실렸고, 이들 중 상당수는 버스 안 타기 운동과 인종 분리 식당 반대 연좌시위 등을 보며 이미 정치화되어 있던 흑인계·중남미계 운동선수들이었다. 야구선수 노조가 법정 소송에서 구단들을 상대로 승리를 거두며 계약 만료 후 다른 팀으로 자유롭게 이적할 수 있었다. 결국 선수들 전체의 연봉을 올리는 결과를 낳았던 자유계약권을 따냈고, 자유계약 선수 시장에서 큰 액수를 부를 수 없는 선수들을 위한 최저연봉제도 얻어냈다. 그들이 노조로 연대하지 않았다면 일부 스타 선수들이 각자 고액의 몸값을 받으며 야구계는 현재보다 훨씬 더 계층화되고 편향되었을 것이다. 나아가 야구와 미식축구 선수들은 돈에 눈이 먼 사람들로 오해받는 한이 있더라도, 공평한 대우와 더불어 1960~1970년대 빠르게 성장하며 이루어진 막대한 매출의 일부라도 나누어 받기 위해 기꺼이 경기 불참을 감행할 의사가 있음을 보였다.[20]

1960년대 일부 운동선수들이 일으킨 이러한 운동들로 일반인들은 선수들과 그 스포츠에서 이득을 보는 사람들의 관계를 이해할 수 있게 되었다. 코치들과 리그 자체는 물론 심지어 로고가 찍힌 의류를 제작하는 회사들까지 부자로 만들어주면서도 선수들은 한푼도 구경하지 못했다. NCAA와 NFL 구단주들, 혹은 누군가가 선수들의 피와 땀이 섞인 노력으로 돈을 벌려고 힘을 행사하고 있었다. 또한 이러한 관계가 가진 인종차별적 측면 때문에 선수들은 구단주들이 돈을 벌 기회를 주는 친절한 노인들이 절대 아니라는 사실을 더 명확히 알게 됐다. 1960년대는 멕시코시티 올림픽 메달 시상식에서 인종차별에 항의하는 의미로 검은 장갑을 끼고 주먹을 하늘로 뻗는 블랙 파워 설루트Black Power Salute를 해 관계자들을 화나게 했던 존 카를로스John Carlos와 토미 스미스Tommie Smith와 같은 흑인 선수들이 나왔다. 그리고 무엇보다도 무하마드 알리의 등장이 있었다.[21]

알리는 운동선수가 천부적인 재능을 타고난다는 믿음을 가장 잘 보여주는 예일 것이다. 같은 체급 어느 선수보다도 빨랐고 주먹을 맞아도 거의 초인처럼 끄떡없었다. 알리가 역사에 남은 이유는 빼어난 권투 실력 때문이기도 하지만, 훌륭한 성품과 함께 인간으로서 그리고 흑인으로서 자신의 가치를 이해하고 있었기 때문이다. 권투선수이자 동시에 공인이 된 알리는 자신이 갖고 있던 세계관으로 주변 모든 사람에게 도전했다. 알리는 우선 존중을 요구했다. 상대 선수 플로이드 패터슨Floyd Patterson이 개명한 알리라는 이름 대신 일부러 알리의 본명 카시우스 클레이Cassius Clay를 불렀을 때, 알리는 패터슨을 잡아먹을 듯 소리를 지르며 말했다. "덤벼, 미국! 덤비란 말이야, 백인의 미국! 내 이름이 뭐지? 내 이름이 클레이야? 내 이름이 뭐냐고, 이 멍청이들아!"[22]

베트남 전쟁 참전을 거부한 알리는 챔피언 벨트들을 박탈당하고 감옥에 갔다. 이에 대해 대중의 의견이 양분됐지만, 그는 앞을 내다본 것일지도 모른다. 알리가 베트남 전쟁 반대 입장을 밝힌 것은

1966년 미국인 대부분이 반대하기 훨씬 전이었고 린든 존슨 대통령의 지지율이 괜찮을 때였다. 미국 내에서는 비방에 시달렸지만, 전 세계가 그를 알게 됐고 알리는 권투 선수가 아닌 다른 영웅이 되었다. 알리는 입장을 철회할 수도 있었고 모두 그가 그러기를 원했지만, 뜻을 굽히지 않았다. 그렇게 복서로서의 전성기를 흘려보내야 했다. 알리의 투쟁은 모든 사람에게 운동선수들, 특히 흑인 운동선수들이 돈 많은 사장들이 여기저기 팔아치우는 존재가 아니라 생각하고 숨 쉬는 인간이라는 것을 상기시켰다.[23]

존 카를로스와 토미 스미스가 시상대에서 보였던 블랙 파워 설루트는 종종 입에 오르지만, 그것을 가능하게 했던 보이지 않는 연대활동은 그만큼 자주 회자되지 않는다. 백인 승객에게 자리를 양보하지 않은 로자 파크스Rosa Parks처럼, 존 카를로스와 토미 스미스도 마치 즉흥적인 항의였던 것 같지만, 시상대에서 이들이 한 행동은 운동선수들이 자신들의 노동력을 제공하기를 거절한다면 강력한 도구가 될 수 있다는 것을 깨달은 결과였다.

'인권을 위한 올림픽 프로젝트The Olympic Project for Rights'는 아마추어 흑인 선수들이 만든 조직으로 최초 목적은 1968년 올림픽 참가 거부, 즉 보이콧이었다. 이들은 나치 독일의 1936년 하계 베를린 올림픽 강행 결정을 지지했던 에이버리 브런디지Avery Brundage의 미국 올림픽 위원회 제명, 무하마드 알리의 챔피언 타이틀 반환, 인종차별 정책을 시행하던 남아프리카 공화국과 로디지아(현 짐바브웨)의 올림픽 참가 금지를 요구했다. 많은 운동선수들이 4년에 한 번 찾아오는 영광을 누릴 기회를 포기하기를 꺼려 보이콧이 별다른 성과를 거두지 못하자, 이들은 가능하다면 시상식에서라도 자신들의 저항을 알릴 방법을 찾아보기로 했다. 많은 선수가 올림픽 반대 의사를 공개적으로 밝히거나 검은 옷을 입었지만, 어떤 것도 올림픽 선수촌에서 쫓겨나고 메달을 박탈당한 카를로스와 스미스만큼의 효과를 내지는 못했고 처벌도 받지 않았다. 카를로스는 나중에 이렇게 말했다. "그 사람들은 수백만 달러를 들여 운동선수 로봇을 제조하는 공장을 만들어야 합니다. 운동선수들은 인간이란 말입니다. 우리도 감정이 있어요. 어떻게 누군가에게 이 세상에 살고 존재하되, 불공평에 대해서는 아무 말도 하지 말라고 할 수 있죠?"[24]

1960~1970년대에는 여자 선수들도 자신들을 스포츠에 포함해 달라고 주장하고 나섰다. 19세기 빅토리아 시대에는 운동은 여자의 '연약한' 몸과 마음에 해가 된다는 등의 온갖 말도 안 되는 낭설들이 떠돌았지만, 여자들은 '자궁이 빠져나갈 것'을 전혀 두려워하지 않고 자전거와 활쏘기 같은 스포츠를 즐겨왔다. 이후 공장 여자 노동자들을 위한 산업 리그 대회가 여기저기에서 생겨나며 여러 소프트볼팀과 농구팀이 꾸려졌다. 1968년 흑인 운동선수들이 제명하려고 했던 에이버리 브런디지는 올림픽 육상종목에서 여자들을 완전히 몰아내려고 했지만 실패했다.[25]

제2차 세계대전 동안 건장한 남자들 대부분이 해외 전쟁터에 보내지자, 몇몇 업계 거물들이 그 공백을 메우려고 여성 스포츠를 고려하기 시작했다. 1943~1954년까지 존속했고 1992년 영화 〈그들만의 리그A League of Their Own〉로도 제작된 전미 여자 프로야구 리그는 전선 후방에 남아 있는 일반 대중들을 즐겁게 해주기 위해 젊은 노동자 계층 여자들을 끌어 모은 것이었다. 이들은 경기장에서는 열심히 뛰었지만, 구장 밖에서는 여자다워야 했다. 예절 학교로 보내져 미용 교육을 받았고 언제나 '미국을 대표하는 제대로 된 여자들'처럼 보이고 행동하라고 훈계 받았다. 1948년에는 표를 사고 이들의 경기를 보러오는 팬들이 90만 명에 달했는데도, 전쟁이 끝난 후 이들은 대부분의 직장 여성들처럼 귀가 조치됐다. 남자들이 경기에 복귀하면서 여자 프로야구는 기울어갔고 리그도 해체됐다. 여자 선수들은 '진짜' 일을 하러 가라는, 즉 가정을 돌보라는 말을 들었다. 결국 스포츠는 남자들의 것이었다. 게다가 신체활동을 지나치게 많이 하는 여자들은 오랫동안 남자 같다는 손가락질을 받았고 더한 경우도 있었다. 전미 여자 프로야구 리그에서 좌익수로 활약했던 조세핀 단젤로Josephine D'Angelo는 '사내 같은' 머리 스타일 때문에 쫓겨났다. 올림픽 선수들에게 홀딱 벗고 걷기에서 염색체 검사까지 요구하는 다양한 '성 검사'도 1968년 올림픽 때 시작되어 일부는 지금까지도 유지되고 있다.[26]

흑인 운동선수들의 적극적인 행동에 영감을 받아 일어난 1960~1970년대 여성 인권 운동이 스포츠계에도 영향을 미쳤다. 1973년 여자 프로 테니스 선수 빌리 진 킹Billie Jean King이 남자 프로 선수 바비 릭스Bobby Riggs과의 성 대결에서 압도적으로 승리하며 여자들이 사실 남자보다 전혀 약하지 않음을 보여주었다. 하지만 킹의 싸움은 거기에 그치지 않았다. 같은 해 노조 간부가 되어 여자 테니스 협회가 태어나는 데 기여했고 협회의 초대 회장이 되었다. 킹은 여자 선수들과 남자 선수들의 상금을 동일하게 정하지 않는다면 US 오픈 대회에 불참하자고 주장했고, 결국은 성공했다.[27]

1972년 성별을 근거로 한 교육 차별 금지를 명시한 그 유명한 '타이틀 나인법Title IX'을 포함한 교육 개정법이 통과되면서, 미국 정부는 어쩔 수 없이 여자 스포츠에 관심을 두어야 했다. 타이틀 나인법의 핵심은 "미국에서는 누구도 성별을 이유로 연방정부의 재정적 지원을 받는 어떤 교육 프로그램이나 활동 참여로부터 배제될 수도, 복지혜택을 부인 당할 수도, 차별을 당할 수도 없다"였다. 교육 개정법에 의하면 대학 스포츠는 교육으로 간주하여, 대학에서 여자들도 스포츠 프로그램에 대한 접근성이 허락되어야 한다. 미식축구팀이 있는 대학에 다녀본 사람이라면 누구나 '동등한'이란 문구가 말뿐이라는 것을 알겠지만 타이틀 나인법의 도입으로 대학들은 기존에 여성이 참여할 수 없었던 아이스하키와 같은 스포츠에 여자팀을 만들어야 했다. 이로써 메건 같은 수혜자들이 생겨났다. 이후 전 세계 여러 나라들도 여자 스포츠팀을 앞다투어 만들며 국제대회의 규모가 커지면서 직업적으로 미식축구나 프로 농구 여자팀의 기반도 마련되었다.[28]

여자들은 타인을 챙기느라 자신을 낮추는 특성이 있고, 이는 무급 혹은 유급 가사 노동자든 교사나 인턴이든 거의 모든 일에 적용된다고들 믿는다. 여자 운동선수들은 여성성에 대해 우리가 가진 무수한 고정관념을 깨트린다. 여자들이 자기표현을 하며 뭔가를 열렬히 원하는 모습을 보는 것이 놀라운 이유는 그러한 표현과 열망이 금지되어 왔기 때문이다. 예술처럼 스포츠도 천부적인 재능이 있어야 할 수 있는 남자들의 영역으로 여겨졌다. 우리는 남자들이 더 강하다는 말을 들어왔기 때문에 세레나 윌리엄스, 메건 더건, 미국 축구 선수 메건 라피노 같은 여자들을 이해하기 힘들다. 보통 여자들의 몸이 출산을 하고, 돌보고, 누군가를 유혹할 때 쓰인다고 하지만 그와는 전혀 다른 곳에 쓰이는 여자들의 몸은 힘이 있다. 그렇기 때문에 여자 운동선수들은 남자 선수들보다 더 자주 스포츠는 좋아서 해야지 돈을 보고 하면 안 된다는 말을 듣는다.[29]

하지만 여자들이 '아마추어' 스포츠에서 두각을 나타내며 아마추어 정신 자체가 흔들리기 시작했다. 작가인 마크 페리만에 따르면, 1984년 올림픽을 기점으로 스포츠를 그 자체로 장려하던 분위기가 유명하고 몸값이 세계 최고인 선수들이 즐비하며 기업이 후원하는 화려한 TV쇼로 옮겨갔다고 한다.[30]

아마추어 정신은 착취의 구실일 뿐인 경우가 많았다. 상업적 이해관계는 오랫동안 대중 스포츠의 일부였다. 그런데 자본주의에 신자유주의가 가미되고 여러 가지 이념적 대립이 뒤따르며 새로운 대중 스포츠가 출현했다. 기업의 선수 후원, 간접광고, 수백만 달러의 경기지원 계약 등 스포츠의 모든 측면은 민영화되고 브랜드화되어 반짝이는 상품처럼 판매됐다. 그리고 이 책 곳곳에서 봤듯이 일을 성취감을 느낄 기회로 여기라는 주문이 노동 현장 전반에 퍼

"여자 운동선수들은 여성성에 대해
우리가 가진 무수한 고정관념을
깨트린다. 여자들이 자기표현을 하며
뭔가를 열렬히 원하는 모습을 보는 것이
놀라운 이유는 그러한 표현과 열망이
금지되어 왔기 때문이다."

져 있는 사실처럼, 스포츠계도 그 주문에 깊게 홀려 있다. 1984년 LA 올림픽으로 레이건 대통령은 자신이 꿈꾸는 미국의 모습을 자랑할 기회를 얻었다. 레이건은 '맥도날드가 협찬'한 올림픽을 위해 LA를 깨끗이 청소한다는 명분으로 젊은 흑인 남자들을 대거 끌어들였다.[31]

하지만 올림픽에서 아마추어 선수들의 참여가 사라진 것은 사실 운동선수들 스스로 요구해서 일어난 일이었다. 스포츠를 통해 돈을 버는 사람들을 본 운동선수들은 자신들의 몫을 주장했고, 무엇보다 비시즌에도 대회 상금을 받든 기업 후원이든 금전적 지원이 이루어져야 한다고 주장했다. 선수들은 최고가 되려면 대회가 필요했다. 국가지원 프로그램들이 사라지면서 민영화의 시대가 왔고, 프로 진출은 선수들이 아마추어 정신이라는 가짜 순수함에서 탈출해 생계를 유지할 수 있는 괜찮은 방법이었다.[32]

스포츠 산업에 신자유주의가 확산된 것은 정치적 담론에 반영되기도 했고 반대로 정치적 담론을 반영하기도 했다. 프로 선수들은 위티스 시리얼, 나이키, 비자카드 같은 회사들의 후원을 받는다. 한편 정치인들은 가능한 모든 것에 스포츠 은유를 사용한다. 스포츠가 사실 현실과 전혀 다르다는 사실은 중요하지 않아 보인다. 그보다 스포츠는 우리 사회가 높이 사는 가치들을 우리에게 보여준다. 경쟁은 자본주의의 활력소이고 따라서 우리는 인정사정없는 이 세상을 살아가는 법을 경쟁 스포츠에서 배울 수 있다는 이야기를 듣는다. 하지만 윌리엄 데이비스William Davies가 저서 『행복산업The Happiness Industry』에서 언급한 대로, 스포츠든 사회 전반에서든 모든 경쟁은 결국 우울증으로 이어진다. 우울증이 경쟁 수위가 치열한 스포츠를 하는 선수들에게 더 높게 나타남이 많은 연구에서 밝혀졌다. 특히 미래가 전적으로 스포츠의 결과에 달려 있다면 더 그럴 것이라고 충분히 예상할 수 있다. 이유는 뻔하다. 농구계 마이클 조던이나 축구의 데이비드 베컴처럼 크게 성공한 사례가 있기 때문에 노력할 이유가 분명히 있지만, 실패하면 모두 자신의 탓으로 돌려진다.[33]

그럼 이런 모든 상황에서 누가 이익을 볼까? 어쨌든 자본주의 체제하에서 스포츠계도 이미 다른 세계만큼 불평등하다. 운동선수들이 받는 엄청난 연봉에 집중하다 보면 구단주들이 사실은 막대한 부자들이라는 사실을 놓치게 된다. 마이크로소프트 공동창업자 폴 앨런Paul Allen은 2018년 사망하기 전까지 프로팀 세 개를 전부 혹은 일부 소유하고 있었고, 월마트 창업자 샘 월튼의 여동생 앤 월튼Ann Walton과 결혼한 스탠 크롱키Stanley Kroenke는 NFL의 로스앤젤레스 램스, NHL의 콜로라도 애벌랜치, NBA의 덴버 너게츠, 미국 프로축구의 콜로라도 래피즈, 영국 프리미어 리그의 아스널 FC의 소유주이다. 그 외에도 너무 많은 부자가 있어 '스포츠팀을 소유한 최고의 부자 20명'이라는 기사가 나돌 정도다. 이 문제에 집중한 영국 노동당은 프리미어 리그의 뉴캐슬 유나이티드 FC 축구팀 소유주였던 마이클 애슐리Mike Ashley를 주목했다. 그가 대형 스포츠용품 기업 '스포츠 다이렉트Sports Direct'를 통해 돈을 번 방식이 저임금과 끔찍한 노동환경이었다고 주장하며 2019년 선거에서 쟁점화시켰다. 노동당 선거운동을 이끌던 칼럼 벨Callum Bell은 당시에 대해 이렇게 말했다. "이 문제를 쟁점화했던 이유는 전반적인 영국의 불평등 문제에 힘을 더하기 위해서였습니다. 덕분에 수백만 명이 사랑하는 스포츠에 팬들이 어떤 영향력도 행사할 수 없게 만든 억만장자 애슐리란 작자에 대해 사람들이 알게 됐죠."[34]

스포츠계의 이러한 불평등은 아래로 내려갈수록 문제가 더 커진다. 야구선수 알렉스 로드리게스Alex Rodriguez는 3억 달러 이상 벌었지만, 메이저리그의 뉴욕 양키스를 소유하고 있는 조지 스타인브래너George Steinbrenner 가문의 순자산은 30억 달러이다. 하지만 마이너리그 선수들은 시즌 평균 8천 달러 이하 수준의 연봉을 받는다. 그리고 대학 야구선수는 아무것도 받지 못한다. 마이너리그 선수들 몇몇이 자신들의 연봉 수준은 최저임금과 근로 시간 기준 위반이라며 소송을 제기했다. 2019년 항소법원이 이 소송의 지위를 집단소송으로 격상해주기도 했지만, 소송은 아직 진행 중이다. 스포츠기자인 트래비스 월드론Travis Waldron은 처음 소송이 제기됐을 때 이렇게 말했다. "이들이 야구계를 상대로 승리한다면 리그 운영방식, 특히 마이너리그 운영방식에 중요한 변화가 일어날 수도 있습니다."[35]

불평등의 극치는 도미니카 공화국의 야구 학교처럼 메이저리그가 운영하는 팜 시스템farm system이다. 마이너리그 선수의 몸값 혹은 심지어 LA 유소년 야구팀 지원금보다 훨씬 적은 비용으로, 구단들은 부와 명성을 원하는 배고프고 어린 야구선수 지망생들을 마음

껏 뽑아갈 수 있다. 게다가 이들에게 유리한 쪽으로 노동법도 흉측하게 휘어져 있다. 구단들은 선수가 16세가 되면 아직 세상 교육도 부족한 그들과 계약을 맺을 수 있고, 의료보험이나 다른 복지혜택을 제공하지 않아도 된다. 보스턴 레드삭스 간판스타였던 데이비스 오르티스David Ortiz는 자기의 경험을 이야기하며 한 기자에게 이렇게 말했다. "16살이었던 내가 계약에 대해 대체 뭘 알았겠습니까?" 그래도 그는 끝까지 올라갔지만, 데이비스 오르티스 같은 수백 명의 연습생들이 결코 도미니카를 벗어나지 못한다.[36]

한편 이런 과중한 압박 문화로 선수들은 자신의 몸값을 무슨 수를 써서라도 올리려고 하게 되고, 결국 약물에 의존하는 선수들이 빈번히 생겨난다. 데이브 지린은 "스포츠가 전 세계적인 골리앗 산업이 되면서 선수들은 다양한 약물에 기대왔다."고 말한다. 또한 경기력 향상을 목적으로 스테로이드를 사용하기 시작한 것은 1889년 한 프랑스 과학자가 "산업혁명에 동원될 노동자들의 힘과 덩치를 키우기 위한 방법"을 찾기 위해 동물 호르몬을 자신에게 주입하면서부터, 라고 덧붙였다. 구단주들과 후원기업들도 선수들의 비대한 체격을 광고했다. 그들은 메이저리그 올스타전 전날 열리는 홈런 타격 대회에서 상금에 눈이 먼 선수들을 응원하며 스테로이드 시대를 부추겼다. 스테로이드는 구단주들이 메이저리그 선수들 노조를 망가뜨리는 수단으로도 쓰였다. 구단주들은 입맛에 맞는 선수들은 원하면 언제든지 묵인해줬지만, 몸값이 너무 비싸다고 생각하거나 성적이 부진한 선수들은 '무작위'로 약물검사를 해 쫓아내곤 했다.[37]

하지만 스테로이드는 운동선수들 건강에 유일한 위협도 최악의 위협도 아니다. 최근 몇 년간 미식축구와 하키선수들에게 빈번히 발생하는 만성 외상성 뇌병증에 대한 연구가 발표되며 머리에 가해지는 반복된 충격이 낳는 끔찍한 결과들에 관심이 쏠렸다.《뉴욕 타임스》는 득점보다 경기 중 싸움으로 더 유명했던 하키 선수 데릭 부가드Derek Boogaard를 다룬 기사에서 그가 죽기 전 친구들과 팀 동료들이 목격한 성격 변화를 자세히 다뤘다. "뉴욕으로 그의 병문안을 갔던 지인들은 건망증이 점점 악화하고 있다는 것을 알았다. 머리를 너무 자주 맞아서 그렇다며 그는 둘러댔다. 또한 주변 사람들은 성격이 점점 어두워지고 충동적인 행동을 하는 그를 걱정했다. 상냥함과 편안함, 늘 남을 즐겁게 해주던 면이 증발해버렸다." 그는 선수로서 한창인 28살의 나이에 진통제 과다복용으로 사망했고 그의 뇌를 검사했던 담당 의사는 뇌 손상 규모가 매우 크다고 증언했다.[38]

죽지 않았더라도 오히려 살아가는 것이 더 힘들 수도 있다. 신경퇴행병인 루게릭병 진단을 받은 전 NFL 선수 릭키 딕슨Rickey Dixon의 아내 로레인 딕슨Lorraine Dixon은 기자들에게 자신들의 삶을 낱낱이 밝혔다. 딕슨은 NFL에서 여섯 시즌을 뛰었지만 47세에 루게릭병에 걸렸을 때 번 돈은 하나도 남아 있지 않았다. NFL이 외상성 뇌손상을 겪은 선수들에게 10억 달러를 합의금으로 지불하기로 약속해서 딕슨 부부도 일부 받을 수 있었지만, 로레인이 일을 그만둬도 될 만큼은 아니었다. 남편 치료를 지속하는 데 직장 의료보험이 필요했던 그녀는 직장에 다니며 두 아이와 휠체어 탄 남편을 돌봤다. 로레인과 같은 처지였던 NFL 선수들의 아내들은 페이스북에 모임을 만들었고, 법정 싸움이 결론이 나기를 기다렸다. 그들은 남편들이 한없이 꺼져가는 것을 지켜보는 비통함 속에 서로를 응원했다. 로레인은 이렇게 썼다. "절개된 목에는 호흡기를, 배에는 튜브를 꽂고, 이미 몸무게가 57퍼센트나 빠졌고 말도 거동도 거의 못하는 릭키를 보고 있으면 NFL이 생각나지만, 예수님께 그들을 용서할 수 있게 해달라고 기도합니다. 돈은 정말로 모든 악의 근원이에요."[39]

그러한 부상의 가능성은 제외하더라도 스포츠 세계는 운동선수들의 몸을 계속해서 혹사했다. 메건처럼 한 스포츠에서 최고의 자리에 오르려면, 최대한 어릴 때 시작해야 한다. 말콤 해리스가 저서 『밀레니얼 선언』에서 적은 대로, 아이들을 다그쳐 장차 선수 생활에 쓰려고 쌓아온 '인적 자본'은 어린 선수들 몸에 그대로 드러난다. 이렇게 필요 이상으로 너무 일찍 놀이가 노동이 되어버린다. 아이들은 전공을 고르거나 운전을 배우거나 몰래 맥주를 마셔 보기도 전에 벌써 대학 장학금과 프로의 꿈을 다진다.[40]

하지만 놀이를 내세우는 말들로 젊은이들이 스포츠라는 이름으로 쏟는 노력을 덮어버리고, 그 논리에 전미대학체육협회의 '아마추어들'이 직격탄을 맞는다. 미국 중남부와 남동부 대학들을 중심으로 진행되는 리그인 사우스이스턴 콘퍼런스Southeastern Conference는 2010년에 수익이 10억을 넘었다. 역사가 테일러 브랜치는 "그 수입에는 매표 수입, 경기장 매점 판매수익, 스포츠 상품, 라이센스 수익 등이 있지만, 대부분은 TV 중계권에서 나옵니다."라고 설명한다. 수천만 명이 대학 스포츠를 시청하고 가장 성적이 좋은 미식축구팀을 보유한 대학들의 수익도 수천만 달러다. 미국 내 40개 주 중에서 가장 급여가 높은 공무원은 공립대학 미식축구 코치다. 브랜치는 이렇게 썼다. "이 모든 악랄한 실태 중 최악은 학생들이 불법적으로 돈을 받거나 선발되는 일이 아닙니다. 전미대학체육협회가 기관의 존재를 정당화하는 데 이용하는 '아마추어 정신'과 '학생 운동선수'라는 그 두 고상한 원칙이 법적으로 문제가 없는, 교묘한 조합이라는 점입니다. 이것들은 대학들이 어린 운동선수들의 능력과 명성을 착취하려고 퍼뜨린 냉소적인 날조입니다."[41]

대학 스포츠를 지지하는 주장은 스포츠가 균형 잡힌 교육에 필요하다는 믿음을 토대로 한다. 19세기에서 20세기 초반 명문대들이 펼쳤던 주장이고, 교육활동으로서 스포츠를 할 자격은 누구에게나 있음을 담은 타이틀 나인법에도 그 주장이 묻어 있다. 하지만 브랜치에 의하면 미식축구, 농구, 하키와 축구를 비롯한 인기 스포츠들의 현실은 선수들이 스포츠를 우선순위, 공부를 2순위로 둘 수밖에 없다고 한다. 선수들을 위한 특별 수업과 이들이 수업을 이수한 것처럼 보이게 할 지원이 당연히 이루어지고, 팀에서 탈락하는 선수는 장학금도 취소된다. 일부 대학들에서는 학생 운동선수들이 사실상 학위를 받고 졸업하는 비율이 50퍼센트 이하라고 한다.[42]

대학원생들처럼 대학 운동선수들도 학교를 위해 돈을 벌어주고, '학생'과 '피고용인'이라는 어중간한 신분에 갇혀 있다. 결국 대학원생들처럼 대학 운동선수들도 강압에 취약해진다. 특히 흑인 선수들은 그들도 말하듯 때때로 흑인 노예 농장을 연상시키는 이상한 분위기가 조성된다고 한다. 가부장적 배려와 경멸이 버무려져, 코치들과 관리자들이 흑인 학생 선수들을 대하는 말투와 태도에 색깔이 입혀진다고 사회학자 에린 해튼은 썼다. "특히, 흑인 선수들을 잘못된 선택과 상업적 착취, 그 두 가지 부패에서 보호해줘야 합니다." 코치들은 선수들의 장학금을 끊겠다는 노골적인 위협을 하거나 프로팀에서 스카우트하려고 왔을 때 경기를 못 뛰게 벤치에 앉혀 놓기도 했다.[43]

하지만 최근 선수들은 자신들의 이런 신분에 도전했다. 노스웨스턴 대학 팀원들은 노동조합설립을 끊임없이 주장했다. 2014년 전국 노동관계 위원회는 "대학팀 선수들의 노력으로 대학이 얻는 엄청난 매출과 부가 혜택, 코치들이 장학생 선수들의 생활에 대해 행사하는 혹독한 통제"를 근거로 선수들 편을 들어줬다(노스웨스턴 대학은 2003~2012년 사이 미식축구로 2억 3,500만 달러를 벌어들였다). 위원회는 SNS 사용 제한, 운동시간, 주거 형태 등 코치들이 선수들 삶에 행사하는 광범위한 통제를 구체적으로 열거하며 이 정도의 통제는 교사와 학생 간이라기보다 고용주와 근로자 간에 이루어지는 수준이라고 결론지었다. 그런데도 다음해 전국 노동관계 위원회는 전원투표를 진행해 근소한 표 차이로 이 선수들의 탄원을 기각하며 현상 유지에 손을 들었다.[44]

하지만 소송들은 성공한 경우가 더 많다. 2014년 한 반독점 소송에서는 "전미대학체육협회가 선수들에 대한 보상 범위를 운동 장학금 수준으로 제한한 것은 불법이다"라고 주장했다. 사건 담당 변호사는 기자들에게 이렇게 말했다. "어떤 기업도, 게다가 대학 스포츠는 막대한 수익을 일으키는 거대 산업인데, 중요 업무를 담당하는 사람들에게 무료로 일하라고 하는 경우는 없습니다. 그런 행태는 대학 스포츠가 유일합니다." 다른 소송들도 제기되었고 실제 보상금을 받아내기도 했다. 불길한 조짐을 느낀 전미대학체육협회는 선수들이 자신들의 명성으로 돈 버는 것을 제한했던 규칙을 완화했다.[45]

2020년 여름, 코로나19 기간 대학들이 다시 수업을 재개하며 훈련에 복귀한 선수들은 또 다른 충격적인 현실을 마주했다. 선수들은 코로나에 걸려도 대학에 책임을 물을 수 없다는 각서에 서명하라는 요구를 받았다. 스포츠 작가인 로스 델링거Ross Dellenger가 한 스포츠 주간지에 쓴 글에 따르면, 6월 초에 14개 대학 스포츠팀에서 최소한 30명 이상의 선수가 코로나19 양성판정을 받았고, 이들은 사실상 거의 같은 내용, 즉 "바이러스 감염의 위험이 존재하고, 학교 측은 그에 상응하는 예방조치를 취하고 있으며 학생 개개인도 스스로 주의해야 할 책임이 있으므로 학생들은 대학을 고소할 수 없다."는 내용의 서류에 서명하라는 요구를 받았다. 서명 전까지는 경기에 나갈 수 없다는 내용도 있었다고 지적했다. 급여도 못 받는 처지의 대학 선수들은 건강에 미칠 또 다른 위험을 감수하라는 요구를 받는 것이다. 이 사건을 비롯한 여러 문제가 결국 2020년 8월

노조 결성 움직임으로 치달았다. 우선 수백 명의 선수들이 건강, 안전, 인종차별과 관련된 자신들의 요구가 수용되지 않으면 경기에 나가지 않겠다고 발표했다. 이후 모든 전미대학체육협회 콘퍼런스에 참석했던 선수들이 트위터에 올라온 노조 결성 동참 호소에 합류하며 노스웨스턴 대학의 뒤를 따랐다.[46]

미국 여자 축구 국가대표팀 선수들은 축구를 사랑하면 그만이지 남자들과 동일한 임금을 받을 필요도, 자격도 없다는 생각에 맞서 수년을 싸웠다. 국제무대를 오랫동안 휩쓴 이들은 여러 번의 승리를 거둬왔지만, 국내에서 프로무대를 만드는 일은 쉽지 않았다. 결국 2013년 전국 여자 축구 리그가 세 번째 프로 리그로 발족했고 더디게 성장했다. 하지만 선수들에게 생활이 가능할 정도의 보수를 지급하지는 않았다. 애비 웜백Abby Wambach, 알리 크리거Ali Krieger, 메건 라피노, 크리스털 던Crystal Dunn 등 여자 축구선수들을 모르는 사람은 없었다. 미국 남자 대표팀은 8강을 통과해본 적이 없었고 2018년에는 월드컵 본선 진출마저 좌절됐다. 반면 여자대표팀은 2015년 FIFA 여자 월드컵에서 우승했고 그 경기를 본 미국 내 시청자만 2천만 명이었다. 이들은 연대하였고, 법정 싸움을 벌였고, 경기를 뛰지 않겠다고 위협하며 동일 임금과 (남자 선수들은 자연 잔디 위에서 경기하는데 우리는 더 이상 인조 잔디 위에서 뛰지 않겠다는) 같은 처우를 요구했다. 자신들의 인기를 이용해 2017년 국가대표협회와 단체교섭을 통해 몇 개의 결과를 얻어냈고 2019년 프랑스 여자 월드컵을 준비하면서도 압박을 계속해갔다. 프랑스는 또다시 이들의 무대였다. 결승전에서 자주색으로 머리를 염색한 라피노가 첫 골을 넣었고, 결국 2대 0으로 경기가 끝나자 경기장은 환호로 가득 했다. 수많은 환호는 천천히 하나의 분명한 합창으로 모였다. "동일 임금!"[47]

최근 스포츠계 권력에 가장 큰 도전은 콜린 캐퍼닉이었다. 미국 경찰의 흑인 과잉 진압에 대한 시위로 들끓었을 당시, 샌프란시스 코 포티나이너스의 쿼터백이었던 캐퍼닉은 2016년 8월에 열린 경 기에서 국가가 울리는데도 일어서지 않았다. 이후 그는 무릎을 꿇 는 시위로 전환했고, 라피노를 포함한 다른 선수들도 동참했다. 그 로 인해 많은 선수가 위협받거나 경기를 못 뛰고 벤치에 앉아 있어 야 했고, 특히 시발점이 되었던 캐퍼닉은 처벌을 받았다. 자유계약 선수가 되기로 한 그는 2017년 샌프란시스코 포티나이너스와 계약 을 종료했지만 이후 그와 계약한 NFL 팀은 아직 없다. 리그가 자신 을 팀에서 제외하려고 공모했고 이는 노조 계약 조항 위반이라며 소송을 제기했지만 NFL과 합의로 종결했다. 나이키와 꽤 큰 금액 의 광고 계약도 맺었지만 그를 원했던 팀은 없었다. 무하마드 알리 처럼 캐퍼닉도 구단주들과 온 세상에 자신을 통제할 수 없음을 알 렸다. 이후에도 자신의 이름을 이용해 사회정의 구현 단체들에 대 한 재정적 지원과 젊은 흑인들을 위한 '우리의 권리 알아가기Know Your Rights' 캠페인을 전국 여러 도시에서 열었다. 캐퍼닉은 계속 경 기를 뛰고 싶다고 말했지만, NFL는 여전히 허락하지 않고 있다.[48]

2020년 봄, 조지 플로이드 사건으로 전례 없는 규모의 시위가 전국적으로 터져 나오며 캐퍼닉도 오명을 씻을 수 있게 됐다. NFL 구단주들과 코치들은 앞다투어 자신들의 SNS 계정에 '흑인의 목숨도 소중하다' 구호를 도배하며 사과하고 나섰다. 샌프란시스코 포티나이너스에서 캐퍼닉의 코치였던 짐 하보우Jim Harbaugh는 캐퍼닉이 자랑스럽다고 말했고(캐퍼닉 사건 당시 하보우는 시위에는 반대했다), 메이저리그의 재키 로빈슨과 복싱의 알리와 비교하며 그를 영웅이라고 했다. NFL 위원 로저 구델Roger Goodell은 선수들의 목소리를 "경청하지 않았음"을 사과했지만, 딱히 캐퍼닉을 거명하지는 않았다. 이를 두고 영화감독 스파이크 리Spike Lee는 '가련하고 명백한 거짓말'이라고 했다. 구델은 캐퍼닉의 복귀를 '환영'한다고 했지만, 결정은 전적으로 팀에 달려 있다고 했다. 팀들도 그럴 의사가 충분히 있다고 했지만, 2020년 9월까지 나서는 팀은 없었다.⁴⁹

캐퍼닉의 저항은 8월 프로 스포츠계에 기폭제 역할을 했다. 2020년 8월 NBA의 밀워키 벅스 팀은 위스콘신주 커노샤시에서 흑인 남성 제이컵 블레이크Jacob Blake에게 총을 쏘는 과잉 진압을 했던 백인 경찰과 끊이지 않는 폭력을 거론하며 최종 우승결정전, 즉 플레이오프 게임에 나가지 않겠다고 발표했다. 경기 불참 시위는 곧 전미여자농구협회(WNBA)까지 번지며 리그 전체로 확대됐다. 워싱턴 미스틱스Washington Mystics 여자 농구팀은 경기 전 무릎을 꿇는 시위를 하며 총에 맞은 제이컵 블레이크가 입고 있던 흰색 티셔츠처럼 총알 자국 7개를 등에 새겨 카메라에 비췄다. 여자 프로 테니스 선수 나오미 오사카Naomi Osaka는 준결승 경기에 나가지 않았고 경기 불참은 야구와 축구에서도 일어났다. 이러한 시위들은 비록 단기로 끝났지만, 운동선수들에게 우리 모두의 주의를 환기할 수 있는 사회적 위치와 능력이 있다는 것을 강력하게 상기시켜 주었다.[50]

이렇게 캐퍼닉과 라피노 같은 선수들은 자신들에게도 노동자 권리에 대해 말할 수 있는 강력한 힘이 있음을 증명해 보였다. 기자회견 불참을 선택했던 미식축구 러닝백 포지션이었던 마숀 린치Marshawn Lynch의 행동은 직무상 요구되는 일은 하지만 보수보다 더 많은 일을 하라는 압박을 하는 노동환경에 대한 일종의 태업이자 준법투쟁이다. 경제적인 안정을 이루고 자기 홍보에 전문가인 이 선수들은 자신들의 위치를 단순히 돈을 벌기 위한 수단이 아니라, 자신들의 입을 막을 수 없다는 것을 천하에 알리는 데 이용해왔다. 우리는 인간으로서, 더 이상 소외당하지 않을 주체로서, 그리고 노동자로서 존경받아 마땅하다. 우리는 소유물이 아니다.[51]

◊ �'t ◊

메건과 미국 국가대표 하키팀 동료들은 한동안 자신들의 노동환경에 관해 이야기를 나누었다. 출장 경기를 다니며 버스에서나 저녁 식사 중 이야기를 나누어보니 뭔가 불합리하다고 모두 느끼고 있었다. 메건은 이렇게 말했다. "어렸을 때는 본능적으로 '튀지 말고, 입 닥치고, 훈련해라'라고 생각했습니다. 많은 선수들이 늘 잊지 않으려고 애쓰고 노력하는 마음가짐이었어요. 우리는 강한 여성들이 었죠. 하지만 이제 우리는 스포츠계에서 우리가 이룰 수 있는 많은 변화를 고민하기 시작했습니다."

이들이 자신들을 도와줄 법무팀에 손을 뻗은 것은 2015년이었다. 메건은 자신들의 법적 권리와 다른 스포츠 사례를 알아가는 것이 간단한 일은 아니었다고 했다. 그리고 이들이 다다른 결론은 올림픽 준비 기간과 다른 국제 경기 준비를 지원하는 4년 계약 요구였다. 정기 급여, 보험, 출산 지원 등 노조가 있는 직장 근로자라면 기대할 수 있는 모든 것을 요구했다. 함께 힘을 합쳤기 때문에 그런 힘이 생겼고, 자신들의 뜻을 관철하려면 경기 불참도 불사해야 할 시점이 곧 오리라는 것도 알고 있었다. 메건은 이렇게 말했다. "스탠리 컵Stanley Cup 북미 챔피언십 대회에 참가하지 못할 수도 있다고 생각했어요. 비올림픽 시즌 1년 내내 그 우승컵을 위해 훈련했죠."[52]

협상이 아무 성과도 없이 1년이 넘어가자 이들은 행동을 취했고, 계약 없이는 2017년 국제 아이스하키 연맹 여자 하키 세계선수권대회(IIHF)에 출전하지 않겠다고 공식 발표했다. 남자 하키의 전설 마이크 이루지오니Mike Eruzione, 전직 여자 축구 스타 칼리 로이드Carli Lloyd와 다른 여자 축구선수들도 이들의 결정을 지지하고 나섰다. 리그의 다른 선수들도 출전을 거부한 선수들의 교체선수로 뛰지 않겠다고 약속했다. 메건은 그때를 이렇게 기억했다. "모두 정말 진지했죠. 다들 어떤 위험도 불사하겠다는 각오였어요."

당시는 페미니즘에 기념비적인 일들이 일어나고 있었다. 2017년

1월, 미국 역사상 단일 시위로는 가장 큰 규모였던 여성 행진 시위가 있었고, 3월 8일 세계 여성의 날에는 여성 파업 행사가 있었다. 여자 축구팀도 동일 임금 요구를 하던 중이었다. 선수들은 이러한 분위기를 놓치지 않고, 자신들의 출전 거부 선언을 더 이슈화하려고 노력했다. 이들의 요구에는 여자 하키에 대한 전반적인 지원 확대도 포함되어 있었다. 메건은 후배들까지 생각하면서 큰 그림을 그리며 투쟁했다. "얼마나 많은 전화를 돌렸는지 셀 수도 없어요. 미국에 있는 모든 여자 하키선수에게 전화했다 싶은 정도였어요. 경기를 못 뛸 지경까지 되더라도 잡고 있던 손을 놓지 말아 달라고 요청한 이유는 모두를 위한 싸움이었기 때문이에요. 우리가 바꾸려고 노력하고 있으니 옆에 같이 서서 힘이 되어 달라고 부탁한 겁니다." 이런 노력 끝에 미국 여자 프로 아이스하키 리그는 교체팀을 꾸리는 데 실패했다.[53]

결국 이들은 계약을 얻어냈다. 계약에는 2020년 2월 첫 아이를 낳은 메건 자신이 혜택을 볼 수 있었던 출산 지원도 포함되어 있었다. 국가대표 남자팀과 같은 출장경비와 보험료가 포함됐고 1년 내내 훈련비로 월 2천 달러를 받을 수 있게 됐다. 해마다 상금을 나누어 가질 수 있게 되었고 메달을 따면 보너스도 지급됐다. 물론 바로 메달을 땄다. 이들은 또한 여성 하키 발전을 위해 일할 수 있는 '여자 프로 자문단' 지위도 얻어냈다. 메건이 후배 선수들에게 했던 주장이 옳았음이 증명됐다. 이들은 후배들을 위해 많은 것을 이루어 냈다.[54]

아직 할일이 남아 있었다. 출전 거부 철회 후, 세계 대회를 여러 번 석권했고 다음해에는 20년 만에 처음으로 캐나다를 꺾고 금메달까지 가져왔다. NHL은 이들 중 몇몇을 올스타 게임에 초대하기 시작했다. 하지만 링크 밖에서 미국과 캐나다 여자 선수들은 라이벌 관계를 벗고 더 큰일을 계획하기 시작했다. 상금이 달린 국제 여자 프로 리그 창설이었다. 게다가 그간의 성공으로 선수들을 규합하는 것이 중요하다는 것도 알고 있었다. 성공적인 투쟁에 힘입어 여자 하키는 성장했고, 이들은 지금의 초라한 리그보다 더 큰 무언가를 원했다.[55]

2019년 봄 갑작스러운 캐나다 여자 아이스하키 리그의 해산으로 많은 선수가 일자리를 잃게 되자 할일이 더 많아졌다. 선수들은 자신들만의 새로운 조직, '프로하키 여자선수협회(PWHPA)'를 발표했다. 메건은 "그간 저희가 했던 노력처럼, 많은 하키를 사랑하는 선수들이 하키의 밝은 미래를 만들어가기 위해 시작한 운동입니다."라고 했다. 미국, 캐나다, 유럽의 유료 회원 173명을 보유한 '프로하키 여자선수협회'는 하키 발전을 위한 좀 더 지속 가능한 토양을 만드는 것이 목적이었고, 이 목적에 관심이 있는 이들의 참여를 독려했다. 테니스 선수 빌리 진 킹이 협회 고문 중 한 명이었다.[56]

선수들은 프로하키 여자선수협회와 함께 또다시 자신들의 노동을 제공하지 않기로 했고, 이번에는 기존 어떤 프로 리그 출전도 모두 다 거부했다. 대신 지역을 순회하며 버드와이저나 던킨도너츠와 같은 후원사들을 끌어 모았고, 소규모 친선경기와 지역사회 행사를 통해 지지를 얻어냈다. 2019년과 2020년 해를 넘기던 겨울에 임신 중이었던 메건은 경기를 뛰고 있지는 않았지만, 여전히 깊이 관여했다. "팬들과 관심 있는 사람들의 지지로 순회 경기는 정말 최고였어요. 하지만 아직도 고된 싸움이에요. 목적지가 아직 멀리 있어요. 프로하키 여자선수협회 회원 중 올해 프로 선수로 뛰면서 급여를 받은 선수가 한 명도 없어요. 분명 좋은 날이 오겠지만, 그전까지는 계속 힘들 것 같아요." 하지만 그나마 가장 큰 승리라면 프로하키 여자선수협회 선수들이 2020년 올스타전이 열리던 주에 미국 내셔널 풋볼 리그의 초청을 받아 3대 3 이벤트 경기에 출전했던 일이었다. "그 무대는 정말 특별했다고 생각해요. 여자 하키를 그다지 접해 본 적 없는 사람들에게 여자 하키를 소개할 기회도 되었잖아요. 우리들이 꾸준히 대중들에게 노출되어 더 성장해갈 수 있고 더 많은 기회를 얻을 수 있다고 희망할 수 있도록 이런 장소와 기회를 선사해준 NFL에 정말 감사합니다."

코로나19 감염이 확산하며 계획했던 순회 경기 일부를 취소해야 했다. 하지만 협회는 2020~2021년까지 순회 경기를 계속하겠다고 발표했다. 코로나19에도 불구하고 후원 기업들도 협회 지원을 지속하겠다는 뜻을 밝혔고, 그해 모든 세계 대회가 취소됐지만 선수들도 훈련을 지속해갔다.[57]

초등학교 시절 메건은 학생들이 볼 수 있는 운동 영상을 제작해 체육 선생님을 도왔다. 메건은 기자들에게 이렇게 말했다. "저는 항상 제가 할 수 있는 건 뭐든지 하고 싶었어요. 왜 그랬는지는 모르겠지만, 초등학교에서 중학교 때까지 선생님과 정말 가까웠던 기억이 있어요. 당시 전 운동선수를 꿈꾸고 있어서 선생님이 멋져 보였어요. 선생님과 우리 동네 다른 분들은 제 올림픽 꿈을 지난 20년 동안 응원해주셨어요."[58]

"이제는 여자 운동선수로 살아가기 조금은 좋은 시대가 됐어요. 선수들에게 힘도 생겼고 응원해주는 관중들도 많아요." 그 힘과 응원이 수많은 걸림돌에도 불구하고 메건이 링크 밖에서 활동할 수 있던 이유였다. 링크 위에서 이루었던 많은 영광의 순간들도 메건 자신이 얼마나 하키를 사랑하는지를 상기시켰다. 메건은 특히 불참 선언을 철회하고 나갔던 세계 대회에서 우승했을 때를 잊을 수 없다고 했다. 미시간주 홈구장에 전 좌석이 매진됐던 그 경기에는 메건과 동료들이 그간 대결을 벌여온 조직위원회 사람들도 앉아 있었다. "경기를 하게 되기까지 무수한 일들을 겪으며 선수들 모두 활기로 가득 차 있었어요. 연장전에서 승리에 쐐기를 박는 득점을 했을 때, 그리고 다들 함께 축하하고 기뻐했던 최고의 그 순간들을 절대 잊을 수 없습니다. 보세요! 우리는 가치 있는 존재들이라고 말했잖아요."

삶에서 가장 의미 있는 것을 생각하며

사랑의 진정한 의미를 다시 찾기 위해 일을 그저 일이라고
부르고 싶다.

－ 실비아 페데리치[1]

일할 필요가 없다면 그 시간에 당신은 무엇을 할 건가요? 내가
사람들에게 자주 묻는 말이다. 2012년 알고 지내던 여성 정치운동
가와 앉아 이야기를 나누던 중 그가 무용을 배우고 있다는 것을 알
게 되었다. 내가 인디애나폴리스 캐리어Carrier 공장에 방문해 노동
자들에게 돈이 크게 문제가 되지 않는다면 무슨 일을 하겠냐고 물
었을 때, 한 노동자는 낚시 가이드가 되고 싶다고 했다. 어떤 노동
자는 가족과 더 많은 시간을 보내고 싶고, 아들들과 작은 사업을 시
작할지도 모르겠다고 했다. 하지만 모두 언제나 현실을 직시해야
했고 돈이 문제였다. 이들은 일할 '필요'가 있었다. 세상이 지금 같

지 않다면 나는 뭘 하고 있을까를 생각하면 생각할수록 마주한 현실이 더 선명해지기만 했다. 일은 선택의 문제가 아니었다.

그간 우리는 노동을 통해 해방, 자유, 심지어 큰 기쁨도 얻지 못했다. 물론 일터에서 얻는 즐거움은 분명히 있다. 나는 작가로서 잘 다듬어진 문장에 자부심을 느끼고, 기자로서 훌륭한 인터뷰에 흥분한다. 식당에서 일했을 때는 단골손님과 가끔 나누는 잡담이 즐겁기도 했다. 나는 일터에서 어떻게든 비참해지려고 노력해야 한다고 주장하는 것이 아니라 오히려 정반대이다. 행복, 즐거움, 소통을 느낄 기회가 있다면 최대한 그 기회를 잡아야 한다. 하지만 일에서 행복을 느끼고 싶은 욕구를 스스로를 위해 다져왔음에도 불구하고, 그 욕구를 만들어준 세상이 발밑에서 무너져 내리고 있다. 조금씩 우리는 다른 세상을 생각할 수밖에 없고 그럼 그 다른 세상이 무엇인지를 고민하게 됐다.[2]

이 책을 통해 만나온 모든 노동자는 나름의 방식으로 자신들이 하는 일이 일로서 가치를 인정받게 하려고 싸웠다. 이들에게는 순전히 이타적인 사랑으로만 하는 일이 아닌, 일을 하면서 (혹은 자신을 위해 일을 하면서) 존중받고 이해받는 것이 중요했다. 아마추어가 하는 일도 아니었고, 취미도 아니었고, '가족'이기 때문도 아니었다. 오랜 훈련과 희생이 따르는 분야를 선택했을 수도 있고, 즉흥적으로 지원서를 냈을 수도 있지만, 모두가 자신들의 선택지가 무한하지 않다는 것을, 원하는 것을 한다고 좋은 보수를 받게 될 것이라고 기대할 수 없다는 것을, '좋아해서 하는 일' 속에서 다른 누군가를 위해 돈을 벌어다 주고 있고 자기들은 그저 살아남기 위해 그 일을 하고 있다는 것을 알고 있었다.

사랑의 노동이라는 신화는 스스로 쌓아올린 자기모순에 무너져 내리고 있다. 이 책에 등장한 노동자와 직업군 외에도 20~30명 이상의 사례가 더 있었지만, 책이 주는 공간의 제약으로 담을 수 없었다. 집필하는 내내 사람들과 나누었던 모든 대화가 책에 담을 만한 이야기였다. 배우, 미용사, 바텐더, 치료사, 사회복지사, 박물관 직원, 변호사, 간호사, 정치운동가, 공무원, 언론인 등 무수한 사람들과 이야기를 나누어봤지만, 모두 이 책에 포함되기에 손색이 없는 자신들만의 이야기를 들려주었다.

사랑의 노동이라는 신화에 금이 가고 있는 이유는 노동 자체가 더 이상 제대로 작동하고 있지 않기 때문이다. 우선, 보수가 예전 같지 않다. 레이건 대통령과 대처 총리 시대 이래로 대부분 노동자의 급여는 정체되어 있다. 어느 직장이나 삭감이 이루어지고 있고 대학 졸업장이 더 이상 중산층 직업을 보장해주지 못한다. 신자유주의는 2008년 세계금융위기 이후 긴축재정으로 허리띠를 졸라매고, 더는 순종하기 힘들어졌는데도 순종하지 않는 이들에게 처벌의 무게를 더 높이고 있다. 사회학자 윌 데이비스Will Davies가 말하는 '가혹한 신자유주의punitive neoliberalism'다. 감옥에 가는 사람들이 늘고 있고, 사회 복지는 축소되고 있고, 그나마 괜찮았던 직장도 이제는 거의 없다.

코로나19로 의료체계의 허점들과 높아진 위험을 감수하면서도 일을 할 수밖에 없던 '필수' 노동자들의 잔인한 현실이 드러났다. 방송인 폴 메이슨이 했던 유명한 말처럼, '미래가 없는 졸업생들'이 이제는 너무 흔해졌고, 이들은 화나 있다. 2012년 미국 전역에 최소한 16개 주에서 교사들이 더 나은 복지를 요구하며 연이은 파업을 시작한 이래로 이들은 아직도 멈출 기미를 보이지 않고 있고, 코로나19로 더더욱 시급한 문제가 됐다. 미술관 직원들과 기자들은 단결하여 급여를 비교한 구글 문서들을 돌렸고 그 정보를 노조 결성 추진에 이용했다. 나아가 그리스, 칠레, 프랑스, 미국의 거리에는 노동 현장의 위기와 전반적인 사회 변화를 고조시켜온 긴축 정책들을 끝낼 것을 요구하는 시위들이 봇물 터지듯 터져 나왔다. 여자들은 직장과 가정에 만연한 남자 중심 위계질서에 도전한다. 희망 노동 세대에게 했던 약속이 거짓말이었음이 속속들이 밝혀지고 있다.[3]

그렇다고 신자유주의 이전으로 돌아간다고 될 일도 아니다. 시간을 되돌릴 수 있다 하더라도 누가 포드주의 타협과 공장 노동으로 돌아가고 싶겠는가? 자본주의 모델은 소수의 이득을 위해 지구를 망쳤고 신자유주의는 그 과정에 속도를 붙였을 뿐이다. 자유, 선택권, 성취감을 주는 노동과 같은 긍정적 이상은 그런 한낱 꿈같은 수사에 감춰진 현실의 실체를 알고 있는 대중들에게 갈수록 설득력을 잃어가고 있다. 자본주의의 민낯이 드러나며 일을 사랑하라는 말은 이제 잔인한 농담처럼 들린다. 1960년대 여성 운동의 말을 빌리자면, 우리의 의식은 고양되고 있고 더 이상 속지 않는다. 2008년 세계금융위기 이래로 자본주의 리얼리즘Capitalist Realism에는 수천 개

의 금이 갔다. 이제 언제라도 산산이 부서질 수 있다.[4]

그리고 자본주의에 일어나는 이 모든 오작동이 심각한 생태계 위기와 맞물려 일어나고 있다. 하버드 대학 환경센터의 연구원 알리사 바티스토니Alyssa Battistoni는 이렇게 썼다. "극단적으로 말하면, 인간의 활동이 우리가 지구에서 살아가는 방식을 위협할 정도로 지구 전체를 완전히 바꾸어 놨습니다. 물론 그 위협은 누구에게는 더 가혹합니다. 환경보호 운동의 오래된 장애물, 즉 소비와 노동 문제를 해결하지 않고는 더는 생존이 불가능합니다." 공공부문이 지출을 줄이면 민간 소비가 늘어난다. 대중교통보다는 차를 운전하게 되고 공원보다는 개인 정원이 늘고, 수돗물이 형편없으니 생수를 사먹게 된다. 노동문화 자체도 문제에 심각성을 더한다. 2019년 영국의 연구소 오토노미Autonomy가 발표한 보고서에는 이런 질문이 제기됐다. "경제적 성과를 극대화할 방법(자본을 가진 소수를 위해 대다수 사람을 장시간 노동시키려고 자주 써먹었던 방법)에 대한 논의보다, 기후변화가 더 다급하다. 현재 경제구조와 생산성 수준에서 발생하는 이산화탄소 배출량을 과연 지구가 얼마나 더 견뎌낼 수 있을까." 노동시간의 대폭 축소는 바람직할 뿐만 아니라, 점점 더 비참해지고 있는 노동을 생각하면 불가피하다.[5]

요즘 여가는 극소수만이 누릴 수 있는 사치다. 다들 너무 바빠서 사회가 어떻게 돌아가는지를 알기란 사실상 불가능하고 정치적·사회적 참여는 부유층의 전유물이 된 세상에 살고 있다. 즐겁게 했던 것들이 노동이 되었고 비교적 즐거운 노동도 일부 소수만이 즐길 수 있게 되었다.

고대 그리스 민주주의는 노동이란 시민 활동에 참여할 수 없던 노예들이나 육체노동자들을 경멸조로 통칭했던 바나우소이banausoi 계층, 혹은 노동계급 등 다른 누군가가 해주는 것이라는 개념에 기초했다. 반면 시민들의 일은 능동적 활동, 이론이나 생각을 행동으로 옮기는 실천praxis이었다. 경제학자이자 작가인 가이 스탠딩은 이를 "그 자체가 즐거워서, 대인관계를 강화하기 위해서 하는 일"이라고 표현했다. 오늘날 우리가 사회적 재생산이라 부르는 일이고, 공동체 생활을 만들어가는 일이었다. 그리스인들은 이러한 일을 가치 있게 여겼지만, 그 자체로 가치 있다고 여긴 진정한 여가와 구분시켰다. 사회에 적극적으로 참여하려면 자유시간은 배움이나 돌봄처럼 필수적인 요소였다.[6]

조지 오웰이 탄광 노동자들의 삶을 취재하고 쓴 『위건 부두로 가는 길The Road to Wigan Pier』이나 기계가 계속 발전할수록 인간의 노동을 더 이상 필요로 하지 않게 되고, 그렇게 되면 자본주의 스스로 위기를 초래하게 될 것이라고 주장했던 마르크스의 『기계의 파편

Fragment on Machines』이래로, 우리는 기계가 일종의 자동화 노동 계층으로 인간을 대신할 수 있을까에 대해 생각해왔다. 그때가 되면 기계에게 노동자 계층의 생계와 정체성을 빼앗기는 것이 아니라, 오히려 그로 인해 우리가 노동 아닌 뭔가 완전히 다른 것을 하게 될 수 있을까? '로봇이 우리의 일자리를 곧 빼앗을 것이다'라고 위협처럼 말하고 있지만, 사실 우리 모두를 위한 더 많은 자유시간이 만들어지는 방법이 될 수도 있다. 누가 로봇이나 알고리즘을 만들고, 디자인하고 소유하느냐가 관건이 될 것이다. 하지만 기술에 집착하면 본질을 놓친다. 우리는 인간 대 기계의 결투장에 갇혀 있는 것이 아니라, 생산에 그 어느 때보다 인간 노동력이 덜 필요함에도 살아남으려면 일해야 하는 생산방식 안에 갇혀 있다.[7]

우리는 일에서 사랑을 돌려받지 못한다. 일에서 즐거움을 얻는 운 좋은 소수의 사람이 있더라도, 깨어 있는 시간 대부분을 일해야 하는 사회에서 절대로 행복할 수 없다. 실비아 페데리치가 썼듯 "일터에 우리의 욕구를 채워주는 활동들과 관계들을 심어놓았고, 그것이 우리 삶을 목 조르고 있다."[8]

자본주의 사회는 노동을 사랑으로, 사랑을 노동으로 변모시켜놓았다. '가사 임금 캠페인'을 벌였던 셀마 제임스는 자본에 빼앗긴 것에 대해 '아마 될 수도 있었을 우리를 빼앗겼고, 지금의 우리도 종속당하고 있다. 시간을 빼앗기고 있고, 그 시간은 결국 우리 인생이다'라고 했다. 하지만 점점 자본에 얽매이지 않고 우리의 우선순위에 대한 사고를 바꾸려는 움직임이 일기 시작했다. 많은 조사들에서 '근무 시간은 짧고 자유시간이 많은' 것을 바람직한 직장의 특징으로 꼽고, '중요한 일'을 하고 싶다는 욕구는 점점 낮아지고 있다는 것이 밝혀졌다. 교육 수준이 높든 낮든 공통으로 이러한 성향을 보였지만, 인식의 차이는 있을 법하다. 1장에서 레이가 지적한 것처럼, 아이와 더 시간을 보내고 싶어 사회복지수당을 받는 엄마는 게으르다는 낙인이 찍히지만, 똑같은 목적으로 훌륭한 직장을 그만두는 형편이 넉넉한 엄마는 (비록 전 페이스북 최고운영 책임자였던 셰릴 샌드버그Sheryl Sandberg의 저서 제목 『린 인Lean In』처럼 '여자로서 적극적인 자세'를 보이지 못했다는 비난을 받을지는 모르지만) 그저 '일과 삶의 균형'을 원하는 것으로 여겨진다.[9]

하지만 일에 대한 이 모든 사랑이 초래한 부작용은 다름 아닌, 사람들 사이에 사랑을 이야기하는 것의 중요성을 잃었다는 점이다. 사랑에 관해 이야기하는 것은, 그리고 특히 여자라면, 진지해 보이지 않을 수 있다는 위험을 감수해야 한다. 개인의 관계는 짬을 내서 하거나 우선순위에서 밀리거나 직장의 요구에 맞춰 완전히 희생해야 하는 것이 되었다. 특히 노동자 계층 여자들은 고용시장에서 어려움을 겪고 있는 남자들이 장기적으로 바람직한 동반자가 아니라는 판단을 내리고, 아이를 키우면서도 혼자 사는 쪽을 택하고 있다. 이런 계산을 해야 한다는 끔찍한 현실이 가진 자들에게는 아무렇지도 않은 듯하다(게다가 너무 많은 사람이 대인관계는 이성 사이에서만 중요하다고 생각하여 사람들이 만들어가는 무수한 기타 돌봄 관계를 망각한다). 파편화된 신자유주의식 노동윤리로 우리는 늘 일정 관리 메모를 끼고 살게 됐다. 문화비평가 로라 킵니스Laura Kipnis가 저서 『사랑에 반대하며Against Love』에서 격렬히 비판한 대로, 특히 노동자 계층에게 사랑은 아주 복잡한 관계가 되어 버렸다.[10]

신자유주의에서 고통받는 것은 남녀관계만이 아니다. 친구 관계도 피해를 보았다. 2014년 한 연구에 따르면 영국인 10명 중 1명이 친한 친구가 없다고 했고, 2019년 미국의 한 여론조사에서는 밀레니얼 세대 5명 중 1명이 친구가 없는 것으로 밝혀졌다. 어느 기자는 이러한 조사들이 '장기적인 외로움의 증가 추세'를 반영한다고 지적했다. 코로나19로 봉쇄령이 장기화되면서 이미 많은 사람이 느끼고 있던 고립감은 더욱 악화되었다. 페이스북 친구는 있겠지만, 우리에게 진짜 친구가 있나? 사람들은 우리의 이러한 집단적 외로움을 인터넷 탓으로 돌려왔지만 사실 노동환경의 변화와 함께, 사람들에게 노동을 넘어선 공통의 목적의식과 방향성을 제시해주었던 여러 제도가 사라지면서 함께 나타난 현상이다. 내가 렉스노드 공장 노조 운동가들에게 공장이 문을 닫는다면 무엇이 그리울 것 같냐고 물었을 때, 이구동성으로 동료들과 노조를 들었다. 일 자체가 아니었다.[11]

새로 결성된 운동 단체들과 정치조직에 청년층이 활동하게 된 것은 정치적 각성일 뿐만 아니라 소통과 목적의식에 대한 이들의 열망을 반영한다. 일터에서 너무 많은 시간을 보내다 보니 짝을 찾는 (혹은 최소한 하룻밤 관계를 찾는) 과정을 간소화해주는 소개팅 어플들도 등장했다. 이런 식의 직장과 연애 문화가 인간적인 접촉에 대한 우리의 희망, 꿈, 그리고 필요를 해소해주는 듯하지만, 애초에 그런 취지로 만들어진 적은 없었다. 우리에겐 애정이나 계약 그 이상을 넘어서는 인간관계가 필요하다.[12]

개념으로서의 사랑에는 오래되고 복잡한 정치적 역사가 담겨 있다. 《틴보그Teen Vogue》 편집장은 사랑이 "단순한 공감대나 정서적 감정을 넘어선, 사회·문화적 힘"이라고 말한다. 사랑은 오랫동안 일과 반대되는 개념으로 이해되었다. 사랑은 가정, 가족, 배우자를 위한 것이었고 일터는 그 사랑을 끌어가는 데 필요한 것을 벌어오는 곳이었다. 또한 사랑은 남자보다 여자들에게 더 중요하다고 여겨져, 가정은 여자들의 영역, 일터는 남자들의 영역이었다.[13]

하지만 현실에서는 그 경계가 늘 모호했다. 우선 산업 자본주의가 시작했던 그때부터도 많은 여자가 일했고, 고용주는 가정에까지 자신들의 통제력이 미치길 원했다. 이탈리아 이론가 안토니오 그람시는 "생산과 노동의 합리화로 요구되는 새로운 남성상은 성욕을 적당히 규제하고 합리화해야 한다."고 말한다. 또한 그는 기업가들이 인간의 '동물적 본능'을 규제해, 더 엄격한 통제 속에 그나마 인간다운 것을 만들어내려고 부단히 노력했었고 그 방법의 하나가 퇴근 후 애정 관계를 규율하는 것이었다고 주장한다. 헨리 포드는 조사관들을 직원들 집에 보내 동성애자는 아닌지, 일부일처인지, 그래서 급여를 받을 자격이 되는지를 조사했던 것으로 유명하다.[14]

노동환경이 변하며 사랑에 대한 우리의 생각도 바뀌었다. 1960년대 시작되어 대략 20년 동안 이어진 제2물결 페미니즘second-wave feminism 시기 여성들은 재정적 독립을 위해 애썼다. 청소와 아이 끼니 챙기는 일보다 더 재미있고 자신을 위한 뭔가를 하며 하루를 보내도록, 그것이 경력으로 인정받을 수 있게 해달라고 요구했다. 그리고 사랑도 일부일처 결혼제도에서 더 개방적이고, 탄력적이고, 당연히 이성간에만 국한되지 않는 것으로 변화를 겪어왔다. 하지만 '파트너'라는 단어가 성 중립적 단어로 점차 인기를 얻어가고 있는 한편 직장, 이사회실, 법률 사무소를 연상시키기도 하는 것처럼, 우리가 연인관계를 이야기하는 방식에는 여전히 직장을 보완하는 제도로서의 가족이라는 뜻이 투영된다. 우리는 어떤 관계가 해체되었을 때 그 관계를 불가능하도록 만든 사회적·제도적 압박 대신 스스로를 비난한다. 사랑은 아직도 또 하나의 소외된 노동에 지나지 않는다.[15]

〉❥〉

꼭 이래야 할까? 셀마 제임스가 썼던 것처럼, 가부장적 제도 속에서는 남녀가 동거하며 서로 사랑하는 것은 둘째 치고, 서로를 견디는 것만으로도 기적이다. 오늘날 우리가 살아가는 방식 때문에 곳곳에서 장애물이 불쑥불쑥 나타나지만 우리는 그래도 노력하고, 그 자체가 고귀하다. 그렇다면 경제적 이윤보다 그러한 노력에 대답하는 세상을 만들려고 애쓰는 것은 어떨까? 정치이론가 캐시 웍스가 물었던 것처럼, '노동의 금전적 가치에 영향을 받지 않고' 사랑하는 사람들을 위해 할 수 있는 일이 무엇일지 어떻게 알 수 있을까?[16]

언제나 내 삶의 가장 큰 즐거움들과 가장 의미 있는 기억들은 연인과 헤어진 얘기를 들어주며 같이 슬퍼해주고, 같이 웃고 울고, 남의 시선에 상관 없이 무릎과 엉덩이가 까질 정도로 춤을 추고, 새벽 4시까지 소파에 널부러져 지난 한 달간 서로에게 일어났던 작은 기쁨과 슬픔을 이야기하던, 사랑하는 사람들과 함께했던 그런 시간이다. 정치적 비극이 일어나면 누군가의 품에 안겨 몸을 움츠렸다. 누군가가 승리를 거뒀다면 함께 환호하며 기쁨의 눈물도 함께 흘렸고 포옹할 정도로 좋아하지는 않았던 옆사람을 (그녀도 나를 그렇게 친하게 생각하지 않았을 테지만) 끌어안았다. 그 순간 우리가 함께 해낸 것은 단지 우리만의 승리가 아니었기 때문이다.

아버지가 돌아가시고 내가 아무것도 할 수 없을 정도로 슬픔에 빠졌을 때 그 고통을 이해하고 손을 뻗어준 것, 그렇게 슬퍼하는 것은 당연하고 그 마음이 일보다 더 중요하다고 말해준 것은 사람들이었다.(일을 어떤 때는 멈춰도 된다는 것을 이해해준 타이프 미디어센터 Type Media Center의 편집자들과 직원들도 나에게는 축복이었다). 그리고 그 이후 나도 내 친구와 동료들이 사랑하는 사람을 잃으면 그 작은 친절함을 갚으려고 노력했다.

나는 책을 쓰던 그 시간 동안 아버지를 잃은 상실감을 극복하고 있었고, 이후에는 더 많은 파편이 깨져 떨어져 나가는 듯한 감정 속에 책을 썼다. 비통함은 습관이 되어 버린 것 같았다. 어느새 눈 밑에 다크서클이 늘어진 내 모습을 좋아하게 되었다. 사랑과 일 중 어느 것 때문에 잠을 못 자서 그런지 누가 분간할 수 있었을까? 나는 구분할 수 있었을까?

사실 비통함은 그 자체로 충만하다고 느껴졌다. 나는 멋지게 시간을 낭비하고, 잠도 못 이루고, 일도 하지 않고 있었다. 일하려고 했지만, 감정에 충실하려고 결심하면 가슴에서 덜컹거리는 소리가 났다. 그 소리에 귀 기울이고 하던 일을 못 하게 됐을 때, 잠깐이나마 다시 살아 있다는 기분이 들었다. 슬픔의 공허함 속에서 더 많은 고통을 느꼈다. 즐거움을 찾을 수 없었기 때문이었다.

이제 이 책을 마무리하며 나는 자신과 했던 싸움을 정리하려고 한다. 마감일을 바라보며 출간이 된 책이 내 손에 들어오는 것을 상상하면서도, 일보다 더 사랑하는 것을 찾으려고 노력을 했다. 나는 누군가 이 책을 읽으면서 자기 안에 '탁' 소리를 내며 뭔가가 깨져 나오는 기분을 경험하는 것을 꿈꾼다. 직업으로 인해 우리와 타인 사이에 세워진 그 벽을 통과하는 장면을 꿈꾼다. 나는 소통을 꿈꾼다. 소통하기 위해 쓴다. 나는 우리를 좀 더 나은 곳으로 인도해줄 미끼인 빵가루를 떨어뜨려 놓으려고 쓴다. 이 결론 부분을 쓰며 이 책을 읽게 될 그 사람을 생각한다. 결코 일은 우리를 사랑해주지 않는다. 하지만 사람들은 그럴 것이다.

동시다발적으로 일어나는 정치적·생태학적 위기들은 너무 거대해서 어떤 해결책도 없어 보일 수도 있지만, 지금과는 다른 세상에서 살아가는 우리에 대한 가능성을 생각하도록 해주었다. 예전에는 자본주의의 종말보다 지구의 종말을 상상하기가 쉬웠다면, 이제 두 가지 모두 가능하다는 사실을 대략 알게 되었으니 새로운 것을 구상하기 시작해야 한다.

그리고 함께 즐거움을 얻는 방식으로 공감하는 것이 그 필요한 변화를 만들어내는 데 핵심이 될 수 있다. 팟캐스트 '#ACFM'의 나디아 아이들Nadia Idle은 도시지향주의, 즉 어버니즘Urbanism을 주제로 한 방송에서 이렇게 말했다. "전 더이상 누구와도 '커피나 한잔' 하고 싶지 않아요. 이 작은 도시에서 강제되는 신자유주의적인 대인관계와 소통 방식이 내키지 않습니다. 모든 것이 너무 비싸고 다들 시간도 없어서 두 달 만에 만나서 밀린 얘기를 나눌 수밖에 없는 그런 일종의 거래방식 말입니다. 대신 우리에게 필요한 것은 서로 인간으로서 교감할 수 있는 장소와 시간입니다." 명함을 모으거나 도장을 찍듯 사람들을 만나는 대신, 소통의 속도를 늦추고 소통의 내용을 풍성하게 하며 더 깊이 있고 의미 있는 소통을 하는 것 자체가 해방으로 한 걸음 나아가는 방법이다.[17]

끝없는 노동에서 얻은 금전적 보상으로 살 수 있는 물건에 목매는 대신, 서로에게 목을 맨다면 어떨까? 직장 안팎에서 연대하는 과정이 결국 소통의 과정이다. 쭈뼛쭈뼛 건네는 인사, 휴게실에서 나누는 잡담, 일과 관련 없는 이메일 주소로 온 다정한 편지와 같은 것들이 우리가 함께 얻는 이익이 명확해지고 우리가 함께 누릴 힘을 쌓아가는 방법이다. 노동계 금언인 '한 사람이 받은 상처는 모두의 상처다'를 굳게 믿을 때 진정한 의미가 있다.[18]

공예가 윌리엄 모리스가 주장했듯, 우리는 철 지나면 버려지는 소모품보다 간직되고 소중히 여겨질 선물 같은 것들을 만들고, 사용하고, 뽐내는 과정에서 즐거움을 얻는다. 마찬가지로 일터 너머의 세상에서도 아름다운 것들을 함께 만들어갈 수 있을지도 모른다. 인간적 소통에 좀 더 집중하면, 왜 우리가 다른지보다 왜 우리가 같은지를 알아낼 수 있을지도 모른다.[19]

나는 역사가 테라 헌터가 『나의 자유를 즐기기 위해Joy My Freedom』에서 묘사한 노예였다가 해방된 흑인 여성들을 생각한다. 그들이 스스로 열등한 인종이라는 생각을 뒤엎으며 새로운 정체성을 신나게 만들던 모습을. 그들은 열심히 또 열심히 노력하면서도 자신들이 누릴 자유가 의미를 갖게 될 공간도 요구했다. 헌터는 "흑인 여성들은 그 자유를 친구, 가족, 이웃과 함께 즐거움과 여유를 찾을 기회로 만드는 데 진심이었다."고 썼다. 그들은 생계를 유지할 필요성과 "건강한 감정, 개인적 성장, 집단의 문화적 표현의 필요성" 사이의 균형을 유지했다.[20]

춤, 노래, 예쁜 옷 같은 문화적 표현들은 너무 오랫동안 잔인하게 억눌러져 온 것을 표현하는 방식들이었다. 그런 문화적 표현들은 이 사회 안에서 존재하고 또 파장을 일으킬 수도 있지만 일상의 따분함을 뚫고 나왔을 때 더 큰 의미가 있다. 아직까지 자본주의 외의 세상이 없는 것이 사실이긴 하지만, 우리의 삶에서 자본주의 너머의 세상을 순간순간 마주칠 때가 있는 것도 사실이다. 마크 피셔가 말했듯, 우리가 가진 욕구들은 아직 대개 이름이 없다. "자본주의가 펼쳐놓은 무한한 반복에서 탈출한 미래를 보는 것이 우리의 욕구이다. 그 탈출은 새로운 인식, 욕구, 자각이 가능한 그런 미래에 달려 있다." 지금 삶의 모든 면에서 그런 욕구들은 성취될 수 없을 것처럼 보인다. 그럼에도 그 욕구들이 우리가 무언가 새로운 것을 키워나갈 토대이기도 하다.[21]

의미 있는 소통을 할 수 있는 그 충만함을 되찾으려면, 노동환경의 사소한 개선이나 대대적인 노동법 정비가 간절히 필요하다. 하지만 그 이상의 뭔가가 필요하다. 그리고 충만함을 되찾은 후에는 우리 삶이 우리가 하고 싶은 것을 할 수 있는 '우리 것'이라는 정치적 이해가 필요하다.[22]

사회는 늘 우리에게 무언가를 요구할 것이다. 우리가 원하는 것처럼 타인과의 관계를 가치 있게 여기는 그런 세계라도 더 많은 요구가 있을 수 있다. 하지만 그 세계는 그런 부담을 나눌 수 있고, 일을 더 유쾌하게 배분하고, 원한다면 여가를 즐길 수 있는 세상일 것이다. 서로를 돌보는 일이 사회의 한 계층이나 성별이 떠넘긴 책임이 아니고, 우리 자신을 돌볼 시간이 많은 세상일 것이다.[23]

자본주의 사회에서 우리가 만드는 것들은 간직도 공유도 할 수 없다. 결코 우리 것이 아니다. 예술가들은 사회에서 자유롭게 보이지만, 자본주의는 예술을 극소수만이 즐길 수 있는 사치로 만들었다. 예술비평가 벤 데이비스는 그래도 어렵사리 표현 방법을 찾은 소수의 예술가를 이렇게 설명했다. "삶의 바람직한 측면과 외로운 세계에는 없는 풍요로움을 다른 모습으로 표현해야 하는 부담을 지고 있다. 창작에서 느끼는 성취와 동료애는 기대할 수도 없고 또 누군가를 위해 일해야 하는 끝도 없는 나락만이 기다리고 있다." 그렇게 조금씩 떨어지다 보면 결국에는 와르르 무너져 내린다. 우리의 창의성도 우리의 사랑처럼 진정으로 자유롭지 않다.[24]

창작, 놀이, 사랑은 모두 인간의 욕구이고 심지어 인간에게 필요한 것들인데도 상품화되어 우리에게 되팔려왔다. 생계를 위해 일을 해야 하지만 더 나은 여건을 요구하는 것은 당연하다. 그러한 요구에는 우리의 시간을 되찾겠다는 요구도 늘 들어가 있어야 한다. 생계를 꾸려 가야 한다는 제약이 없다면 우리는 무엇을 만들어낼 수 있을까? 오래전 (그렇게 오래전은 아니지만) 마르크스는 이렇게 썼다. "자유는 필요성과 외적 편의에 의해 이루어지는 노동이 종식될 때 비로소 시작된다."[25]

모험도 즐거움의 일부다. 그것은 살아있다는 증거다. 가슴이 뛰는 이유는 문자 한 통일 수도 있고 소통과 외로움을 오가며 얻는 즐거움과 괴로움 때문일 수도 있다. 일은 소통의 수단일 때 비로소 중요해진다. 돈, 명예, 권력을 얻으려는 자본주의적 충동을 벗겨낸 모든 사랑의 노동은 타인과 소통하기 위한 근본적이고 진정한 시도다. 외롭고 작은 지금의 우리 자신보다 더 커지고 더 나아지려는 시도다. 아무리 고독한 예술가의 창작물도 어떤 면에서는 알아 달라고 하는 부탁이다. 생존의 필요성이 사라지면 얼마나 많은 소통을 이루어내게 될까? 얼마나 더 서로에 대해 알려고 노력할까?

◊ ➧ ◊

지난 20여 년간 일어난 사회운동은 다 함께 있을 수 있는 공적 공간을 돌려 달라고 요구했다는 공통점이 있다. 21세기 초 경제 불안으로 일어난 대규모 시위에서 점유했던 스페인과 그리스의 광장들, 국가지원 축소와 수업료 인상에 들고 일어난 영국 학생들이 점유했던 대학들, 월가 반대 시위, 2011년 이집트 혁명 중 점유된 타흐리르 광장Tahrir Square, 코로나19 봉쇄령 이후 '흑인의 목숨도 소중하다'를 외치며 공적 공간을 돌려 달라고 외쳤던 2020 조지 플로이드 시위가 모두 그랬다.

그런 공간들은 틀림없는 토론과 행동의 공간들이었지만, 돌봄의 공간이기도 했다. 월가 반대 시위 때 위원회들은 시위 참여자들의 기본적인 욕구 충족은 물론 그들의 정신건강도 챙겼다. 노래하고 춤췄으며, 책을 빌릴 수 있는 도서관도 있었고 지식을 공유하러 방문하는 강연자들도 있었다. 작가이자 사회 비평가인 바버라 에런라이크는 저서 『거리에서 춤추다Dancing in the Streets』에 이렇게 말했다.

"시위는 집단적 즐거움의 향연이라는 축제의 정신과 일시적이나마 기존 사회를 지배하던 힘의 역학을 뒤엎는 정신을 꾸준히 재창조해낸다. 언론은 심각한 정치적 쟁점에서 벗어나는 제멋대로의 행동이라며 그런 축제 정신을 비웃지만, 노련한 시위조직원들은 '혁명'이 이루어지기까지 희열을 미룰 수 없음을 잘 알고 있다."[26]

반 월가 시위 이후 사뭇 '진지한' 많은 사람이 선거 정치로 방향을 틀었다. 하지만 이런 진지한 분위기 속에서도 이상적인 공간이 재현됐다. 2012년 이후 미국 전역에 퍼진 교사 파업은 소통의 공간들을 만들어냈다. 웨스트버지니아주 교사들은 다 함께 빨간 티셔츠로 맞춰 입고 국회의사당에 몰려가 집에서 만들어온 팻말을 흔들었다. LA와 시카고 피켓 라인에서는 시간 맞춰 춤을 췄고 노래도 만들어 불렀다. 파업하던 영국 대학 강사들은 '우리 모두가 존재하는 대학'을 만들어내고자, '동료 간 협력관계, 관료적 간섭이 없는 강의 주제, 직원과 학생의 결속, 출근하며 학교에 데려올 수 있는 우리의 아이들'을 요구했다. 파업은 노동을 거부하고 정상적인 사업 운영을 방해하여 노동자들의 중요성을 증명해 보이는 행위다. 나아가 '직장에 빼앗긴 시간을 되찾아 오기' 위한 수단일 뿐만 아니라, 나의 시간과 내가 만든 창작물에 대한 소유권을 주장하는 방법이다. 파업을 하다 보면 천국이 잠깐 보인다. 로자 룩셈부르크Rosa Luxemburg가 썼던 것처럼, 대규모 파업은 세상을 뒤집어 놓을 잠재력이 있다.[27]

2020년 시위대는 세계적인 전염병 속에 운동가들이 입을 피해를 최소화하기 위해 마스크를 착용하고 손소독제를 챙겨 나왔다. 이들은 노래하고 춤췄고 시애틀과 미니애폴리스에 경찰이 없는 지역을 점유하여 음식과 의약품을 나누어주었다. 누구도 이들에게 무엇을 하는지 묻지도, 막지도 않는 그곳에서 똘똘 뭉쳐 서로를 돌봤다. 젊은 기후운동가들은 우리에게 다른 방법이 있음을 보여줬다. 그들은 삶에서 가족 외에 작은 패거리를 만들어가기 시작했다. 이들은 자기들의 끈끈한 10대 친구들과 힘을 합쳐, 자신들이 가진 두려움을 분명한 구호로 바꿔 내뱉는다. 그것은 이처럼 망가진 세상을 만들어 놓은 어른들을 부끄럽게 만드는 힘찬 구호다. 이 학생 운동가들은 또 다른 세상을 이미 만들어가고 있기 때문에 그런 세상이 가능하다는 것을 알고 있다. 자신들이 살아가야 하는 세상에 완전히 실망한 이들은 스스로의 시간을 되찾는다. 사회가 기대하는 희망 노동을 거절하며 그런 세상으로 조금씩 다가가고 있다.[28]

사랑만으로 변화가 가능하다고 상상하는 것은 분명 이상적이다. 나는 위키피디아를 시작으로, 성·여성 인권·예술 분야에서 정보격차를 줄이는 일을 해나가는 단체 'Art+Feminism'에서 선물로 받은 '우리는 사랑이 필요하지만 젠장, 전략도 필요해요.We need love but we also need a fucking game plan.'라는 문구가 적힌 가방을 소중히 간직하고 있다. 정치운동가이자 작가인 앤절라 데이비스의 유려한 표현으로 바꿔본다면 "사랑만으로는 무력하지만, 사랑이 없다면 어떤 혁명 과정도 절대로 정통성을 인정받을 수 없다" 정도일 것이다.

동료이자 절친인 멜리사 지라Melissa Gira와 내가 한때 주장한대로,

연대는 사랑의 한 과정이다. 시위와 파업 중에 우리가 만들어내는 그 천국 같은 공간들은 일시적인 공간이다. 연대한다고 해서 함께 투쟁하는 모든 사람을 좋아한다는 뜻은 아니다. 하지만 우리가 어깨를 나란히 하고 서 있는 그 순간들에 우리는 서로를 정말 사랑한다.[29]

그렇다면 노동으로부터 사랑을 구원하는 일이 새로운 세상을 만드는 투쟁의 핵심이다. 게다가 사람들은 자본주의적 노동 관행에 구속받지 않고 서로를 사랑한다는 것이 어떤 의미인지를 실험해보기 위해 이미 공간들을 되찾아오고 있다. 실비아 페데리치는 플라톤을 상기하며 "사랑하는 사람들로 짜인 군대가 있다면 그 군대는 무적일 것이다."라고 했고, "사랑은 개인주의를 막아주고 모두를 묶어준다."며 우리가 우리를 넘어서게 되는 힘이라고 주장했다. 자본주의는 우리를 서로 떼어놓기 위해 우리의 애정, 성생활, 신체를 통제해야만 했다. 자본주의가 사용한 가장 대단한 속임수는 노동이 우리의 가장 위대한 사랑이라고 우리를 설득한 것이다.

◊❥◊

그간 지내온 이 임대 아파트에서 이 책을 마무리 짓는 지금은 밸런타인데이 아침이고 아파트 창으로 햇볕이 들어오고 있다. 이 죽어가는 행성에 사는 동안 짧고 촛불처럼 위태롭게 흔들리는 우리의 삶 속에서 할 수 있는 한 가지 가치 있는 일이 있다면 다른 사람들을 사랑하는 일이다. 아무리 잘 알고 있다고 생각해도 늘 수수께끼를 남기는 서로 간의 차이마저도 초월해 그들을 이해하려고 노력하는 일이다. 내가 믿고 당신들도 믿었으면 하는 것은 사랑은 일 같은 것에 낭비되기에는 너무 크고, 아름답고, 위대하고, 인간적이라는 것이다.

이 책을 읽은 사람들에게

1. 당신은 지금 하는 일을 좋아하나요? 이 책으로 일에 대한 생각이 바뀌었나요?

2. 번아웃을 경험해본 적이 있나요? 어떻게 대처했나요?

3. 이 책은 다양한 노동운동과 그들의 성공과 실패를 다룹니다. 당신은 노조에 가입되어 있나요? 그렇다면 그 단체가 당신과 동료들을 어떻게 보호해주었나요?

4. 이 책에서는 일이 우리의 사랑은 물론 시간, 생각, 체력을 요구하면서 우리가 맺고 있는 관계가 어려움을 겪는다고 했습니다. 이 말에 공감하나요? 일 잘하는 직원으로 보이거나 일터에서의 생존을 위해 개인적 행복과 시간을 희생해본 적이 있나요?

5. 도입부에서 미국과 서유럽 국가들이 가난한 나라들로부터 노동력을 가져오는 과정을 이야기했습니다. 신자유주의적 자본주의는 어떻게 이런 전 지구적 양상을 낳았을까요? 이와 관련해 서구 밖 세계의 노동 환경에 대한 당신의 생각은 무엇인가요?

6. 책을 다 읽고 난 지금, 당신은 자신과 동료들의 근무 여건에 대해 어떤 생각이 드나요?

7. 이 책은 가족이 경제적·정치적 제도이며 여자들이 가정 안팎에서 '재생산 노동'을 한다고 했습니다. 당신이 자라온 가정에서는 누가 청소,

요리, 돌봄과 같은 일을 했었나요? 혹은 지금 본인이 직접 가정을 꾸리고 있다면 재생산 노동이 집안에서 어떻게 이루어지나요?

8. 이 책은 인종차별, 백인 우월주의, 그리고 여성혐오가 서비스, 사회복지, 학계, 스포츠 등 거의 모든 부문에서 가장 힘없는 노동자들을 괴롭힌다는 점을 보여줬습니다. 당신은 지금 일하는 곳에서 이러한 힘의 역학을 경험해봤거나 목격한 적이 있나요?

9. 책 전체를 통해 '숙련' 노동과 '비숙련' 노동의 구분에 이의를 제기했습니다. 그러한 구분이 원래 '여자의 일' 혹은 원래 '남자의 일'이라고 여겨지는 성별 구분 짓기와 연관이 있기 때문입니다. 당신은 지금 하는 일을 하기 위해 배워야 했거나 혹은 버려야 했던 능력이 있나요? 그리고 그러한 이분법으로 남자와 여자 중 누구의 노동이 더 가치 있게 보이나요?

10. 결론 부분에서 공적 공간을 되찾아오는 것의 중요성을 강조했습니다. 당신은 바쁜 일을 내려놓고 참석해서 다른 사람들과 소통하게 되는, 자본주의 이후의 사회가 있다면 이런 모습이겠구나 하고 느꼈던 공간에 있어본 적이 있나요?

11. 이 책에서 어떤 점에 가장 크게 공감을 하거나 놀랐나요?

12. 결론 부분의 질문을 곰곰이 생각해보세요.
"일할 필요가 없다면 그 시간에 당신은 무엇을 할 건가요?"

일하러 오신 것을 환영합니다

1 미국 인구조사국 현행 인구 조사(CPS) 연간 사회·경제 부록에 따르면, 2018년 석사학위를 소지한 35~44세 여성 노동자들의 중위소득은 6만 5,076달러였다.

2 Derek Thompson, "Workism Is Making Americans Miserable," The Atlantic, February 24, 2019, www.theatlantic.com/ideas/archive/2019/02/religion-workism-making -americans-miserable/583441; Editorial Staff, "Do You Check Your Email After Work Hours? New Study Says Simply Thinking About It Could Be Harmful," BioSpace, August 13, 2018, www.biospace.com/article/do-you-check-your-email-after-work-hours -new-study-says-simply-thinking-about-it-could-be-harmful.

3 Thomas Piketty, Capital in the Twenty-First Century (reprint, Cambridge, MA: Belknap Press of Harvard University Press, 2017 [2014]), loc. 1930-1933, 2,806, 2807, 2809, 2811, Kindle; Guy Standing, The Precariat (London: Bloomsbury Academic, 2011), loc. 416, 421-423, 2806-2811, Kindle.

4 Vindu Goel, "Dissecting Marissa Mayer's $900,000-a-Week Yahoo Paycheck," New York Times, June 3, 2017, www.nytimes.com/2017/06/03/technology/yahoo -marissa-mayer-compensation.html; Sarah Leonard, "She Can't Sleep No More," Jacobin, December 27, 2012, https://jacobinmag.com/2012/12/she-cant-sleep-no-more; Dan Hancox, "Why We Are All Losing Sleep," New Statesman, November 6, 2019, www .newstatesman.com/24-7-jonathan-crary-somerset-house-losing-sleep-review. 사회학 교수 주디 와이즈먼은 이렇게 썼다. "게으름과 풍부한 여가는 한 때 귀족의 상징이었다. 오늘날 높은 신분의 상징은 일과 여가가 다양한 활동들로 가득 채워진, 정신없이 바쁘게 돌아가는 삶이다." Judy Wacjman, Pressed for Time: The Acceleration of Life in Digital Capitalism (Chicago: University of Chicago Press, 2014), 61. See also Ross Perlin, Intern Nation: How to Earn Nothing and Learn Little in the Brave New Economy (New York: Verso, 2011), 49.

5 William Morris, Signs of Change: The Aims of Art, Marxists Internet Archive, taken from 1896 Longmans, Green, and Co. edition, originally prepared by David Price for Project Gutenberg, www.marxists.org/archive/morris/works/1888/signs/chapters /chapter5.htm; Karl Marx and Friedrich Engels, The Communist Manifesto (1848), loc.107-108, 111, 122-125, Kindle.

6 Antonio Gramsci, Selections from the Prison Notebooks (New York: International Publishers, 2012 [1971]), loc. 8082-8091, Kindle.

7 Ruth Milkman, Farewell to the Factory: Auto Workers in the Late Twentieth Century (Berkeley: University of California Press, 1997), 23.

8 Wacjman, Pressed for Time, 63-65; James Meadway, personal communication with author.

9 Emily Guendelsberger, On the Clock: What Low-Wage Work Did to Me and How It Drives America Insane (New York: Little, Brown, 2019). See also Eric Spitznagel, "Inside the Hellish Workday of an Amazon Warehouse Employee," New York Post, July 13, 2019, https://nypost.com/2019/07/13/inside-the-hellish-workday-of-an-amazon -warehouse-employee.

10 Michelle Chen, "6 Years After the Rana Plaza Collapse, Are Garment Workers Any Safer?," The Nation, July 15, 2019, www.thenation.com/article/rana-plaza -unions-world; Harrison

Jacobs, "Inside 'iPhone City,' the Massive Chinese Factory Town Where Half of the World's iPhones Are Produced," Business Insider, May 7, 2018, www.businessinsider.com/apple-iphone-factory-foxconn-china-photos-tour-2018-5;Bertrand Gruss and Natalija Novta, "The Decline in Manufacturing Jobs: Not Necessarily a Cause for Concern," IMFBlog, April 9, 2018, https://blogs.imf.org/2018/04/09 /the-decline-in-manufacturing-jobs-not-necessarily-a-cause-for-concern.

11 George Orwell, The Road to Wigan Pier (London: Penguin, 2001), loc. 320- 323, 342-350, 551-553, 576-582, Kindle; Milkman, Farewell to the Factory, 11-12;Sarah Jaffe and Michelle Chen, "The GM Strike and the Future of the UAW," Dissent, November 8, 2019, www.dissentmagazine.org/online_articles/the-gm-strike-and-the -future-of-the-uaw.

12 Tamara Draut, Sleeping Giant: How the New Working Class Will Transform America (New York: Doubleday, 2016), 44.

13 Mark Fisher, K-punk: The Collected and Unpublished Writings of Mark Fisher, ed. Darren Ambrose (London: Repeater Books, 2018), loc. 7683, Kindle; Asad Haider, "Class Cancelled," August 17, 2020, https://asadhaider.substack.com/p/class-cancelled; Adam Kotsko, Neoliberalism's Demons: On the Political Theology of Late Capital (Stanford: Stanford University Press, 2018), loc. 230, Kindle. See also Mike Konczal, Freedom from the Market: America's Fight to Liberate Itself from the Grip of the Invisible Hand (New York: New Press, 2020).

14 David Harvey, A Brief History of Neoliberalism (Oxford: Oxford University Press, 2007), 1-2; Standing, Precariat, loc. 128; Philip Mirowski, Never Let a Serious Crisis Go to Waste: How Neoliberalism Survived the Financial Meltdown (New York: Verso, 2013), 23-24, 40, 56-57; Kotsko, Neoliberalism's Demons, loc. 741, 127, 132-133.

15 Fisher, K-punk, loc. 6984, 12617; Harvey, Brief History, 7-8, 14-15; Joshua Clover, Riot. Strike. Riot. (New York: Verso, 2019), loc. 1652-1654, Kindle; Mirowski, Never Let a Serious Crisis, 57. Orlando Letelier, "The 'Chicago Boys' in Chile: Economic Freedom's Awful Toll," The Nation, August 1976, www.thenation.com/article/archive/the -chicago-boys-in-chile-economic-freedoms-awful-toll. See also Naomi Klein, The Shock Doctrine: The Rise of Disaster Capitalism (New York: Metropolitan Books, 2010).

16 Harvey, Brief History, 23, 61; Fisher, K-punk, loc. 9308; Mirowski, Never Let a Serious Crisis, 130.

17 Fisher, K-punk, loc. 7548.

18 Harvey, Brief History, 25; Tim Barker, "Other People's Blood," n+1, Spring 2019, https://nplusonemag.com/issue-34/reviews/other-peoples-blood-2; Fisher, K-punk, loc. 7100; Clover, Riot. Strike. Riot., loc. 1708-1710, 1861-1877, 2033-2036.

19 Nick O'Donovan, "From Knowledge Economy to Automation Anxiety: A Growth Regime in Crisis?," New Political Economy 25, no. 2 (2020): 248-266, https:// doi.org.10.1080/13563467.2019.1590326.

20 Mirowski, Never Let a Serious Crisis, 63; Kotsko, Neoliberalism's Demons, loc. 170, 649, 707, 710; Harvey, Brief History, 5; Adam Kotsko, The Prince of This World (Stanford: Stanford University Press, 2016), 199-200; Fisher, K-punk, loc. 7674, 11308, 12574; Melinda Cooper, Family Values: Between Neoliberalism and the New Social Conservatism (Brooklyn, NY: Zone Books, 2019), loc. 2684-2687, Kindle.

21 Kotsko, Neoliberalism's Demons, loc. 71, 1823, 1831; Mirowski, Never Let a Serious Crisis, 110; Standing, The Precariat, loc. 995, 1001. See also Mark Fisher, Capitalist Realism: Is There No Alternative? (London: Zer0 Books, 2009).

22 Margaret Thatcher, Interview for Women's Own, 1987, Margaret Thatcher Foundation, www.margaretthatcher.org/document/106689; Eileen Boris and Rhacel Salazar Parreñas, "Introduction," in Intimate Labors: Cultures, Technologies, and the Politics of Care, ed. Eileen Boris and Rhacel Salazar Parreñas (Stanford: Stanford University Press, 2010), 9; Rene Almeling, "Selling Genes, Selling Gender," in Boris and Parreñas, Intimate Labors, 60; Fisher, Capitalist Realism, 33; Kristen Ghodsee, Why Women Have Better Sex Under Socialism (New York: Bold Type Books, 2018), 3; Laura Briggs, "Foreign and Domestic," in Boris and Parreñas, Intimate Labors, 49. 경제학자 가이 스탠딩은 일본의 가족 같은 회사에 대해 이렇게 썼다. "극에 달한 형태로, 기업은 가공의 가족이 되어 고용관계도 혈연과 계약을 결합한 유사 혈연관계가 되었다. 즉, 고용주는 노동자를 '입양'해주고, 노동자는 선물을 주고받듯이 자식의 도리와 수십 년간의 강도 높은 노동으로 보답해야 한다." Standing, The Precariat, loc. 512. UsTwo Games, "About Us," company website, www.ustwo .com/about-us; Harvey, Brief History, 53; Kathi Weeks, "Down with Love: Feminist Critique and the New Ideologies of Work," Verso Blog, February 13, 2018, www.verso books.com/blogs/3614-down-with-love-feminist-critique-and-the-new-ideologies-of-work.

23 Weeks, "Down with Love"; Fisher, K-punk, loc. 8907; Kotsko, Neoliberalism's Demons, loc. 2622.

24 Fisher, K-punk, loc. 8222; Kotsko, Neoliberalism's Demons, loc. 1891; Sarah Jaffe, "The Post-Pandemic Future of Work," New Republic, May 1, 2020, https://newrepublic .com/ article/157504/post-pandemic-future-work.

25 Fisher, K-punk, loc. 12661.

26 David Harvey, "Reading Capital with David Harvey," Episode 5, podcast audio, 2019, https:// open.spotify.com/episode/6TFZkkswzQGAVcfizf WiJy?si =h42pT1HUSZuWEsykk9qfKA.

27 Selma James, Sex, Race, and Class: The Perspective of Winning (Oakland, CA: PM Press, 2012), 96; Tithi Bhattacharya, "How Not to Skip Class: Social Reproduction of Labor and the Global Working Class," in Social Reproduction Theory: Remapping Class, Recentering Oppression, ed. Tithi Bhattacharya (London: Pluto Press, 2017), 70; Kathi Weeks, The Problem with Work: Feminism, Marxism, Antiwork Politics, and Postwork Imaginaries (Durham, NC: Duke University Press, 2011), 8.

28 Gramsci, Selections, 5083, 8338. 교육학자 엘리니 셔머는 그람시가 말하는 헤게모니를 "개념, 이미지, 언어, 문화, 정치, 음악, 성적 규범 등 세상에 있는 모든 요소를 배열하려는 몸부림"이라고 설명한다. Eleni Schirmer, "Hello, We Are from Wisconsin, and We Are Your Future,'" Boston Review, April 7, 2020, http://bostonreview.net/politics /eleni-schirmer-wisconsin-primaries-scott-walker-act-10.

29 Max Weber, The Protestant Ethic and the Spirit of Capitalism (New York: Simon and Schuster Digital, 2013), loc. 690, 794-795, 891, 1891-1894, 2160, Kindle. 이러한 노동윤리는 정치과학자 멜린다 쿠퍼가 말하는 "욕망에 대한 검소한 철학"에 기초했다. Cooper, Family Values, loc. 797-801; Weeks, The Problem with Work, 45.

30 Luc Boltanski and Eve Chiapello, The New Spirit of Capitalism (New York: Verso, 2018), loc. 1307-1313, 1403-1404, Kindle.

31 Boltanski and Chiapello, New Spirit of Capitalism, loc. 1453-1453, 1562-1564; Nancy Fraser, "Crisis of Care? On the Social-Reproductive Contradictions of Contemporary Capitalism," in Bhattacharya, Social Reproduction Theory, 25.

32 Weeks, The Problem with Work, 46-49, 59-60; Ronnie Schreiber, "Henry Ford Paid His Workers $5 a Day So They Wouldn't Quit, Not So They Could Afford Model Ts," The Truth About Cars, October 13, 2014, www.thetruthaboutcars.com/2014/10 /henry-ford-paid-workers-5-day-wouldnt-quit-afford-model-ts; Fraser, "Crisis of Care," 25; Boltanski and Chiapello, New

Spirit of Capitalism, loc. 1339-1342.

33 Fraser, "Crisis of Care," 25; Boltanski and Chiapello, New Spirit of Capitalism, loc. 1376-1378, 2223-2225, 2344-2346, 2393-2395, 2484-2487, 2568-2569, 2660- 2662, 2745-2748; Weeks, "Down with Love."

34 Boltanski and Chiapello, New Spirit of Capitalism, 2705-2708, 1809-1813, 1813-1815, 1824-1828; Ruth Wilson Gilmore, Golden Gulag: Prisons, Surplus, Crisis, and Opposition in Globalizing California, American Crossroads Book 21 (Berkeley: University of California Press, 2007); Ruth Wilson Gilmore, "What Is to Be Done," American Quarterly 63, no. 2 (June 2011): 245-265.

35 Harvey, Brief History, 41; Fisher, K-punk, loc. 2468, 7120; Boltanski and Chiapello, New Spirit of Capitalism, loc. 4037-4041, 4065-4068, 4112-4112.

36 Boltanski and Chiapello, New Spirit of Capitalism, loc. 4552-4552, 4376-4387, 2722-2724; Fisher, K-punk, loc. 12756-12764, 12944, 12959.

37 Weeks, "Down with Love"; Boltanski and Chiapello, New Spirit of Capitalism, loc. 3553-3556, 3889-3891, 3954-3959; Fraser, "Crisis of Care," 25-26; Weeks, The Problem with Work, 107-110.

38 Boltanski and Chiapello, New Spirit of Capitalism, loc. 4404-4406, 6201-6205, 2728-2730, 3434-3436; Fisher, K-punk, loc. 7676, 7122, 10690, 12750, 12959.

39 Silvia Federici, Revolution at Point Zero: Housework, Reproduction, and Feminist Struggle (Oakland, CA: PM Press, 2012), 2.

40 "Employment Projections," US Department of Labor, Bureau of Labor Statistics, Table 1.4: Occupations with the Most Job Growth, 2018 and Projected 2028, www .bls.gov/emp/tables/occupations-most-job-growth.htm.

41 Weeks, The Problem with Work, 76; Standing, The Precariat, loc. 3363-3366.

42 로즈타운 공장에서 일했던 처키 데니슨은 직장에서 상사가 내리는 결정은 품질 좋은 자동차 생산보다 인력통제 목적이 더 강한 듯 보인다고 말했다. "회사는 직원들이 웃거나 즐거운 시간을 갖는 꼴을 못 봤어요. 행복해하며 작업하기보다 비참해서 작업을 못 하는 꼴을 보고 싶어했죠." Sarah Jaffe, "The Road Not Taken," New Republic, June 24, 2019, https://new republic.com/article/154129/general-motors-plant-closed-lordstown-ohio-road-not -taken; Weeks, The Problem with Work, 20-23, 97; Gramsci, Prison Notebooks, loc. 7457, 7774-7843.

43 E. P. Thompson, The Making of the English Working Class (New York: Open Road Media, 2016), loc. 85-90, 624, Kindle.

44 《Notes from Below》 저널 편집자들은 계층구성을 이렇게 묘사한다. "우선 노동력을 노동자 계층으로 조직하고 (기술적 구성), 그 노동자 계층을 계급사회로 조직한 후 (사회적 구성), 그 노동자 계층이 스스로 계급투쟁의 동인이 되는 (정치적 구성), 3단계의 물리적 관계이다." Jamie Woodcock, Marx at the Arcade: Controllers, Consoles, and Class Struggle (Chicago: Haymarket, 2019), loc. 979-983, Kindle. See also Notes from Below, "About," https://notesfrombelow.org/about; Weeks, The Problem with Work, 94; Marina Vishmidt, "Permanent Reproductive Crisis: An Interview with Silvia Federici," Mute, March 7 2013, www.metamute.org/editorial/articles/permanent-reproductive-crisis-interview-silvia-federici; Fisher, K-punk, loc. 8888.

45 Draut, Sleeping Giant, 5. 조시아 클로버는 만약 우리가 시선을 일터 밖으로 넓혀보면 프롤레타리아, 즉 노동자 계층의 진정한 의미를 이해할 수 있다고 조언한다. 노동자 계층은 '아무것도 가진 것이 없고,' 아무것도 아니고, 속박 외에는 잃을 것이 아무것도 없는, 사회 전체의 질서를 파괴하지 않는 한 해방될 수 없는 사람들이며, 자본주의에 더 이상 쓸모가 없거나 가정에서 최초의 무급 사랑노동을 하는 이들도 포함된다. Clover, Riot. Strike. Riot., loc. 2026-2031.

46 Draut, Sleeping Giant, 120, 155; Weeks, The Problem with Work, 62; Gabriel Winant, "The

New Working Class," Dissent, June 27, 2017, www.dissentmagazine.org /online_articles/new-working-class-precarity-race-gender-democrats; Lois Weiner, The Future of Our Schools: Teachers Unions and Social Justice (Chicago: Haymarket Books, 2012), 137.

47 볼탕스키와 시아펠로는 이렇게 썼다. "착취가 존재한다는 것은 언제나 일정 형태의 강압이 존재한다는 것이다. 하지만 자본주의 이전 사회에서는 착취가 예외 없이 노골적이었던 반면, 자본주의에서는 착취를 숨길 일련의 우회적인 방법을 동원한다." Boltanski and Chiapello, New Spirit of Capitalism, 7251-7255. Daisuke Wakabayashi, "Google, in Rare Stumble, Posts 23% Decline in Profit," New York Times, October 18, 2019, www.ny times.com/2019/10/28/technology/google-alphabet-earnings.html.

사랑은 언제나 여자들의 일이었다: 가정의 돌봄 노동

1 Tom Kelly and Harriet Crawford, "Terror of Farage Children as Mob Storms Pub Lunch: Leader Brands Anti-Ukip Protesters as 'Scum' After His Family Are Forced to Flee Activists and Breastfeed Militants," Daily Mail, March 22, 2015, www.dailymail .co.uk/news/article-3006560/Nigel-Farage-brands-anti-Ukip-protesters-scum-invaded -pub-having-family-lunch-leaving-children-terrified.html.

2 "Single Parents: Claimant Commitment Under Universal Credit," Turn2Us, www.turn2us.org.uk/Your-Situation/Bringing-up-a-child/Single-parents-and-Universal -Credit.

3 bell hooks, Communion: The Female Search for Love (New York: William Morrow, 2002), xiii-xviii.

4 Stephanie Coontz, The Way We Never Were: American Families and the Nostalgia Trap (reprint, New York: Basic Books, 2016); Michèle Barrett and Mary McIntosh, The Anti-Social Family (New York: Verso, 2014), loc. 35-37, Kindle. 프랑스 철학자 알랭 바디우는 이렇게 주장했다. "본질적으로, '국가'라는 단어로 말장난해보면, 가족을 사랑의 국가로도 정의할 수도 있다." Alain Badiou with Nicolas Truong, In Praise of Love (London: Serpent's Tail, 2012), 54; Angela Y. Davis, "JoAnn Little: The Dialectics of Rape," in The Angela Y. Davis Reader, ed. Joy James (Hoboken, NJ: Blackwell, 1998), 158. See also Raj Patel and Jason W. Moore, A History of the World in Seven Cheap Things: A Guide to Capitalism, Nature, and the Future of the Planet (Berkeley: University of California Press, 2018).

5 Kathi Weeks, The Problem with Work: Feminism, Marxism, Antiwork Politics, and Postwork Imaginaries (Durham, NC: Duke University Press, 2011), 63; Melinda Cooper, Family Values: Between Neoliberalism and the New Social Conservatism (Brooklyn, NY: Zone Books, 2019), loc. 29-30, Kindle; Friedrich Engels, The Origin of the Family, Private Property, and the State (Kindle Edition, 2011 [1884]), 4. See also Selma James, Sex, Race and Class: The Perspective of Winning (Oakland, CA: PM Press, 2012); Laura Briggs, How All Politics Became Reproductive Politics (Berkeley: University of California Press, 2017), 2.

6 Stephanie Coontz and Peta Henderson, "Introduction: 'Explanations' of Male Dominance," in Women's Work, Men's Property: The Origins of Gender and Class, ed. Stephanie Coontz and Peta Henderson (London: Verso, 1986), loc. 66-205, 431-433, Kindle; Stephanie Coontz and Peta Henderson, "Property Forms, Political Power, and Female Labour in the Origins of Class and State Societies," in Coontz and Henderson, Women's Work, Men's Property, loc. 2276-2279.

7 Coontz and Henderson, "Introduction," loc. 608-772; Lila Leibowitz, "In the Beginning . . . : The

Origins of the Sexual Division of Labour and the Development of the First Human Societies," in Coontz and Henderson, Women's Work, Men's Property, loc. 959-982; Nicole Chevillard and Sebastien Leconte, "The Dawn of Lineage Societies: The Origins of Women's Oppression," in Coontz and Henderson, Women's Work, Men's Property, loc. 1612-1642, 1799-1800.

8 니콜 슈비야르와 세바스티앵 르콩트는 이렇게 주장한다. "인간이 인간을 착취하기 시작한 것은 사실 남자가 여자를 착취하면서 시작됐다. 하지만 이 최초의 착취로 (역시 남자인) 지배계층이 두 성 모두를 착취하게 될 씨가 뿌려졌다." Chevillard and Leconte, "The Dawn of Lineage Societies," loc. 2135-2136. Coontz and Henderson, "Property Forms," loc. 2659-2660, 2849-2890. 엥겔스는 또한 다소 신랄한 투로 이렇게 언급했다. "남자들은 일부일처주의자가 될 의도가 추호도 없었다. 일부일처제는 여성들을 위한 제도였다."Engels, Origin of the Family, loc. 42-44, 49, 58.

9 엥겔스는 이렇게 적었다. "고대 아테네의 시인 에우리피데스에 따르면, 여자는 'oikurema'라고 불린다. 중성으로 집안일을 하는 사물을 뜻하며, 아이를 낳고 기르는 일을 하며, 아무 보상도 없이 남자를 위해 일하는 으뜸가는 가정부였다." Engels, Origin of the Family, 61, 70; Luce Irigaray, "Women on the Market," originally published as "Le marche des femmes," in Sessualita e politica (Milan: Feltrinelli, 1978), https://caringlabor.wordpress .com/2010/11/10/luce-irigaray-women-on-the-market.

10 Silvia Federici, Caliban and the Witch: Women, the Body, and Primitive Accumulation (Brooklyn, NY: Autonomedia, 2004), 25, 31, 97. 10. 달리 언급이 없다면, 이탤릭체로 인용된 부분은 원문을 그대로 옮긴 것이다.

11 페데리치는 이렇게 설명한다. "마르크스는 『자본론』 1권 후반부에 유럽 지배계층이 부의 축적이 한계에 달하자 그에 대한 대응으로 개시한 사회·경제적 구조조정을 설명하기 위해 원시적 축적primitive accumulation 개념을 소개했다. 마르크스는 애덤 스미스를 맹비난하며 원시적 축적을 이렇게 규정했다. (i) 자본주의 이전에 자본과 노동의 집약이 없었다면 자본주의는 발전할 수 없었다. (ii) 부자들의 금욕이 아니라, 생산수단에서 노동자를 분리한 것이 자본주의 부 축적의 핵심이다. 따라서 원시적 축적이 유용한 개념인 이유는 '봉건제에 대한 대응'과 자본주의 경제 발달이 어떻게 연결되는지를 설명해주고, 자본주의 체제 발달에 필요했던 역사적·논리적 조건들을 명확히 해주고, '원시적 (근원적)'은 역사의 특정 시점은 물론 자본주의적 관계가 존재하기 위한 전제조건을 나타내기 때문이다. Federici, Caliban and the Witch, 14, 17, 63-64, 88-89; Patel and Moore, A History of the World, 125. 바버라 에런라이크와 저자인 디어드리 잉글리쉬는 마녀 사냥꾼들이 여자들의 집단행동에 집착했다고 한다. "마녀들은 여자들이었을 뿐만 아니라, 어마어마한 비밀결사대로 연대한 듯한 여자들이었다." Barbara Ehrenreich and Deirdre English, Witches, Nurses and Midwives (New York: Feminist Press, 2010), 42.

12 Federici, Caliban and the Witch, 135, 142.

13 Federici, Caliban and the Witch, 97, 149, 192. 파텔과 무어는 이렇게 썼다. "국가는 이러한 체제가 제대로 작동하게 하려고 남자와 여자의 분류를 강제하는 데 집요한 관심을 보였다. 신체가 그 이분법에 딱 들어맞지 않는 사람들은 수술로 어느 한 쪽에라도 맞게 만들었다." Patel and Moore, A History of the World, 117, 121, 128. Alan Sears, "Body Politics: The Social Reproduction of Sexualities," in Social Reproduction Theory: Remapping Class, Recentering Oppression, ed. Tithi Bhattacharya (London: Pluto Press, 2017), 173-174.

14 E. P. Thompson, The Making of the English Working Class (New York: Open Road Media, 2016), loc. 3881, 3974, Kindle.

15 Thompson, Making of the English Working Class, 4352, 4358, 4365-4376; Frances Fox Piven and Richard Cloward, Regulating the Poor: The Functions of Public Welfare (New York: Vintage, 1993), loc. 203, 358, 372, 417-429, 431, 442, Kindle; Cooper, Family Values, loc. 1080.

16 Cooper, Family Values, loc. 1080-1089, 1107-1109. 피번과 클로워드는 구빈제도들이 일종의 "계층마다 다른 노동을 하도록 만드는," 조건을 명확히 하고 집행하는 과정이라고 주장했다. 다시 말해, 구빈제도들은 사회적·경제적 불평등을 유지하는 데 큰 역할을 한다는 것이다. Piven and Cloward,

Regulating the Poor, loc. 201, 217, 978.

17 역사가 톰슨은 일하러 다니는 여자들은 출근하기 위해 집을 나서며, "외부의 규율보다 오히려 변덕과 강요가 더 잦은, 가족 중심으로 돌아가는 삶"을 슬픔에 잠겨 되돌아보는 일이 잦았다고 지적한다. Thompson, Making of the English Working Class, 8587, 8617, 8634, 8643. Patel and Moore, A History of the World, 128. 원주민의 삶을 재편성한 한 예로, 미국에서는 '1887년 도스법 Dawes Severalty Act of 1887'으로 원주민들이 소유한 땅을 40에이커 단위로 세분화해 남자가 이끄는 핵가족들에 나누어주었다. Salar Mohandesi and Emma Teitelman, "Without Reserves," in Bhattacharya, Social Reproduction Theory, 41.

18 Kelli Marìa Korducki, Hard to Do: The Surprising Feminist History of Breaking Up (Toronto: Coach House Books, 2018), 41, 53-54; Angela Y. Davis, Women, Race and Class (New York: Vintage, 1983), 12.

19 Laura Kipnis, Against Love: A Polemic (New York: Vintage, 2009), 60.

20 Angela Y. Davis, "Women and Capitalism: Dialectics of Oppression and Liberation," in The Angela Y. Davis Reader, 177.

21 Mohandesi and Teitelman, "Without Reserves," 39; James, Sex, Race and Class, 163-171, 177; Barrett and McIntosh, Anti-Social Family, loc. 266-267; hooks, Communion, 78.

22 Silvia Federici, Revolution at Point Zero: Housework, Reproduction, and Feminist Struggle (Oakland, CA: PM Press, 2012), 24; Barrett and McIntosh, Anti-Social Family, loc. 814-815; James, Sex, Race and Class, 153.

23 Amber Hollibaugh, interviewed by Kelly Anderson, Voices of Feminism Oral History Project, Sophia Smith Collection, Smith College, Northampton, Massachusetts, 2003-2004, 69; Nancy Fraser, "Crisis of Care? On the Social-Reproductive Contradictions of Contemporary Capitalism," in Bhattacharya, Social Reproduction Theory, 25.

24 Engels, Origin of the Family, 70.

25 Angela Y. Davis, "Surrogates and Outcast Mothers: Racism and Reproductive Politics in the Nineties," in The Angela Y. Davis Reader, 216; Andrew Cherlin, Labor's Love Lost: The Rise and Fall of the Working-Class Family in America (New York: Russell Sage Foundation, 2014), loc. 179, 186, 1422-1449, 1680, Kindle; Phyllis Palmer, Domesticity and Dirt: Housewives and Domestic Servants in the United States, 1920-1945 (Philadelphia: Temple University Press, 1991), 22.

26 Fraser, "Crisis of Care," 25; Allan Carlson, The Family in America: Searching for Social Harmony in the Industrial Age, with a new introduction by the author (London: Routledge, 2017), 40; Cherlin, Labor's Love Lost, loc. 1109-1129, 1515, 1526; Palmer, Domesticity and Dirt, 13.

27 Barrett and McIntosh, Anti-Social Family, loc. 733-733; Cooper, Family Values, loc. 1149-1153, 1170-1175, 1186-1188, 1213-1214; Tera Hunter, To 'Joy My Freedom: Southern Black Women's Lives and Labors After the Civil War (Cambridge, MA: Harvard University Press, 1998), 37, 39-40.

28 Cherlin, Labor's Love Lost, loc. 1378, 1401; Mohandesi and Teitelman, "Without Reserves," 49; Cooper, Family Values, loc. 75-77.

29 Cooper, Family Values, loc. 47-50.

30 Cherlin, Labor's Love Lost, loc. 192-195, 247; Silvia Federici, "Preoccupying: Interview with Silvia Federici," Occupied Times, October 26, 2014, http://theoccupied times.org/?p=13482; Eva Kittay, Love's Labor: Essays on Women, Equality and Disability (London: Routledge, 1999), 41; Engels, Origin of the Family, 68-69; Cherlin, Labor's Love Lost, loc. 749-752, 811.

31 Selma James, "Child Benefit Has Been Changing Lives for 70 Years. Let's Not

Forget the Woman Behind It," The Guardian, August 6, 2016, www.theguardian.com
/commentisfree/2016/aug/06/child-benefit-70-years-eleanor-rathbone. See also Silvia
Federici with Arlen Austin, eds., Wages for Housework: The New York Committee, 1972- 1977:
History, Theory, Documents (Brooklyn, NY: Autonomedia, 2017); Palmer, Domesticity and Dirt,
29-30, 76, 91, 101; Cherlin, Labor's Love Lost, loc. 1467.

32 Kristen Ghodsee, Why Women Have Better Sex Under Socialism (New York: Bold Type
Books, 2018), 8, 62; Alexandra Kollontai, The Autobiography of a Sexually Emancipated
Communist Woman, trans. Salvator Attansio (New York: Herder and Herder, 1971),
transcribed for Marxists Internet Archive, 2001, www.marxists.org/archive /kollonta/1926/
autobiography.htm.

33 Ghodsee, Better Sex Under Socialism, 58-59, 60-66, 121.

34 Ai-jen Poo, Age of Dignity: Preparing for the Elder Boom in a Changing America (New York:
New Press, 2015), 100; Kipnis, Against Love, 93, 169.

35 Davis, "Women and Capitalism," 180; Barrett and McIntosh, Anti-Social Family, loc. 874-875;
Cherlin, Labor's Love Lost, loc. 1510.

36 Palmer, Domesticity and Dirt, 64, 156; Barbara Ehrenreich, "Maid to Order," in Global Woman:
Nannies, Maids and Sex Workers in the New Economy, ed. Barbara Ehrenreich and Arlie
Russell Hochschild (New York: Metropolitan, 2004), loc. 1560, Kindle.

37 Kathi Weeks, "'Hours for What We Will': Work, Family, and the Movement for Shorter Hours,"
Feminist Studies 35, no. 1 (Spring 2009): 101-127; Federici, Revolution at Point Zero, 42-44,
56; Weeks, The Problem with Work, 65.

38 Shulamith Firestone, The Dialectic of Sex (London: Women's Press, 1979). 첫 번째 장만 마르크스
온라인 아카이브에서 가져왔다. www.marxists.org /subject/women/authors/firestone-shulamith/
dialectic-sex.htm.

39 Davis, Women, Race and Class, 205; Kristin Luker, Abortion and the Politics of Motherhood
(Berkeley: University of California Press, 1985), 8, 118.

40 Luker, Abortion, 138, 145, 163, 202, 205, 206.

41 Federici, Revolution at Point Zero, 43; Premilla Nadasen, Welfare Warriors: The Welfare
Rights Movement in the United States (London: Routledge, 2004), 204.

42 Nadasen, Welfare Warriors, 228, 395, 431, 441.

43 Nadasen, Welfare Warriors, loc. 3456, 3667; Johnnie Tillmon, "Welfare Is a Women's Issue,"
Ms., 1972, www.msmagazine.com/spring2002/tillmon.asp; Cooper, Family Values, loc.
1466-1467.

44 몇 년 후 상원의원 다니엘 패트릭 모이니한은 1971년 닉슨 행정부가 제안한 '가족지원계획 (FAP)'를
논의하며, 계획이 전혀 터무니없지는 않다는 점을 인정했다. "만약 미국 사회가 가사와 육아를
국가경제통계에 포함해야 할 생산노동으로 인식한다면(.....) 복지수당 수령이 의존을 뜻하지 않을 수도
있다. 하지만, 그런 인식은 없다. 지금 시대의 여성운동이 이런 인식을 바꿔나갈지도 모르겠지만, 내가 이
글을 쓰는 지금 시점에는 아직 어떤 변화도 없다." Cited in Federici, Revolution at Point Zero, 43;
Nadasen, Welfare Warriors, loc. 3611, 3672, 3973, 4302, 4330, 4038, 4079.

45 Federici, Revolution at Point Zero, 7.

46 Federici, Revolution at Point Zero, 7; James, Sex, Race and Class, 81.

47 James, Sex, Race and Class, 51, 82; Federici and Austin, Wages for Housework, 34, 203, 260;
Mariarosa Dalla Costa, "The General Strike," in Federici and Austin, Wages for Housework,
275; Weeks, The Problem with Work, 130.

48 Federici and Austin, Wages for Housework, 34, 205.

49 Federici and Austin, Wages for Housework, 21, 125.

50 Nancy Folbre, ed., For Love or Money: Care Provision in the United States (New York: Russell Sage Foundation, 2012), xii; Federici and Austin, Wages for Housework, 113.

51 Federici and Austin, Wages for Housework, 23-24, 244; Cooper, Family Values, loc. 821-823.

52 Kittay, Love's Labor, 126; Tillmon, "Welfare Is a Women's Issue"; Cooper, Family Values, loc. 886-888; Weeks, The Problem with Work, 165; Erin Hatton, Coerced: Work Under Threat of Punishment (Berkeley: University of California Press, 2020), loc. 674-675, Kindle.

53 Ken Taylor, "The Reality of 'Welfare Reform,'" Isthmus, March 1, 2018, https:// isthmus.com/ opinion/opinion/welfare-reform-bill-walker-republican. 쿠퍼는 이렇게 적었다. "결국 '개인책임 및 근로기회조정법'은 전문을 통해 이와 같은 사회도덕에 대한 엄청난 정의를 내놓았다. 1) 결혼은 성공적인 사회의 기반이다. 2) 결혼은 아이들의 행복감을 증진하기 위해 노력하는 성공적인 사회에 꼭 필요한 제도이다. 3) 책임감 있는 부모를 장려하는 것이 성공적인 자녀 양육과 아이들의 행복감 증진에 핵심이다.'" Cooper, Family Values, loc. 1641-1644, 972-974, 989-996, 998-1001, 1497-1499, 1511-1513.

54 Premilla Nadasen, "How a Democrat Killed Welfare," Jacobin, February 9, 2016, www.jacobinmag.com/2016/02/welfare-reform-bill-hillary-clinton-tanf-poverty -dlc; Cooper, Family Values, loc. 1550-1557.

55 Fraser, "Crisis of Care," 25-26; Mark Fisher, Capitalist Realism: Is There No Alternative? (London: Zer0 Books, 2009); Ghodsee, Better Sex Under Socialism, 10, 68; Weeks, The Problem with Work, 159, 180.

56 Cherlin, Labor's Love Lost, loc. 3016; Cooper, Family Values, loc. 3279-3282; Federici, Revolution at Point Zero, 47, 97.

57 Cherlin, Labor's Love Lost, loc. 459, 465, 2839; Stephanie Coontz, "The New Instability," New York Times, July 26, 2014, www.nytimes.com/2014/07/27/opinion /sunday/the-new-instability.html; Naomi Cahn and June Carbone, "Just Say No," Slate, April 22, 2014, https://slate.com/human-interest/2014/04/white-working-class-women -should-stay-single-mothers-argue-the-authors-of-marriage-markets-how-inequality-is -remaking-the-american-family.html.

58 Folbre, For Love or Money, 4, 97. See also Arlie Russell Hochschild, The Second Shift: Working Parents and the Revolution at Home (New York: Viking, 1989); "Women Still Do More Household Chores Than Men, ONS Finds," BBC, November 10, 2016, www.bbc.co.uk/news/ uk-37941191; Claire Cain Miller, "Nearly Half of Men Say They Do Most of the Home Schooling. 3 Percent of Women Agree," New York Times, May 6, 2020, www.nytimes.com/2020/05/06/ upshot/pandemic-chores-homeschooling-gender .html; Reni Eddo-Lodge, "Women, Down Your Tools! Why It's Finally Time to Stop Doing All the Housework," The Telegraph, October 6, 2014, www.telegraph.co.uk/women /womens-life/11142847/Women-down-your-tools-Why-its-finally-time-to-stop-doing -all-the-housework.html; Suzanne M. Bianchi, John P. Robinson, and Melissa A. Milkie, Changing Rhythms of American Family Life (New York: Russell Sage Foundation, 2006); Patel and Moore, A History of the World, 32.

59 Heather Abel, "The Baby, the Book, and the Bathwater," Paris Review, January 31, 2018, www.theparisreview.org/blog/2018/01/31/baby-book-bathwater.

60 Annie Kelly, "The Housewives of White Supremacy," New York Times, June 1, 2018, www.nytimes.com/2018/06/01/opinion/sunday/tradwives-women-alt-right .html. 극우 성향의 사람들과 가족에 대해 조디 로젠버그 이렇게 썼다. "다시 말해, 지금 우리에게는 독일 철학자 에른스트 블로흐가가 기술한 파시즘과 공산주의와 같은 이데올로기가 정치·문화·사회에 영향을 준 20세기 중반의 유럽과 달리, 극우파 파시스트들이 강탈하거나 흉내거나 모방할만한 집단 공산주의 운동의 남아도는 자생적인 에너지가 없다. 오히려 오늘날 신파시즘은 가족 개념에 넘쳐나는 정서와 에너지에 이상하게

기생하고 있다. 사실 훨씬 더 구체적으로 말하면, 가족 개념이 해체되며 만들어내는 에너지에 기생하고 있다(…) 오늘날의 신파시즘은 소멸해가다 결국에는 영원히 잊힐 항성처럼, 분해되는 가족이 뿜어내는 혼돈의 에너지를 빨아먹는다. 여기서 주목할 것은 신파시즘이 그 이념에 걸맞은 높은 도덕적 기준을 주장하는 것이 아니라, 오히려 자체의 도착과 변태를 수행하는 데서 큰 기쁨을 얻는다는 점이다. 나는 이 쓰레기를 뒤지는 기생충들에게서 핵가족을 보호하려는 것이 아니라, 가족의 붕괴에서 얻어지는 에너지는 우리가 활용하고, 재정의하고, 뒤틀어야 할 에너지여야만 한다는 것이다(…) 우리는 어떻게 될까? 나도 모르지만, 내 주장은 파시즘이 특히 고분고분하지 않음을 포함해 모든 것을 강제로 빼앗으려고 한다는 것이고, 가족 개념의 대폭발로 방출되는 그 엄청난 에너지는 우리를 재정의하는 데 사용되어야 한다는 것이다." Jordy Rosenberg, "The Daddy Dialectic," Los Angeles Review of Books, March 11, 2018, https://lareviewofbooks.org/article/the-daddy -dialectic.

61 Alexis C. Madrigal, "Two Working Parents, One Sick Kid," The Atlantic, August 12, 2014, www.theatlantic.com/business/archive/2014/08/two-working-parents -one-sick-kid/375909; Lindsay King-Miller, "Two Moms, Four Shifts: Queer Parents Are Overwhelmed Too," The Guardian, December 15, 2017, www.theguardian.com/us -news/2017/dec/14/two-moms-four-shifts-queer-parents-are-overwhelmed-too; Kat Stoeffel, "If You Cover Egg Freezing, You Better Cover Day Care," The Cut, October 15, 2014, www.thecut.com/2014/10/ you-cover-egg-freezing-also-cover-day-care.html; Briggs, Reproductive Politics, 10; Wednesday Martin, "Poor Little Rich Women," New York Times, May 16, 2015, www.nytimes.com/2015/05/17/opinion/sunday/poor-little -rich-women.html.

62 Julie Beck, "The Concept Creep of Emotional Labor," interview with Arlie Russell Hochschild, The Atlantic, November 26, 2018, www.theatlantic.com /family/archive/2018/11/arlie-hochschild-housework-isnt-emotional-labor/576637; Federici, Revolution at Point Zero, 23-24; Jane Miller, "The Ambiguities of Care," In These Times, April 29, 2014, http://inthesetimes.com/article/16532/the_ambiguities_of_care; Ghodsee, Better Sex Under Socialism, 152; Samantha Marie Nock, "Decrying Desirability, Demanding Care," Guts, January 24, 2018, http://gutsmagazine .ca/decrying-desirability-demanding-care.

63 Caleb Luna, "Romantic Love Is Killing Us: Who Takes Care of Us When We Are Single?," The Body Is Not an Apology, September 18, 2018, https://thebodyisnot anapology.com/magazine/romantic-love-is-killing-us; Folbre, For Love or Money, 13; Laura Anne Robertson, "Who Cares?" New Inquiry, December 5, 2014, https://thenew inquiry.com/who-cares.

64 Briggs, Reproductive Politics, 155, 168; Cooper, Family Values, loc. 2442-2444.

65 실비아 페데리치는 "질병, 고통, 비탄과 그것들을 '돌보는 노동'을 함께 경험하고 함께 나누며, 그 과정에서 병들고 나이 들고 죽는 것의 의미를 재정의하는 데 목적을 둔, 좀 더 젊은 정치운동가 세대들이 만든 돌봄 공동체" 그리고 기관에 수용되는 것을 피할 수 있도록 노인들이 함께 재원을 만들어내는 "연대 계약"을 주장한다. Federici, Revolution at Point Zero, 125; Bhattacharya, "Introduction," in Bhattacharya, Social Reproduction Theory, 8; Sunny Taylor, "The Right Not to Work: Power and Disability," Monthly Review, March 1, 2004, https://monthlyreview.org/2004/03/01/the-right-not-to-work -power-and-disability; John Tozzi, "Americans Are Dying Younger, Saving Corporations Billions," Bloomberg, August 8, 2014, www.bloomberg.com/news/articles/2017-08-08 /americans-are-dying-younger-saving-corporations-billions; Park McArthur and Constantina Zavitsanos, "Other Forms of Conviviality," Women and Performance, October 30, 2013, www.womenandperformance.org/ampersand/ampersand-articles/other-forms-of -conviviality.html?rq=other%20forms%20of%20conviviality. 작가인 요한나 헤드바는 질병과 장애의 포용이 낳을 수 있는 급진적인 잠재력을 주장한다. "왜냐하면 우리가 모두 병에 걸려 침대에 누워 있게 되어 서로 치료와 위안의 이야기를 나누고, 친목회를 만들고, 정신적으로 힘들었던 서로의 이야기들을 공감해주며, 우리의 병들고 고통스럽고 비싸고 예민하고 멋진 육체를 돌보고 사랑하는 일을

가장 우선시한다면, 일할 사람이 단 한 명도 남지 않은 자본주의 체제도 결국에는 그토록 기다렸고, 너무나 오래 걸린, 빌어먹을 장엄한 끽 소리를 내며 급정지하게 될 것이기 때문입니다." Johanna Hedva, "Sick Woman Theory," Mask, January 2016, www.maskmagazine.com/not-again/struggle/sick-woman-theory.

66 Matt Steib, "Texas Lt. Gov. Dan Patrick: 'Lots of Grandparents' Willing to Die to Save Economy for Grandchildren," New York, March 23, 2020, https://nymag.com /intelligencer/2020/03/dan-patrick-seniors-are-willing-to-die-to-save-economy.html.

67 Kittay, Love's Labor, 68.

68 영국 학자 소피 루이스는 이렇게 지적한다. "과거 페미니스트들은 육아(잠재적으로 좋은)와 모성(나쁜)을 구분했었다. 전자는 사회 제도인 후자를 파괴할 수 있는 잠재력을 가진 (급진 페미니스트 오드리 로드가 말했던 '우리는 엄마처럼 우리 자신을 돌보는 것을 학습할 수 있다'를 포함한) 모든 행위를 상기시켰다." Sophie Lewis, "All Reproduction Is Assisted," Boston Review, August 14, 2018, http://bostonreview.net/forum/all-reproduction-assisted /sophie-lewis-mothering; Marina Vishmidt, "Permanent Reproductive Crisis: An Interview with Silvia Federici," Mute, March 7, 2013, www.metamute.org/editorial/articles /permanent-reproductive-crisis-interview-silvia-federici; James, Sex, Race and Class, 229; Kittay, Love's Labor, 103; Federici and Austin, Wages for Housework, 27; Silvia Federici, Witches, Witch-Hunting, and Women (Oakland, CA: PM Press, 2018), loc. 852, Kindle.

69 Weeks, The Problem with Work, 111; Patel and Moore, A History of the World, 135.

70 Patrick Butler, "Benefit Sanctions Found to Be Ineffective and Damaging," The Guardian, May 22, 2018, www.theguardian.com/society/2018/may/22/benefit -sanctions-found-to-be-ineffective-and-damaging.

71 Facundo Alvaredo, Bertrand Garbinti, and Thomas Piketty, "On the Share of Inheritance in Aggregate Wealth: Europe and the USA," Economica 84, no. 334, (2017): 239-260, available at Paris School of Economics, http://piketty.pse.ens.fr/files/Alvaredo GarbintiPiketty2015.pdf.

사랑해서 하는 일과 돈을 위해 하는 일 사이: 가사 노동자

1 아이들의 이름은 익명성 보장을 위해 가명을 사용했다.

2 Eileen Boris and Rhacel Salazar Parreñas, "Introduction," in Intimate Labors: Cultures, Technologies, and the Politics of Care, ed. Eileen Boris and Rhacel Salazar Parreñas (Stanford: Stanford University Press, 2010), 2.

3 Viviana Zelizer, "Caring Everywhere," in Boris and Parreñas, Intimate Labors, 269-270; Nancy Folbre, For Love or Money: Care Provision in the United States (New York: Russell Sage Foundation, 2012), 2; Boris and Parreñas, "Introduction," 8, 10.

4 Boris and Parreñas, "Introduction," 2; Eva Kittay, Love's Labor: Essays on Women, Equality and Disability (London: Routledge, 1999), 95, 110; Silvia Federici, Caliban and the Witch: Women, the Body, and Primitive Accumulation (Brooklyn, NY: Autonomedia, 2004), 99; E. P. Thompson, The Making of the English Working Class (New York: Open Road Media, 2016), loc. 4112, Kindle; Bridget Anderson, "Just Another Job? The Commodification of Domestic Labor," in Global Woman: Nannies, Maids and Sex Workers in the New Economy, ed. Barbara Ehrenreich and Arlie Russell Hochschild (New York: Metropolitan, 2004), 137; Andrew Cherlin, Labor's Love Lost: The Rise and Fall of the Working-Class Family in America (New York: Russell Sage Foundation, 2014), loc. 892, Kindle. 두 사회학자 세민 카웁과 라카 레이는 미국의 사회학자 메리 로메로를 인용하며 이렇게 썼다. "인종·민족·성별이 그 어느 것도 대체할 수 없는, 한 개인의

사회적 위치를 좌우하는 사회구조로 계층을 대체하며 주종관계가 확산하였다. 백인 가사 노동자라면 그 직업 덕분에 사회적 위치가 어느새 훌쩍 올라갈 수도 있지만, 유색인종 여성은 그 "직업적 빈민가"에 빠져 헤어 나올 수 없다." Seemin Qayum and Raka Ray, "Traveling Cultures of Servitude," in Boris and Parreñas, Intimate Labors, 101.

5   Boris and Parreñas, "Introduction," 2, 11; Lyz Lenz, "These 12 Apps Will Revolutionize Motherhood, Except They Won't," Pacific Standard, April 15, 2016, https:// psmag.com/news/ these-12-apps-will-revolutionize-motherhood-except-they-wont; Anderson, "Just Another Job," 135; Raj Patel and Jason W. Moore, A History of the World in Seven Cheap Things: A Guide to Capitalism, Nature, and the Future of the Planet (Berkeley: University of California Press, 2018), 24-25.

6   Angela Y. Davis, "Reflections on the Black Woman's Role in the Community of Slaves," in The Angela Y. Davis Reader, ed. Joy James (Hoboken, NJ: Blackwell, 1998), 116; Angela Y. Davis, Women, Race and Class (New York: Vintage, 1983), 12-23, 230; Nancy Fraser, "Crisis of Care? On the Social-Reproductive Contradictions of Contemporary Capitalism," in Social Reproduction Theory: Remapping Class, Recentering Oppression, ed. Tithi Bhattacharya (London: Pluto Press, 2017), 28; Carmen Teeple Hopkins, "Mostly Work, Little Play: Social Reproduction, Migration, and Paid Domestic Work in Montreal," in Bhattacharya, Social Reproduction Theory, 144-145; Patel and Moore, A History of the World, 130.

7   Tera Hunter, To 'Joy My Freedom: Southern Black Women's Lives and Labors After the Civil War, (Cambridge: Harvard University Press, 1998), 5, 16-17, 20. 앤절라 데이비스는 인종차별과 성차별은 서로 밀고 끌어준다고 했다. "인종차별이 백인 여자들이 이끄는 조직들 내에서 더 확고한 뿌리를 내릴 때, 모성애에 대한 성차별적 숭배도 공표된 목적이 남성우월주의 철폐인 운동 안으로 살금살금 침투해 들어온다." Davis, Women, Race and Class, 94, 96, 122. See also W. E. B. Du Bois, Black Reconstruction in America: An Essay Toward a History of the Part Which Black Folk Played in the Attempt to Reconstruct Democracy in America, 1860-1880 (Oxford: Oxford University Press, 2014), Kindle.

8   Hunter, To 'Joy My Freedom, 3, 21-22, 27-32, 59-61, 228; Saidiya Hartman, Wayward Lives, Beautiful Experiments: Intimate Histories of Riotous Black Girls, Troublesome Women, and Queer Radicals (New York: W. W. Norton and Company, 2019), loc. 2986-3007, 3017, Kindle.

9   Hunter, To 'Joy My Freedom, 26, 50-53, 56-58, 60, 62, 74-88; Salar Mohandesi and Emma Teitelman, "Without Reserves," in Bhattacharya, Social Reproduction Theory, 46.

10 Hunter, To 'Joy My Freedom, 111, 148, 169, 185-186.

11 Hunter, To 'Joy My Freedom, 229, 231. 사이디야 하트먼은 뉴욕 베드포드 힐스에 있는 소년원장의 말을 인용한다. "여자가 소년원에 보내지면 단 하나의 길밖에 남지 않는데 그것이 바로 가사 노동이다. 이유는 지금의 경제구조 때문이고 공급보다 수요가 더 많기 때문이다. 평소 나에게는 요리, 전반적인 가사업무, 특정 가사업무 인력 등을 찾는 사람들의 대기자 명부가 있다. 수요가 많고, 특히 전반적인 가사를 돌볼 여자를 찾는 사람들이 너무 많아서 한 부인은 나에게 '설거지만 할 수 있다면 십계명에 있는 모든 죄를 다 저지른 사람이라도 상관없어요'라고 했다." Hartman, Wayward Lives, loc. 3283-3301. Angela Y. Davis, "Race and Criminalization," in The Angela Y. Davis Reader, 70.

12 역사가 필리스 팔머는 이렇게 주장한다. "나는 20세기 미국에서 성별은 다른 중요한 정체성과 결코 별개로 형성된 것이 아니고, 인종·계층이 성별과 혼합된 결과물이라는 가설을 이해하기 쉽게 설명할 수 있으면 좋겠다." Phyllis Palmer, Domesticity and Dirt: Housewives and Domestic Servants in the United States, 1920-1945 (Philadelphia: Temple University Press, 1991), 5, 7, 14-15; Mohandesi and Teitelman, "Without Reserves," 44.

13 Hunter, To 'Joy My Freedom, 55; Palmer, Domesticity and Dirt, 58-59, 66; Premilla Nadasen, "Power, Intimacy and Contestation," in Boris and Parreñas, Intimate Labors, 207.

14 Phyllis Palmer wrote, "Over a third of women homemakers working as domestics were heads of households." Palmer, Domesticity and Dirt, 71-72, 75-77, 86-87.

15 Palmer, Domesticity and Dirt, 73, 122, 125, 134. See also Premilla Nadasen, Household Workers Unite: The Untold Story of African American Women Who Built a Movement (Boston: Beacon Press, 2015); Hartman, Wayward Lives, loc. 4214-4217; Ella Baker and Marvel Cooke, "The Slave Market," The Crisis 42 (November 1935), https://caring labor.wordpress.com/2010/11/24/ella-baker-and-marvel-cooke-the-slave-market.

16 Belabored Podcast #84: Domestic Workers Unite, with Premilla Nadasen, Dissent, August 21, 2015, www.dissentmagazine.org/blog/belabored-podcast-84-domestic-workers-unite-with-premilla-nadasen; Nadasen, "Power, Intimacy and Contestation," 206.

17 프레밀라 나다센은 가사 노동이 갖는 친밀성 때문에 "특정 가사 노동을 해낼 수 있는 능력은 물론 노동자의 성격이 노동자의 업무능력을 판단하는 기준이 되는 노동환경이 조장된다."라고 썼다. Nadasen, "Power, Intimacy and Contestation," 204, 207, 208; Belabored Podcast #84. See also Palmer, Domesticity and Dirt; Nadasen, Household Workers Unite.

18 Belabored Podcast #84; Nadasen, "Power, Intimacy and Contestation," 205- 207, 211-212.

19 Nadasen, "Power, Intimacy and Contestation," 204.

20 Palmer, Domesticity and Dirt, 156; Barbara Ehrenreich, "Maid to Order," in Ehrenreich and Hochschild, Global Woman, 108.

21 Palmer, Domesticity and Dirt, 73-74, 99, 138, 139-144, 146-147.

22 Erin Hatton, Coerced: Work Under Threat of Punishment (Berkeley: University of California Press, 2020), loc. 685-689, Kindle; Angela Y. Davis, "Racialized Punishment and Prison Abolition," in The Angela Y. Davis Reader, 97; Angela Y. Davis, "Surrogates and Outcast Mothers: Racism and Reproductive Politics in the Nineties," in The Angela Y. Davis Reader, 218; 마그달레나 세탁소에서 살아남은 메리 노리스는 기자들에게 이렇게 말했다. "수녀회가 일감을 받아오던 리머릭 시내에 있는 호텔, 병원, 학교, 대학에서 나오는 세탁물들을 빨고, 표백하고 다리미질하며 매일 같이 장시간 노동에 시달렸습니다. 물론 우리들은 한 푼도 구경 못 했습니다. 일종의 산업이었고 수녀회는 우리의 노동으로 엄청난 돈을 벌고 있었죠(…) 일단 수용되면 존엄성, 정체성, 인간성은 철저히 유린당했어요. 감금된 채 외부와 연락도 할 수 없었고 아무런 급여도 없었어요. 하루 10시간 주 6일 1년에 52주를 일하는데도 말이에요. 노예가 아니고 뭐란 말입니까? 그리고 그 모든 짓을 사랑하는 신이라는 이름으로 했다고 생각해보세요! 저는 신에게 당신이 싫다고 말하곤 했습니다." "A Very Irish Sort of Hell," The Age, April 5, 2003, www.theage.com.au/world/a-very-irish-sort-of-hell-20030405-gdvhr9.html. Ed O'Loughlin, "These Women Survived Ireland's Magdalene Laundries. They're Ready to Talk," New York Times, June 6, 2018, www.nytimes.com/2018/06/06/world/europe/magdalene-laundry-reunion-ireland.html; Patsy McGarry, "Magdalene Laundries: 'I Often Wondered Why Were They So Cruel,'" Irish Times, June 6, 2018, www.irishtimes.com/news/social-affairs/religion-and-beliefs/magdalene-laundries-i-often-wondered-why-were-they-so-cruel-1.3521600; "'I Wasn't Even 15. I Hadn't Even Kissed a Boy'—A Magdalene Survivor's Story," RTE, June 5, 2018, www.rte.ie/news/newslens/2018/0605/968383-magdalene-elizabeth-coppin.

23 Belabored Podcast #38: Caring for America, with Eileen Boris and Jennifer Klein, Dissent, January 24, 2014, www.dissentmagazine.org/blog/belabored-podcast-38-caring-for-america-with-eileen-boris-and-jennifer-klein; Eileen Boris and Jennifer Klein, "Making Home Care: Law and Social Policy in the U.S. Welfare State," in Boris and Parreñas, Intimate Labors, 188-190. See also Eileen Boris and Jennifer Klein, Caring for America: Home Health Workers in the Shadow of the Welfare State (Oxford: Oxford University Press, 2012).

24 Boris and Klein, "Making Home Care," 188-197.

25 Boris and Klein, "Making Home Care," 192; Ai-jen Poo, Age of Dignity: Preparing for the Elder Boom in a Changing America (New York: New Press, 2015), 83; Eileen Boris and Jennifer Klein, "Organizing Home Care: Low-Waged Workers in the Welfare State," Politics and Society 34, no. 1 (March 2006): 81-107, https://caringlabor.word press.com/2010/11/11/eileen-boris-and-jennifer-klein-organizing-home-care-low-waged -workers-in-the-welfare-state.

26 Boris and Klein, "Making Home Care," 187, 188.

27 Boris and Klein, "Making Home Care," 188-197; Melinda Cooper, Family Values: Between Neoliberalism and the New Social Conservatism (Brooklyn, NY: Zone Books, 2019), loc. 2941-2943, 2936-2938, 3053-3056, Kindle; Kittay, Love's Labor, 116; Ronald Reagan, "Proclamation 5913—National Home Care Week, 1988," Reagan Library, November 19, 1988, www.reaganlibrary.gov/research/speeches/111988d.

28 Poo, Age of Dignity, 90; Kittay, Love's Labor, 65; Lynn May Rivas, "Invisible Labors: Caring for the Independent Person," in Ehrenreich and Hochschild, Global Woman, loc. 1323.

29 리바스가 한 말 전체는 여기에 남길 가치가 있다. "나는 행위 주체를 바꿔버리는 일이 의식적으로 그런 일을 하는 사람들에게조차도 해로운 현상이라고 믿는다. 눈에 띄지 않게 되는 일이 인간으로 여겨지지 않는 길로 가는 첫 단계이고, 그래서 누군가를 투명 인간으로 만드는 일은 그 누군가를 비인간적으로 대하기 전 단계인 경우가 많다. 마르크스적 용어로 설명하면, 불가시성은 가장 극단적인 형태의 소외로, 궁극적인 자기 소원함의 징후이다." Rivas, "Invisible Labors," loc. 1314, 1347, 1379, 1410, 1416.

30 Draut, Sleeping Giant, 136; Bob Woods, "Home Health-Care Workers in US at Tipping Point amid Coronavirus Outbreak," CNBC, April 14, 2020, www.cnbc .com/2020/04/14/home-health-care-workers-at-tipping-point-amid-coronavirus -outbreak.html. 당시 나는 《인디스타임스》에 이렇게 썼다. "이 소송은 2010년 일리노이주에서 자택 요양 노동자였던 파멜라 해리스가 제기했고, 당시 해리스는 장애가 있던 아들을 돌보며 급여 형태로 메디케이드 지원을 받았다. 소송이 있기 한 해 전, 일리노이 주지사 팻 퀸이 발동한 행정명령으로 장애가 있는 성인을 돌보는 개인 수행원은 주 정부에서 일하는 공무원으로 지정되어 단체교섭권이 있는 기관의 보호를 받을 수 있게 됐다. 당시 해리스와 다른 고소인들은 자금력이 뛰어난 반노조 단체인 '전국 일할 권리 법률 방어 재단'의 후원을 받고 있었고, 주에서 급여를 받는 자택 요양사들을 대변하는 국제서비스노조연맹 일리노이 & 인디애나주 의료 지부(SEIU-HCII)>에 자신들이 노조회비를 납부할 이유가 없다고 주장했다. 즉, 원고 측 주장은 노조회비를 납부하는 것은 강제 연대 행위에 준하며, 미국 수정헌법 제1조에 위반한다는 것이다." Sarah Jaffe, "Why Harris and Hobby Lobby Spell Disaster for Working Women," In These Times, June 30, 2014, https://inthesetimes.com/article/scotus-rules-against-female -workers; Harris v. Quinn, 573 U.S. 616 (2014).

31 Poo, Age of Dignity, 151; Andrea Marie, "Women and Childcare in Capitalism, Part 3," New Socialist, 2017, https://newsocialist.org.uk/women-and-childcare-in -capitalism-part-3; Bernadette Hyland, "From Factory Workers to Care Workers," Contributoria, March 2014, www.contributoria.com/issue/2014-03/52c98327a94a8 24a25000004.html.

32 Boris and Parreñas, "Introduction," 8; Belabored Podcast #84; Laura Briggs, How All Politics Became Reproductive Politics (Berkeley: University of California Press, 2017), 76; María de la Luz Ibarra, "My Reward Is Not Money," in Boris and Parreñas, Intimate Labors, 117.

33 Briggs, "Foreign and Domestic," in Boris and Parreñas, Intimate Labors, 50-51; Silvia Federici, Revolution at Point Zero: Housework, Reproduction, and Feminist Struggle (Oakland, CA: PM Press, 2012), 66-69; Briggs, Reproductive Politics, 81, 95; Rivas, "Invisible Labors," loc. 99; Ehrenreich, "Maid to Order," loc. 126.

34 Briggs, Reproductive Politics, 79.

35 Briggs, Reproductive Politics, 79; Joy M. Zarembka, "America's Dirty Work: Migrant Maids and Modern-Day Slavery," in Ehrenreich and Hochschild, Global Woman, 182; Anderson,

"Just Another Job?," 132; Melissa Gira Grant, "Human Trafficking, After the Headlines," Pacific Standard, April 3, 2017, https://psmag.com/news/human -trafficking-after-the-headlines; Nicole Constable, "Filipina Workers in Hong Kong Homes: Household Rules and Relations," in Ehrenreich and Hochschild, Global Woman, 170-172; Hopkins, "Mostly Work, Little Play," 137. 앨리 러셀 혹실드는 사랑 자체가 소외되는 과정에 주목한다. "우리가 특정 사물을 바라볼 때, 마음속으로 그 사물이 만들어지던 공간에 있던 인간을 연상할 수 없듯이, 우리는 무의식중에 보모와 아이 사이의 사랑이 세계 자본주의적 사랑의 서열 관계에 종속되어 있다는 사실을 놓친다." Arlie Russell Hochschild, "Love and Gold," in Ehrenreich and Hochschild, Global Woman, 33.

36 Hochschild, "Love and Gold," 33; Kittay, Love's Labor, 157-160.

37 Ehrenreich, "Maid to Order," 109; Qayum and Ray, "Traveling Cultures of Servitude," 114.

38 Rosa Silverman, "Does Asking Your Cleaner to Work Make You a Bad Feminist? Negotiating the Covid-19 Rule Change," The Telegraph, May 14, 2020, www.telegraph.co.uk/women/ work/does-asking-cleaner-work-make-bad-feminist-negotiating -covid; Sarah Ditum, "The Underlying Sexism of the Conversation About Cleaners and Covid," The Spectator, May 14, 2020, www.spectator.co.uk/article/the-underlying-sexism -of-the-conversation-about-cleaners-and-covid.

39 Pierrette Hondagneu-Sotelo, "Blowups and Other Unhappy Endings," in Ehrenreich and Hochschild, Global Woman, 72; Constable, "Filipina Workers in Hong Kong Homes," 167.

40 Roc Morin, "How to Hire Fake Friends and Family," The Atlantic, November 7, 2017, www.theatlantic.com/family/archive/2017/11/paying-for-fake-friends-and -family/545060.

41 Federici, Revolution at Point Zero, 121.

42 Ehrenreich, "Maid to Order," 116; Miya Tokumitsu, Do What You Love: And Other Lies About Success and Happiness (New York: Regan Arts, 2015), 6.

43 Lenz, "These 12 Apps."

44 Valerio De Stefano, "Collective Bargaining of Platform Workers: Domestic Work Leads the Way," Regulating for Globalization, October 12, 2018, http://regulating forglobalization.com/2018/12/10/collective-bargaining-of-platform-workers-domestic -work-leads-the-way.

45 Dorothy Sue Cobble, "More Intimate Unions," in Boris and Parreñas, Intimate Labors, 281.

46 "Facts for Domestic Workers," New York State Department of Labor, https://labor.ny.gov/ legal/laws/pdf/domestic-workers/facts-for-domestic-workers .pdf; Carney Law Firm, "New Massachusetts Law Expands Rights of Domestic Workers," January 30, 2015, www.bostonw orkerscompensationlawyerblog.com/new -massachusetts-law-expands-rights-domestic-workers.

47 Sarah Jaffe, "Low Benefits, Temporary Jobs—Work Is Getting Worse . . . But Hope for Labor Rights Is Emerging from a Surprising Place," AlterNet, August 28, 2012, www.alternet.org/2012/08/low-benefits-temporary-jobs-work-getting-worse-hope-labor -rights-emerging-surprising-place; National Domestic Workers Alliance homepage, accessed August 5, 2020, www.domesticworkers.org.

48 Alexia Fernández Campbell, "Kamala Harris Just Introduced a Bill to Give Housekeepers Overtime Pay and Meal Breaks," Vox, July 15, 2019, www.vox .com/2019/7/15/20694610/ kamala-harris-domestic-workers-bill-of-rights-act.

사명감이라는 이름으로: 교사

1 John L. Rury, "Who Became Teachers? The Social Characteristics of Teachers in American History," in American Teachers: Histories of a Profession at Work, ed. Donald Warren (New York: Macmillan, 1989), 9-10; Megan Erickson, Class War: The Privatization of Childhood (New York: Verso, 2015), 146.

2 Rury, "Who Became Teachers?," 11-12, 14; Dana Goldstein, The Teacher Wars: A History of America's Most Embattled Profession (New York: Anchor, 2014), loc. 315, Kindle.

3 Marjorie Murphy, Blackboard Unions: The AFT and the NEA, 1900-1980 (Ithaca, NY: Cornell University Press, 1992), 12-13; Goldstein, The Teacher Wars, loc. 402-428, 635.

4 Rury, "Who Became Teachers?," 15-27; Goldstein, The Teacher Wars, loc. 446- 456, 717; Murphy, Blackboard Unions, 14.

5 Goldstein, The Teacher Wars, loc. 913-1037. 역사가 마이클 펄츠는 흑인 교사들이 "본 업무 이외의 충족하기 힘든 수많은 기대"를 안고 있었다고 썼다. Michael Fultz, "African American Teachers in the South, 1890-1940: Powerlessness and the Ironies of Expectations and Protest," History of Education Quarterly 35, no. 4 (Winter 1995): 401-402.

6 Rury, "Who Became Teachers?," 23, 28-29; Murphy, Blackboard Unions, 1; Goldstein, The Teacher Wars, loc. 589, 631.

7 Murphy, Blackboard Unions, 12-15.

8 Murphy, Blackboard Unions, 20-24.

9 Murphy, Blackboard Unions, 36, 43-45.

10 Goldstein, The Teacher Wars, loc. 1283-1349; Murphy, Blackboard Unions, 46.

11 Murphy, Blackboard Unions, 47-59.

12 Murphy, Blackboard Unions, 59-60, 67, 72.

13 Murphy, Blackboard Unions, 90-95; Fultz, "African American Teachers in the South," 410-420.

14 Goldstein, The Teacher Wars, loc. 1616-1648; Eleni Schirmer, personal communication with author.

15 Murphy, Blackboard Unions, 97-98, 100, 102, 118, 119, 122.

16 Goldstein, The Teacher Wars, loc. 1716-1766.

17 Goldstein, The Teacher Wars, loc. 1840; Clarence Taylor, Reds at the Blackboard: Communism, Civil Rights, and the New York City Teachers Union (New York: Columbia University Press, 2013), loc. 87, Kindle; Murphy, Blackboard Unions, 133, 148, 154-157.

18 Rury, "Who Became Teachers?," 34.

19 Murphy, Blackboard Unions, 154-157; Taylor, Reds at the Blackboard, loc. 3, 12, 15-16; Goldstein, The Teacher Wars, loc. 1817.

20 Taylor, Reds at the Blackboard, loc. 29-33, 43, 73, 78, 287-288. 역사가 마조리 머피는 1867년 흑인에게 고등 교육을 제공할 목적으로 미국 의회가 설립을 인가했고, 이후 미국 흑인들이 결집하는 데 구심점 역할을 해왔던 흑인대학(HBCU) 중 하나인 하워드 대학의 교수 독시 윌커슨이 인종차별 정책에 대해 작성한 기사를 인용한다. 인종차별 정책으로 흑인 아이는 "자기가 속하게 된 그 사회집단에 스스로 중요한 일원이라고 느끼기는커녕, 떼어져 고립되고 소외된, 반 친구들과는 뭔가 꽤 다른 존재"라고 느끼게 된다. Murphy, Blackboard Unions, 164.

21 Taylor, Reds at the Blackboard, loc. 277; Rury, "Who Became Teachers?," 37.

22 Taylor, Reds at the Blackboard, loc. 204-213.

23 Murphy, Blackboard Unions, 181; Erickson, Class War, 126.

24 Murphy, Blackboard Unions, 200-204; Elizabeth Todd-Breland, A Political Education: Black Politics and Education Reform in Chicago Since the 1960s (Chapel Hill: University of North

Carolina Press, 2018), 12, 24; Michael Fultz, "The Displacement of Black Educators Post-Brown: An Overview and Analysis," History of Education Quarterly 44, no. 1, A Special Issue on the Fiftieth Anniversary of the "Brown v. Board of Education" Decision (Spring 2004): 13-14, 20.

25 Goldstein, The Teacher Wars, loc. 214, 1592, 2271, 2332, 2402; Fultz, "The Displacement of Black Educators," 19, 25-26; Todd-Breland, A Political Education, 128.

26 Murphy, Blackboard Unions, 213-214, 239, 242, 243-245; Todd-Breland, A Political Education, 29, 52, 114; Goldstein, The Teacher Wars, loc. 2530, 2572-2627.

27 Lois Weiner, The Future of Our Schools: Teachers Unions and Social Justice (Chicago: Haymarket Books, 2012), loc. 1785-1800, Kindle.

28 Todd-Breland, A Political Education, 124-125; Taylor, Reds at the Blackboard, loc. 318; Goldstein, The Teacher Wars, loc. 2612-2751; Murphy, Blackboard Unions, 242; Jane McAlevey, No Shortcuts: Organizing for Power in the New Gilded Age (Oxford: Oxford University Press, 2016), 103.

29 Murphy, Blackboard Unions, 211; Goldstein, The Teacher Wars, loc. 2925.

30 Murphy, Blackboard Unions, 267-269, 271-272; Todd-Breland, A Political Education, 2, 164; Erickson, Class War, 53.

31 Josh Eidelson and Sarah Jaffe, "Defending Public Education: An Interview with Karen Lewis of the Chicago Teachers Union," Dissent, Summer 2013, www.dissent magazine.org/article/defending-public-education-an-interview-with-karen-lewis -of-the-chicago-teachers-union.

32 Todd-Breland, A Political Education, 189, 198, 209, 215; Michael Powell, "Gilded Crusade for Charters Rolls Forward," New York Times, March 12, 2014, www .nytimes.com/2014/03/13/nyregion/gilded-crusade-for-charters-rolls-onward.html.

33 Goldstein, The Teacher Wars, loc. 3123, 3236, 3240; Todd-Breland, A Political Education, 159, 204-205.

34 Weiner, The Future of Our Schools, loc. 824, 1857-1864, 1916, 1995-1999, 2016, 2022-2029, 2045; Goldstein, The Teacher Wars, loc. 3160, 3510; Erickson, Class War, 45.

35 Goldstein, The Teacher Wars, loc. 3974-4081.

36 뉴욕에 사는 교사이자 연구원인 브라이언 존스는 여전히 낮게 평가되고 있는 교사직을 이렇게 설명했다. "학생들이 자신감을 느끼고 열정에 끈을 놓지 않도록 돕고, 그들에게 힘을 불어넣어 주는 일, 즉 학습지도와 배움이 갖는 그 측면이 매우 낮게 평가되어 있고, 다시 끌어올리기도 굉장히 힘든 일이 되었다." Sarah Jaffe, "Taking the Caring Out of Teaching," In These Times, July 4, 2013, http://inthesetimes.com/article/15245/taking _the_caring_out_of_teaching_new_yorks_new_teacher_evaluation_system_i; Weiner, The Future of Our Schools, loc. 298, 344.

37 Erickson, Class War, 105; Malcolm Harris, Kids These Days: The Making of Millennials (New York: Back Bay Books, 2018), 119-120.

38 McAlevey, No Shortcuts, 107-109; Goldstein, The Teacher Wars, loc. 2886; Todd-Breland, A Political Education, 144; Eidelson and Jaffe, "Defending Public Education."

39 McAlevey, No Shortcuts, 20-29, 102.

40 Kate Bahn interview with author; see also Kate Bahn, "The ABCs of Labor Market Frictions: New Estimates of Monopsony for Early Career Teachers in the U.S. and Implications for Caring Labor" (PhD diss., The New School for Social Research University, 2015); Emma García and Elaine Weiss, "Low Relative Pay and High Incidence of Moonlighting Play a Role in the Teacher Shortage, Particularly in High-Poverty Schools," Economic Policy Institute, May 9, 2019, www.epi.org/publication/low-relative-pay-and -high-incidence-of-moonlighting-play-a-role-in-the-teacher-shortage-particularly-in -high-poverty-schools-the-third-report-in-

the-perfect-storm-in-the-teacher-labor-marke; Kevin Prosen, "A Letter to New York City's School Teachers," Jacobin, May 12, 2014, www.jacobinmag.com/2014/05/a-letter-to-new-york-citys-school-teachers.

41 Sarah Jaffe, "The Chicago Teachers Strike Was a Lesson in 21st-Century Organizing," The Nation, November 16, 2019, www.thenation.com/article/archive /chicago-ctu-strike-win; Sarah Jaffe, "Inside the Hard Road to Transform the Teacher's Movement into Real Power," Medium, October 19, 2018, https://gen .medium.com/inside-the-hard-road-to-transform-the-teachers-movement-into-real -power-f5932fc8ab6f; Samantha Winslow, "Saint Paul Teachers Strike for Their Students' Mental Health," Labor Notes, March 10, 2020, www.labornotes.org/2020/03 /saint-paul-teachers-strike-their-students-mental-health.

42 Sarah Jaffe, "How the New York City School System Failed the Test of Covid-19," The Nation, June 16, 2020, www.thenation.com/article/society/schools-teachers-covid.

43 Jacob Bogage, "Thousands of U.S. Workers Walk Out in 'Strike for Black Lives,'" Washington Post, July 20, 2020, www.washingtonpost.com/business/2020/07/20 /strike-for-black-lives.

44 Kyle Stokes, "After Deal with Teachers Union, LAUSD Students Can Expect (Some) Live Lessons Every Day," LAist, August 3, 2020, https://laist.com/2020/08/03 /coronavirus_distance _learning_lausd_los_angeles_teachers_union_live_video_lessons .php.

웃음 띤 그들의 기쁨과 슬픔: 판매직

1 Bryce Covert, "The Demise of Toys 'R' Us Is a Warning," The Atlantic, July/ August 2018, www.theatlantic.com/magazine/archive/2018/07/toys-r-us-bankruptcy -private-equity/561758; Sapna Maheshwari and Vanessa Friedman, "The Pandemic Helped Topple Two Retailers. So Did Private Equity," New York Times, May 14, 2020, www.nytimes.com/2020/05/14/business/coronavirus-retail-bankruptcies-private-equity .html.

2 Sarah Jaffe, "America's Massive Retail Workforce Is Tired of Being Ignored," Racked, June 20, 2017, www.racked.com/2017/6/20/15817988/retail-workers-unions -american-jobs.

3 European Commission, "Which Sector Is the Main Employer in the EU Member States?," Eurostat, October 24, 2017, https://ec.europa.eu/eurostat/web/products -eurostat-news/-/DDN-20171024-1; Bureau of Labor Statistics, "Charts of the Largest Occupations in Each Area," BLS.gov, May 2019, www.bls.gov/oes/current/area_emp _chart/ area_emp_chart.htm; Bethany Biron, "The Last Decade Was Devastating for the Retail Industry. Here's How the Retail Apocalypse Played Out," Business Insider, December 23, 2019, www.businessinsider.com/retail-apocalypse-last-decade-timeline -2019-12; Derek Thompson, "What in the World Is Causing the Retail Meltdown of 2019?" The Atlantic, April 10, 2017, www.theatlantic.com/business/archive/2017/04/retail -meltdown-of-2017/522384; Abha Bhattarai, "'Retail Apocalypse' Now: Analysts Say 75,000 More U.S. Stores Could Be Doomed," Washington Post, April 10, 2019; Françoise Carré and Chris Tilly, Where Bad Jobs Are Better: Retail Jobs Across Countries and Companies (New York: Russell Sage Foundation, 2017), 1.

4 Peter Ikeler, Hard Sell: Work and Resistance in Retail Chains (Ithaca, NY: ILR Press, 2016), loc. 379, 385, 389, Kindle.

5 Ikeler, Hard Sell, loc. 395, 402.

6 Ikeler, Hard Sell, loc. 394, 410-411, 419, 421, 431.

7 Ikeler, Hard Sell, loc. 427, 433, 436, 442, 451-452; Tamara Draut, Sleeping Giant: How the New Working Class Will Transform America (New York: Doubleday, 2016), 44; Bethany Moreton, To Serve God and Wal-Mart: The Making of Christian Free Enterprise (Cambridge, MA: Harvard University Press, 2010), 54-55; Dana Frank, Women Strikers Occupy Chain Stores, Win Big (Chicago: Haymarket Books, 2012), 8, 29; Susan Porter Benson, Counter Cultures: Saleswomen, Managers, and Customers in American Department Stores, 1890-1940 (Champaign: University of Illinois Press, 1987), 229.

8 Benson, Counter Cultures, 4, 26, 79, 125-126, 130, 187; Frank, Women Strikers Occupy, 19.

9 Benson, Counter Cultures, 20, 23, 125, 128, 209-210, 228, 230-233, 245.

10 Arlie Russell Hochschild, The Managed Heart: Commercialization of Human Feeling (Berkeley: University of California Press, 2012), loc. 144, 159, Kindle; Benson, Counter Cultures, 127.

11 Hochschild, Managed Heart, loc. 1410, 1421, 1445.

12 Martin Gelin, "The Misogyny of Climate Deniers," New Republic, August 28, 2019, https://newrepublic.com/article/154879/misogyny-climate-deniers; Jonas Anshelm and Martin Hultman, "A Green Fatwā? Climate Change as a Threat to the Masculinity of Industrial Modernity," NORMA 9, no. 2 (2014): 84-96, https://doi.org/10.1080/1890 2138.2014.908627; Frank, Women Strikers Occupy, 8, 29; Benson, Counter Cultures, 131, 155, 166, 180, 229.

13 Ikeler, Hard Sell, loc. 478-488; Frank, Women Strikers Occupy, 11-14; Benson, Counter Cultures, 236.

14 Frank, Women Strikers Occupy, 13-14, 19-20, 24, 37, 40-41.

15 Ikeler, Hard Sell, loc. 496-499, 525-527, 531, 550; Moreton, God and WalMart, 8, 13; Nelson Lichtenstein, The Retail Revolution: How Wal-Mart Created a Brave New World of Business (New York: Metropolitan Books, 2009), 54, 83.

16 Lichtenstein, Retail Revolution, 54; Moreton, God and Wal-Mart, 5, 28, 37, 51.

17 Lichtentstein, Retail Revolution, 11, 14, 19-20, 24.

18 Lichtenstein, Retail Revolution, 36-38; Moreton, God and Wal-Mart, 5, 51, 54, 61, 65, 71-72, 76-77.

19 Moreton, God and Wal-Mart, 79-80; Lichtenstein, Retail Revolution, 41.

20 Lichtenstein, Retail Revolution, 83, 89-90, 126, 94; Moreton, God and WalMart, 103, 106, 116; Hochschild, Managed Heart, loc. 2095.

21 Moreton, God and Wal-Mart, 50, 120.

22 Moreton, God and Wal-Mart, 184-186; Lichtenstein, Retail Revolution, 82; Valerie Strauss, "The 'Walmartization' of Public Education," Washington Post, March 17, 2016, www.washingtonpost.com/news/answer-sheet/wp/2016/03/17/the -walmartization-of-public-education; Walton Family Foundation, "2020 K-12 Education Strategic Plan," www.waltonfamilyfoundation.org/our-work/k-12-education; Moreton, God and Wal-Mart, 135.

23 Lichtenstein, Retail Revolution, 246; Frances Fox Piven and Richard Cloward, Regulating the Poor: The Functions of Public Welfare (New York: Vintage, 1993), loc. 6124, Kindle; Bethany Moreton, "On Her Book To Serve God and Wal-Mart: The Making of Christian Free Enterprise," Rorotoko, November 3, 2009, http://rorotoko.com /interview/20091104_moreton_bethany_serv e_god_wal-mart_christian_free_enterprise /?page=2.

24 Lichtenstein, Retail Revolution, 205, 92; Ikeler, Hard Sell, loc. 580, 583, 586, 607, 609, 614, 654.

25 Piven and Cloward, Regulating the Poor, loc. 6120; Gabriel Winant, "Where Did It All Go Wrong?," The Nation, February 7, 2018, www.thenation.com/article /organized-labors-lost-

generations; Lichtenstein, Retail Revolution, 99; Ikeler, Hard Sell, loc. 2041; Carré and Tilly, Where Bad Jobs Are Better, 219.

26 Ikeler, Hard Sell, loc. 331, 690, 767, 1478, 1511; James Cairns, The Myth of the Age of Entitlement: Millennials, Austerity and Hope (Toronto: University of Toronto Press, 2017), 66; Yasemin Besen-Cassino, The Cost of Being a Girl: Working Teens and the Origins of the Gender Wage Gap (Philadelphia: Temple University Press, 2017), 89, 92, 99- 100; Carré and Tilly, Where Bad Jobs Are Better, 28.

27 Liza Featherstone, Selling Women Short: The Landmark Battle for Workers' Rights at Wal-Mart (New York: Basic Books, 2009), loc. 101, 137, 231-237, 420, 779, Kindle; Liza Featherstone, "'Dukes v. Wal-Mart' and the Limits of Legal Change," The Nation, June 21, 2011, www.thenation.com/article/dukes-v-wal-mart-and-limits-legal-change; Wal-Mart Stores, Inc., v. Dukes, 564 U.S. 338 (2011).

28 Featherstone, Selling Women Short, loc. 1936, 1996, 2020; Besen-Cassino, Cost of Being a Girl, 104-105, 107, 109; Sofia Resnick, "Hobby Lobby Allegedly Fired Employee Due to Pregnancy," Rewire, July 29, 2014, https://rewire.news/article/2014/07/29 /hobby-lobby-allegedly-fired-employee-due-pregnancy; Sarah Jaffe, "Why Harris and Hobby Lobby Spell Disaster for Working Women," In These Times, June 30, 2014, http:// inthesetimes.com/working/entry/16894/scotus_rules_against_female_workers.

29 Featherstone, Selling Women Short, loc. 1936, 1996, 2020; Besen-Cassino, Cost of Being a Girl, 104-105, 107, 109; Catherine Ruetschlin and Dedrick Asante-Muhammad, "The Retail Race Divide: How the Retail Industry Is Perpetuating Racial Inequality in the 21st Century," Demos, June 2, 2015, www.demos.org/research/retail-race-divide-how -retail-industry-perpetuating-racial-inequality-21st-century; "Transgender Need Not Apply: A Report on Gender Identity Job Discrimination," Make the Road New York, March 2010, www.maketheroadny.org/pix_reports/TransNeedNotApplyReport_05.10 .pdf.

30 Besen-Cassino, Cost of Being a Girl, 82-85, 94, 97, 117; Daniel Lavelle, "Want a Shop Job? You've Got to Have the X Factor," The Guardian, February 27, 2018, www .theguardian.com/money/2018/feb/27/x-factor-want-a-shop-job-auditions.

31 Besen-Cassino, Cost of Being a Girl, 82-85, 94, 97, 117; Mindy Isser, "The Grooming Gap: What 'Looking the Part' Costs Women," In These Times, January 2, 2020, http://inthesetimes.com/article/22197/grooming-gap-women-economics-wage-gender -sexism-make-up-styling-dress-code.

32 Benson, Counter Cultures, 158; Lichtenstein, Retail Revolution, 112-114; Joseph Williams, "My Life as a Retail Worker: Nasty, Brutish, and Poor," The Atlantic, March 11, 2014, www.theatlantic.com/business/archive/2014/03/my-life-as-a-retail-worker -nasty-brutish-and-poor/284332; Graham Snowdon, "Get Happy!! Japanese Workers Face Smile Scanner," The Guardian, July 7, 2009, www.theguardian.com/money /blog/2009/jul/07/japanese-smile-scanning; Jaffe, "Massive Retail Workforce"; Ikeler, Hard Sell, loc. 1185.

33 Ikeler, Hard Sell, loc. 1408, 1418; Draut, Sleeping Giant, 155; Carré and Tilly, Where Bad Jobs Are Better, 29-30, 72; Jaffe, "Massive Retail Workforce."

34 Cairns, Age of Entitlement, 58; Office for National Statistics, "Contracts That Do Not Guarantee a Minimum Number of Hours: April 2018," www.ons.gov.uk /employmentandlabourmarket/peopleinwork/earningsandworkinghours/articles /contractsthatdonotguaranteeaminimumnumberofhours/april2018; Carré and Tilly, Where Bad Jobs Are Better, 1-2, 111, 149.

35 Jaffe, "Massive Retail Workforce."

36 Jaffe, "Massive Retail Workforce"; Carré and Tilly, Where Bad Jobs Are Better, 209.

37 Jaffe, "Massive Retail Workforce"; Bureau of Labor Statistics, "Retail Sales Workers: Summary," April 10, 2020, www.bls.gov/ooh/sales/retail-sales-workers.htm, Carré and Tilly, Where Bad Jobs Are Better, 18.

38 Emily Guendelsberger, "'The Most Physically Painful Experience of My Life': One Month Working in an Amazon Warehouse," Philadelphia Inquirer, July 11, 2019, w w w.inquirer.com/opinion/commentary/amazon-warehouse-on-the-clock-emily -guendelsberger-book-excerpt-20190711.html. See also Emily Guendelsberger, On the Clock: What Low-Wage Work Did to Me and How It Drives America Insane (New York: Little, Brown, 2019); Carré and Tilly, Where Bad Jobs Are Better, 215.

39 Hochschild, Managed Heart, loc. 3026.

40 Ikeler, Hard Sell, 1836, 1845, 2719-2720.

41 Abha Bhattarai, "Pandemic Bankruptcies: A Running List of Retailers That Have Filed for Chapter 11," Washington Post, August 3, 2020, www.washingtonpost .com/business/2020/05/27/retail-bankrupcy-chapter11; Charisse Jones, "Walmart Workers Will Call Out of Work, Use Tracker to Protect Themselves from COVID-19," USA Today, April 29, 2020, www.usatoday.com/story/money/2020/04/29/coronavirus-leads -some-walmart-workers-call-out-work/3047692001; Sarah Jaffe, "Belabored Stories: Will Workers' Gains Outlive the Crisis?," Dissent, April 7, 2020, www.dissentmagazine.org /blog/belabored-stories-will-workers-gains-outlive-the-crisis.

42 Michael Corkery, "Charles P. Lazarus, Toys 'R' Us Founder, Dies at 94," New York Times, March 22, 2018, www.nytimes.com/2018/03/22/obituaries/charles-p -lazarus-toys-r-us-founder-dies-at-94.html; Carré and Tilly, Where Bad Jobs Are Better, 47, 199.

43 Chavie Lieber, "Why Bankrupt Toys R Us Might Not Be Dead After All," Vox, October 3, 2018, www.vox.com/the-goods/2018/10/3/17932344/toys-r-us-liquidation -coming-back.

44 Vanessa Romo, "New Jersey Mandates Severance Pay for Workers Facing Mass Layoffs," NPR, January 22, 2020, www.npr.org/2020/01/22/798727332/new-jersey -mandates-severance-pay-for-workers-facing-mass-layoffs.

45 Eliza Ronalds-Hannon and Lauren Coleman-Lochner, "Toys R Us Workers Win $2-Million Settlement on Severance," Los Angeles Times, June 17, 2019, www .latimes.com/business/la-fi-toys-r-us-bankruptcy-pay-20190627-story.html.

대의를 위하면서 돈을 벌면 왜 안 되죠?: 비영리단체

1 EJ Dickson, "How Nothing and Everything Has Changed in the 10 Years Since George Tiller's Murder," Rolling Stone, May 31, 2019, www.rollingstone.com/culture /culture-features/george-tiller-death-abortion-10-year-anniversary-842786; Carole Joffe and Tracy Weitz, "The Assassination of Dr. Tiller: The Marginality of Abortion in American Culture and Medicine," Dissent, November 10, 2009, www.dissentmagazine .org/online_articles/the-assassination-of-dr-tiller-the-marginality-of-abortion-in -american-culture-and-medicine.

2 Deb Gruver, "South Wind Women's Center Prepares to Open, Offer Women's Care," Wichita Eagle, February 6, 2013, www.kansas.com/news/article1108157.html; Rebecca Burns, "Planned Parenthood's Union Busting Could Have a Chilling Effect for Workers Everywhere," In These Times, June 25, 2018, https://inthesetimes.com /working/entry/21237/planned_parenthood_union_busting_trump_labor; Aída Chávez, "Planned Parenthood Is Asking Donald Trump's Labor Board for Help Busting Its Colorado Union," The Intercept, May 23, 2018,

https://theintercept.com/2018/05/23 /planned-parenthood-union-nlrb.

3 Anna North, "The Trump Administration Is Demanding That Planned Parenthood Affiliates Give Back Their PPP Loans," Vox, May 23, 2020, www.vox.com/2020/5 /23/21268539/planned-parenthood-80-million-ppp-loans-coronavirus.

4 Jesse Paul, "These Employees Survived the Planned Parenthood Shooting. They Say the Organization Could Have Done More to Help Them," Colorado Sun, December 2, 2019, https://coloradosun.com/2019/12/02/planned -parenthood-shooting-colorado-springs-employee-stories; Rachel Larris, "What You Need to Know About Indicted Anti-Choice Activist David Daleiden," Media Matters for America, January 26, 2016, www.mediamatters.org/james-okeefe /what-you-need-know-about-indicted-anti-choice-activist-david-daleiden.

5 Amy Schiller, "Caring Without Sharing: Philanthropy's Creation and Destruction of the Common World" (PhD diss., City University of New York, 2019), loc. 742-755, Kindle; Lester M. Salamon and Chelsea L. Newhouse, "The 2019 Nonprofit Employment Report," Johns Hopkins Center for Civil Society Studies, January 2019, http://ccss.jhu.edu/wp-content/uploads/downloads/2019/01/2019-NP-Employment -Report_FINAL_1.8.2019.pdf.

6 Schiller, "Caring Without Sharing," loc. 1163-1288.

7 Schiller, "Caring Without Sharing," loc. 1180-1182, 1306-1347; Frances Fox Piven and Richard Cloward, Regulating the Poor: The Functions of Public Welfare (New York: Vintage, 1993), loc. 302, Kindle.

8 Piven and Cloward, Regulating the Poor, loc. 358; Schiller, "Caring Without Sharing," loc. 1375-1376, 1408-1412, 1456-1457.

9 Piven and Cloward, Regulating the Poor, loc. 212; Schiller, "Caring Without Sharing," loc. 1166-1167, 1378-1379, 1398-1400.

10 Piven and Cloward, Regulating the Poor, loc. 417, 429, 431, 442, 469, 530, 552; Schiller, "Caring Without Sharing," loc. 1514-1518.

11 Ruth Wilson Gilmore, "in the shadow of the shadow state," in INCITE! Women of Color Against Violence, The Revolution Will Not Be Funded: Beyond the Non-Profit Industrial Complex (Durham, NC: Duke University Press, 2017), 45; Schiller, "Caring Without Sharing," loc. 1167-1170, 1526-1534; Alice Kessler-Harris, Women Have Always Worked: A Concise History (Champaign: University of Illinois Press, 2018), loc. 1702- 1708, 1715-1719, Kindle; Salar Mohandesi and Emma Teitelman, "Without Reserves," in Social Reproduction Theory: Remapping Class, Recentering Oppression, ed. Tithi Bhattacharya (London: Pluto Press, 2017), 48.

12 Kessler-Harris, Women Have Always Worked, loc. 1731-1759.

13 Angela Y. Davis, Women, Race and Class (New York: Vintage, 1983), 59-66; Kessler-Harris, Women Have Always Worked, loc. 1774, 1846; Andrea Smith, "introduction: The Revolution Will Not Be Funded," in Revolution Will Not Be Funded, 3; Schiller, "Caring Without Sharing," loc. 1566-1567; Melissa Gira Grant, "The Unfinished Business of Women's Suffrage," New Republic, August 10, 2020, https://newrepublic .com/article/158828/19th-amendment-women-suffrage-felony-vote-disenfranchisement.

14 Saidiya Hartman, Wayward Lives, Beautiful Experiments: Intimate Histories of Riotous Black Girls, Troublesome Women, and Queer Radicals (New York: W. W. Norton and Company, 2019), loc. 1654, Kindle; Kessler-Harris, Women Have Always Worked, loc. 1789-1798, 1830-1839, 1853-1856, 1864; Schiller, "Caring Without Sharing," loc. 1541-1554, 1579-1581.

15 Schiller interview with author; Schiller, "Caring Without Sharing," loc. 1556- 1561, 1643-1673;

Kessler-Harris, Women Have Always Worked, loc. 1883-1900; Eileen Boris, Art and Labor: Ruskin, Morris, and the Craftsman Ideal in America (Philadelphia: Temple University Press, 1986), 122, 126, 127, 131-132; Eva Kittay, Love's Labor: Essays on Women, Equality and Disability (London: Routledge, 1999), 126.

16 Boris, Art and Labor, 131-139, 180-182.

17 Kessler-Harris, Women Have Always Worked, loc. 1926, 1938-1948, 1953-1956; Boris, Art and Labor, 186-187.

18 Kessler-Harris, Women Have Always Worked, loc. 1929-1936, 1970, 1972, 1976- 1982, 1987-2003, 2007-2019; Mohandesi and Teitelman, "Without Reserves," 49.

19 Schiller, "Caring Without Sharing," loc. 1563-1564, 1571-1573, 1583-1588, 1592- 1612; Mohandesi and Teitelman, "Without Reserves," 48-50; Kittay, Love's Labor, 126-127.

20 Schiller interview; Schiller, "Caring Without Sharing," loc. 1149-1151, 1716- 1743, 1799-1800, 1819-1822, 1827-1838; Leslie Albrecht, "Americans Slashed Their Charitable Deductions by $54 Billion After Republican Tax-Code Overhaul," Marketwatch, July 11, 2019, www.marketwatch.com/story/americans-slashed-their-charitable -deductions-by-54-billion-after-trumps-tax-overhaul-2019-07-09; Smith, "Introduction," 4.

21 Schiller, "Caring Without Sharing," loc. 1633-1637; Kessler-Harris, Women Have Always Worked, loc. 2037-2057, 2072.

22 Piven and Cloward, Regulating the Poor, loc. 1077-1232, 1336, 2710-2713; Boris, Art and Labor, 190; Mohandesi and Teitelman, "Without Reserves," 55.

23 Kessler-Harris, Women Have Always Worked, loc. 2145-2165; Smith, "introduction," 5, 7; Dylan Rodriguez, "the political logic of the non-profit industrial complex," in The Revolution Will Not Be Funded, 23.

24 Planned Parenthood, "Our History," 2020, www.plannedparenthood.org /about-us/who-we-are/our-history; Megan Seaholm, "Woman's Body, Woman's Right: Birth Control in America by Linda Gordon," Not Even Past, March 18, 2012, https:// notevenpast.org/womans-body-womans-right-birth-control-america-1976; Jill Lepore, "Birthright: What's Next for Planned Parenthood," New Yorker, November 7, 2011, www.newyorker.com/magazine/2011/11/14/birthright-jill-lepore.

25 Lepore, "Birthright."

26 Smith, "introduction," 5-7; Robert L. Allen, "from Black Awakening in Capitalist America," in The Revolution Will Not Be Funded, 54-58; Eric Tang, "non-profits and the autonomous grassroots," in The Revolution Will Not Be Funded, 218-219.

27 Tang, "nonprofits," 219; Paul Kivel, "social service or social change?," in The Revolution Will Not Be Funded, 138.

28 Selma James, Sex, Race, and Class: The Perspective of Winning (Oakland, CA: PM Press, 2012), 127-128, 212.

29 Salamon and Newhouse, "2019 Nonprofit Employment Report"; Elizabeth Todd-Breland, A Political Education: Black Politics and Education Reform in Chicago Since the 1960s (Chapel Hill: University of North Carolina Press, 2018), 212; Smith, "introduction," 7-8; Gilmore, "shadow state," 45.

30 Nicolas Lemann, "Citizen 501(c)(3)," The Atlantic, February 1997, www.the atlantic.com/magazine/archive/1997/02/citizen-501c3/376777.

31 Tang, "non-profits and the autonomous grassroots," 220; Soniya Munshi and Craig Willse, "foreword," in The Revolution Will Not Be Funded, loc. 136, 255, 263, 272- 283, 291, 311.

32 Tang, "non-profits and the autonomous grassroots," 224-226; Smith, "introduction," 7, 10;

Tithi Bhattacharya, "Introduction: Mapping Social Reproduction Theory," in Bhattacharya, Social Reproduction Theory, 2; Nancy Fraser, "Crisis of Care? On the Social-Reproductive Contradictions of Contemporary Capitalism," in Bhattacharya, Social Reproduction Theory, 23, 33; Tithi Bhattacharya, "How Not to Skip Class: Social Reproduction of Labor and the Global Working Class," in Bhattacharya, Social Reproduction Theory, 75; James, Sex, Race and Class, 171.

33 Fiona Harvey and Anushka Asthana, "'Chilling' Lobbying Act Stifles Democracy, Charities Tell Party Chiefs," The Guardian, June 6, 2017, www.theguardian.com /politics/2017/ jun/06/chilling-lobbying-act-stif les-democracy-write-charities-party -chiefs; "Lobbying: Union Anger over 'Cynical' Coalition Move," June 4, 2013, www .bbc.com/news/uk-politics-22760075.

34 Smith, "introduction," 7, 10; Rodriguez, "the political logic of the non-profit," 29-33; Gilmore, "shadow state," 45-47; Madonna Thunder Hawk, "native organizing before the non-profit industrial complex," in The Revolution Will Not Be Funded, 105-107; Adjoa Florência Jones de Almeida, "radical social change: Searching for a New Foundation," in The Revolution Will Not Be Funded, 187.

35 Mark Fisher, Capitalist Realism: Is There No Alternative? (London: Zer0 Books, 2009), 28; Mark Fisher, K-punk: The Collected and Unpublished Writings of Mark Fisher, ed. Darren Ambrose (London: Repeater Books, 2018), loc. 7422-7465, Kindle; Schiller, "Caring Without Sharing," loc. 1936-1937, 2205-2215; Tiffany Lethabo King and Ewuare Osayande, "the filth on philanthropy: Progressive Philanthropy's Agenda to Misdirect Social Justice Movements," in The Revolution Will Not Be Funded, 83; Ana Clarissa Rojas Durazo, "we were never meant to survive: Fighting Violence Against Women and the Fourth World War," in The Revolution Will Not Be Funded, 124.

36 Amara H. Pérez, Sisters in Action for Power, "between radical theory and community praxis: Reflections on Organizing and the Non-Profit Industrial Complex," in The Revolution Will Not Be Funded, 90-97.

37 Kayla Blado, "The Answer to Burnout at Work Isn't 'Self-Care'—It's Unionizing," In These Times, August 14, 2019, http://inthesetimes.com/working/entry/22017 /burn-out-work-self-care-union-national-nonprofit.

38 Jonathan Timm, "The Plight of the Overworked Nonprofit Employee," The Atlantic, August 24, 2016, www.theatlantic.com/business/archive/2016/08/the-plight-of-the -overworked-nonprofit-employee/497081.

39 The Soros story has been repeated many times and can be found in Yael Friedman, "Is Philanthropy Subverting Democracy?," The Conversationalist, October 25, 2019, https:// conversationalist.org/2019/10/25/how-philanthropy-is-subverting-democracy, and also in Christine E. Ahn, "democratizing american philanthropy," in The Revolution Will Not Be Funded, 74; Stephanie Guilloud and William Cordery, "fundraising is not a dirty word: Community-based Economic Strategies for the Long Haul," in The Revolution Will Not Be Funded, 109-112; Pérez, "between radical theory and community praxis," 97; Alisa Bierria, "pursuing a radical antiviolence agenda inside/outside a non-profit structure," in The Revolution Will Not Be Funded, 152.

40 Durazo, "we were never meant to survive," 115-116; Kivel, "social service or social change?," 142; Itzbeth Menjívar, "The Social Justice Sector Has an Internal Racism Problem," Sojourners, June 11, 2019, https://sojo.net/articles/social-justice -sector-has-internal-racism-problem; Kimberly McIntosh, "Race Equality and Justice in the Charity Sector,"

Joseph Rowntree Foundation, October 1, 2019, www.jrf.org.uk /blog/race-equality-and-justice-charity-sector; Vanessa Daniel, "Philanthropists Bench Women of Color, the M.V.P.s of Social Change," New York Times, November 19, 2019, www.nytimes.com/2019/11/19/opinion/philanthropy-black-women.html.

41 Keeanga-Yamahtta Taylor, "Five Years Later, Do Black Lives Matter?" Jacobin, September 30, 2019, https://jacobinmag.com/2019/09/black-lives-matter -laquan-mcdonald-mike-brown-eric-garner.

42 Schiller, "Caring Without Sharing," loc. 1882-1916, 2069-2070, 2400-2402; "Normal Life: Administrative Violence, Critical Trans Politics, and the Limits of the Law, Dean Spade," book review, in Lies: A Journal of Materialist Feminism 1 (2012), https://libcom.org/library/lies-journal-marxist-feminism.

43 David Harvey, A Brief History of Neoliberalism (Oxford: Oxford University Press, 2007), 177; Schiller, "Caring Without Sharing," loc. 521-522, 582-585; Silvia Federici, Revolution at Point Zero: Housework, Reproduction, and Feminist Struggle (Oakland, CA: PM Press, 2012), loc. 66, 70, 74-75, 81-85, Kindle; Hala Al-Karib, "The Dangers of NGO-isation of Women's Rights in Africa," Al Jazeera English, December 13, 2018, www.aljazeera.com/indepth/opinion/dangers-ngo-isation-women-rights-africa -181212102656547.html; Smith, "introduction," 11.

44 Jonathan Matthew Smucker, Hegemony How-To: A Roadmap for Radicals (Brooklyn, NY: AK Press, 2017), 33-34, 38; Schiller interview; Daisy Rooks, "The Cowboy Mentality: Organizers and Occupational Commitment in the New Labor Movement," Labor Studies Journal 28, no. 33 (2003), https://doi.org/10.1177/0160449X0302800302; "Guide for the Exploited Nonprofit Workers," Tituba's Revenge, no. 1 (December 2011), https://titubasrevenge.files.wordpress.com/2011/12/tituba_newsletter_1_dec20111.pdf.

45 Yasmin Nair, "Fuck Love," YasminNair.com, November 1, 2011 https://yasmin nair.com/fuck-love; Bethany Moreton and Pamela Voeckel, "Learning from the Right," in Labor Rising: The Past and Future of Working People in America, ed. Daniel Katz and Richard Greenwald (New York: New Press, 2012), 34-36.

46 "Guide for the Exploited"; Ann Goggins Gregory and Don Howard, "The Nonprofit Starvation Cycle," Stanford Social Innovation Review, Fall 2009, https://ssir.org /articles/entry/the_nonprofit_starvation_cycle; Cory Doctorow, "Exploitation of Workers Becomes More Socially Acceptable if the Workers Are Perceived as 'Passionate' About Their Jobs," BoingBoing, May 22, 2019, https://boingboing.net/2019/05/22/weaponized -satisfaction.html; Jae Yun Kim, Troy H. Campbell, Steven Shepherd, and Aaron C. Kay, "Understanding Contemporary Forms of Exploitation: Attributions of Passion Serve to Legitimize the Poor Treatment of Workers," Journal of Personality and Social Psychology 118, no. 1 (2020): 121-148, https://doi.org/10.1037/pspi0000190.

47 Bureau of Labor Statistics, "Nonprofits Account for 12.3 Million Jobs, 10.2 Percent of Private Sector Employment, in 2016," August 31, 2018, www.bls.gov /opub/ted/2018/nonprofits-account-for-12-3-million-jobs-10-2-percent-of-private -sector-employment-in-2016.htm; Rachel Swain, "Overview of the UK Charity Sector," Prospects, September 2019, www.prospects.ac.uk/jobs-and-work-experience/job-sectors /charity-and-voluntary-work/overview-of-the-uk-charity-sector; Ramsin Canon, "Nonprofit Workers Need Unions, Too," Jacobin, August 19, 2019, www.jacobinmag .com/2019/08/nonprofits-industrial-complex-socialist-organizing.

48 Stephanie Russell-Kraft, "The Aggressive Anti-Union Campaign at StoryCorps," The Nation, July 17, 2017, www.thenation.com/article/the-aggressive-anti-union -campaign-at-

storycorps.

49 Sarah Jaffe, "Nonprofit Workers Join the Movement to Unionize," The Progressive, November 19, 2019, https://progressive.org/dispatches/nonprofit-workers -unionize-jaffe-191119; Nonprofit Professional Employees Union, "Nonprofit Professional Employees Union Files Unfair Labor Practice Against National Center for Transgender Equality Leadership for Retaliation Against Staff Organizing," November 15, 2019, https://npeu.org/news/2019/11/15/ nonprofit-professional-employees-union-files -unfair-labor-practice-against-national- center-for-transgender-equality-leadership-for -retaliation-against-staff-organizing; Ellen Davis, "SPLC Management Won't Voluntarily Recognize Labor Union," Nonprofit Quarterly, November 15, 2019, https:// nonprofitquarterly.org/splc-management-wont-voluntarily- recognize-labor-union; Independent Workers of Great Britain, "IWGB Charity Workers Branch," 2020, https://iwgb .org.uk/page/iwgb-charity-workers-branch.

50 Kayla Blado, personal communication with author.

51 Canon, "Nonprofit Workers"; Sigal Samuel, "Racial Justice Groups Have Never Had So Much Cash. It's Actually Hard to Spend It," Vox, June 19, 2020, www .vox.com/future- perfect/2020/6/19/21294819/minnesota-freedom-fund-donations -police-protests; Samantha Cooney, "Planned Parenthood Has Received 300,000 Donations Since the Election," Time, December 27, 2016, https://time.com/4618359 /planned-parenthood-election-donations.

52 Gilmore, "shadow state," 51.

53 Cecile Richards (@CecileRichards), Twitter, June 27, 2018, 7:30 a.m., https:// twitter.com/ cecilerichards/status/1011980006086578182; Caroline Lewis, "Kirk Adams & Cecile Richards," Crain's New York, accessed August 8, 2020, www.crains newyork.com/awards/kirk-adams- cecile-richards; Sarah McCammon, "After Years in the Trenches, Planned Parenthood's Cecile Richards Will Step Down," NPR, January 26, 2018, www.npr.org/sections/thetwo- way/2018/01/26/580733009/after-years-in -the-trenches-planned-parenthoods-cecile- richards-will-step-down; Burns, "Planned Parenthood's Union Busting"; Natalie Kitroeff and Jessica Silver-Greenberg, "Planned Parenthood Is Accused of Mistreating Pregnant Employees," New York Times, December 20, 2018, www.nytimes.com/2018/12/20/business/ planned-parenthood-pregnant -employee-discrimination-women.html.

54 Kitroeff and Silver-Greenberg, "Planned Parenthood"; Jessica Rubio, nurse practitioner, quoted in Erin Heger, "Planned Parenthood Has a History of Trying to Beat Back Labor Unions," Rewire, July 19, 2018, https://rewire.news/article/2018/07/19 /planned-parenthood- history-trying-beat-back-labor-unions; Coworker.org, "Planned Parenthood Employees Need Paid Parental and Medical Leave," Coworker, www.coworker .org/petitions/planned- parenthood-employees-need-paid-parental-and-medical-leave.

55 Claude Solnik, "Planned Parenthood, ACLU, Refugee Charities Get 'Trump Bump,'" Long Island Business News, April 26, 2017, https://libn.com/2017/04 /26/planned-parenthood-aclu- refugee-charities-get-trump-bump; Kitroeff and Silver- Greenberg, "Planned Parenthood"; PPRM Bargaining Unit, Facebook, June 17, 2018, www.facebook.com/PPRMBargainingUnit/ph otos/a.243437136213043/25580220 1643203.

56 Erin Heger, "'Frustrating,' 'Confusing': Planned Parenthood Workers Grapple with Organization's Union Fight," Rewire, June 14, 2018, https://rewire.news/article /2018/06/14/frustrating-confusing-planned-parenthood-workers-grapple-organizations -union-fight.

57 경제정책연구소의 한 보고서는 트럼프 전 대통령과 '전국 노동관계 위원회'에 대해 이렇게 기록했다. "트럼프 행정부에서 전국 노동관계 위원회는 노동자들이 노조를 결성하고 고용주들과 집단협상을 할

수 있는 권리를 체계적으로 박탈해, 노동자들, 노동자들이 속한 지역사회와 경제 전반에 손해를 입혔다. 트럼프 행정부가 장악한 전국 노동관계 위원회는 전국 노동관계법이 보장하는 노동자 권리를 약화하는 일련의 중대한 결정들도 발표해왔다. 나아가 기존 노동자 보호 조항들을 뒤집는 목적이 담긴 많은 규제 활동에도 전례 없는 수준으로 가담해왔다. 마지막으로, 전국 노동관계 위원회의 법무 자문위는 전국 노동관계법의 보호를 받을 수 있는 노동자 수를 줄이는 정책들을 추진해왔고, 노동자들의 권리를 빼앗는 전국 노동관계법 수정안들을 지지해왔다." Celine McNicholas, Margaret Poydock, and Lynn Rhinehart, "Unprecedented: The Trump NLRB's Attack on Workers' Rights," Economic Policy Institute, October 16, 2019, www.epi.org/publication/unprecedented-the-trump-nlrbs -attack-on-workers-rights; Joey Bunch, "Lawmakers Back Denver Planned Parenthood Workers' Union Cause," Colorado Politics, June 13, 2018, www.coloradopolitics .com/news/ lawmakers-back-denver-planned-parenthood-workers-union-cause/article _5f4df23c-d39a-5e9c-a840-615bfc46a422.html.

58 Chávez, "Planned Parenthood."

59 Dennis Carter, "Planned Parenthood Drops Its Fight Against Unionizing Workers in Colorado," Rewire, August 17, 2018, https://rewire.news/article/2018/08/17 /planned-parenthood-drops-its-fight-against-unionizing-workers-in-colorado.

60 "Mass Exodus at Boulder Women's Health Center: Whistleblowers Disclose Damning Allegations That Contributed to Institutional Breakdown," The Nation Report, September 17, 2019, www.thenationreport.org/mass-exodus-at-boulder-womens -health-center-a-whistleblower-discloses-damning-allegations-that-contributed-to -institutional-breakdown; Charlie Brennan, "Nearly Half of Boulder Valley Women's Health Center Staff Leaves, Citing Leadership," Boulder Daily Camera, August 27, 2019, www.dailycamera.com/2019/08/27/ nearly-half-of-boulder-valley-womens -health-center-staff-leaves-citing-leadership.

61 Alex Caprariello, "Planned Parenthood Employees Laid Off, Claim It's Retaliation for Voicing Concerns," KXAN News, April 10, 2020, www.kxan.com/news/local /austin/planned-parenthood-employees-laid-off-claim-its-retaliation-for-voicing-con cerns; Melissa Gira Grant, "A Worker Uprising at Planned Parenthood," New Republic, June 18, 2020, https:// newrepublic.com/article/158224/planned-parenthood-covid-racism -union.

예술이라는 노동, 예술가라는 직업에 대하여: 예술가

1 Megan Garber, "David Foster Wallace and the Dangerous Romance of Male Genius," The Atlantic, May 9, 2018, www.theatlantic.com/entertainment/archive/2018/05 /the-world-still-spins-around-male-genius/559925; Cristina Nehring, A Vindication of Love: Reclaiming Romance for the Twenty-First Century (New York: Harper, 2009), 3.

2 Garber, "David Foster Wallace"; Miya Tokumitsu, Do What You Love: And Other Lies About Success and Happiness (New York: Regan Arts, 2015), 2.

3 John Berger, Landscapes: John Berger on Art, ed. Tom Overton (New York: Verso, 2016), loc. 753, Kindle; Lewis Hyde, The Gift: Creativity and the Artist in the Modern World, 25th Anniversary Edition (New York: Vintage, 2009), 186-189; Howard S. Becker, Art Worlds (Berkeley: University of California Press, 1982), 14.

4 Berger, Landscapes, loc. 949-965; Hyde, The Gift, 249.

5 Raymond Williams, Keywords: A Vocabulary of Culture and Society (Oxford: Oxford University Press, 2014), 82-84, 143; John Patrick Leary, "How 'Creativity' Became a Capitalist Buzzword," LitHub, March 11, 2019, https://lithub.com/how-creativity -became-a-capitalist-

buzzword. See also John Patrick Leary, Keywords: The New Language of Capitalism (Chicago: Haymarket Books, 2019).

6 John Berger, Ways of Seeing (New York: Penguin, 2008), 4, 11; Walter Benjamin, "The Work of Art in the Age of Mechanical Reproduction," in Illuminations, ed. Hannah Arendt, trans. Harry Zohn (New York: Schocken Books, 1969 [1935]) 2, 6-7; Ben Davis, 9.5 Theses on Art and Class (Chicago: Haymarket Books, 2013), loc. 1318-1320, Kindle.

7 Becker, Art Worlds, 14-15, 353; Davis, Art and Class, loc. 1446-1448, 2906- 2909; Berger, Ways of Seeing, 30-31, 49, 51-52; Berger, Landscapes, loc. 2944-2946.

8 Becker, Art Worlds, 15, 100, 354; Berger, Landscapes, loc. 2750-2752, 2768- 2777; Berger, Ways of Seeing, 42; Julia Bryan-Wilson, Art Workers: Radical Practice in the Vietnam War Era (Berkeley: University of California Press, 2011), 1-13; Williams, Keywords, 41.

9 Berger, Ways of Seeing, 5-7; Frans Hals Museum, "Regents of the Old Men's Alms House," www.franshalsmuseum.nl/en/art/regents-of-the-old-mens-alms-house.

10 Davis, Art and Class, loc. 1452-1461; Becker, Art Worlds, 109.

11 Becker, Art Worlds, 354; Raymond Williams, Culture and Society: Coleridge to Orwell, 1780-1950 (London: Vintage, 2017), 1, 4, 48-56, 66-67; Williams, Keywords, 41-42; Eileen Boris, Art and Labor: Ruskin, Morris, and the Craftsman Ideal in America (Philadelphia: Temple University Press, 1986), xii.

12 George Orwell, All Art Is Propaganda: Critical Essays, ed. George Packer (Boston: Mariner Books, 2009), 255; Berger, Landscapes, loc. 894-906; Williams, Culture and Society, 71.

13 Davis, Art and Class, loc. 2924-2925; Becker, Art Worlds, 182.

14 Williams, Culture and Society, 183-187, 207; Andrew Ross, No Collar: The Hidden Cost of the Humane Workplace (New York: Basic Books, 2002), 4; Boris, Art and Labor, xi-xv, 14-15, 138, 153, 156.

15 D. Anthony White, Siqueiros: Biography of a Revolutionary Artist (Charleston, SC: BookSurge Publishing, 2009), loc. 424-430, 722-723, 875-878, 930-933, 1058- 1061, 1261-1298, 1351- 1398, 2045-2047, 2149-2155, Kindle; Bryan-Wilson, Art Workers, 3-13.

16 Angela Y. Davis, "Art on the Frontline: Mandate for a People's Culture," in The Angela Y. Davis Reader, ed. Joy James (Hoboken, NJ: Blackwell, 1998), 235-239, 250- 253; E. Doss, "Looking at Labor: Images of Work in 1930s American Art," Journal of Decorative and Propaganda Arts 24 (2002): 231-257, https://doi.org/10.2307/1504189;"The Future of America: Lewis Hine's New Deal Photographs," International Center of Photography, www.icp.org/browse/archive/collections/the-future-of-america -lewis-hines-new-deal-photographs; E. Doss, "Toward an Iconography of American Labor: Work, Workers, and the Work Ethic in American Art, 1930-1945," Design Issues 13, no. 1 (1997): 53-66, https://doi.org.10.2307/1511587; A. Joan Saab, For the Millions: American Art and Culture Between the Wars (Philadelphia: University of Pennsylvania Press, 2009), 2, 6-8, 15, 24-27.

17 Saab, For the Millions, 15-17, 20, 31-32, 34-38.

18 Saab, For the Millions, 40-42, 54-59, 61-63, 140-141; Doss, "Looking at Labor," 250.

19 Saab, For the Millions, 80, 44, 163, 165-166, 171-173; Berger, Landscapes, loc. 2536-2579.

20 Bryan-Wilson, Art Workers, 2-13; Leary, "How 'Creativity' Became a Capitalist Buzzword"; Saab, For the Millions, 173, 181. 특히 존 버거는 이렇게 다르게 이해하고 있었다. "러시아 그림들 대부분은 형편없고 새롭게 성장해가는 러시아 예술계도 태동기에 불과하다. 서방 세계 예술 대부분도 마찬가지로 형편없지만 이유는 정반대이다. 한편으로는 표면적으로는 너무 상상력이 부족하지 않나 하는 문제이고, 또 다른 한편으로는 너무나 절실히 현실감이 없지 않나 하는 문제이다. 즉, 그들은 예술을 싸구려로 만들었고, 우리는 예술을 사치품으로 만들었다." Berger, Landscapes, loc. 2577-2579.

21 Mark Fisher, K-punk: The Collected and Unpublished Writings of Mark Fisher, ed. Darren Ambrose (London: Repeater Books, 2018), loc. 8650, 12654, 12706, 12777; Bryan-Wilson, Art Workers, 5-13; Luc Boltanski and Eve Chiapello, The New Spirit of Capitalism (New York: Verso, 2018), loc. 6692-6694, Kindle.

22 Bryan-Wilson, Art Workers, 1-13.

23 Bryan-Wilson, Art Workers, 1-13.

24 Bryan-Wilson, Art Workers, 1-13; Sarah Resnick, "Issues & Commentary: Organizing the Museum," Art in America, April 1, 2019, www.artnews.com/art-in-america /features/museum-unions-issues-commentary-organizing-the-museum-63617.

25 Bryan-Wilson, Art Workers, 4-13; Davis, Art and Class, loc. 283-285; Federica Martini, "Art History Cold Cases: Artists' Labour in the Factory," in Vanina Hofman and Pau Alsina, coords., "Art and Speculative Futures," Universitat Oberta de Catalunya, Artnodes, no. 19 (2017): 1-8, http://dx.doi.org/10.7238/a.v0i19.3099.

26 Martina Tanga, "Artists Refusing to Work: Aesthetic Practices in 1970s Italy," Palinsesti 1, no. 4 (2015): 35-49.

27 Bolanski and Chiapello, New Spirit of Capitalism, loc. 6692-6734, 8381-8386, 8711-8715, 9329-9331.

28 Berger, Landscapes, loc. 2668-2689; Becker, Art Worlds, ix-x, 23, 113.

29 Becker, Art Worlds, x, 1-5, 9-10, 13.

30 Kerry Guinan interview with author.

31 Becker, Art Worlds, 34-36, 52, 77-81, 91-97, 103-106, 172, 350.

32 Mark Fisher, Capitalist Realism: Is There No Alternative? (London: Zer0 Books, 2009), 76; Davis, Art and Class, loc. 210-213, 241-249, 274-275, 280-283, 438-441, 481-484, 492-497, 2917-2919; Oakley, "Art Works," 25-25.

33 Davis, Art and Class, loc. 298-300, 249-250, 1276-1297, 1298-1318, 1422- 1431; Susan Jones, "By Paying Artists Nothing, We Risk Severing the Pipeline of UK Talent," The Guardian, May 19, 2014, www.theguardian.com/culture-professionals -network/culture-professionals-blog/2014/may/19/paying-artists-nothing-uk-talent;Susan Jones, "Rethinking Artists: The Role of Artists in the 21st Century," Seoul Art Space, Seoul Foundation for Arts and Culture International Symposium, November 4, 2014, https://sca-net.org/resources/view/rethinking-artists-the-role-of-artists-in -the-21st-century. 본문에 언급된 2018년 미국의 조사는 크라우드 펀딩 사이트 '킥 스타터'가 진행했으며, 이 사실만 봐도 대부분의 노동자 계층 예술가들은 누군가에게 돈을 요청해야 하는 것이 어쩔 수 없는 현실임을 알 수 있다. "A Study on the Financial State of Visual Artists Today," 2018, The Creative Independent, https://thecreativeindependent.com/artist-survey; Angella d'Avignon, "Got to Be Real," The Baffler, March 7, 2019, https://thebaffler.com /latest/got-to-be-real-davignon.

34 Claire McCaughey, "Comparisons of Arts Funding in Selected Countries: Preliminary Findings," Canada Council for the Arts, October 2005, www.creativecity.ca /database/files/ library/comparisonsofartsfunding27oct2005.pdf; Drew Wylie Projects, "Scottish Parliament— Arts Funding Inquiry Comparative Analysis," May 2019, www .parliament.scot/S5_European/ Inquiries/CTEEA_Arts_Funding_Research.pdf; Jones, "Rethinking Artists"; Danish Artist Union, accessed August 11, 2020, www.artisten.dk /Forside/The-Danish-Artist-Union; Oakley, "Art Works," 130.

35 Mark Brown, "Arts Industry Report Asks: Where Are All the Working-Class People?," The Guardian, April 16, 2018, www.theguardian.com/culture/2018/apr/16/arts -industry-report-asks-where-are-all-the-working-class-people; Jones, "Rethinking Artists"; Alexander Billet

and Adam Turl, "The Ghost Ship Is Our Triangle Fire," Red Wedge Magazine, December 12, 2016, www.redwedgemagazine.com/online-issue/ghostship; Jillian Steinhauer, "How Wealthy Are Artists' Parents?," Hyperallergic, March 21, 2014, https://hyperallergic.com/115957/how-wealthy-are-artists-parents.

36 Davis, Art and Class, loc. 1429-1490; Hito Steyerl, "If You Don't Have Bread, Eat Art!: Contemporary Art and Derivative Fascisms," E-Flux, October 2016, www.e-flux.com/journal/76/69732/if-you-don-t-have-bread-eat-art-contemporary-art-and-derivative-fascisms; Oakley, "Art Works"; Rachel Corbett, "Why Are Artists Poor? New Research Suggests It Could Be Hardwired into Their Brain Chemistry," ArtNet, July 2, 2018, https://news.artnet.com/art-world/why-are-artists-poor-research-suggests-it-could-be-hardwired-1310147.

37 Davis, Art and Class, loc. 1658-1721; Natasha Lennard, "New York City's Cops Are Waging War on Subway Performers," Vice, May 7, 2014, www.vice.com/en_us/article/nem9vm/new-york-citys-cops-are-waging-war-on-subway-performers.

38 Davis, Art and Class, loc. 1542-1544; Becker, Art Worlds, 260-267; d'Avignon, "Got to Be Real," 24-25; Tokumitsu, Do What You Love, 46-47.

39 Ben Davis and Sarah Cascone, "The New Museum's Staff Is Pushing to Unionize—and Top Leadership Is Not at All Happy About It," ArtNet, January 10, 2019, https://news.artnet.com/art-world/new-museum-union-drive-1436788; Resnick, "Organizing the Museum"; Frances Anderton, "Marciano Art Foundation and the Value of 'Art Labor,'" KCRW, November 12, 2019, www.kcrw.com/culture/shows/design-and-architecture/marciano-and-art-labor-shortlisted/marciano-art-foundation-and-the-value-of-art-labor; Benjamin Sutton, "An Online Spreadsheet Revealed Museum Workers' Salaries," Artsy, June 3, 2019, www.artsy.net/news/artsy-editorial-online-spreadsheet-revealed-museum-workers-salaries.

40 Stephen Tracy, "Milieu Insight Response and Clarification on The Sunday Times Essential Workers Poll," Milieu, June 15, 2020, https://mili.eu/insights/sunday-times-essential-workers-poll-response; Sarah Jaffe, "Belabored Stories: Someday the Museums Will Reopen," Dissent, March 30, 2020, www.dissentmagazine.org/blog/belabored-stories-someday-the-museums-will-reopen; Sarah Jaffe, "The Union Drive at the Philadelphia Museum of Art," Dissent, June 15, 2020, www.dissentmagazine.org/blog/the-union-drive-at-the-philadelphia-museum-of-art; Zachary Small, "Workers at Philadelphia Museum of Art Vote to Join Union," New York Times, August 6, 2020, www.nytimes.com/2020/08/06/arts/workers-at-philadelphia-museum-of-art-vote-to-join-union.html.

41 저자가 빌 마자와 개인적으로 나눈 대화의 일부이다.

42 Davis, Art and Class, loc. 1778-1862.

43 Fisher, K-punk, loc. 8289-8297; Jeremy Lovell, "Hirst's Diamond Skull Sells for $100 Million," Reuters, August 30, 2007, www.reuters.com/article/us-arts-hirst-skull-idUSL3080962220070830; Davis, Art and Class, loc. 2074-2093, 2246-2248; Julia Halperin and Brian Boucher, "Jeff Koons Radically Downsizes His Studio, Laying Off Half His Painting Staff," ArtNet, June 20, 2017, https://news.artnet.com/art-world/jeff-koons-radically-downsizes-his-studio-laying-off-half-his-painting-staff-998666; Pernilla Holmes, "The Branding of Damien Hirst," ArtNews, October 1, 2007, www.artnews.com/art-news/artists/the-branding-of-damien-hirst-176.

44 Becker, Art Worlds, 77; Lucia Love, Interview with author; Paddy Johnson and Rhett Jones, "Jeff Koons Lays Off Workers Amidst Reports of Unionization," Art F City, July 18, 2016, http://

artfcity.com/2016/07/18/jeff-koons-lays-off-workers-amidst -reports-of-impropriety; Eileen Kinsella, "Jeff Koons Lays Off Over a Dozen Staffers After They Tried to Unionize," ArtNet, July 19, 2016, https://news.artnet.com/art-world /jeff-koons-lays-off-staff-members-563018.

45 Halperin and Boucher, "Jeff Koons Radically Downsizes"; Valeria Ricciulli, "Domino Sugar Factory: A Guide to the Megaproject's Buildings," Curbed, November 11, 2019, https://ny.curbe d.com/2019/11/11/20954204/domino-sugar-factory -redevelopment-williamsburg-brooklyn-buildings; Dia: Beacon, "Richard Serra, LongTerm View, Dia Beacon," www.diaart.org/ program/exhibitions-projects/richard-serra -collection-display; Doreen St. Félix, "Kara Walker's Next Act," Vulture, April 17, 2017, www.vulture.com/2017/04/kara-walker-after-a-subtlety.html; Christopher Beam, "Kehinde Wiley's Global Reach," April 20, 2012, https:// nymag.com/arts/art/rules/kehinde-wiley -2012-4.

46 Benjamin, "Art in the Age"; Taylor, People's Platform, 44-66, 168-169, 175.

47 Molly Crabapple, interview with author; Malcolm Harris, Kids These Days: The Making of Millennials (New York: Back Bay Books, 2018), 179; Steven Rosenbaum, "Death of Vine Should Be a Lesson to Other Social Media Platforms," Forbes, November 2, 2016, www.forbes.com/ sites/stevenrosenbaum/2016/11/02/death-vine-lesson-social -media.

48 Fisher, K-punk, loc. 8034; OK Fox and Love interview with author; Billet and Turl, "Ghost Ship."

49 Davis, Art and Class, loc. 2825-2827; Devyn Springer, "Cultural Worker, Not a 'Creative,'" Medium, October 23, 2018, https://medium.com/@DevynSpringer /cultural-worker-not-a-creative-4695ae8bfd2d; Alison Stine, "Why Art Matters, Even in Poverty," TalkPoverty, April 18, 2016, https://talkpoverty.org/2016/04/18/why-art -matters-even-in-poverty.

50 Art, Architecture, Activism, "Spare Room Project," 2019, www.spareroom project.ie.

법의 사각지대에서 하는 희망 노동: 인턴

1 Imagine Canada, "Non-Profit Sector Continues to Grow," press release, March 5, 2019, www.imaginecanada.ca/en/360/non-profit-sector-continues-grow.

2 Ross Perlin, Intern Nation: How to Earn Nothing and Learn Little in the Brave New Economy (New York: Verso, 2012), loc. 94, Kindle, pp. 1-3, 196; Josh Sanburn, "The Beginning of the End of the Unpaid Internship," Time, May 2, 2012, http://business .time.com/2012/05/02/the-beginning-of-the-end-of-the-unpaid-internship-as-we -know-it.

3 Perlin, Intern Nation, 23-24.

4 Kathleen M. Kuehn, "Hope Labor as, Well, Hope Labor," KMKuehn.com, July 15, 2013; Kathleen Kuehn and Thomas F. Corrigan, "Hope Labor: The Role of Employment Prospects in Online Social Production," Political Economy of Communication 1, no.1 (2013): 9-25.

5 Luc Boltanski and Eve Chiapello, The New Spirit of Capitalism (New York: Verso, 2018), loc. 3103-3104, Kindle; Kuehn and Corrigan, "Hope Labor."

6 Boltanski and Chiapello, New Spirit of Capitalism, loc. 3494-3496, 3932-3933, 3939-3940, 5091-5100; Miya Tokumitsu, Do What You Love: And Other Lies About Success and Happiness (New York: Regan Arts, 2015), 87.

7 Perlin, Intern Nation, 45, 46; Alexandre Frenette, "From Apprenticeship to Internship: The Social and Legal Antecedents of the Intern Economy," TripleC 13, no 2 (2015): https:// doi.org/10.31269/triplec.v13i2.625; Olivia B. Waxman, "How Internships Replaced the Entry-Level Job," Time, July 25, 2018, https://time.com/5342599 /history-of-interns-internships.

8   Frenette, "From Apprenticeship to Internship"; Perlin, Intern Nation, 46-48; Waxman, "How Internships Replaced the Entry-Level Job."

9   Frenette, "From Apprenticeship to Internship"; Perlin, Intern Nation, 47-51.

10 Perlin, Intern Nation, 51-53.

11 Perlin, Intern Nation, 53-56.

12 Lydia Dishman, "How I Made Ends Meet as an Unpaid Intern (and Why It Was Worth It)," Fast Company, January 16, 2019, www.fastcompany.com/90289973 /how-i-made-ends-meet-as-an-unpaid-intern-and-why-it-was-worth-it.

13 Waxman, "How Internships Replaced the Entry-Level Job"; Frenette, "From Apprenticeship to Internship"; Perlin, Intern Nation, 30-31; Helen B. Holmes, "How the Unpaid Internship Became America's Favorite Corporate Scam," Mel Magazine, 2018, https://melmagazine.com/en-us/story/how-the-unpaid-internship-became-americas -favorite-corporate-scam; Sanburn, "Beginning of the End."

14 Perlin, Intern Nation, 31; Ryan Park, "Why So Many Young Doctors Work Such Awful Hours," The Atlantic, February 21, 2017, www.theatlantic.com/business /archive/2017/02/doctors-long-hours-schedules/516639; Sarah Jaffe, "16-Hour Shifts, But Not a Real Worker?," In These Times, October 23, 2013, http://inthesetimes.com /working/entry/15785/16_hour_shifts_but_not_a_real_worker.

15 Perlin, Intern Nation, 32-33; Sanburn, "Beginning of the End"; Karl E. Stromsem, "The Work of the National Institute of Public Affairs, 1934-1949: A Summary" (Washington, DC: National Institute of Public Affairs, 1949).

16 Perlin, Intern Nation, 32-33; Sanburn, "Beginning of the End."

17 Holmes, "The Unpaid Internship"; Perlin, Intern Nation, 65-72; Natalie Bacon, "Unpaid Internships: The History, Policy, and Future Implications of 'Fact Sheet #71,'" Ohio State Entrepreneurial Business Law Journal 6, no. 1 (2011): 67-96; Walling v. Portland Terminal Co., 330 U.S. 148 (1947).

18 Frenette, "From Apprenticeship to Internship"; Perlin, Intern Nation, 34-36, 90; Waxman, "How Internships Replaced the Entry-Level Job."

19 Perlin, Intern Nation, 68, 212.

20 Perlin, Intern Nation, 2-3, 14, 28, 36-39, 45, 96; Sanburn, "The Beginning of the End"; Frenette, "From Apprenticeship to Internship."

21 Guy Standing, The Precariat (London: Bloomsbury Academic, 2011), loc. 589, 3026, 2900, Kindle.

22 Perlin, Intern Nation, 26-27, 134; Malcolm Harris, Kids These Days: The Making of Millennials (New York: Back Bay Books, 2018), 91-94.

23 Tokumitsu, Do What You Love, 96; Harris, Kids These Days, 91; Madeleine Schwartz, "Opportunity Costs: The True Price of Internships," Dissent, Winter 2013, www.dissentmagazine.org/article/opportunity-costs-the-true-price-of-internships.

24 Kathi Weeks, "'Hours for What We Will': Work, Family, and the Movement for Shorter Hours," Feminist Studies 35, no. 1 (Spring 2009): 101-127; Schwartz, "Opportunity Costs."

25 Perlin, Intern Nation, loc. 203, pp. 85, 86, 89-90.

26 Perlin, Intern Nation, 80-82; Bacon, "Unpaid Internships"; Blair Hickman and Christie Thompson, "How Unpaid Interns Aren't Protected Against Sexual Harassment," ProPublica, August 9, 2013, www.propublica.org/article/how-unpaid -interns-arent-protected-against-sexual-harassment.

27 Perlin, Intern Nation, 100-106; Laurel Wamsley, "New Congresswoman Will Pay

Her Interns $15 an Hour. Is That a Big Deal?," NPR, December 6, 2018, www
.npr.org/2018/12/06/674378315/new-congresswoman-will-pay-her-interns-15-an -hour-is-
that-a-big-deal; William Cummings, "Ocasio-Cortez Decries Congressional Pay, Vows to Give
Interns 'at Least' $15 an Hour," USA Today, December 14, 2019, https://eu.usatoday.com/story/
news/politics/2018/12/06/alexandria-ocasio-cortez -interns/2224892002; Sanjana Karanth,
"Alexandria Ocasio-Cortez Explains Why Interns Should Be Paid with More Than Experience,"
HuffPost, July 25, 2019, www.huffington post.co.uk/entry/alexandria-ocasio-cortez-paid-inter
ns_n_5d3a061fe4b004b6adbd0edd.

28 Perlin, Intern Nation, 83-84, 118, 122, 132, 137-138; Kuehn and Corrigan, "Hope Labor";
Harris, Kids These Days, 22.

29 Lauren Lumpkin, "Coronavirus Blew Up Summer Internships, Forcing Students and
Employers to Get Creative," Washington Post, May 3, 2020, www.washingtonpost .com/local/
education/coronavirus-blew-up-summer-internships-forcing-students-and -employers-to-
get-creative/2020/05/03/7f2708ae-83dd-11ea-a3eb-e9fc93160703_story .html; Perlin, Intern
Nation, 45.

30 Perlin, Intern Nation, 61, 167-169; Christy Romer, "Almost 90% of Arts Internships Are
Unpaid," Arts Professional, November 23, 2018, www.artsprofessional .co.uk/news/almost-
90-arts-internships-are-unpaid; Hakim Bishara, "The Association of Art Museum Directors
Calls on Museums to Provide Paid Internships," Hyperallergic, June 20, 2019, https://
hyperallergic.com/506184/the-association-of-art-museum -directors-calls-on-museums-to-
provide-paid-internships.

31 Perlin, Intern Nation, 152-155, 146-148; Standing, The Precariat, loc. 1877.

32 Perlin, Intern Nation, 163, 181-183; Trevor Smith, "How Unpaid Internships Reinforce the
Racial Wealth Gap," American Prospect, February 4, 2019, https://prospect .org/education/
unpaid-internships-reinforce-racial-wealth-gap. See also Nathalie Olah, Steal as Much as
You Can: How to Win the Culture Wars in an Age of Austerity (London: Repeater, 2019).

33 Perlin, Intern Nation, 186, 194-196; Schwartz, "Opportunity Costs"; Standing, The Precariat,
loc. 1856; Amalia Illgner, "Why I'm Suing over My Dream Internship,"The Guardian, March
27, 2018, www.theguardian.com/news/2018/mar/27/why-im -suing-over-my-dream-
internship; Yuki Noguchi, "An Intern at 40-Something, and 'Paid in Hugs,'" NPR, April 1,
2014, www.npr.org/2014/04/01/293882686/an-intern -at-40-something-and-paid-in-hugs;
Dishman, "How I Made Ends Meet."

34 Sanburn, "Beginning of the End"; Waxman, "How the Internship Replaced the Entry-Level
Job."

35 Perlin, Intern Nation, 185, 199-200; Standing, The Precariat, 183-187; Rebecca Greenfield,
"Unpaid Internships Are Back, with the Labor Department's Blessing," Bloomberg, January
13, 2019, www.bloomberg.com/news/articles/2018-01-10 /unpaid-internships-are-back-
with-the-labor-department-s-blessing.

36 James Cairns, The Myth of the Age of Entitlement: Millennials, Austerity and Hope (Toronto:
University of Toronto Press, 2017), 84-87.

37 Eleni Schirmer, "Pay Your Interns Now," Jacobin, March 21, 2019, https:// jacobinmag.com
/2019/03/quebec-unpaid-internships-strike-university.

38 Ingrid Peritz, "Quebec Students Stage Walkout over Unpaid Internships," Globe and Mail,
November 21, 2018, www.theglobeandmail.com/canada/article-quebec -students-stage-
walkout-over-unpaid-internships; Caroline St-Pierre, "More Than 50,000 Quebec Students
to Strike over Unpaid Internships," CTV News, November 19, 2018, www.ctvnews.ca/canada/

more-than-50-000-quebec-students-to-strike-over -unpaid-internships-1.4183316.
39 St-Pierre, "Students to Strike."

프롤레타리아 전문직 : 시간강사

1   Stanley Aronowitz, The Last Good Job in America: Work and Education in the New Global
    Technoculture (Lanham, MD: Rowman and Littlefield, 2001); Philip G. Altbach, "The
    Deterioration of the Academic Estate: International Patterns of Academic Work," in The
    Changing Academic Workplace: Comparative Perspectives, ed. Philip G. Altbach (Chestnut
    Hill, MA: Center for International Higher Education, Lynch School of Education, Boston
    College, September 2000), 11-33.
2   H. Perkin, "History of Universities," in International Handbook of Higher Education, ed. J. J. F.
    Forest and P. G. Altbach, Springer International Handbooks of Education, vol. 18 (Dordrecht:
    Springer, 2007).
3   Paula Young Lee, "The Musaeum of Alexandria and the Formation of the Muséum in
    Eighteenth-Century France," Art Bulletin 79, no. 3 (September 1997): 385- 412, https://
    doi.org/10.2307/3046259; Sujit Choudhary, "Higher Education in India: A Socio-Historical
    Journey from Ancient Period to 2006-07," Journal of Educational Enquiry 8, no. 1 (2009);
    Lili Yang, "The Public Role of Higher Learning in Imperial China," Centre for Global Higher
    Education, Working Paper no. 28, October 2017; Raquel Lopez, "Did Sons and Daughters
    Get the Same Education in Ancient Greece?," National Geographic, August 28, 2019,
    www.nationalgeographic.com/history/magazine/2019/07 -08/education-in-ancient-greece.
4   Perkin, "History of Universities"; Altbach, "The Deterioriation of the Academic Estate"; Roberto
    Moscati, "Italian University Professors in Transition," in Altbach, The Changing Academic
    Workplace, 144-174.
5   Perkin, "History of Universities"; Moscati, "Italian University Professors in Transition,"
    144-174; Philip G. Altbach, "Academic Freedom: International Realities and Challenges," in
    Altbach, The Changing Academic Workplace, 261-277.
6   Perkin, "History of Universities"; University of Oxford, "Introduction and History,"
    www.ox.ac.uk/about/organisation/history?wssl=1.
7   R. R. Palmer, "How Five Centuries of Educational Philanthropy Disappeared in the French
    Revolution," History of Education Quarterly 26, no. 2 (1986): 181-197;Heike Mund, "Knowledge
    Is Power: Humboldt's Educational Vision Resonates on 250th Birthday," DW, June 22, 2017,
    www.dw.com/en/knowledge-is-power-humboldts -educational-vision-resonates-on-250th-
    birthday/a-39363583; David Sorkin, "Wilhelm Von Humboldt: The Theory and Practice of Self-
    Formation (Bildung), 1791-1810," Journal of the History of Ideas 44, no. 1 (January-March
    1983): 55-73, https://doi .org/10.2307/2709304; Altbach, "Academic Freedom," 261-277.
8   Perkin, "History of Universities"; Altbach, "Academic Freedom," 261-277; Jürgen Enders, "A
    Chair System in Transition: Appointments, Promotions, and Gate-Keeping in German Higher
    Education," Higher Education 41, no. 1 (2001): 3-25; Barbara Ehrenreich and John Ehrenreich,
    Death of a Yuppie Dream: The Rise and Fall of the Professional-Managerial Class (New York:
    Rosa Luxemburg Stiftung, February 2013), www .rosalux-nyc.org/wp-content/files_mf/ehrenr
    eich_death_of_a_yuppie_dream90.pdf.
9   Perkin, "History of Universities," 568-592, 609-611, 595-597, 597-606; Ehrenreich and
    Ehrenreich, Death of a Yuppie Dream; Robert Lee and Tristan Ahtone, "LandGrab Universities,"

High Country News, March 30, 2020, www.hcn.org/issues/52.4 /indigenous-affairs-education-land-grab-universities; Library of Congress, Primary Documents in American History: Morrill Act, www.loc.gov/rr/program/bib/ourdocs/morrill .html; Aronowitz, Last Good Job, 93.

10 Perkin, "History of Universities"; Joseph Thompson, "The GI Bill Should've Been Race Neutral, Politicos Made Sure It Wasn't," Military Times, November 9, 2019, www .militarytimes.com/military-honor/salute-veterans/2019/11/10/the-gi-bill-shouldve-been -race-neutral-politicos-made-sure-it-wasnt; Brandon Weber, "How African American WWII Veterans Were Scorned by the G.I. Bill," The Progressive, November 10, 2017, https://progressive.org/dispatches/how-african-american-wwii-veterans-were -scorned-by-the-g-i-b.

11 Ehrenreich and Ehrenreich, Death of a Yuppie Dream; Aronowitz, Last Good Job, 93-94; Ellen Schrecker, "Academic Freedom in the Age of Casualization," in The University Against Itself: The NYU Strike and the Future of the Academic Workplace, ed. Monika Krause, Mary Nolan, Michael Palm, and Andrew Ross (Philadelphia: Temple University Press, 2008), loc. 452-454, Kindle.

12 Ehrenreich and Ehrenreich, Death of a Yuppie Dream; Luc Boltanski and Eve Chiapello, The New Spirit of Capitalism (New York: Verso, 2018), loc. 1269-1273, Kindle.

13 Enders, "A Chair System," 36-60; Aronowitz, Last Good Job, 34-36.

14 Ashley Dawson and Penny Lewis, "New York: Academic Labor Town?," in Krause et al., The University Against Itself, loc. 238-251; Aaron Bady and Mike Konczal, "From Master Plan to No Plan: The Slow Death of Public Higher Education," Dissent, Fall 2012, www.dissentmagazine.org/article/from-master-plan -to-no-plan-the-slow-death-of-public-higher-education.

15 Dawson and Lewis, "New York," loc. 251-274. 역사가 킴 필립스 페인은 당시의 위기 상황을 이렇게 설명한다. "오늘날처럼 1970년대에도, 뉴욕이 당면한 경제적 문제들에 대한 책임이 전적으로 뉴욕에만 있지 않았다. 교외 지역에 친절했고 제조업체들의 공장 이전을 용이하게 해주었던 연방 정책들이 문제의 발단이었다. 뉴딜정책에 이어 다양한 방법으로 '빈곤 퇴치'에 주력했던 린든 B. 존슨 행정부의 '위대한 사회 정책'의 메디케이드와 같은 국가지원 구조는 뉴욕시 정부에 큰 부담이 되었다. 게다가 1970년대 금융 부문의 규제 완화로 은행들은 지방채를 꺼리게 됐다. 이런 배경 속에 1975년 뉴욕의 재정 위기가 촉발되었지만, 위기가 한층 더 심각했던 이유는 채무불이행의 가능성이 너무 커져서 뉴욕시도 가난한 노동자 계층 뉴욕시민들에게 약속한 오랜 약속을 번복할 수밖에 없었다." Kim Phillips-Fein, "Rethinking the Solution to New York's Fiscal Crisis," New York Review of Books, NYR Daily, July 16, 2020, www.nybooks.com/daily/2020/07/16 /rethinking-the-solution-to-new-yorks-fiscal-crisis. See also Kim Phillips-Fein, Fear City: New York's Fiscal Crisis and the Rise of Austerity Politics (New York: Metropolitan, 2017).

16 Altbach, "Deterioration of the Academic Estate," 11-33; Michael Shattock, "The Academic Profession in Britain: A Study in the Failure to Adapt to Change," Higher Education 41, no. 1/2 (2001): 27-47; Anne Applebaum, "Thatcher's Elimination of Tenure Leaves Professors in Outrage," Associated Press, July 11, 1988, https://apnews .com/940a913d0a84b91ff72512c4af09386a.

17 Ehrenreich and Ehrenreich, Death of a Yuppie Dream; Ehrenreich, Fear of Falling, 145, 152-153, 199; Gabriel Winant, "Professional-Managerial Chasm," n+1, October 10, 2019, https://nplusonemag.com/online-only/online-only/professional-managerial-chasm.

18 Ehrenreich, Fear of Falling, 12, 15, 200, 246; Winant, "Professional-Managerial Chasm"; Perkin, "History of Universities."

19 William Davies, The Happiness Industry: How the Government and Big Business Sold Us Well-Being (London: Verso, 2015), loc. 1765-1837, Kindle. 스탠리 아로노위츠 교수는 2000년

'지식경제'의 도래는 여러 차례 환영 받아 왔다며 다음과 같이 언급했다. "산업현장과 서비스업에 자동화와 자동제어가 광범위하게 활용되며 시작될 '신'경제에 대해 거의 40년간 이어져 온 부푼 기대감처럼, 두 프랑스 저술가 앙드레 고르츠와 세르지 말렛도 자격을 갖춘 지식 생산자로 이루어진 신 노동 계층의 탄생을 예언했다(…) 조립공장 노동자와 달리, 지식 노동자는 설계에서 실행에 이르기까지, 생산과정의 모든 측면을 담당할 충분한 자격이 있었다. 하지만 그런 지식 노동자를 가로막은 것은 경영진의 독단적인 권력과 자본의 힘이었다." Aronowitz, Last Good Job, 16; Ehrenreich and Ehren reich, Death of a Yuppie Dream.

20 Aronowitz, Last Good Job, 17, 39-40, 101; Ehrenreich and Ehrenreich, Death of a Yuppie Dream; Perkin, "History of Universities"; Henry A. Giroux, Neoliberalism's War on Higher Education, (Chicago: Haymarket Books, 2014), loc. 2166-2167, Kindle; Altbach, "Deterioration of the Academic Estate," 11-33.

21 Schrecker, "Academic Freedom," loc. 477-489; Abigail Hess, "The Cost of College Increased by More Than 25% in the Last 10 Years—Here's Why," CNBC, December 13, 2019, www.cnbc.com/2019/12/13/cost-of-college-increased-by-more-than-25percent -in-the-last-10-years.html; Robert Anderson, "University Fees in Historical Perspective," History and Policy, February 8, 2016, www.historyandpolicy.org/policy-papers/papers /university-fees-in-historical-perspective; Altbach, "Deterioration of the Academic Estate," 12-13.

22 Aronowitz, Last Good Job, 30-33.

23 Aronowitz, Last Good Job, 42; Sarah Jaffe, "'Injury to All' at Rutgers University," Dissent, June 22, 2020, www.dissentmagazine.org/blog/injury-to-all-at-rutgers-university.

24 Schrecker, "Academic Freedom," loc. 496-497; Altbach, "Deterioration of the Academic Estate," 11-33.

25 Monika Krause, Mary Nolan, Michael Palm, and Andrew Ross, "Introduction," in Krause et al., The University Against Itself, loc. 58-59; Dawson and Lewis, "New York," loc. 216-217, 220-221; Schrecker, "Academic Freedom," loc. 532-534; Aronowitz, Last Good Job, 40; Philip G. Altbach, "Introduction," in Altbach, The Changing Academic Workplace, ix-x; Altbach, "Academic Freedom," 273-274; Erin Hatton, Coerced: Work Under Threat of Punishment (Berkeley: University of California Press, 2020), loc. 168-169, 737-739, 750-753, Kindle; Adam Kotsko, "Not Persuasion, but Power: Against 'Making the Case,'" Boston Review, May 6, 2020, http://bostonreview.net/forum/higher-education-age-coronavirus /adam-kotsko-not-persuasion-power-against-%E2%80%9Cmaking-case%E2%80%9D.

26 Altbach, "Deterioration of the Academic Estate," 29.

27 Altbach, "Deterioration of the Academic Estate," 13-14, 27-28; "Faculty in the Global Network," New York University, www.nyu.edu/faculty/faculty-in-the-global -network.html.

28 Ehrenreich, Fear of Falling, 76, 81-82; Dawson and Lewis, "New York," loc. 230-231.

29 Hatton, Coerced, loc. 158-165, 191-194, 207-209, 228-242, 281-299, 305- 307, 354-374.

30 Aronowitz, Last Good Job, 36; Schrecker, "Academic Freedom," loc. 553-554.

31 Aronowitz, Last Good Job, 22, 39-40, 43; Gwendolyn Bradley, "How Managerial Are Faculty?," American Association of University Professors, May-June 2014, www .aaup.org/article/how-managerial-are-faculty; Hatton, Coerced, loc. 154-155, 748-750, 756-758.

32 Krause et al., "Introduction," 26-49, 79-80, 90-93; Dawson and Lewis, "New York," loc. 305-306, 311-312; Giroux, Neoliberalism's War, loc. 341-344, 575-578.

33 Jeff Goodwin, "Which Side Are We On? NYU's Full-Time Faculty and the GSOC Strike," in Krause et al., University Against Itself, loc. 2365; "Joint Statement of New York University and GSOC and SET, UAW," November 26, 2013, www.nyu.edu /content/dam/nyu/publicAffairs/ documents/20131126-JointStmntNYUgsocSETuaw.pdf.

34 Aronowitz, Last Good Job, 97-98; Krause et al., "Introduction," loc. 62-63; Dawson and Lewis, "New York," loc. 327-328; James Cairns, The Myth of the Age of Entitlement: Millennials, Austerity and Hope (Toronto: University of Toronto Press, 2017), 83; Mark Fisher, Capitalist Realism: Is There No Alternative? (London: ZerO Books, 2009), 42.

35 Tressie McMillan Cottom, Lower Ed: The Troubling Rise of For-Profit Colleges in the New Economy (New York: New Press, 2017), 6-11, 84, 96, 180.

36 Ehrenreich and Ehrenreich, Death of a Yuppie Dream; Camilo Maldonado, "Price of College Increasing Almost 8 Times Faster Than Wages," Forbes, July 24, 2018, www.forbes.com/sites/camilomaldonado/2018/07/24/price-of-college-increasing-almost-8-times-faster-than-wages; College Tuition Inflation Calculator, In 2013 Dollars, www .in2013dollars.com/College-tuition-and-fees/price-inflation; Alex Press, "On the Origins of the Professional-Managerial Class: An Interview with Barbara Ehrenreich," Dissent, October 22, 2019, www.dissentmagazine.org/online_articles/on-the-origins-of-the -professional-managerial-class-an-interview-with-barbara-ehrenreich.

37 Angela Y. Davis, "Black Women and the Academy," in The Angela Y. Davis Reader, ed. Joy James (Hoboken, NJ: Blackwell, 1998), 222-224; Mark Fisher, K-punk: The Collected and Unpublished Writings of Mark Fisher, ed. Darren Ambrose (London: Repeater Books, 2018), loc. 5876, 7888-7889, Kindle; Giroux, Neoliberalism's War, loc. 1055-1103; Jeevan Vasagar and Jessica Shepherd, "Browne Review: Universities Must Set Their Own Tuition Fees," The Guardian, October 12, 2010, www.theguardian.com /education/2010/oct/12/browne-review-universities-set-fees; Sirin Kale, "An Oral History of the 2010 Student Protests," Vice UK, December 12, 2019, www.vice.com/en_uk /article/qjddzb/oral-history-2010-student-protests.

38 Paul Mason, Why It's Kicking Off Everywhere: The New Global Revolutions (London: Verso, 2012); Jodi Dean, Crowds and Party (New York: Verso, 2016), loc. 314, Kindle; Giroux, Neoliberalism's War, loc. 1130-1132, 2930-2931, 3481-3484.

39 Katerina Bodovski, "Why I Collapsed on the Job," Chronicle of Higher Education, February 15, 2018, www.chronicle.com/article/Why-I-Collapsed-on-the -Job/242537; Social Sciences Feminist Network Research Interest Group, "The Burden of Invisible Work in Academia: Social Inequalities and Time Use in Five University Departments," Humboldt Journal of Social Relations 39, Special Issue 39: Diversity & Social Justice in Higher Education (2017): 228-245; Tressie McMillan Cottom, "'Who Do You Think You Are?': When Marginality Meets Academic Microcelebrity," Ada: A Journal of Gender, New Media, and Technology, no. 7 (2015), https://adanewmedia.org/2015/04 /issue7-mcmillancottom.

40 Yasmin Nair, "Class Shock: Affect, Mobility, and the Adjunct Crisis," Contrivers' Review, October 13, 2014, www.contrivers.org/articles/8.

41 Jaffe, "Injury to All."

42 Gareth Brown and David Harvie, "2+ Years of Militancy in Universities: What Do We Know and Where Do We Go?" Plan C, February 17, 2020, www.weareplanc.org /blog/2-years-of-militancy-in-universities-what-do-we-know-and-where-do-we-go; Amia Srinivasan, "Back on Strike," London Review of Books, December 3, 2019, www.lrb.co.uk /blog/2019/december/back-on-strike; Interview with Claire English.

43 "Fordham Faculty Ratify First Contract, Win 67%-90% Raises for a Majority of Adjuncts," SEIU: Faculty Forward, July 2018, http://seiufacultyforward .org/fordham-faculty-ratify-first-contract-win-67-90-raises-majority-adjuncts; Daniel Moattar, "These Faculty Organizing Victories Show Labor Doesn't Need the Courts on Its Side," In These Times, August 31, 2018, https://inthesetimes.com/article /iowa-fordham-unions-seiu-trump-janus-faculty.

44 "Fordham Faculty Ratify First Contract."

좋아하는 일이니까 다 괜찮지는 않습니다: 프로그래머

1 Studio Gobo Home Page, www.studiogobo.com.
2 Jamie Woodcock, Marx at the Arcade: Consoles, Controllers and Class Struggle (Chicago: Haymarket Books, 2019), loc. 1244-1247, Kindle; Chella Ramanan, "The Video Game Industry Has a Diversity Problem—But It Can Be Fixed," The Guardian, March 15, 2017, www.theguardian.com/technology/2017/mar/15/video-game-industry -diversity-problem-women-non-white-people; Eve Crevoshay, Sarah Hays, Rachel Kowert, Raffael Boccamazzo, and Kelli Dunlap, "State of the Industry 2019: Mental Health in the Game Industry," TakeThis, 2019, www.takethis.org/wp-content /uploads/2019/07/TakeThis_StateOfTheIndustry_2019.pdf.
3 Woodcock, Marx at the Arcade, loc. 1200-1209; David Jenkins, "Programmers Win EA Overtime Settlement, EA_Spouse Revealed," GamaSutra, April 26, 2006, www.gamasutra.com/view/news/100005/Programmers_Win_EA_Overtime _Settlement_EASpouse_Revealed.php.
4 Laura Sydell, "The Forgotten Female Programmers Who Created Modern Tech," NPR, October 6, 2014, www.npr.org/sections/alltechconsidered/2014/10/06/345799830/the-forgotten-female-programmers-who-created-modern-tech; Walter Isaacson, "Walter Isaacson on the Women of ENIAC," Fortune, September 18, 2014, https://fortune .com/2014/09/18/walter-isaacson-the-women-of-eniac. See also Walter Isaacson, The Innovators: How a Group of Hackers, Geniuses, and Geeks Created the Digital Revolution (New York: Simon and Schuster, 2014); Miss Cellania, "Ada Lovelace: The First Computer Programmer," Mental Floss, October 13, 2015, http://mentalfloss.com/article/53131 /ada-lovelace-first-computer-programmer.
5 John Patrick Leary, "The Innovator's Agenda," The Baffler, March 2019, https:// thebaffler.com/outbursts/the-innovators-agenda-leary. See also John Patrick Leary, Keywords: The New Language of Capitalism (Chicago: Haymarket Books, 2019); Judy Wacjman, Pressed for Time: The Acceleration of Life in Digital Capitalism (Chicago: University of Chicago Press, 2014), loc. 9.
6 Tasnuva Bindi, "Women Didn't Just Recently Start Coding, They Actually STOPPED Coding Decades Ago," Startup Daily, February 24, 2015, www.startup daily.net/2015/02/women-didnt-just-recently-start-coding-actually-stopped-coding -decades-ago; Alyson Sheppard, "Meet the 'Refrigerator Ladies' Who Programmed the ENIAC," Mental Floss, October 13, 2013, http://mentalfloss.com/article/53160/meet -refrigerator-ladies-who-programmed-eniac; Isaacson, "Women of ENIAC"; Sydell, "Forgotten Female Programmers."
7 Brenda D. Frink, "Researcher Reveals How 'Computer Geeks' Replaced 'Computer Girls,'" Stanford Clayman Institute for Gender Research, June 1, 2011, https://gender.stanford.edu/news-publications/gender-news/researcher-reveals-how -computer-geeks-replaced-computer-girls; Sydell, "Forgotten Female Programmers."
8 Sheppard, "Refrigerator Ladies"; Sydell, "Forgotten Female Programmers"; Bindi, "Women Didn't Just Recently Start Coding"; Frink, "Computer Geeks"; Astra Taylor and Joanne McNeil, "The Dads of Tech," The Baffler, October 2014, https://thebaffler.com /salvos/dads-tech.
9 Frink, "Computer Geeks"; Taylor and McNeil, "Dads of Tech."
10 Katie Hafner and Matthew Lyon, Where Wizards Stay Up Late: The Origins of the Internet (New York: Simon and Schuster, 1999), 10-11, 107.
11 Hafner and Lyon, Wizards, 12-14, 19-20.

12 Hafner and Lyon, Wizards, 44, 53.

13 컴퓨터 과학의 선구적 인물로 꼽히는 앨런 튜링의 연구가 메모리 장치에 컴퓨터 프로그램을 보유할
수 있는 디지털 컴퓨터의 토대를 만들었던 영국에서, 데이비드 데이비스는 일명 '패킷 교환'이라는
네트워크 내 컴퓨터 간의 통신방식 개념을 미국인 프로그래머들과 거의 동시에 내놓아 팀에서 두각을
나타냈다(튜링은 체스를 둘 수 있는 컴퓨터 프로그램의 초기 모델을 발명해내기도 했다). "Alan Turing:
Creator of Modern Computing," BBC Teach, 2020, www.bbc.com/timelines/z8bgr82; Colin
Drury, "Alan Turing: The Father of Modern Computing Credited with Saving Millions of Lives,"
The Independent, July 15, 2019, www.independent.co.uk/news/uk/home-news/alan-turing
-50-note-computers-maths-enigma-codebreaker-ai-test-a9005266.html; Woodcock, Marx at
the Arcade, loc. 262; Lyon and Hafner, Wizards, 79.

14 Hafner and Lyon, Wizards, 85.

15 Hafner and Lyon, Wizards, 123-190, 206-207.

16 Woodcock, Marx at the Arcade, loc. 185, 220, 250, 990-993; Astra Taylor, The People's
Platform: Taking Back Power and Culture in the Digital Age (New York: Metropolitan, 2014),
18; Lyon and Hafner, Wizards, 214-218.

17 Woodcock, Marx at the Arcade, loc. 327.

18 Lyon and Hafner, Wizards, 113, 259; Woodcock, Marx at the Arcade, 232; Corey Pein,
Live Work Work Work Die: A Journey into the Savage Heart of Silicon Valley (New York:
Metropolitan, 2018), loc. 1705-1707, 1711, Kindle.

19 Alex Press, "Code Red," n+1, Spring 2018, https://nplusonemag.com/issue-31 /politics/code-
red.

20 Bindi, "Women Didn't Just Recently Start Coding"; Woodcock, Marx at the Arcade, loc.
2134-2137, 422-429, 2142-2165; Sydell, "Forgotten Female Programmers"; Miriam Posner,
"Javascript Is for Girls," Logic Magazine, March 15, 2017, https://logicmag.io/intelligence/
javascript-is-for-girls; Mark J. Perry, "Chart of the Day: The Declining Female Share of
Computer Science Degrees from 28% to 18%," American Enterprise Institute, December 6,
2018, www.aei.org/carpe-diem/chart -of-the-day-the-declining-female-share-of-computer-
science-degrees-from-28-to-18.

21 Pein, Live Work Work Work Die, loc. 1718-1723; Andrew Ross, No Collar: The Hidden Cost
of the Humane Workplace (New York: Basic Books, 2002), 3, 9-10; Taylor, People's Platform,
11-12.

22 Ross, No Collar, 10-12; E. P. Thompson, The Making of the English Working Class (New York:
Open Road Media, 2016), loc. 11160-11211, Kindle; Joanne McNeil, Lurking: How a Person
Became a User (New York: MCD, 2020), loc. 837-839, Kindle.

23 J. K. Siravo, "The London Hackspace: Exploring Spaces of Integration and Transformation in a
Hacker Community" (Architectural Design Year 3 History and Theory Dissertation, University
College London, 2013).

24 사회학자 앤드루 로스는 이렇게 썼다. "사무실이나 사무실 밖 혹은 집에서, 놀이의 요소가 창의 작업의
결과물에 고려되기 시작하는 순간, 통상 근로자가 여가에 하는 활동들, 느끼는 감정들, 떠오르는
아이디어들을 결합하기 위해 작업속도도 재조정되기 시작한다." Ross, No Collar, 19-20; McNeil,
Lurking, loc. 1038-1039.

25 McNeil, Lurking, loc. 196-198.

26 Moira Weigel, "Coders of the World, Unite: Can Silicon Valley Workers Curb the Power of Big
Tech?," The Guardian, October 31, 2017, www.theguardian.com /news/2017/oct/31/coders-of-
the-world-unite-can-silicon-valley-workers-curb-the-power -of-big-tech; Taylor, People's
Platform, 14; Paolo Gerbaudo, The Digital Party: Political Organisation and Online Democracy

(London: Pluto Press, 2018), loc. 1484, 1493, Kindle.

27 Kathi Weeks, The Problem with Work: Feminism, Marxism, Antiwork Politics, and Postwork Imaginaries (Durham, NC: Duke University Press, 2011), 60, 72-74, 82, 107; Leary, "Innovator's Agenda"; Dylan Love, "Steve Jobs Never Wrote Computer Code for Apple," Business Insider, August 29, 2013, www.businessinsider.com/steve-jobs-never -wrote-computer-code-for-apple-2013-8; Taylor and McNeil, "Dads of Tech"; Posner, "Javascript"; "The Smart, the Stupid, and the Catastrophically Scary: An Interview with an Anonymous Data Scientist," Logic Magazine, March 15, 2017, https://logicmag.io /intelligence/interview-with-an-anonymous-data-scientist/; McNeil, Lurking, loc. 1179- 1181; Pein, Live Work Work Work Die, loc. 983; Woodcock, Marx at the Arcade, loc. 1114-1115.

28 Jodi Kantor and David Streitfeld, "Inside Amazon: Wrestling Big Ideas in a Bruising Workplace," New York Times, August 15, 2015, www.nytimes.com/2015/08/16 /technology/ inside-amazon-wrestling-big-ideas-in-a-bruising-workplace.html. 앤드루 로스는 또한 1990년대 생겨난 '극한 스포츠'와도 닮았다고 했다. Ross, No Collar, 12.

29 Kate Losse, "Sex and the Startup: Men, Women, and Work," Model View Culture, March 17, 2014, https://modelviewculture.com/pieces/sex-and-the-startup -men-women-and-work; Kate Losse, The Boy Kings: A Journey into the Heart of the Social Network (New York: Free Press, 2012), 5, 6, 9, 13-14, 25, 36, 38.

30 Losse, Boy Kings, 30, 36, 49, 53, 54, 58.

31 Losse, Boy Kings, 105, 109, 122.

32 Losse, Boy Kings, 74-75, 137; Losse, "Sex and the Startup"; McNeil, Lurking, loc. 1830- 1831; Astra Taylor, "The Automation Charade," Logic Magazine, August 1, 2018, https:// logicmag.io/05-the-automation-charade; Adrian Chen, "The Laborers Who Keep Dick Pics and Beheadings out of Your Facebook Feed," Wired, October 23, 2014, www.wired.com/2014/10/ content-moderation; McNeil, Lurking, loc. 46-48, 247-249; Pein, Live Work Work Work Die, loc. 1081-1084, 1102; Miranda Hall, "The Ghost of the Mechanical Turk," Jacobin, December 16, 2017, www.jacobinmag.com/2017/12 /middle-east-digital-labor-microwork-gaza-refugees-amazon.

33 Losse, Boy Kings, 183; Kat Stoeffel, "If You Cover Egg Freezing, You Better Cover Day Care," The Cut, October 15, 2014, www.thecut.com/2014/10/you-cover -egg-freezing-also-cover-day-care.html; Ray Fisman and Tim Sullivan, "The Internet of 'Stuff Your Mom Won't Do for You Anymore,'" Harvard Business Review, July 26, 2016, https://hbr.org/2016/07/the-internet-of-stuff-your-mom-wont-do-for-you-anymore; Pein, Live Work Work Work Die, loc. 270; Taylor and McNeil, "Dads of Tech"; Geoff Nunberg, "Goodbye Jobs, Hello 'Gigs': How One Word Sums Up a New Economic Reality," NPR, January 11, 2016, www.npr.org/2016/01/11/460698077/goodbye-jobs-hello-gigs -nunbergs-word-of-the-year-sums-up-a-new-economic-reality; Susie Cagle, "The Sharing Economy Was Always a Scam," OneZero, March 7, 2019, https://onezero.medium.com /the-sharing-economy-was-always-a-scam-68a9b36f3e4b; Sarah Kessler, "Pixel & Dimed On (Not) Getting By in the Gig Economy," Fast Company, March 18, 2014, w w w.fastcompany.com/3027355/pixel-and-dimed-on-not-getting-by-in-the-gig -economy; Kevin Roose, "Does Silicon Valley Have a Contract-Worker Problem?," New York, September 18, 2014, http://nymag.com/intelligencer/2014/09/silicon-valleys-contract -worker-problem.html; Pein, Live Work Work Work Die, loc. 895. See also Emily Guendelsberger, On the Clock: What Low-Wage Work Did to Me and How It Drives America Insane (New York: Little, Brown, 2019).

34 Pein, Live Work Work Work Die, loc. 1130; Greg Bensinger, "'MissionRacer': How Amazon

Turned the Tedium of Warehouse Work into a Game," Washington Post, May 21, 2019, www.washingtonpost.com/technology/2019/05/21/missionracer-how -amazon-turned-tedium-warehouse-work-into-game; Catie Keck, "Amazon Goes Full Black Mirror by Turning Grueling Warehouse Work into a Video Game," Gizmodo, May 22, 2019, https://gizmodo.com/amazon-goes-full-black-mirror-by-turning -grueling-wareh-1834936825; Noam Scheiber, "How Uber Uses Psychological Tricks to Push Its Drivers' Buttons," New York Times, April 2, 2017, www.nytimes.com /interactive/2017/04/02/technology/uber-drivers-psychological-tricks.html; Woodcock, Marx at the Arcade, loc. 1901-1903; Alberto Mora, "Does Gamification Work in the Software Development Process?," HCI Games, 2015, http://hcigames.com/gamification /gamification-work-software-development-process.

35 Wacjman, Pressed for Time, 62, 71; Miya Tokumitsu, Do What You Love: And Other Lies About Success and Happiness (New York: Regan Arts, 2015), 59.

36 앤드루 로스는 "77.7퍼센트의 기업들이 관례적인 전자 노동 감시를 인정했고, 이는 1997년 대비 두 배 늘어난 수치였다"라고 했다. Ross, No Collar, 11-12; Tokumitsu, Do What You Love, 57; Bryan Clark, "Facebook Employees Are Next-Level Paranoid the Company Is Watching Them," The Next Web, February 13, 2018, https://thenextweb.com/facebook/2018/02/13/facebook-employees-are-next -level-paranoid-the-company-is-watching-them; Nicholas Thompson, "Inside the Two Years That Shook Facebook—and the World," Wired, February 12, 2018, www.wired .com/story/inside-facebook-mark-zuckerberg-2-years-of-hell; Evgeny Morozov, "The Digital Hippies Want to Integrate Life and Work—But Not in a Good Way," The Guardian, December 3, 2017, www.theguardian.com/commentisfree/2017/dec/03/digital-hippies -integrate-life-and-work-wework-data-firms; Pein, Live Work Work Work Die, loc. 318, 474, 942, 947-953; Gerbaudo, Digital Party, loc. 1490; Lizzie Widdicombe, "The Rise and Fall of WeWork," New Yorker, November 6, 2019, www.newyorker.com/culture /culture-desk/the-rise-and-fall-of-wework.

37 Posner, "Javascript"; Clive Thompson, "The Next Big Blue-Collar Job Is Coding," Wired, February 8, 2017, www.wired.com/2017/02/programming-is-the-new-blue-collar-job; Samantha Cole, "This Company Will Pay You to Learn to Code, and Take 15 Percent of Your Income Later," Vice, March 28, 2019, www.vice.com/en_us/article /yw878x/modern-labor-coding-bootcamp-will-pay-you-to-learn-to-code.

38 Toshio Meronek, "Mark Zuckerberg's Immigration Hustle," Splinter, March 12, 2015, https://splinternews.com/mark-zuckerbergs-immigration-hustle-1793846366.

39 Julia Carrie Wong, "Tesla Factory Workers Reveal Pain, Injury and Stress: 'Everything Feels Like the Future but Us,'" The Guardian, May 18, 2017, www.theguardian.com/technology/2017/may/18/tesla-workers-factory-conditions-elon-musk; Caroline O'Donovan, "Elon Musk Slams Tesla Union Drive, Promises Workers Free Frozen Yogurt," BuzzFeed, February 24, 2017, www.buzzfeednews.com/article /carolineodonovan/musk-slams-union-drive-in-email-to-employees.

40 Kate Losse, "Cults at Scale: Silicon Valley and the Mystical Corporate Aesthetic," 2015, http://dismagazine.com/discussion/72970/kate-losse-cults-at-scale; Taylor and McNeil, "Dads of Tech."

41 Pein, Live Work Work Work Die, loc. 1009.

42 Vivian Ho, "'It's a Crisis': Facebook Kitchen Staff Work Multiple Jobs to Get By," The Guardian, July 22, 2019, www.theguardian.com/us-news/2019/jul/22 /facebook-cafeteria-workers-protest; Weigel, "Coders of the World, Unite"; Press, "Code Red"; Sean Captain, "How Tech Workers Became Activists, Leading a Resistance Movement That Is Shaking Up Silicon

Valley," Fast Company, October 15, 2018, www.fast company.com/90244860/silicon-valleys-new-playbook-for-tech-worker-led-resistance.

43 Ben Tarnoff, "Coding and Coercion," Jacobin, April 11, 2018, www .jacobinmag.com/2018/04/lanetix-tech-workers-unionization-campaign-f iring; Sean Captain, "How a Socialist Coder Became a Voice for Engineers Standing Up to Management," Fast Company, October 15, 2018, www.fastcompany.com/90250388 /the-advocate-bjorn-westergard; Shaun Richman and Bill Fletcher Jr., "What the Revival of Socialism in America Means for the Labor Movement," In These Times, October 9, 2017, http://inthesetimes.com/working/entry/20587/labor-movement -workers-socialism-united-states; Tekla S. Perry, "Startup Lanetix Pays US $775,000 to Software Engineers Fired for Union Organizing," Spectrum, November 12, 2018, https://spectrum.ieee.org/view-from-the-valley/at-work/tech-careers/startup-lanetix -pays-775000-to-software-engineers-fired-for-union-organizing.

44 Wendy Liu, "Silicon Inquiry," Notes from Below, January 29, 2018, https://notesfrombelow.org/article/silicon-inquiry; McNeil, Lurking, loc. 226-232, 240-242; Monica Torres, "As Tech Employees Party, Contract Workers Get Left Out," HuffPost, August 1, 2019, www.huffingtonpost.co.uk/entry/contractors-holiday-party -employee-benefits_n_5c2c3 35ae4b0407e9085e368; Anonymous, "Organizing Tech: Insights into the Tech World's Sudden Rebellion," It's Going Down, October 16, 2018, https://itsgoingdown.org/organizing-tech-insights-into-the-tech-worlds-sudden -rebellion.

45 Sam Levin, "Google Accused of 'Extreme' Gender Pay Discrimination by US Labor Department," The Guardian, April 7, 2017, www.theguardian.com/technology /2017/apr/07/google-pay-disparities-women-labor-department-lawsuit; Kate Conger, "Exclusive: Here's the Full 10-Page Anti-Diversity Screed Circulating Internally at Google [Updated]," Gizmodo, August 5, 2017, https://gizmodo.com/exclusive-heres-the-full-10 -page-anti-diversity-screed-1797564320; McNeil, Lurking, loc. 232-234; Daisuke Wakabayashi and Katie Benner, "How Google Protected Andy Rubin, the 'Father of Android,'" New York Times, October 25, 2018, www.nytimes.com/2018/10/25/technology /google-sexual-harassment-andy-rubin.html.

46 Emily Sullivan and Laurel Wamsley, "Google Employees Walk Out to Protest Company's Treatment of Women," NPR, November 1, 2018, www.npr .org/2018/11/01/662851489/google-employees-plan-global-walkout-to-protest -companys-treatment-of-women; Claire Stapleton, Tanuja Gupta, Meredith Whittaker, Celie O'Neil-Hart, Stephanie Parker, Erica Anderson, and Amr Gaber, "We're the Organizers of the Google Walkout. Here Are Our Demands," The Cut, November 1, 2018, www.thecut.com/2018/11/google-walkout-organizers-explain-demands.html.

47 Johana Bhuiyan, "Google Workers Demand the Company Stop Selling Its Tech to Police," Los Angeles Times, June 22, 2020, www.latimes.com/business/technology /story/2020-06-22/google-workers-demand-company-stop-selling-tech-to-police; Annie Palmer, "Amazon Employees Plan 'Online Walkout' to Protest Firings and Treatment of Warehouse Workers," CNBC, April 16, 2020, www.cnbc.com/2020/04/16/amazon -employees-plan-online-walkout-over-firings-work-conditions.html.

48 Weigel, "Coders of the World Unite"; Seth Fiegerman, "Google's Parent Company Now Has More Than 100,000 Employees," CNN Business, April 29, 2019, https://edition.cnn.com/2019/04/29/tech/alphabet-q1-earnings/index.html; "Facebook: Number of Employees, 2009-2020 | FB," MacroTrends, www.macrotrends.net/stocks/chart s/FB/facebook/number-of-employees.

49 Cecilia D'Anastasio, "Striking Voice Actors Didn't Get Everything They Wanted, But It Was a Start," Kotaku, September 16, 2017, https://kotaku.com/striking-voice -actors-didnt-get-everything-they-wanted-1818822686; Woodcock, Marx at the Arcade, loc. 1325-1341.

50 Allegra Frank, "Pro-Union Voices Speak Out at Heated GDC roundtable," Polygon, March 22, 2018, www.polygon.com/2018/3/22/17149822/gdc-2018 -igda-roundtable-game-industry-union; Allegra Frank, "This Is the Group Using GDC to Bolster Game Studio Unionization Efforts," Polygon, March 21, 2018, www.polygon .com/2018/3/21/17145242/game-workers-unite-video-game-industry-union.

51 "Fire Activision CEO Bobby Kotick for Pocketing Millions While Laying Off 800 Workers," Coworker.org, petition, 2019, www.coworker.org/petitions/fire -activision-ceo-bobby-kotick-for-pocketing-millions-while-laying-off-800-workers; Jeff Grubb, "Game Workers Unite Org Calls for Activision CEO's Job After Layoffs," Venture Beat, February 13, 2019, https://venturebeat.com/2019/02/13/fire-bobby-kotick.

52 Game Workers Unite, UK, union homepage, www.gwu-uk.org.

53 Tom Ley, "They Turned Spider-Man into a Damn Cop and It Sucks," Deadspin, September 10, 2018, https://theconcourse.deadspin.com/they-turned-spider -man-into-a-damn-cop-and-it-sucks-1828944087.

54 Ben Quinn, "'Unlawful and Vicious': Union Organiser Sacked by Games Company," The Guardian, October 3, 2019, www.theguardian.com/politics/2019/oct /03/ustwo-austin-kelmore-union-organiser-sacked-games.

55 GamesIndustry Staff, "Games Industry Donates to Black Lives Matter and More to Support US Protests," GamesIndustry.biz, June 24, 2020, www.gamesindustry.biz/articles/2020-06-03-games-industry-donates-to-black-lives-matter-and-more-in -support-of-us-protests.

이기는 것이 우리의 유일한 가치는 아니다: 운동선수

1 Western Collegiate Hockey Association, "WCHA 20th Anniversary Team: Meghan Duggan, Wisconsin," WCHA.com, www.wcha.com/women/articles/2018/12 /wcha-20th-anniversary-team-meghan-duggan-wisconsin.php.

2 Seth Berkman, "Women Get a Spotlight, but No Prize Money, in New N.H.L. All-Star Event," New York Times, January 24, 2020, www.nytimes.com/2020/01/24 /sports/hockey/nhl-skills-competition-women.html; Sportsnet Staff, "CWHL Announces It Will Pay Players in 2017-18," Sportsnet, September 1, 2017, www.sports net.ca/hockey/nhl/cwhl-announces-will-pay-players-2017-18; D'Arcy Maine, "How Much Will the Top Players in the NWHL Make This Season?," ESPN, September 30, 2015, www.espn.com/espnw/athletes-life/the-buzz/story/_/id/13778661/how -much-top-players-nwhl-make-season.

3 Maine, "How Much."

4 Berkman, "Women Get Spotlight."

5 Mary Bellis, "A Brief History of Sports," ThoughtCo., August 23, 2019, www .thoughtco.com/history-of-sports-1992447.

6 Bellis, "Brief History"; Mark Perryman, Why the Olympics Aren't Good for Us, and How They Can Be (New York: OR Books, 2012), loc. 159-162, Kindle; Dave Zirin, A People's History of Sports in the United States: 250 Years of Politics, Protest, People, and Play (New York: New Press, 2008), 1-2; Garth Vaughan, "The Colored Hockey Championship of the Maritimes," Birthplace of Hockey Museum, October 3, 2001, www.birthplace of hockey.com/hockeyists/

african-n-s-teams/segr-integr; Associated Press, "Canada Stamps Honor on Pre-NHL All-Black Hockey League," AP, January 23, 2020, https://apnews.com/db727ad26c7f8c74cc6c 2debb3b98ea1; National Hockey League (@NHL), Twitter, June 19, 2020, 4:24 p.m., https:// twitter.com/NHL /status/1274000088034168834.

7   Perryman, Olympics Aren't Good, loc. 97-98, 162-167, 597-602.

8   Perryman, Olympics Aren't Good, loc. 167-172; Dave Zirin, What's My Name, Fool? Sports and Resistance in the United States, loc. 274-284, Kindle; Robert J. Szczerba, "Mixed Martial Arts and the Evolution of John McCain," Forbes, April 3, 2014, www.forbes.com /sites/robertszczerba/2014/04/03/mixed-martial-arts-and-the-evolution-of-john-mccain.

9   Zirin, What's My Name, loc. 284-293, 2722-2724.

10 Zirin, What's My Name, loc. 293-298, 777-784; Zirin, People's History, 26-27.

11 Zirin, What's My Name, loc. 360-469.

12 Zirin, What's My Name, loc. 805-810, 298-302; Perryman, Olympics Aren't Good, loc. 151-159. See also Robert McChesney, The Political Economy of Media: Enduring Issues, Emerging Dilemmas (New York: Monthly Review Press, 2008).

13 Zirin, What's My Name, loc. 543-665.

14 Taylor Branch, "The Shame of College Sports," The Atlantic, October 2011, www.theatlantic.com/magazine/archive/2011/10/the-shame-of-college-sports/308643.

15 Branch, "The Shame of College Sports"; Timothy Michael Law, "Football's Cancer," Los Angeles Review of Books, September 10, 2015, https://lareviewofbooks.org/article/footballs-cancer-exploitative-labor-in-americas-favorite-sport; Chuck Slothower, "Fort Lewis' First 'Student-Athlete,'" Durango Herald, September 25, 2014, https:// durangoherald.com/articles/79431.

16 Chris Koentges, "The Oracle of Ice Hockey," The Atlantic, March 2014, www.theatlantic.com/ magazine/archive/2014/03/the-puck-stops-here/357579; Zirin, What's My Name, loc. 305-308; John Molinaro, "From Humble Beginnings: The Birth of the World Cup," Sportsnet, June 9, 2018, www.sportsnet.ca/soccer/from -humble-beginnings-the-birth-of-the-world-cup; Vaughan, "The Colored Hockey Championship"; Associated Press, "Canada Stamps Honor," https://apnews.com /db727ad26c7f8c74cc6c2debb3b98ea1.

17 Branch, "Shame of College Sports"; Zirin, People's History, 113, 127; Howard Bloom, "NFL Revenue-Sharing Model Good for Business," Sporting News, September 14, 2014, www.sportingnews.com/us/nfl/news/nfl-revenue-sharing-television-contracts -2014-season-business-model-nba-nhl-mlb-comparison-salary-cap.

18 Zirin, What's My Name, loc. 1430-1440.

19 Zirin, What's My Name, loc. 1502-1562.

20 Zirin, What's My Name, loc. 1440-1497, 1574-1576; Zirin, People's History, 194, 205; Dave Zirin, Welcome to the Terrordome: The Pain, Politics and Promise of Sports (Chicago: Haymarket Books, 2007), loc. 552-557, Kindle; Perryman, Olympics Aren't Good, loc. 177-178; William C. Rhoden, "Early Entry? One and Done? Thank Spencer Haywood for the Privilege," New York Times, June 29, 2016, www.nytimes.com/2016/06/30 /sports/basketball/spencer-haywood-rule-nba-draft-underclassmen.html; Business & Economics Research Advisor: A Series of Guides to Business and Economics Topics, "The Sports Industry," Summer 2005 (updated December 2016), www.loc.gov/rr/business /BERA/issue3/football.html.

21 Perryman, Olympics Aren't Good, loc. 545-552; Zirin, What's My Name, loc. 338-339, 762-764, 1033-1037.

22 Zirin, What's My Name, loc. 771-902.

23 Zirin, What's My Name, loc. 911-913.

24 Zirin, What's My Name, loc. 1037-1258; John Wesley Carlos and Dave Zirin, The John Carlos Story: The Sports Moment That Changed the World (Chicago: Haymarket Books, 2013).

25 Zirin, What's My Name, loc. 2714-2742.

26 Zirin, People's History, 95, 119; Lindsay Parks Pieper, "They Qualified for the Olympics. Then They Had to Prove Their Sex," Washington Post, February 22, 2018, www.washingtonpost.com/news/made-by-history/wp/2018/02/22 /first-they-qualified-for-the-olympics-then-they-had-to-prove-their-sex.

27 Zirin, What's My Name, loc. 2793-2820, 2696-2702.

28 "Title IX Frequently Asked Questions," NCAA.org, www.ncaa.org/about /resources/inclusion/title-ix-frequently-asked-questions#title; Zirin, What's My Name, loc. 2576-2590; Britni de la Cretaz, "Almost Undefeated: The Forgotten Football Upset of 1976," Longreads, February 2019, https://longreads.com/2019/02/01/toledo-troopers.

29 Eric Anthamatten, "What Does It Mean to 'Throw Like a Girl'?" New York Times, August 24, 2014, https://opinionator.blogs.nytimes.com/2014/08/24/what-does-it-mean-to-throw-like-a-girl; Autumn Whitefield-Madrano, "The Beauty in Watching Women Want," Huff Post, July 2, 2015, www.huffpost.com/entry/the -beauty-in-watching-women-want_b_7712570.

30 Perryman, Olympics Aren't Good, loc. 93-95, 977-979, 1231-1243.

31 스포츠기자 데이브 지린은 이렇게 상술했다. "1984년 LA 경찰청장 대릴 게이츠는 악명 높은 '올림픽 갱단 소탕 작전'을 지시해, 수천 명의 젊은 흑인 남자들을 잡아 가두었다. 역사가 마이크 데이비스가 쓴 것처럼, 소련의 무자비한 독재자 이오시프 스탈린 식의 마구잡이 감금을 실현하기 위해, 혁명 노조였던 '세계산업노동자연맹'을 겨냥했던 1916년 '반 생디칼리즘 법'을 부활시킨 것이었다 (생디칼리즘은 노동조합을 통해 사회주의를 실현하려는 사상 및 운동이다). 1916년 반 생디칼리즘 법은 세계산업노동자연맹 회원임을 보여주는 수신호와 복장을 금지했다. 1980년대 LA 정치꾼들은 흑인 길거리 갱단 블러드와 라이벌 갱단 크립이 LA에 득실댄다는 주장을 펼치며, 팔을 들어 손바닥을 마주치는 하이파이브와 머리띠도 반 생디칼리즘 법에 포함하여 해당 법을 현대화했다. 게이츠 경찰총장의 소탕 작전은 1992년 LA 폭동의 씨를 뿌렸고, 당시 신생 힙합 그룹이었고 장차 조직적 탄압에 대한 저항의 상징이자 힙합은 물론 대중문화에 지대한 영향을 미치게 될 N.W.A.의 첫 뮤직비디오 소재가 되었다. 1996년 애틀랜타 올림픽 때도 상황은 전혀 다르지 않았다." Zirin, Welcome to the Terrordome, loc. 2007-2013; Perryman, Olympics Aren't Good, loc. 977-987, 180-195, 1016-1017; Judy Celmer, "1984 Olympics Gets Auto Sponsor," United Press International, August 19, 1981, www.upi.com /Archives/1981/08/19/1984-Olympics-gets-auto-sponsor/7234367041600. See also Mike Davis, City of Quartz: Excavating the Future in Los Angeles (New York: Verso, 2018 [1990]).

32 Branch, "Shame of College Sports"; Perryman, Olympics Aren't Good, loc. 193- 199; Erin Hatton, Coerced: Work Under Threat of Punishment (Berkeley: University of California Press, 2020), loc. 1870-1877, Kindle.

33 Perryman, Olympics Aren't Good, loc. 1209-1230, 965-977; William Davies, The Happiness Industry: How the Government and Big Business Sold Us Well-Being (London: Verso, 2015), loc. 1883-1940, Kindle; Malcolm Harris, Kids These Days: The Making of Millennials (New York: Back Bay Books, 2018), 173.

34 Zirin, What's My Name, loc. 1417-1418, 2986-2998, 3095-3096. See also Dave Zirin, Bad Sports: How Owners Are Ruining the Games We Love (New York: Scribner, 2010); Hillary Hoffower and Taylor Borden, "The 20 Richest Billionaires Who Own Sports Teams, Ranked," Business Insider, January 30, 2020, www.businessinsider.com /richest-billionaire-sports-team-owners-2018-9.

35 Sheiresa Ngo, "Alex Rodriguez Net Worth and How He Makes His Money," Showbiz

CheatSheet, March 10, 2019, www.cheatsheet.com/entertainment/alex -rodriguez-net-worth-and-how-he-makes-his-money.html; Teddy Mitrosilis, "Alex Rodriguez and the 15 Richest Contracts in MLB History," Fox Sports, October 20, 2016, www.foxsports.com/mlb/gallery/new-york-yankees-alex-rodriguez-contract-richest -baseball-deals-of-all-time-080716; Forbes America's Richest Families List, "#75 Steinbrenner Family," 2015, www.forbes.com/profile/steinbrenner/#ce5c7a45854f; Travis Waldron, "Minor League Baseball Players Allege Wage Violations in Lawsuit Against MLB," ThinkProgress, February 13, 2014, https://archive.thinkprogress.org/minor-league -baseball-players-allege-wage-violations-in-lawsuit-against-mlb-196348b96335; Associated Press, "Minor League Baseball Players Can Seek Wage Increases, Appeals Court Rules," August 17, 2019, www.si.com/mlb/2019/08/17/minor-league-baseball-wages -appeals-court; Zirin, What's My Name, loc. 1427-1429.

36 Zirin, Welcome to the Terrordome, loc. 736-870; Ian Gordon, "Inside Major League Baseball's Dominican Sweatshop System," Mother Jones, March/April 2013, www .motherjones.com/politics/2013/03/baseball-dominican-system-yewri-guillen.

37 Zirin, What's My Name, loc. 3229-3323, Zirin, Welcome to the Terrordome, loc. 2241-2243.

38 John Branch, "Derek Boogaard: A Brain 'Going Bad'" New York Times, December 5, 2011, www.nytimes.com/2011/12/06/sports/hockey/derek-boogaard-a-brain -going-bad.html; Law, "Football's Cancer."

39 Mark Fainaru-Wada and Simon Baumgart, "'Who Does This to People?'" ESPN, August 25, 2017, www.espn.com/espn/feature/story/_/page/enterpriseNFLWives /wives-former-nfl-players-left-navigate-concussion-settlement.

40 Harris, Kids These Days, 132-143.

41 Branch, "Shame of College Sports"; John Duffley, "In 40 States, Sports Coaches Are the Highest Paid Public Employees," FanBuzz, December 31, 2019, https://fanbuzz .com/national/highest-paid-state-employees.

42 Branch, "Shame of College Sports"; Zirin, What's My Name, loc. 3156-3215; ESPN News Services, "Clowney: Pay College Athletes," ESPN, February 13, 2014, www.espn .com/nfl/draft2014/story/_/id/10449257/jadeveon-clowney-says-college-athletes-paid.

43 Hatton, Coerced, loc. 197-200, 226-227, 739-748, 942-946, 970-981, 1272- 1280, 1294-1297, 1729-1734.

44 Lester Munson, "NLRB Decision Very Well-Reasoned," ESPN, March 26, 2014, w w w.espn.com/espn/otl/story/_/id/10678393/nlrb-director-decision -follows-road-map-laid-northwestern-quarterback-kain-colter-legal-team; Ben Strauss, "N.L.R.B. Rejects Northwestern Football Players' Union Bid," New York Times, August 17, 2015, www.nytimes.com/2015/08/18/sports/ncaafootball/nlrb-says-north western-football-players-cannot-unionize.html.

45 Tom Farrey, "Jeffrey Kessler Files Against NCAA," ESPN, March 17, 2014, w w w.espn.com/college-sports/story/_/id/10620283/anti-trust-claim-filed-jeffrey -kessler-challenges-ncaa-amateur-model; Jemele Hill, "The NCAA Had to Cut Athletes a Better Deal," The Atlantic, October 30, 2019, www.theatlantic.com/ideas/archive /2019/10/ncaa-had-cut-student-athletes-better-deal/601036; Steve Berkowitz and Jori Epstein, "NCAA's $208.7 Million in Legal Settlement Money Finally Reaching Athletes' Mailboxes," USA Today, December 15, 2019, https://eu.usatoday.com /story/sports/2019/10/04/ncaas-208-7-million-legal-settlement-reaching-athletes-mail boxes/3859697002; Marc Tracy, "The N.C.A.A. Lost in Court, but Athletes Didn't Win, Either," New York Times, March 11, 2019, www.nytimes.com/2019/03/11/sports /ncaa-court-ruling-antitrust.html.

46 Ross Dellenger, "Coronavirus Liability Waivers Raise Questions as College Athletes Return to Campus," Sports Illustrated, June 17, 2020, www.si.com/.amp /college/2020/06/17/college-athletes-coronavirus-waivers-ohio-state-smu; Anya van Wagtendonk, "Covid-19 Is Exposing Inequalities in College Sports. Now Athletes Are Demanding Change," Vox, August 2, 2020, www.vox.com/2020/8/2/21351799/college-football-pac-12-coronavirus-demands; Lia Assimakopoulos, "College Football Players Attempt to Unionize as Hope for a Season Dies Out," NBC Washington, August 10, 2020, www.nbcwashington.com/news/sports/nbcsports/college -football-players-attempt-to-unionize-as-hope-for-a-season-dies-out/2386941.

47 Sarah Jaffe, "Why Are US Women's World Cup Champs Paid Like Chumps?"Dame, July 6, 2015, www.damemagazine.com/2015/07/06/why-are-us-womens-world -cup-champs-paid-chumps; Rachel Grozanick, "Women's Soccer Shouldn't Be Expected to Redeem FIFA," bitch media, June 23, 2015, www.bitchmedia.org/post/womens -soccer-shouldnt-be-expected-to-redeem-fifa; Sara Hendricks, "The Entire U.S. Women's Soccer Team Sued the Soccer Federation for Gender Discrimination," Refinery29, March 9, 2019, www.refinery29.com/en-us/2019/03/226544/us-womens -soccer-lawsuit-world-cup; Travis Waldron, "On Equal Pay Day, U.S. Women's Soccer Players Finally Strike a Deal," HuffPost, May 4, 2017, www.huffpost.com/entry /us-womens-soccer-players-pay_n_58e4faf4e4b03a26a3682a42.

48 Associated Press, "Colin Kaepernick, NFL Settle Collusion Lawsuit," Hollywood Reporter, February 15, 2019, www.hollywoodreporter.com/news/colin -kaepernick-nfl-settle-collusion-lawsuit-1187235; Dave Zirin, "Colin Kaepernick's Message to Chicago Youth: 'Know Your Rights,'" The Nation, May 10, 2017, www .thenation.com/article/archive/colin-kaepernicks-message-to-chicago-youth-know -your-rights; Kofie Yeboah, "A Timeline of Events Since Colin Kaepernick's National Anthem Protest," The Undefeated, September 6, 2016, https://theundefeated.com /features/a-timeline-of-events-since-colin-kaepernicks-national-anthem-protest.

49 Aaron McMann, "Jim Harbaugh: Colin Kaepernick 'Is Right,' Like Muhammad Ali, Jackie Robinson," Mlive, June 23, 2020, www.mlive.com/wolverines /2020/06/jim-harbaugh-colin-kaepernick-is-right-like-muhammad-ali-jackie-robinson .html; Joanne Rosa, "Spike Lee Calls NFL Commissioner's Apology Excluding Colin Kaepernick 'Weak,'" ABC News, June 12, 2020, https://abcnews.go.com/Entertainment /spike-lee-calls-nf l-commissioners-apology-excluding-colin/story?id=71203109;Brakkton Booker, "Roger Goodell on Colin Kaepernick's Possible Return to NFL: 'I Welcome That,'" NPR, June 16, 2020, www.npr.org/sections/live-updates -protests-for-racial-justice/2020/06/16/878810674/roger-goodell-on-colin-kaepernicks -possible-return-to-nfl-i-welcome-that.

50 Sarah Jaffe, "Don't Call It a Boycott: NBA Players Are Inspiring a Strike Wave," The Progressive, August 27, 2020, https://progressive.org/dispatches/dont-call-it-a-boycott -jaffe-200827; Dave Zirin, "The Sports Strikes Against Racism Have Not Been Coopted," The Nation, August 31, 2020, www.thenation.com/article/society/nba-blm-strike.

51 Sarah Jaffe, "The Subversive Brilliance of Marshawn Lynch," The Week, January 28, 2015, https://theweek.com/articles/536184/subversive-brillianceof-marshawn-lynch;Zirin, What's My Name, loc. 3980-3981, 3983-3985.

52 Sarah Jaffe, " Why the U.S. Women's Hockey Players Are Planning to Strike," Dissent, March 17, 2017, www.dissentmagazine.org/blog/u-s-womens-hockey-players -planning-strike.

53 OlympicTalk, "Meghan Duggan, Following a Trailblazer's Path, Plans Post- Pregnancy Return to U.S. Hockey Team," NBCSports, October 4, 2019, https://olympics .nbcsports.com/2019/10/04/meghan-duggan-pregnancy-comeback-hockey; Seth Berkman,

"Contract Fight with U.S.A. Hockey Over, Hard Work Begins for Women's Team," New York Times, April 1, 2017, www.nytimes.com/2017/04/01/sports/hockey/usa -hockey-womens-team.html.

54 Berkman, "Contract Fight Over"; Seth Berkman, "U.S. Women's Team Strikes a Deal with U.S.A. Hockey," New York Times, March 28, 2017, www.nytimes .com/2017/03/28/sports/hockey/usa-hockey-uswnt-boycott.html; Barry Svrluga, "The U.S. Women's Hockey Team Fights the Good Fight—and Wins," Washington Post, March 29, 2017, www.washingtonpost.com/sports/olympics/the-us-womens -hockey-team-fights-the-good-fight—and-wins/2017/03/29/28bce0ce-1432-11e7-ada0 -1489b735b3a3_story.html; Todd Kortemeier, "Hockey Gold Medalist Meghan Duggan Gives Birth to Son, with Wife Gillian Apps, on Leap Day," TeamUSA.org, March 6, 2020, www.teamusa.org/News/2020/March/06/Hockey-Gold-Medalist-Meghan -Duggan-Gives-Birth-To-Son-With-Wife-Gillian-Apps-On-Leap-Day.

55 Emily Kaplan, "Sorting Out the Current Landscape of Professional Women's Hockey," ESPN, September 20, 2019, www.espn.com/nhl/story/_/id/27643375 /sorting-current-landscape-professional-women-hockey.

56 Rick Maese, "Women's Hockey Stars Announce Boycott of North American Pro League," Washington Post, May 2, 2019, www.washingtonpost.com/sports/2019 /05/02/womens-hockey-stars-announce-boycott-north-american-pro-league; Cindy Boren, "As They Seek a New League, Women's Hockey Stars Form Players Association," Washington Post, May 20, 2019, www.washingtonpost.com/sports/2019/05/20/they -seek-new-league-womens-hockey-stars-form-players-association.

57 Greg Wyshynski, "PWHPA Postpones Weeklong Hockey Tour in Japan Due to Coronavirus," ESPN, February 24, 2020, www.espn.com/nhl/story/_/id/28771533 /pwhpa-postpones-weeklong-hockey-tour-japan-due-coronavirus; John Wawrow, "Pro Women's Hockey Association Unveils Five-City Regional Plan," AP, May 13, 2020, www.theoaklandpress.com/sports/pro-womens-hockey-association-unveils-five-city -regional-plan/article_9ac847cc-9552-11ea-8064-630e10c266f2.html.

58 Greg Levinsky, "US Women's Hockey Captain Meghan Duggan Subs in for Danvers Gym Teacher Battling Coronavirus," Boston.com, April 11, 2020, www.boston.com/sports/local-news/2020/04/11/meghan-duggan-subs-in-danvers -gym-teacher-coronavirus.

삶에서 가장 의미있는 것을 생각하며

1 Silvia Federici, "Wages Against Housework," Power of Women Collective and Falling Wall Press, 1975, https://caringlabor.wordpress.com/2010/09/15 /silvia-federici-wages-against-housework.

2 Mark Fisher, K-punk: The Collected and Unpublished Writings of Mark Fisher, ed. Darren Ambrose (London: Repeater Books, 2018), loc. 8971, Kindle.

3 Adam Kotsko, Neoliberalism's Demons: On the Political Theology of Late Capital (Stanford: Stanford University Press, 2018), loc. 1891, Kindle; Paul Mason, Why It's Kicking Off Everywhere: The New Global Revolutions (London: Verso, 2012); Linda Jacobson, "Strike Tracker: Tentative Agreement Reached in St. Paul Public Schools," Education Dive, March 13, 2020, www.educationdive.com/news/tracker-teachers-on-strike/547339.

4 Antonio Gramsci, Selections from the Prison Notebooks (New York: International Publishers, 2012 [1971]), loc. 6023, 7398, Kindle; Fisher, K-punk, loc. 6897, 7015, 10054.

5   Alyssa Battistoni, "Alive in the Sunshine," Jacobin, January 12, 2014, https://
    jacobinmag.com/2014/01/alive-in-the-sunshine; Phillip Frey and Christoph Schneider, "The
    Shorter Working Week: A Powerful Tool to Drastically Reduce Carbon Emissions," Autonomy,
    May 2019, http://autonomy.work/wp-content/uploads/2019/05/Fridays 4FutureV2.pdf; Philipp
    Frey, "The Ecological Limits of Work: On Carbon Emissions, Carbon Budgets and Working
    Time," Autonomy, May 2019, http://autonomy.work /wp-content/uploads/2019/05/The-
    Ecological-Limits-of-Work-final.pdf; Fisher, K-punk, 10054.
6   Guy Standing, The Precariat (London: Bloomsbury Academic, 2011), loc. 416, 421, 423,
    2806-2809, 2811-2813, Kindle.
7   George Orwell, The Road to Wigan Pier (London: Penguin, 2001 [1937]), loc. 3774-3777,
    Kindle; Karl Marx, Grundrisse: Foundations of the Critique of Political Economy, trans. Martin
    Nicolaus (New York: Penguin, 2005), 690-712.
8   Silvia Federici, Revolution at Point Zero: Housework, Reproduction, and Feminist Struggle
    (Oakland, CA: PM Press, 2012), loc. 2, Kindle.
9   Selma James, Sex, Race, and Class: The Perspective of Winning (Oakland, CA: PM Press,
    2012), 149; Andrew Cherlin, Labor's Love Lost: The Rise and Fall of the Working- Class Family
    in America (New York: Russell Sage Foundation, 2014), loc. 3225-3281.
10 Cristina Nehring, A Vindication of Love: Reclaiming Romance for the Twenty-First Century
    (New York: Harper, 2009), 3; bell hooks, All About Love: New Visions (New York: William
    Morrow, 2018), 178; Naomi Cahn and June Carbone, "Just Say No," Slate, April 22, 2014,
    https://slate.com/human-interest/2014/04/white-working-class-women -should-stay-
    single-mothers-argue-the-authors-of-marriage-markets-how-inequality-is -remaking-
    the-american-family.html. See also Naomi Cahn and June Carbone, Marriage Markets: How
    Inequality Is Remaking the American Family (Oxford: Oxford University Press, 2014); Laura
    Kipnis, Against Love: A Polemic (New York: Vintage, 2009), 19.
11 Alexandra Topping, "One in 10 Do Not Have a Close Friend and Even More Feel Unloved,
    Survey Finds," The Guardian, August 12, 2014, www.theguardian.com /lifeandstyle/2014/
    aug/12/one-in-ten-people-have-no-close-friends-relate; Tim Balk, "More Than 20% of
    Millennials Claim to Have No Friends, Poll Finds," New York Daily News, August 3, 2019,
    www.nydailynews.com/news/national/ny-millenials -no-friends-yougov-poll-20190804-
    ek5odkrxmvbfhex7ytvp2p6rwy-story.html; Sarah Jaffe, "The Cost to Connect," Rhizome,
    December 20, 2012, https://rhizome.org /editorial/2012/dec/20/instagame/; Keir Milburn,
    Nadia Idle, and Jeremy Gilbert, #ACFM Trip 11: Friendship, podcast, June 26, 2020, https://
    novaramedia.com/2020 /06/26/acfm-trip-11-friendship.
12 Sarah Jaffe, "The Relational Economy," Dissent, Summer 2020, www.dissent magazine.org/
    article/the-relational-economy.
13 Samhita Mukhopadhyay, Outdated: Why Dating Is Ruining Your Love Life (Seattle: Seal Press,
    2011), 15; Kathi Weeks, "Down with Love: Feminist Critique and the New Ideologies of Work,"
    Verso Blog, February 13, 2018, www.versobooks.com/blogs/3614 -down-with-love-feminist-
    critique-and-the-new-ideologies-of-work; Nancy Fraser, "Crisis of Care? On the Social-
    Reproductive Contradictions of Contemporary Capitalism," in Social Reproduction Theory:
    Remapping Class, Recentering Oppression, ed. Tithi Bhattacharya (London: Pluto Press,
    2017), 23.
14 Gramsci, Prison Notebooks, loc. 7816-7987; Michael Ballaban, "When Henry Ford's Benevolent
    Secret Police Ruled His Workers," Jalopnik, March 23, 2014, https:// jalopnik.com/when-
    henry-fords-benevolent-secret-police-ruled-his-wo-1549625731; Kipnis, Against Love, 37.

15 Cherlin, Labor's Love Lost, loc. 3318-3325; Kipnis, Against Love, 21, 154.

16 James, Sex, Race and Class, 229; Kathi Weeks, The Problem with Work: Feminism, Marxism, Antiwork Politics, and Postwork Imaginaries (Durham, NC: Duke University Press, 2011), 36; Merri Lisa Johnson, ed., Jane Sexes It Up: True Confessions of Feminist Desire (Seattle: Seal Press, 2002), 50.

17 Nadia Idle, Jeremy Gilbert, and Keir Milburn, #ACFM Trip 8: Acid Urbanism, podcast, February 16, 2020, https://novaramedia.com/2020/02/16/acfm-acid-urbanism; Luc Boltanski and Eve Chiapello, The New Spirit of Capitalism (New York: Verso, 2018), loc. 9514-9519, Kindle; Federici, Revolution at Point Zero, 4.

18 Kipnis, Against Love, 36.

19 William Morris, Signs of Change: The Aims of Art, Marxists Internet Archive, taken from 1896 Longmans, Green, and Co. edition, originally prepared by David Price for Project Gutenberg, www.marxists.org/archive/morris/works/1888/signs/chapters /chapter5.htm; Kipnis, Against Love, 40.

20 Tera Hunter, To 'Joy My Freedom: Southern Black Women's Lives and Labors After the Civil War (Cambridge, MA: Harvard University Press, 1998), 3.

21 Edwidge Danticat, Create Dangerously: The Immigrant Artist at Work (New York: Vintage, 2011), 18; Fisher, K-punk, loc. 9755-9759; Caroline Knapp, Appetites: Why Women Want (Berkeley: Counterpoint, 2011), 41.

22 Judy Wacjman, Pressed for Time: The Acceleration of Life in Digital Capitalism (Chicago: University of Chicago Press, 2014), loc. 166-167, Kindle.

23 Wacjman, Pressed for Time, 170; Kathi Weeks, "'Hours for What We Will': Work, Family, and the Movement for Shorter Hours," Feminist Studies 35, no. 1 (Spring 2009): 115.

24 Ben Davis, 9.5 Theses on Art and Class (Chicago: Haymarket Books, 2013), loc. 3008-3026, Kindle; Kipnis, Against Love, 114; Standing, The Precariat, loc. 3072.

25 Tithi Bhattacharya, "Introduction: Mapping Social Reproduction Theory," in Bhattacharya, Social Reproduction Theory; Boltanski and Chiapello, New Spirit of Capitalism, loc. 8557-8559.

26 Federici, Revolution at Point Zero, loc. 112; Barbara Ehrenreich, Dancing in the Streets: A History of Collective Joy (New York: Holt, 2007), 259-260; James, Sex, Race and Class, 101.

27 Fisher, K-punk, loc. 10039-10147, 12912.

28 Sarah Katherine Lewis, Sex and Bacon: Why I Love Things That Are Very, Very Bad for Me (Seattle: Seal Press, 2008), 256.

29 Angela Y. Davis, "Women and Capitalism: Dialectics of Oppression and Liberation," in The Angela Y. Davis Reader, ed. Joy James (Hoboken, NJ: Blackwell, 1998), 179.

일은 당신을
사랑하지 않는다

초판 1쇄 발행 2023년 9월 15일

지은이 세라 자페
옮긴이 이재득
펴낸이 조미현

책임편집 박이랑
표지 디자인 양진규
본문 디자인 윤설란

펴낸곳 현암사
등록 1951년 12월 24일 (제10-126호)
주소 04029 서울시 마포구 동교로12안길 35
전화 02-365-5051 **팩스** 02-313-2729
전자우편 editor@hyeonamsa.com
홈페이지 www.hyeonamsa.com

ISBN 978-89-323-2321-3 03300